旅游市场营销

张学梅 廖 涛 主编

北京大学出版社
PEKING UNIVERSITY PRESS

内容简介

本书系统阐述了旅游市场营销的基本原理和分析技术，结合旅游行业的特性和发展趋势，在每一章的开篇引入案例，并进行简要的评述。书中加入了大量的相关链接，以便使学生能熟练地掌握旅游市场营销的基本原理与方法，提升学生分析和解决旅游营销实际问题的能力。

本书适用于应用型全日制旅游管理本科专业使用，也可以作为旅游企业管理人员、旅游管理部门工作人员、旅游从业者的培训用书。

图书在版编目（CIP）数据

旅游市场营销/张学梅，廖涛主编. —北京：北京大学出版社，2011.9
（21 世纪全国高校应用人才培养旅游类规划教材）
ISBN 978-7-301-18987-0

Ⅰ.①旅…　Ⅱ.①张…　②廖…　Ⅲ.①旅游市场 – 市场营销学 – 高等学校 – 教材
Ⅳ.①F590.8

中国版本图书馆 CIP 数据核字（2011）第 111204 号

书　　　名：	**旅游市场营销**
著作责任者：	张学梅　廖　涛　主编
策 划 编 辑：	桂　春
责 任 编 辑：	桂　春
标 准 书 号：	ISBN 978-7-301-18987-0/C · 0675
出 版 发 行：	北京大学出版社
地　　　址：	北京市海淀区成府路 205 号　100871
电　　　话：	邮购部 62752015　发行部 62750672　编辑部 62765126　出版部 62754962
网　　　址：	http：//www.pup.cn
电 子 信 箱：	zyjy@pup.cn
印 刷 者：	三河市富华印装厂
发 行 者：	北京大学出版社
经 销 者：	新华书店

787 毫米×1092 毫米　16 开本　23 印张　588 千字
2011 年 9 月第 1 版　2011 年 9 月第 1 次印刷

定　　　价：46.00 元

前　言

　　本书以"服务地方经济建设"和"培养高素质应用型旅游管理人才"为出发点，在系统阐述旅游市场营销的基本原理和分析技术的基础上，结合旅游行业的特性和发展趋势，利用旅游企业的相关案例进行具体的分析，使学生能熟练地掌握旅游市场营销的一些基本技巧与方法，以便提升学生分析和解决旅游营销实际问题的能力。

　　本书由成都大学张学梅教授、廖涛副教授担任主编，参加编写的人员还有：海南大学三亚学院付业勤、新疆师范大学王亚齐、四川文理学院郭华、成都信息工程学院银杏酒店管理学院陆明洁、成都大学唐建兵、何芳永、徐茜、张薇、万春林。

　　参加编写的人员分工如下：第1章由张学梅编写，第2章由万春林编写，第3章由郭华编写，第4章与第6章由唐建兵编写，第5章由徐茜编写，第7章与第12章由付业勤编写，第8章由廖涛编写，第9章由何芳永编写，第10章由王亚齐编写，第11章由张薇编写，第13章由陆明洁编写。张学梅教授、廖涛副教授对书稿进行了审阅和修改，最后由张学梅教授负责全书的统稿工作。

　　本书在编写过程中参阅了有关学者大量的相关著作，在此一并表示衷心的感谢。

　　由于时间和编者水平所限，书中难免存在疏漏、不足之处，恳请专家学者和读者批评指正。

编　者

2011 年 8 月于成都

目　录

第一章 旅游市场营销概述

【学习目标】

通过本章学习，要求了解旅游市场的概念，掌握市场营销的观念；了解旅游产品及旅游服务的概念，掌握旅游产品及旅游服务的特征；掌握旅游市场的概念、构成要素及特征；了解旅游市场营销的产生和发展，掌握旅游市场营销的观念；熟悉旅游市场营销的研究对象和方法，掌握旅游市场营销的研究内容。

案例导引

"为客人着想"的四季饭店

当客人乘坐的出租车离去之后，多伦多四季饭店（Four Seasons）门童劳艾·戴蒙特发现这位客人的手提箱遗忘在饭店的门口。劳艾·戴蒙特给这位已经在华盛顿的客人打了电话，得知这只箱子中有这天上午将要召开的一个重要会议的文件。劳艾·戴蒙特意识到现在最保险的方法是在会议召开之前自己亲自把这个手提箱送到华盛顿。于是，他这样做了。他的初衷是为客人着想，而没有考虑经理是否批准。当他返回的时候，等待他的不是批评或解雇，而是成为饭店的正式员工。

四季饭店是世界上实践着营销理念的几个大型饭店联号之一，首席执行官艾沙道尔·夏普（Isadore Sharp）称该联号的最高宗旨是"创造满意的客人"。在包括最高管理层在内的整个饭店的工作流程中，"为客人着想"的理念无处不在。四季饭店的企业文化鼓励员工竭尽全力去满足客人的需要。员工从来不会因为努力为客人服务而受到惩罚。

根据皮特·马威克·麦林淘克（Peat Marwick McClintock）的研究，与其他很多饭店把盈利和增长视为自己的首要目标相比，四季饭店是一个特例。这说明了为什么这家饭店能够以其对客人的优质服务而闻名于世。四季饭店的实践表明，把客人放在第一位能够给饭店带来较高的财务收益和其他饭店可望而不可即的利润率。

简要案例评述：四季饭店以"创造满意的客人"为最高宗旨，以"为客人着想"为企业的理念。鼓励员工竭尽全力去满足客人的需要，是四季饭店获得高额利润的制胜法宝。

（资料来源：菲利普·科特勒等著. 谢彦君等译. 旅游市场营销. 东北财经大学出版社. 2006 年）

第一节　市　场　营　销

一、市场与市场营销

市场是企业经营活动的起点与终点，也是企业与外界建立协作关系和竞争关系的传导和媒介，同时，还是企业经营活动成功与否的评判者。发现市场，占领市场，满足需求，使企业活动与社会需求协调起来，是市场营销活动的核心。

在市场经济条件下，旅游企业与其他任何类型的企业一样，都在不断地与市场进行着交流。一方面，从外部市场获取信息；另一方面，把旅游企业及其相关产品和服务的信息传递到外部市场。旅游企业只有同外部市场保持良好的信息交流，才能更好地生存和发展。

（一）市场

市场是商品经济高度发展的产物，也是社会分工进一步深化的产物。随着生产力的不断发展和商品生产、商品交换的进步，市场得到了空前的发展。市场可以从不同的角度来理解。

1. 从经济学的角度看市场

从经济学的角度看，市场是指商品交换关系的总和。市场是社会分工和商品生产的产物，在商品生产的条件下，社会内部分工的前提是不同种类劳动相互独立，也就是它们的产品必须作为商品且相互独立，可以交换。在商品交换中，买、卖双方交换的目的、在交换中的地位和作用各不相同，各自的经济利益也不同。通过商品交换，买卖双方均接受交易价格，市场交换得以形成。通过交换，完成了商品的形态变化。因此，市场体现着商品的买卖双方之间的关系，体现了人与人之间的经济关系。

因此，市场是商品经济中生产者与消费者之间实现产品或服务的价值，满足需求的交换关系、交换条件和交换过程。

2. 从场所来看市场

从场所来看，市场是指进行商品交换的场所。在我国，北方有"赶集"或"集市"，南方有"赶场"或"赶墟"，这些是早期的市场的概念，后来发展成庙会、交易会、贸易货栈、超级市场和连锁商店等。由此可见，市场属于商品经济的范畴，它是一种以商品交换为主要内容的经济联系形式，同时也是买卖双方进行交易活动的场所。随着商品经济的发展和网络技术的发展，商品的交换已经不再局限于具体的地点，买卖双方可以不用面对面的进行商品交换，可以通过网络这个虚拟的市场进行商品的交换。

3. 从需求的角度看市场

从需求的角度看，市场是指对某类或某种商品的消费需求。因为市场是在商品所有者为了满足各自需求而相互交换商品的基础上产生的，因此，市场是指具有特定需求或欲望，而且愿意并能够通过交换来满足这种需求或欲望的全部潜在的顾客。1960 年，美国市场营销协会（AMA）的定义委员会对市场做出如下的定义："市场是指一种货物或劳务的潜在购买者的集体需求"。美国著名的市场学家菲利普·科特勒指出："市场是指某种货物或劳务的所有现实购买者和潜在购买者的集合"。

因此，可以把市场定义为对某类商品或劳务具有需求的所有现实和潜在的购买者。

4. 从营销学的角度看市场

从营销学的角度看，市场由三个要素构成，即：人口、购买力和购买愿望。在市场活动中，只有人口、购买力，购买欲望三者结合起来，才能产生买卖行为。市场可以表示为：

市场 = 人口 × 购买力 × 购买欲望

人是市场的主体，人口的多少决定着市场容量的大小，人口的状况影响着市场需求的内容和结构。购买力是指人们支付货币购买商品或劳务的能力，人们的消费需求是通过利用手中的货币购买商品或劳务来实现的。购买力的高低由消费者的收入多少来决定，一般人们收入高，购买力就强，市场和市场需求就大。反之，市场就比较小。购买欲望是指消费者购买商品或劳务的愿望、要求，是消费者把潜在的需求变为现实需求的重要条件，因而也是构成市场的基本要素。

如果有人口、有购买欲望，而无购买力；或者是有人口、有购买力，而无购买欲望；对企业来说，它们就不是现实的需求，只是潜在的需求。人口、购买力、购买欲望三者同时具备才形成购买力，缺一不可。

（二）市场营销

市场营销（Marketing）又称为市场学、市场行销或行销学，简称"营销"。市场营销包含两种含义，一种是动词理解，是指企业的具体活动或行为，这时称之为市场营销或市场经营；另一种是名词理解，是指研究企业的市场营销活动或行为的学科，称之为市场营销学、营销学或市场学等。

美国市场营销协会下的定义：市场营销是创造、沟通与传送价值给顾客，及经营顾客关系以便让组织与其利益关系人受益的一种组织功能与程序。

菲利普·科特勒（Philip Kotler）下的定义强调了营销的价值导向：市场营销是个人和集体通过创造并同他人交换产品和价值以满足需求和欲望的一种社会和管理过程。1984年菲利普·科特勒对市场营销又下了定义：市场营销是指企业的这种职能：认识目前未满足的需要和欲望，估量和确定需求量大小，选择和决定企业能最好地为其服务的目标市场，并决定适当的产品、劳务和计划（或方案），以便为目标市场服务。

1985年美国市场营销协会（AMA）修改了市场营销的定义为：市场营销是关于构思货物和服务的设计、定价、促销和分销的规划与实施过程，目的是创造能实现个人和组织目标的交换。

二、市场营销观念

市场营销观念，是企业从事营销活动时所依据的基本指导思想和思维方式，其核心是正确处理企业、消费者和社会三者之间的利益关系。市场营销观念的发展经历了以下几个阶段：

（一）生产观念

生产观念是指导销售者行为的最古老的观念之一。这种观念产生于20世纪20年代。

企业经营哲学不是从消费者需求出发，而是从企业生产出发。其主要表现是"我生产什么，就卖什么"。生产观念认为，消费者喜欢那些可以随处买得到而且价格低廉的产品，企业应致力于提高生产效率和分销效率，扩大生产，降低成本以扩展市场。例如，烽·火猎头专家认为美国皮尔斯堡面粉公司，从1869年至20世纪20年代，一直运用生产观念指导企业的经营，当时这家公司提出的口号是"本公司旨在制造面粉"。美国汽车大王亨利·福特曾傲慢地宣称："不管顾客需要什么颜色的汽车，我只有一种黑色的。"也是典型表现。显然，生产观念是一种重生产、轻市场营销的商业哲学。

生产观念是在卖方市场条件下产生的。在资本主义工业化初期以及第二次世界大战末期和战后一段时期内，由于物资短缺，市场产品供不应求，生产观念在企业经营管理中颇为流行。中国在计划经济旧体制下，由于市场产品短缺，企业不愁其产品没有销路，工商企业在其经营管理中也奉行生产观念，具体表现为：工业企业集中力量发展生产，轻视市场营销，实行以产定销；商业企业集中力量抓货源，工业生产什么就收购什么，工业生产多少就收购多少，也不重视市场营销。

除了物资短缺、产品供不应求的情况之外，有些企业在产品成本高的条件下，其市场营销管理也受产品观念支配。例如，亨利·福特在本世纪初期曾倾全力于汽车的大规模生产，努力降低成本，使消费者购买得起，借以提高福特汽车的市场占有率。

（二）产品观念

产品观念认为，消费者最喜欢高质量、多功能和具有某种特色的产品，企业应致力于生产高价值产品，并不断加以改进。它产生于市场产品供不应求的"卖方市场"形势下。最容易滋生产品观念的场合，莫过于当企业发明一项新产品时。此时，企业最容易导致"市场营销近视"，即不适当地把注意力放在产品上，而不是放在市场需要上，在市场营销管理中缺乏远见，只看到自己的产品质量好，看不到市场需求在变化，致使企业经营陷入困境。

（三）推销观念

推销观念（或称销售观念）产生于20世纪20年代末至50年代，是为许多企业所采用的另一种观念，表现为"我卖什么，顾客就买什么"。它认为，消费者通常表现出一种购买惰性或抗衡心理，如果听其自然的话，消费者一般不会足量购买某一企业的产品，因此，企业必须积极推销和大力促销，以刺激消费者大量购买本企业产品。推销观念在现代市场经济条件下大量用于推销那些非渴求物品，即购买者一般不会想到要去购买的产品或服务。许多企业在产品过剩时，也常常奉行推销观念。

推销观念产生于资本主义国家由"卖方市场"向"买方市场"过渡的阶段。在1920—1945年间，由于科学技术的进步，科学管理和大规模生产的推广，产品产量迅速增加，逐渐出现了市场产品供过于求，卖主之间竞争激烈的新形势。尤其在1929—1933年的特大经济危机期间，大量产品销售不出去，因而迫使企业重视采用广告术与推销术去推销产品。许多企业家感到：即使有物美价廉的产品，也未必能卖得出去。企业要在日益激烈的市场竞争中求得生存和发展，就必须重视推销。例如：美国皮尔斯堡面粉公司在此经营观念导向下，当时提出"本公司旨在推销面粉"。推销观念仍存在于当今的企业营销活动中，如对于顾客不愿购买的产品，往往采用强行的推销手段。

这种观念虽然比前两种观念前进了一步，开始重视广告术及推销术，但其实质仍然是以生产为中心的。

（四）市场营销观念

市场营销观念是作为对上述诸观念的挑战而出现的一种新型的企业经营哲学。这种观念是以满足顾客需求为出发点的，即"顾客需要什么，就生产什么"。尽管这种思想由来已久，但其核心原则直到20世纪50年代中期才基本定型，当时社会生产力迅速发展，市场趋势表现为供过于求的买方市场，同时广大居民个人收入迅速提高，有可能对产品进行选择，企业之间产品的竞争加剧，许多企业开始认识到，必须转变经营观念，才能求得生存和发展。市场营销观念认为，实现企业各项目标的关键，在于正确确定目标市场的需要和欲望，并且比竞争者更有效地传送目标市场所期望的物品或服务，进而比竞争者更有效地满足目标市场的需要和欲望。

市场营销观念的出现，使企业经营观念发生了根本性变化，也使市场营销学发生了一次革命。市场营销观念同推销观念相比具有重大的差别。许多优秀的企业都是奉行市场营销观念的。如日本本田汽车公司要在美国推出一种雅阁牌新车。在设计新车前，他们派出工程技术人员专程到洛杉矶地区考察高速公路的情况，实地丈量路长、路宽，采集高速公路的柏油，拍摄进出口道路的设计。回到日本后，他们专门修了一条9英里长的高速公路，就连路标和告示牌都与美国公路上的一模一样。在设计行李箱时，设计人员意见有分歧，他们就到停车场看了一个下午，看人们如何放、取行李。这样一来，意见马上统一起来。结果本田公司的雅阁牌汽车一投入到美国市场就备受欢迎，被称为是全世界都能接受的好车。再如美国的迪斯尼乐园，欢乐如同空气一般无所不在。它使得每一位来自世界各地的儿童美梦得以实现，使各种肤色的成年人产生忘年之爱。因为迪斯尼乐园成立之时便明确了它的目标：它的产品不是米老鼠、唐老鸭，而是欢乐。人们来到这里是享受欢乐的。公园提供的全是欢乐。公司的每一个人都要成为欢乐的灵魂。游人无论向谁提出问题，谁都必须用"迪斯尼礼节"回答，决不能说"不知道"。因此游人们一次又一次地重返这里，享受欢乐，并愿付出代价。

（五）社会市场营销观念

社会市场营销观念是对市场营销观念的修改和补充。它产生于20世纪70年代西方资本主义出现能源短缺、通货膨胀、失业增加、环境污染严重、消费者保护运动盛行的新形势下。因为市场营销观念回避了消费者需要、消费者利益和长期社会福利之间隐含着冲突的现实。社会市场营销观念认为，企业的任务是确定各个目标市场的需要、欲望和利益，并以保护或提高消费者和社会福利的方式，比竞争者更有效、更有利地向目标市场提供能够满足其需要、欲望和利益的物品或服务。社会市场营销观念要求市场营销者在制定市场营销政策时，要统筹兼顾三方面的利益，即企业利润、消费者需要的满足和社会利益。

第二节　旅游市场营销

一、旅游产品与旅游服务

（一）旅游产品及其特征

1. 旅游产品

旅游产品有广义和狭义之分。狭义的旅游产品是指旅游者购买的有形的实物商品，比如：旅游纪念品、生活用品、旅游景区景点等。广义的旅游产品是一个整体的概念。从旅游的目的来看，旅游产品是指旅游企业凭借着旅游吸引物、交通和旅游基础设施，向旅游者提供的用以满足其旅游活动需求的全部服务；从旅游者角度来看，旅游产品是指旅游者为了满足其精神和物质方面的需要花费了一定的时间、费用和精力所购买的一次旅游经历。换句话说，广义的旅游产品包括有形的实物商品和无形的旅游服务。

2. 旅游产品的特征

（1）综合性

旅游活动是一种综合性的社会、经济、文化活动，涉及许多的部门和行业。从旅游者的角度来看，一个旅游目的地的旅游产品是一种总体性的产品，是各种旅游企业为满足旅游消费者不同的需求而提供的设施和服务的总和。因而在整个旅游活动过程中只有旅游餐饮、旅游住宿、旅游交通、旅游景观、旅游购物、旅游娱乐等各个环节的衔接和配合，才能构成一种严格意义上的旅游产品。在实际经营中，尽管旅游产品可以以单项旅游产品的形式出售给旅游者，但它们只是一个旅游目的地总体旅游产品的构成部分。旅游者进行旅游购买决策时，必然会综合考虑旅游六大基本要素的综合情况。

（2）替代性

旅游产品之间具有很强的替代性。旅游消费者在经济一定、时间一定的情况下，对旅游产品的选择，有很大余地，例如：在旅游线路的选择上，可以到青城山——都江堰旅游，也可以到乐山——峨眉山旅游；在旅游活动的选择上，可以去三圣乡旅游风景区休闲，也可以到欢乐谷冒险。

（3）脆弱性

旅游产品是旅游资源的具体化，旅游资源具有广泛多样性、区域独特性、群体组合性、季节变异性、价值不确定性、永续性和不可再生性以及观赏性，它的旅游价值体现在对游客的吸引，其本体的存在不以个别人的意志为转移。但是，资源是有限的、也是脆弱的。例如：九寨沟旅游风景区，其旅游资源是独特的，但是如果不好好保护的话，一旦环境受到破坏，水资源流失，该风景区的梦幻湖泊将不复存在。

（二）旅游服务及其特征

1. 旅游服务

旅游服务是指旅游业服务人员通过各种设施、设备、方法、手段、途径和"热情好客"的种种表现形式，在为旅客提供能够满足其生理和心理的物质和精神的需要过程中，创造一种和谐的气氛，产生一种精神的心理效应，从而触动旅客情感，唤起旅客心理上的共鸣，使旅客在接受服务的过程中产生惬意、幸福之感，进而乐于交流，乐于消费的一种活动。简单地说：旅游服务是指旅游目的地旅游行业的人员以一定的物质为资料凭借，为满足游客在旅游活动过程中各种需求而提供的服务。

2. 旅游服务的内容

旅游服务的内容较广，不同的旅游活动所涉及的服务内容不同。一般为：

（1）导游人员提供的旅游服务主要包括以下几方面的内容：

① 为游客提供门票和告知游客如何使用，让游客在景区内能快速而有效的找到自己要去的地方和想看到的景点；

② 告知游客哪里是安全的，哪里是危险的，保证游客的人身安全；

③ 为游客讲解景区的文化，让游客感受到景区的魅力；

④ 满足游客在景区的饮食和休息等方面的需求；

⑤ 满足游客对于拍摄和留念的需求；

⑥ 当游客遇到特殊情况可以及时得到服务人员的帮助等。

（2）餐厅服务人员提供的服务主要是：引领客人就坐；为客人点菜；巡台；起菜；买单；主动征询客人对菜肴和服务的意见；送客等。

（3）酒店客房服务人员提供的服务主要是：按照客房清洁流程和质量标准，做好客房和责任区内日常清洁及计划清洁工作；受理客人的特殊要求及投诉，及时向主管领导反馈等。

（4）旅行社提供的服务主要是：线路设计；通过组合景点、交通、住宿、饮食、购物、娱乐场所等旅游企业以及相关部门，为旅游者安排行程（包括具体的吃、住、行、游、购、娱）等提供的服务。

3. 旅游服务的特征

旅游服务区别于有形的旅游产品主要有以下特征：

（1）旅游服务的无形性。旅游服务是旅游企业为旅游者提供的服务，这种服务没有实物形态，有时必须依托一定的实物形态的资源或设施来为旅游者提供。旅游服务有两种：一种是直接提供给旅游者的服务，这种服务没有载体，如导游服务；一种是隐藏在其载体之中的服务，如饮食服务，旅游者在饭店吃饭，饭店主要为旅游者提供一种服务，饭菜只是这种服务借以存在的载体，它向旅游者提供的主要是服务而不仅仅是食品。旅游者对旅游服务没有所有权，旅游消费获得的是一种旅游经历和切身感受。

（2）旅游服务的生产和消费的同步性。旅游服务具有生产与消费的同步性的特点，旅游服务的生产过程同时也就是旅游者对旅游服务的消费过程，两者在时空上不可分割。旅游服务的生产必须由旅游者直接加入其中，才能有效完成对旅游者的服务。也就是说，在旅游服务的生产过程中，生产者与消费者必须直接产生联系，两者之间是一种互动的行为。

（3）旅游服务的不可储存性。不可储存性也称易逝性，是指旅游服务不能被储存留待以后出售；也不能重复出售和退还。由于旅游服务和旅游消费在时空上的同一性，因此在没有旅游者购买和消费时，以服务为核心的旅游产品就不会生产出来，就无法像其他有形产品那样，在暂时销售不出去时可以贮存起来，留待以后再销售。例如：旅游活动结束，顾客不满意，无法退货或转卖；宾馆当天的客房没有住满，空余的床位就失去了价值等。

（4）旅游服务的差异性。旅游服务的质量水平很难控制，没有也不可能制定一套统一的服务标准来衡量旅游服务的水平。旅游服务受到从业人员自身的素质和能力等因素的影响，所提供的服务水平不一，而且也不会每次相同。同时，同样的服务因旅游者本人的感受的不同而不同。

二、旅游市场的概念和特征

（一）旅游市场的概念

旅游市场可从狭义和广义两方面来理解。狭义的旅游市场是指旅游产品交换的场所；广义的旅游市场是指旅游产品交换关系的总和，涉及旅游目的地、旅游者、旅游经营者。也可以表述为：旅游市场通常是指旅游需求市场或旅游客源市场，即：某一特定旅游产品的购买者和潜在购买者。

（二）旅游市场构成要素

旅游市场由三个要素构成，即：旅游市场主体、旅游市场客体、旅游市场媒介。

1. 旅游市场主体

旅游市场的主体是旅游者。旅游者是指为了满足自身心理、精神等方面的享受而暂时离开常住地，进行旅游、观光、休闲等方式消费的个人和团体。没有旅游者，旅游市场就失去了存在的基础。

2. 旅游市场客体

旅游市场的客体是旅游资源。旅游资源是指一切对旅游者构成吸引力的自然景观和人文景观等因素的总和。旅游资源按其属性可分为自然旅游资源、人文旅游资源或自然与人文相结合的旅游资源，例如：森林、瀑布、溶洞、温泉、名胜古迹、民族风俗等。旅游资源应具备的条件是：对旅游者要有足够的吸引力和游览价值；对旅游业要能创造出经济效益和社会效益。

3. 旅游市场媒介

旅游市场的媒介是旅游业。旅游业是指向旅游者提供直接或间接旅游服务的行业，它是旅游者与旅游资源发生联系的桥梁。旅游资源开发为旅游者的需求提供了市场条件，而旅游者的旅游愿望与动机为旅游市场扩展提供了可能性，只有两者有机地结合起来，才能实现旅游消费需求，构成旅游市场。旅游业正是为满足旅游者的消费需求，利用和发挥旅游资源的作用使两者有机结合起来的媒介。因此，旅游业是一个以旅游消费需求为依托、旅游资源为条件、旅游服务为特点，连接旅游消费需求与旅游资源的服务性行业，是为旅游者提供旅游接待、旅游交通、旅游食宿以及开展导游、宣传、咨询、组织等综合服务的旅游行业。

（三）旅游市场的特征

由于旅游活动及旅游业本身所固有的特点，决定了旅游市场相对于其他商品市场具有以下的特征：

1. 全球性

全球性是就国际旅游而言的。随着世界经济一体化的进一步发展，国与国之间的往来越来越频繁，带动了政治、文化、生活等方面的全球化进程，世界变得越来越小，国与国之间的界限越来越模糊,人们渴望走出国门,了解其他国家和地区的文化、风俗,这就使国际旅游得到快速发展。随着各国在经济上相互依存度的提高,跨国旅行,尤其是商务旅行已经成为散客旅行的主要部分。

旅游需求来自世界各个国家和地区,而旅游供给又遍布全世界,在科学技术高速发展的今天,旅游者选择旅游目的地时所受的时空限制越来越少。在国际政治条件许可的情况下,旅游者的活动不受地区和国界的束缚,旅游供给者的接待对象也无民族、国别之分。若无政治或政策方面的约束,一个有旅游动机的旅游者在经济条件允许的情况下可以选择世界上任何一个地方;一个旅游景点也可以接待来自世界任何一个国家的旅游者,任何一个民族的人都有可能成为其客源市场的一部分。

2. 异地性

旅游活动的完成通常伴随着旅游者地理位置的移动,旅游接待企业的客源也主要是非当地居民,因而旅游市场通常都远离旅游产品的生产地(旅游目的地)。旅游市场的异地性特点,既增加了旅游者和企业获取市场信息的难度,也增加了旅游企业经营的交易成本。

3. 季节性

旅游市场的季节性表现在以下几个方面:第一,旅游目的地与气候有关的旅游资源在不同的季节其使用价值有所不同,如北戴河、黄山等旅游风景区是理想的避暑胜地,海南岛则是避寒者的最好选择。这些旅游资源在特定的气候条件下,其旅游价值较高于平日,会形成淡旺季的差异。第二,旅游目的地的气候本身也会影响旅游者观光游览活动。旅游者出游一般选择旅游目的地康乐性气温的时机,或春暖花开或秋高气爽,例如:国外旅游者前往我国游览长江三峡一般选择在三月至六月或九月至十一月,十二月至次年二三月,旅游者闲暇时间分布不均衡也是造成旅游市场淡旺季的原因。旅游者一般利用节假日外出旅游,但世界各地人们的带薪假日的长短和时间也是不一样的,因而不同时期客流量也有明显差异。旅游经营者根据旅游市场季节性的特点,应有针对性地分析旅游淡旺季对策,尽量避免旺季接待能力不足,淡季设施大量闲置的现象。

4. 多样性

旅游市场的多样性。旅游者的年龄、性别、偏好等因素的差异性导致了旅游需求市场的多样性,同时,为旅游经营者创造了多样化的市场空间。从旅游供给的角度看,旅游经营者依托不同的自然景观与人文景观,进行不同形式的产品组合,可以使旅游者获得不同的感受和经历。此外,旅游经营者还可以依据旅游者购买形式的不同,采取包价旅游、小包价旅游、散客旅游等多样灵活的经营方式。而且,随着现代旅游的发展,一些并非专为旅游服务的其他社会资源也转化为旅游资源,人类还创造了大量现代人文的景观。由此,传统的旅游形式继续得到强化和充实,而新的内容又层出不穷地涌现。

随着人类旅游需求的量和质的要求的不断提高,旅游活动的内涵还会不断拓展,变得更加丰富多彩。

5. 波动性

旅游消费属于非生活必需品消费,因此,旅游需求受外部环境的影响往往很明显,例如:国际局势、突发性事件、季节性、重大社会活动和节假日、汇率、通货膨胀率、物价、工资及旅游者心态的变化等都是影响旅游需求的因素。从长期看,整个世界旅游市场将保持持续发展的趋势，但这种发展是波浪式的，而不是直线式的，特别是短期内某一局部旅游市场的波动性可能更为明显。旅游消费的波动性还体现在受时间及旅游产品中气候因素约束而导致的季节性变动，这成为旅游市场营销的显著特征。

6. 高度竞争性

旅游市场的高度竞争性体现在旅游者对稀缺旅游资源的竞争以及旅游经营者对旅游者的竞争。在总体上，由于旅游业中市场进入壁垒低，旅游市场上呈现出高度的竞争性。由于经济的发展以及由此带来的人们生活水平的提高、闲暇的增多、经济条件的改善以及人们对异域文化的兴趣等都决定了旅游业良好的发展前景。因此，新的进入者不断出现，他们开发出许多相同或不同种类的旅游产品，尤其是许多不具有垄断性的旅游资源。行业的进入门槛较低，旅游产品易于被模仿，最终会使这类产品越来越多，旅游市场的竞争也越来越激烈。

三、旅游市场营销

（一）旅游市场营销的概念

旅游市场营销是旅游经济组织或个人对产品、服务的构思、预测、开发、定价、促销以及售后服务的计划和执行过程，它以旅游者需求为中心，适应旅游市场环境的变化，实现旅游商品价值的交换。

（二）旅游市场营销的产生和发展

1. 旅游市场营销的产生

旅游市场营销的产生与社会经济的发展、旅游市场的形成、旅游业的产生紧密相连。其产生阶段可以分为：孕育期、萌芽期、成长期三个阶段。

（1）旅游市场营销的孕育期（公元776年至第二次世界大战之前）

旅游作为一种社会现象有着悠久的历史，至少可以追溯到公元776年的古代奥林匹克运动期间。但早期旅游作为特权阶层的一种享乐活动，范围很小，没有被当作盈利性的经济活动，也就不存在旅游市场营销。然而，从人类早期的旅游一直到第二次世界大战之前，每一次旅游实践及其提升，特别是西方近代旅游业的出现，都为旅游市场营销的孕育做出了或多或少的贡献。

（2）旅游市场营销的萌芽期（第二次世界大战之后至20世纪60年代）

第二次世界大战结束后，第三产业得到快速的发展，营销学界对服务营销的研究也由此开始。战后，许多资本主义国家经济快速发展，民众收入得以提高，工作日得到缩短，并开始出现公费度假，这为民众性旅游活动奠定了物质基础。同时，社会的相对稳定、交通的发达、文明的进步，又为民众性旅游活动创造了良好的外部条件。为了适应这种变化，大批旅游公司尝试应用营销学原理和灵活多样的方式迎合大众旅游，造成以产促销的经营局面，导致旅游市场营销的萌芽。一些饭店成立了销售部，旅行社也成立了营业部。但是这些部门的活动仍然以销售、推销为主，采用的销售手段主要是广告、宣传和推进性营销。整个20世纪70年代，推销的观点在西方旅游企业的经营思想中占据统治地位。

（3）旅游市场营销的成长期（20世纪70年代至80年代）

20世纪70年代以后，随着生产力的发展、经济的增长，旅游业发展很快，成为一门新兴的第三产业，竞争也越来越激烈，不少国家和地区大力发展旅游业，旅游设施迅速增加，旅游者选择的余地也就增大。这时旅游业的经营者认识到除了推销以外，还必须提高产品质量，保持竞争力。由于多个企业都相继提高质量，人们终于认识到即使餐厅能提供最佳的菜肴，饭店能提供最清洁的客房，也不一定能在竞争中压倒对手，因为已经有大量涌现出来的旅游设施可供旅游者选择。旅游企业的投资费用急剧上升，也迫使企业经营者在建造企业之前就开始了解顾客的需求，从顾客的需求出发建造旅游企业，使企业更具竞争力。激烈的竞争缩短了旅游企业在进入目标市场之前的准备时间，旅游企业在准备阶段就开始分析市场，研究旅游消费者的需求，分析消费者的兴趣、爱好和意见，从而确立企业经营的依据和基础。在经营过程中，也迫使经营者们从旅游者的需求出发，改造企业的组织，提高产品的质量和增加产品的种类，改变销售渠道，使竞争对手防不胜防，从而使企业立于不败之地。由此，旅游市场营销逐渐成形。

2. 旅游市场营销的发展

（1）旅游市场的变化促进了旅游营销的发展

20世纪90年代以后，各国旅游业的竞争日益激烈。一方面，旅游者逐渐成熟，对旅游产品和服务的要求越来越高，特殊需求和爱好越来越明显，旅游消费越来越挑剔。另一方面，随着全球人口的增长和旅游业的扩展，旅客拥挤、环境污染、服务质量、旅游者权力和安全保障等，一连串的问题决定着旅游企业经营的成败。进入新世纪，旅游市场营销的对象又发生了变化。最明显的是增加了一批具有鲜明的时代特征的年轻消费者。这些在信息时代和数字媒体环境下成长起来的年轻人，价值观念、行为准则乃至消费行为都具有一些新的特点。他们全球式的视野、反权威的沟通方式、对环境的关注等在很大程度上反映了一定的时代特征，也对旅游市场营销活动产生着一定的影响。这一切迫使旅游企业的经营者要加强市场研究，进行市场细分，强化市场定位，研究营销战略、丰富营销策略，结果必然是促进旅游营销的发展。

（2）市场营销实践的变化促进了旅游营销的发展

20世纪90年代以后，在自然环境恶化、资源短缺、人口激增、世界性通货膨胀的背景下，市场营销有了长足的发展，从学科和专业的角度促进了旅游营销的发展。

市场营销的发展首先表现为理论的不断更新。在20世纪70年代的以社会为中心的营销理论、20世纪80年代的大市场营销理论、营销——竞争导向理论、市场营销战略组合理论、直接市场营销、顾客让渡价值、市场营销决策支持系统、市场营销专家系统等的基础上，又提出了绿色营销、关系营销、整体营销、体验营销、网络营销等新的理论。这些新的理论在指导和推动第三产业市场营销实践全面提升的同时，对包括旅游业在内的服务业市场营销的发展无疑具有重要的意义。其中，网络营销、绿色营销已成为旅游市场营销新的焦点。

（三）旅游市场营销的特征

1. 提供的产品主要是一种服务

旅游产品具有不可感知性也称无形性，即它不是实际存在的物体，而是一种旅游经历的切身感受，消费者难以感知和判断其质量和效果，所以他们更多的是根据服务设施来衡量。游客对旅游产品不具有所有权，而只拥有暂时的使用权。

2. 游客可参与到旅游产品的生产过程

在旅游市场营销中，游客也是旅游产品生产过程中必不可少的元素之一。因此对旅游市场营销人员来说，要生产出符合游客需要的旅游产品，不仅要对从业人员进行一定的管理，而且对游客也同样进行某种管理，以便于实现游客与旅游产品生产人员之间的沟通，提高旅游产品的满意度。由于旅游者直接参与生产过程，所以如何使得服务工作有效地进行便成为服务营销管理的一个重要内容。服务的过程是旅游者同服务人员广泛接触的过程，服务绩效的好坏不仅取决于服务人员的素质，也与旅游者的行为密切相关。

3. 产品质量难以标准化

旅游服务是一种过程、一种行为，而非有形实物，因此旅游服务很难做到标准化，产品质量难以控制。旅游产品的好坏是以旅游者的切身感受为标准加以衡量的，然而每个人的感觉都不会一样。在旅游业强调个性化服务的今天，制定一套统一的服务标准更是不可能的，因此，尽管旅游企业制定了精细的管理制度和服务标准，但实际操作起来很难确保旅游员工按质量标准将服务传递给旅游者。而即使旅游员工都能按标准提供服务，也会由于旅游者的个人特质不同、感受不同，使得满意程度也不同。

4. 时间因素十分重要

时间不仅是指旅游企业为游客服务时的迅速快捷、高质量，而且还指在对待游客投诉的处理及回复的及时上，只有如此游客才会感觉受到了重视，旅游企业的信誉才能逐渐建立起来。另一方面，旅游产品不可贮存性的特点，也要求旅游企业重视时间因素的把握。即：如何使波动的需求同旅游企业的生产能力相匹配，服务及时、快捷，以缩短顾客等候时间就成为旅游营销中的重要工作。

5. 产品的分销渠道与有形产品不同

有形产品一般是通过物流渠道送到消费者手中，而旅游产品的分销是通过旅游企业与游客签订合同，然后游客自己前来参与旅游产品的生产和销售。

四、旅游市场营销新观念

旅游市场营销除具有一般市场营销的生产观念、产品观念、推销观念、市场营销观念、社会市场营销观念外，还具有以下新观念：

（一）绿色营销

绿色营销（Green Markehng）是指企业在经营活动中要体现"绿色"理念，即在营销中要注意生态环境的保护，促进经济与生态的协调发展，为实现企业自身利益、消费者和社会利益以及生态环境利益的统一而对产品、定价、分销和促销进行策划与实施。它要求在营销活动中把"无废无污"和"无任何不良成分"及"无任何副作用"贯穿于整个市场营销活动之中。

绿色营销至少包括以下含义：市场营销的观念是绿色的，以节约能源、资源和保护生态环境为中心，强调污染防治、资源的充分利用、再生利用以及新资源的开发；绿色营销企业所属的行业是绿色的，或者说其生产经营的产品是绿色的，具有节约能源、资源，利用新型能源，或者促使资源再生利用等优点；绿色营销强调企业服务的不仅是顾客，而是整个社会，关注的不是近期而是长期；绿色营销不仅是要从自然索取，更要强化对大自然的保护，在营销活动的全过程中时时注意对环境的影响。从出发点上看绿色营销有两种：一是基于旅游企业自身的利益——降低成本，满足旅游者的绿色消费需求，从而获得更多的市场机会，占有更大的竞争优势；二是基于社会道义而进行的，社会要求必须有环保意识，必须进行可持续发展，维护全社会的公共利益。

绿色营销观念是在当今社会环境破坏、污染加剧、生态失衡、自然灾害威胁人类生存和发展的背景下提出来的新观念。20 世纪 80 年代以来，伴随着各国消费者环保意识的日益增强，世界范围内掀起了一股绿色浪潮，绿色工程、绿色工厂、绿色商店、绿色商品、绿色消费等新概念应运而生。不少专家认为，我们正走向绿色时代，下个世纪将是绿色世纪。在这股浪潮冲击下，绿色营销观念也就自然而然地相应产生。

绿色营销是现代市场营销发展的一个重要方面，也是对传统营销的延伸和扩展，从营销内容和营销过程来看，它与传统营销是一致的。与传统营销相比，绿色营销只不过更强调人类社会生活环境的利益，讲究企业活动和发展要与环境保护、生态平衡相协调，从根本上保护消费者、社会（尤其是生态环境）、企业三者的共同利益，最终实现企业和人类社会的持续发展。

相关链接

北京 13 家饭店的"绿色行动"

据报道，习惯了国内宾馆饭店客房里免费一次性客用品"一件也不能少"的客人，今后到北京旅游时，将不得不在行李里带上牙刷牙膏等洗浴用品。

首旅建国集团 2005 年宣布启动饭店的"绿色行动"，包括建国饭店、西苑饭店、兆龙饭店等在内的北京 13 家中高档星级酒店共同签署了宣言，作为环保措施的第一步，从 2005 年 5 月 13 日起，这些饭店将不再主动向客房派送牙刷牙膏等客用消耗品。

据介绍，此次行动将分阶段实施，逐渐取消六小件（牙刷、牙膏、拖鞋、沐浴液、洗头液、梳子）是其中第一步。此外，还将减少床单、毛巾、浴巾等的洗涤，如果客人不主动提示，床单、毛巾、浴巾等将不再一日一换。

对此，北京其他高级酒店并没有跟进。2000 年，北京酒店业也曾发起过一场类似的活动，最终不了了之。

（资料来源：http://news.sports.cn/others/others/2005-06-15/590232.html）

绿色营销观念主要强调把消费者需求与企业利益和环保利益三者有机地统一起来，它最突出的特点，就是充分顾及到资源利用与环境保护问题，要求企业从产品设计、生产、销售到使用，整个营销过程都要考虑到资源的节约利用和环保利益，做到安全、卫生、无公害等，其目标是实现人类的共同愿望和需要——资源的永续利用与保护和改善生态环境。为此，开发绿色产品的生产与销售，发展绿色产业是绿色营销的基础，也是企业在绿色营销观念下从事营销活动成功的关键。

（二）关系营销

关系营销把营销的重点放在和顾客关系的建立、发展和维护上，把包括交易在内的与顾客的每一次接触视为维系企业与顾客关系的一个步骤。关系营销包括两个基本点：首先，在宏观上认识到市场营销会对范围很广的一系列领域产生影响，包括顾客市场，劳动力市场，供应市场，内部市场及利益相关者市场。其次，在微观上，认识到了企业与顾客的相互关系在不断改变，市场营销的核心从交易转到了关系。在这些观念的支持下，关系营销主张把客户关系作为企业营销的根本。

关系营销以系统论为基本指导思想，将企业置身于社会经济大环境中来考察其市场，考察其市场营销活动，认为企业营销乃是一个与消费者、竞争者、供应商、分销商、政府机构和社会组织发生互动作用的过程，正确处理与这些个人和组织的关系是企业营销的核心，是企业成败的关键。关系营销将建立与发展相关个人及组织的关系作为企业市场营销的关键变量，把握住了现代市场竞争的特点，正因为如此，关系营销被西方舆论界视为是"对传统营销理论的一次革命"。

关系市场营销观念是从交易市场营销观念发展而来的，是市场竞争激化的结果。它的着眼点是与和企业发生关系的供货方、购买方、侧面组织等建立良好稳定的伙伴关系，最终建立起一个由这些牢固、可靠的业务关系所组成的"市场营销网"，以追求各方面关系利益最大化。这种从追求每笔交易利润最大化转化为追求同各方面关系利益最大化是关系市场营销的特征，也是当今市场营销发展的新趋势。

关系市场营销观念的基础和关键是"承诺"与"信任"。承诺是指交易一方认为与对方的相处关系非常重要而保证全力以赴去保持这种关系，它是保持某种有价值关系的一种愿望和保证。信任是当一方对其交易伙伴的可靠性和一致性有信心时产生的，它是一种依靠其交易伙伴的愿望。承诺和信任的存在可以鼓励营销企业与伙伴致力于关系投资，抵制一些短期利益的诱惑，而选择保持发展与伙伴的关系去获得预期的长远利益。因此，达成"承诺—信任"，然后着手发展双方关系是关系市场营销的核心。

旅游业关系营销的主要内容有：

1. 旅游业和顾客的关系。旅游业和顾客的关系是旅游关系营销中最基本的关系。

旅游业可以采取营销策略促使顾客长期购买和频繁购买旅游产品，并给这种长期购买和频繁购买的游客予以特别的优惠，从而建立较为稳定的关系，减少了游客的购买顾虑，降低游客的购买风险，自然就减少了交易时间。

2. 旅游营销链上的关系。任何一个旅游企业都和自己业务的上游和下游构成一个"营销链"。一个和谐稳定的供应链，可以减少交易成本，节省大量的人力物力。

3. 企业内部的关系。内部关系包括部门之间的关系和员工之间的关系。旅游行业与别的行业不同之处在于：这个行业的质量难以客观检测，难以标准化，所以员工的工作的主观性相对大得多，只有理顺员工的内部关系，员工才能不带情绪地努力地工作，才能带给游客更好的体验和服务。

相关链接

长城饭店传总统要闻声振海外

1983 年，中国第一家五星级宾馆，也是第一家中美合资的宾馆——北京长城饭店正式开张营业。开业伊始，面临的首要问题就是如何招待顾客。按照通常的做法，应该在中外报刊、电台、电视台做广告等。这笔费用是十分昂贵的，国内电视广告每 30 秒需数千元，需每天插播几次，一个月最少需要几十万元。但由于北京长城饭店的基本客户来自香港、澳门及海外各国，这就需要海外的宣传，而香港电视台每 30 秒钟的广告费最少是 3.8 万港元，若按内地方式插播，每个月需几百万元人民币。至于外国的广告费，一个月下来更是个天文数字了。一开始，北京长城饭店也曾在美国的几家报纸上登过几次广告，后来因为经费不足，收效又不佳，只得停止广告攻势。

广告攻势虽然停止了，北京长城饭店宣传自己的公关活动却没有停止，他们只不过是改变了策略。

北京市为了缓解八达岭长城过于拥挤之苦，整修了慕田峪长城。当慕田峪长城刚刚修复、准备开放之际，北京长城饭店不失时机地向慕田峪长城管理处提出由他们来举办一次招待外国记者的活动，一切费用都由北京长城饭店负担。双方很快便达成了协议。在招待外国记者的活动中，有一项内容是请他们浏览整修一新的慕田峪长城，目的当然是想借他们之口向国外宣传新开辟的慕田峪长城。这一天，北京长城饭店特意在慕田峪长城脚下准备了一批小毛驴。毛驴是中国古代传统的代步工具，既能骑，也能驮东西。如果长城、毛驴被这些外国记者传到国外，更能增加中国这一东方文明古国的神秘感。这次北京长城饭店准备的毛驴，除了一批供记者骑外，大部分是用来驮饮料和食品。当外国记者们陆续来到山顶之际，主人们从毛驴背上取下法国香槟酒，在长城上打开，供记者们饮用。长城、毛驴、香槟、洋人，记者们觉得这个镜头对比太鲜明了，连连叫好，纷纷举起了照相机。照片发回各国之后，编辑们也甚为动心。于是，第二天世界各地的报纸几乎都刊登了慕田峪长城的照片。北京这家以长城命名的饭店名声也随之大振。

通过这次活动，北京长城饭店的公关经理，一位当过记者的美国小姐，尝到了通过编辑、记者的笔头、镜头，把长城饭店介绍给世界各国，不仅效果远远超过广告，而且还可少花钱的甜头。于是，精明的公关小姐心中盘算起如何举办一次更大规模的公关活动。

机会终于来了。1984 年 4 月 26 日到 5 月 1 日，美国总统里根将访问中国。北京长城饭店立即着手了解里根访华的日程安排和随行人员。当得知随行来访的有一个 500 多人的新闻代表团，其中包括美国的三大电视广播公司和各通讯社及著名的报刊之后，北京长城饭店的这位公关经理真是喜出望外，她决定把早已酝酿的计划有步骤地付诸实施。

首先，争取把 500 多人的新闻代表团请进饭店。他们三番五次免费邀请美国驻华使馆的工作人员来长城饭店参观品尝，在宴会上由饭店的总经理征求使馆对服务质量的意见，并多次上门求教。在这之后，他们以美国投资的一流饭店，应该接待美国的一流新闻代表团为理由，提出接待随同里根的新闻代表团的要求，经双方磋商，长城饭店如愿以偿地获得接待美国新闻代表团的任务。

其次，在优惠的服务中实现潜在动机，长城饭店对代表团的所有要求都给予满足。为了使代表团各新闻机构能够及时把稿件发回国内，长城饭店主动在楼顶上架起了扇形天线，并把客房的高级套房布置成便于发稿的工作间。对美国的三大电视广播公司，更是给予特殊的照顾。将富有中国园林特色的"艺亭苑"茶园的六角亭介绍给 CBS 公司、将中西合璧的顶楼酒吧"凌霄阁"介绍给 NBC 公司、将古朴典雅的露天花园介绍给 ABC 公司，分别当成他们播放电视新闻的背景。这样一来，长城饭店的精华部分，尽收西方各国公众的眼底。为了使收看电视、收听广播的公众能记住长城饭店这一名字，饭店的总经理提出，如果各电视广播公司只要在播映时说上一句"我是在北京长城饭店向观众讲话"，一切费用都可以优惠。富有经济头脑的美国各电视广播公司自然愿意接受这个条件，暂当代言人、做免费的广告，把长城饭店的名字传向世界。

有了这两次成功的经验，长城饭店又把目标对准了高规格的里根总统的答谢宴会，要争取到这样高规格的答谢宴会是有相当大难度的，因为以往像这样的宴会，都要在人民大会堂或美国大使馆举行，移到其他地方尚无先例。他们决定用事实来说话。于是，长城饭店在向中美两国礼宾司的首脑及有关执行部门的工作人员详细介绍情况、赠送资料的同时，把重点放在了邀请各方首脑及各级负责人到饭店参观考察上，让他们亲眼看一看长城饭店的设施、店容店貌、酒菜质量和服务水平，不仅在中国，即使是在世界上也是一流的。到场的中美官员被事实说服了，当即拍板，还争取到了里根总统的同意。

获得承办权之后，饭店经理立即与中外各大新闻机构联系，邀请他们到饭店租用场地，实况转播美国总统的答谢宴会，收费可以优惠，但条件当然是：在转播时要提到长城饭店。

答谢宴会举行的那一天，中美首脑、外国驻华使节、中外记者云集长城饭店。电视上在出现长城饭店宴会厅豪华的场面时，各国电视台记者和美国三大电视广播公司的节目主持人异口同声地说："现在我们是在中国北京的长城饭店转播里根总统访华的最后一项活动——答谢宴会……"在频频的举杯中，长城饭店的名字一次又一次地通过电波飞向了世界各地，长城饭店的风姿一次又一次地跃入各国公众的眼帘。里根总统的夫人南希后来给长城饭店写信说："感谢你们周到的服务，使我和我的丈夫在这里度过了一个愉快的夜晚。"

通过这一成功的公关活动，北京长城饭店的名声大振。各国访问者、旅游者、经商者慕名而来；美国的珠宝号游艇来签合同了；美国的林德布来德旅游公司来签订合同了；几家外国航空公司也来签合同了。后来，有 38 个国家的首脑率代表团访问中国时，都在长城饭店举行了答谢宴会，以显示自己像里根总统一样对这次访华的重视和成功的表示。从此，北京长城饭店的名字传了出去。

（资料来源：http://zhidao.baidu.com/question/58203758.html？an＝1&si＝4）

（三）整体营销

1992 年美国市场营销学界的权威菲利普·科特勒提出了跨世纪的营销新观念——整体营销，其核心是从长远利益出发，公司的营销活动应囊括构成其内、外部环境的所有重要行为者，它们是：供应商、分销商、最终顾客、职员、财务公司、政府、同盟者、竞争者、传媒和一般大众。前四者构成微观环境，后六者体现宏观环境。公司的营销活动，就是要从这十个方面进行。

1. 供应商营销：对于供应商，传统的做法是选择若干数目的供应商并促使他们相互竞争。现在越来越多的公司开始倾向于把供应商看作合作伙伴，设法帮助他们提高供货质量及其及时性。为此，一是要确定严格的资格标准以选择优秀的供应商；二是积极争取那些成绩卓著的供应商使其成为自己的合作者。

2. 分销商营销：由于销售空间有限，分销商的地位变得越来越重要。因此，开展分销商营销，以获取他们主动或被动支持成为制造商营销活动中的一项内容。具体来讲，一是进行"正面营销"，即与分销商展开直接交流与合作；二是进行"侧面营销"即公司设法绕开分销商的主观偏好，而以密集广告、质量改进等手段建立并维持牢固的顾客偏好，从而迫使分销商购买该品牌产品。

3. 最终顾客营销，这是传统意义上的营销，指公司通过市场调查，确认并服务于某一特定的目标顾客群的活动过程。

4. 职员营销：职员是公司形象的代表和服务的真实提供者。职员对公司是否满意，直接影响着他的工作积极性，影响着顾客的满意，进而影响着公司利润。为此，职员也应成为公司营销活动的一个重要内容。职员营销由于面对内部职工，因而也称"内部营销"。它一方面要求通过培训提高职员的服务水平，增强敏感性及与顾客融洽相处的技巧；另一方面，要求强化与职员的沟通，理解并满足他们的需求，激励他们在工作中发挥最大潜能。

5. 财务公司营销：财务公司提供一种关键性的资源——资金，因而财务公司营销至关重要。公司的资金能力取决于它在财务公司及其他金融机构的资信。因此，公司需了解金融机构对它的资信评价，并通过年度报表、业务计划等工具影响其看法，这其中的技巧就构成了财务公司营销。

6. 政府营销：所有公司的经济行为都必然受制于一系列由政府颁布的法律。为此，开展政府营销，以促使其制订于己有利的立法、政策等，已成为众多公司营销活动中的内容。

7. 同盟者营销：因为市场在全球范围的扩展，寻求同盟者对公司来说日益重要。同盟者一般与公司组成松散的联盟，在设计、生产、营销等领域为公司的发展提供帮助，双方建立互惠互利的合作关系。如何识别、赢得并维持同盟者是同盟者营销需要解决的问题，须根据自身实际资源状况和经营目标加以选择，一旦确定，就设法吸引他们参加合作，并在合作过程中不断加以激励，以取得最大的合作效益。

8. 竞争者营销：通常的看法，认为竞争者就是与自己争夺市场和盈利的对手。事实上，竞争者可以转变为合作者，只要"管理"得当，这种对竞争者施以管理，以形成最佳竞争格局、取得最大竞争收益的过程就是"竞争者营销"。

9. 传媒营销：大众传媒，如广播、报刊、电视等直接影响公司的大众形象和声誉，公司甚至得受它摆布。为此，传媒营销的目的就在于鼓励传媒作有利的宣传，尽量淡化不利的宣传。这就要求一方面与记者建成良好的关系，另一方面要尽量赢得传媒的信任和好感。

10. 大众营销：公司的环境行为者中最后一项是大众，公司逐渐体会到大众看法对其生存与发展有至关重要的影响。为获得大众喜爱，公司必须广泛搜集公众意见，确定他们关注的新焦点，并有针对性地设计一些方案加强与公众的交流。如资助各种社会活动、与大众进行广泛接触、联系等。

（四）体验营销

所谓体验就是指人们用一种从本质上说以个性化的方式来度过一段时间，并从中获得过程中呈现出的一系列可回忆的事件。与之相对的是，服务只是指由市场需求决定的一般性大批量生产。正如服务经济的地位高于产品经济一样，体验经济高于服务经济。

由于被赋予个性化之后会变得值得记忆，一项为顾客定制化服务就使它成为一种体验。如果顾客愿意为这类体验付费，那么体验本身也就可以看成某种以经济为舞台，以商品为道具，围绕着消费者创造出值得回忆的活动。

体验营销（Experience Marketing）是美国战略地平线公司的创始人 Bjosephphie 和 James. Higilmore 在 1998 年首先提出的。他们对体验营销的定义是："从消费者的感官、情感、思考、行动、关联五个方面重新定义、设计营销理念"。他们认为，消费者消费时是理性和感性兼具的，消费者在消费前、消费中和消费后的体验，是研究消费者行为与经营企业品牌的关键。现今的消费者不仅重视产品或服务给他带来的功能利益，更重视购买和消费产品或服务的过程中获得的符合自己心理需要和情趣偏好的特定体验。

在体验消费盛行的今天，越来越多的企业开始意识到体验的战略意义。如何在消费过程中给消费者带来美的享受，体验营销有以下几种策略：

1. 感官式营销策略

感官式营销是通过对消费者视觉、听觉、嗅觉和触觉刺激建立感官上的体验。感官式营销可以增强消费者对公司和产品的识别能力，增加产品的附加值，引发购买动机等。

2. 情感式营销策略

情感式营销是在营销过程中触动消费的内心情感，创造情感体验。这里的情感既可以是温和的、正面的，如欢乐、自豪，也可以是强烈的、激动的。情感式营销需要真正了解什么刺激可以引起某种情绪，并能使消费者自然的受到感染，融入这种情景中来。

3. 思考式营销策略

思考式营销是启发人们的智力，创造性地让消费者获得认识解决问题的体验。它运用惊奇、计谋和诱惑，引发消费者产生统一或各异的想法。

（五）网络营销

网络营销是以互联网为传播手段，通过对市场的循环营销传播，达到满足消费者需求和商家诉求的过程。据美国旅游业协会的一项调查，通过 Internet 制定旅游计划的旅游者人数从 1997 年的 1170 万人剧增到了 1998 年的 3380 万人。随着网络的普及，因特网上的旅游预订系统将会从旅行商手中夺取更多的市场份额，成为旅行商不可忽视的竞争对手。中国最大的旅行社中国国际旅行社总社 1999 年 17 亿美元的收入中，有 80% 来自电子商务手段。中国国旅总社注资参与建设的华夏旅游网，每天都为国旅带来四分之一的散客订房，一年团体酒店预订额高达两亿元人民币。可以看出，网络营销给传统旅游市场营销赋予了全新的内容。中国目前最大的旅游电子商务网站是携程网，创立于 1999 年初的携程旅行网（简称携程）的总部设在中国上海，下有北京、广州、深圳、香港四个分公司，并在全国二十多个大中城市设有分支机构，现有员工一千五百余人，是中国最大的旅游电子商务网站，最大的集宾馆预订、机票预订、度假产品预订、旅游信息查询及打折商户服务为一体的综合性旅行服务公司。旅游者可以在家通过网络安排旅游活动中的酒店预订等。

第三节　旅游市场营销学

一、旅游市场营销学及其研究对象

（一）旅游市场营销学

旅游市场营销学是普通市场营销学在旅游行业的应用，也是旅游业发达国家在现代旅游市场经营活动的基础上发展起来的一门旅游企业经营管理学科。

（二）旅游市场营销学的研究对象

旅游市场营销学的研究对象是：旅游商品或服务的供求关系及其周围的环境，和旅游产品生产者的生产经营管理活动。或者，旅游市场营销学的研究对象可以表述为：就是研究旅游企业如何根据市场需求开发旅游产品或服务，从而达到既使消费者满意又使企业盈利为目的的一切企业活动。

旅游市场营销属于特殊商品营销的范畴，它虽具备了一般营销的基本特征，但由于旅游商品是一种特殊的商品，这种特殊的商品不可以贮存，只能就地消费，它的交换和消费是交织在一起的。因此，旅游市场营销的研究对象包括供求关系的周围环境，还包括旅游产品生产者的生产经营管理活动。旅游市场营销研究旅游商品的流动规律和商品生产的策略、制定价格的策略；既研究涉及消费者的微观市场，也研究宏观市场。

二、旅游市场营销学的研究内容

旅游市场营销学是以现实的和潜在的旅游者的消费需求为背景，动态地研究旅游经济个体的市场行为以及与此相配备的管理职能和运行手段的一门学科。它的基本内容应包括以下几个方面：

（一）产品策略

现代旅游市场营销学强调一切经济活动都应从旅游者的需求出发，根据旅游市场的需求制定旅游产品策略。

产品策略主要指旅游企业根据自己的优势和特点，以向目标市场提供各种适合消费者需求的有形和无形产品的方式来实现其营销目标，在激烈的市场竞争中适时地生产出自己的旅游产品和服务，包括对同产品有关的品种、规格、式样、质量、包装、特色、商标、品牌以及各种服务措施等可控因素的组合和运用。同时，根据产品的生命周期积极研制和开发新的旅游产品和服务，真正做到"人无我有，人有我特，人特我新"，从而在市场竞争中永远处于主动地位。产品策略主要包括新产品的开发策略、旅游产品的商标策略和旅游产品的实际内容三个方面。

（二）价格策略

价格策略是指旅游企业通过对顾客需求的估量和成本分析，选择一种能吸引顾客、实现市场营销组合的策略。所以价格策略的制定一定要以科学规律的研究为依据，以实践经验判断为手段，在维护生产者和消费者双方经济利益的前提下，以消费者可以接受的水平为基准，根据市场变化情况，灵活反应，客观买卖双方共同决策。

我国旅游事业的发展是一个以接待国际入境旅游为主，先国际旅游后国内旅游，以国际旅游带动国内旅游发展的非常规发展过程。因此，研究和制定旅游产品的价格策略必须考虑国际旅游市场的价格，尤其要注意发达国家旅游业的旅游价格策略。一般来说，依据市场经济体制特有的运行规律，发达国家中旅游经济个体，诸如旅游饭店、旅行社等都可自行决定规划产品的价格，这样，旅游价格的制定成为实现市场营销的一种基本手段。另一方面，这种市场经济体制中的旅游产品的价格受市场供求关系的影响极大，各旅行社、旅游饭店均可根据各自不同的条件采取多种多样的定价方法和策略。因此，处于经济体制转轨时期的我国旅游业，必须同时研究制定发达国家旅游业的产品价格策略和我国国际旅游市场的产品价格策略以及国内旅游市场的产品价格策略。

价格策略的内容主要包括：价格制定策略和价格管理策略。价格制定策略主要指针对现行旅游产品，如何制定适宜的价格，恰当地体现旅游市场中的供求关系，以及市场诸要素变动之后对旅游产品的价格所作的必要的调整。价格管理策略主要指从维护旅游消费者和生产者各自的利益这一法律角度出发，对产品的价格从制定到执行再到调整所采取的各种监督和管理措施。

（三）促销策略

促销策略是市场营销组合的基本策略之一。促销策略是指企业如何通过人员推销、广告、公共关系和营业推广等各种促销方式，向消费者或用户传递产品信息，引起他们的注意和兴趣，激发他们的购买欲望和购买行为，以达到扩大销售的目的。

促销的目的不仅在于向旅游消费者出售其需要的旅游产品，更重要的在于如何向旅游消费者介绍新的旅游产品，刺激旅游需求，来扩大旅游企业的市场占有额，从而使旅游企业居于有利的地位。

在旅游业发达的国家，旅游企业在产品促销过程中积累了丰富的推销经验，由此总结出成套的推销艺术和广告艺术。前者是人员销售，由推销员挨户进行面对面的推销。后者为非人员销售即利用文字、广播、图像等进行的推销。

促销策略的基本内容包括：旅游产品营销计划的制订，促销人员的培训，旅游产品的广告促销以及旅游企业的公关销售。另外，旅游企业售后服务也成为促销策略的附加内容。

（四）渠道策略

渠道策略是整个营销系统的重要组成部分，它对降低企业成本和提高企业竞争力具有重要意义。随着市场发展进入新阶段，企业的营销渠道不断发生新的变革，旧的渠道模式已不能适应形势的变化。包括渠道的拓展方向、分销网络建设和管理、区域市场的管理、营销渠道自控力和辐射力的要求。

现代旅游企业为追求"规模经济"而不断地扩大旅游产品的生产规模，同时，由于旅游业自身固有的综合性和依赖性，也为这种大规模的旅游企业的横向联系提供了必要条件。而将各种类型的旅游产品通过何种途径传递到旅游消费者手中，自然成为旅游市场营销的一个重要方面。

流通渠道策略对于更好地满足旅游者的需求，使企业最快最便捷地进入目标市场，缩短产品传递的过程，节省产品的销售成本起到了积极作用。现代旅游商品的流通渠道一般都要经过旅游批发商、零售商等多个环节，最后才到旅游消费者，尤其是国际旅游，更需要增加国外旅游批发商和零售商几个环节，从而加大了旅游产品中的营销成本。因此，流通渠道策略正确与否，流通渠道的选择是否适宜在某种程度上决定着旅游产品市场营销的成败。

渠道策略主要包括：旅游产品销售渠道的选择，产品营销中介的建立及产品营销渠道计划的制订三个方面。

产品、价格、促销、渠道构成了旅游市场营销学的基本内容，一般被称为旅游市场营销学的"四大支柱"，我们简称为4Ps。

此外，旅游市场营销学还包括：旅游市场营销环境分析、旅游市场调研、目标市场选择、旅游目的地营销策略、旅游市场营销中的公共关系和旅游市场营销控制与管理等内容。

三、市场营销学的研究方法

旅游市场营销学的研究方法，主要有：

1. 宏观分析和微观分析相结合

宏观分析就是研究影响旅游企业的宏观环境因素的状况和变化。微观分析，就是分析影响旅游企业的微观环境因素的状况和变化。也就是研究旅游市场和市场环境，以及旅游市场中的众多消费者。

2. 定量分析与定性分析

定量分析，就是在数学、统计学、系统论、控制论、信息论、运筹学和计算机技术的基础上，根据调查材料，运用数学公式、数学模型、线性方程和图表等，对旅游市场营销活动进行精确的量的分析，用数据得出科学结论的一种分析方法。定量分析是建立在数学、统计学、系统论、控制论、信息论、运筹学、计算学和计算机等学科的基础上，运用图表、模型和计算机等进行的数量分析。

定性分析，就是根据一些直观材料，依靠经验，进行主观分析和综合判断，针对复杂多变的旅游市场经营活动，从性质和发展趋势上进行推断、得出结论的一种分析方法。定性分析是建立在经验和逻辑思维的基础上，运用历史分析法、描述法、交叉影响分析法等对旅游者的态度、行为、动机及旅游市场趋势进行的分析。

一般情况下，定性分析和定量分析结合使用。

3. 动态分析与静态分析相结合的方法

动态分析的方法是相对于静态分析而言的。一般说来，在研究工作中，既要采用动态分析，又要采用静态分析。

静态分析，就是分析经济现象的均衡状态以及有关的经济变量达到均衡状态所需要具备的条件，它完全抽掉了时间因素和具体变动的过程，是一种静止的孤立的考察某些经济现象的方法。如考察市场价格时，它研究的是价格随供求关系上下波动的趋向或者是供求决定的均衡价格。也就是说这种分析只考察任一时点上的均衡状态。

动态分析，经济学上的动态分析是以客观现象所显现出来的数量特征为标准，判断被研究现象是否符合正常发展趋势的要求，探求其偏离正常发展趋势的原因并对未来的发展趋势进行预测的一种统计分析方法。静态分析与动态分析是两种有着质的区别的分析方法，二者分析的前提不同，二者适用的条件不同。

在市场营销的研究中，主要采用动态分析方法，这是因为：① 影响营销的外在因素，即市场环境因素，如政治、经济、社会、文化、法律、技术等市场环境不是固定不变的，而是经常变动的。市场营销学必须研究国内外市场环境的变化，以便制定出正确的营销战略和竞争策略来与发展变化了的外部环境相适应。② 竞争对手的选择、市场占有份额等情况客观上是经常变动的，因此，对竞争对手的研究就不能采用静止的分析方法。竞争对手包括现实的竞争对手和潜在的竞争对手。研究潜在的竞争对手，更需要采用动态分析的方法。③ 影响营销的内在因素，如企业的市场营销组合、产品策略、促销策略、价格策略、渠道策略等因素，这些因素的共同特点是企业可以主动进行调整。然而，企业的主动调整绝不能主观地进行，必须符合客观要求，也就是必须与客观变化的情况相适应，这就要求对其采用动态分析的方法。

本 章 小 结

本章介绍了市场、旅游市场、旅游产品、旅游服务的概念；阐述了旅游产品和旅游服务的特征以及旅游市场的构成要素等。通过本章学习，要求掌握旅游产品、旅游服务和旅游市场的特征，掌握旅游市场的构成要素及特征和旅游市场营销学的研究对象和内容。

【思考题】

1. 旅游产品区别于普通商品的特征有哪些？
2. 旅游服务的概念和特征是什么？
3. 市场营销有哪些观念？各个观念的特点是什么？市场营销有什么新的观念？
4. 旅游市场营销的特点是什么？

【单选题】

1. 从五种市场营销观的发展过程来看，起初，公司在制定营销决策时是以取得眼前的大量利润为根据的；接着，他们开始认识到满足消费者的需要的重要性；现在，他们在决策中开始考虑(　　)。
   A. 国家利益　　　　　　　　　B. 公民利益
   C. 社会利益　　　　　　　　　D. 政府利益
2. 市场是"买主和卖主进行商品交换的场所"的概念是出自于(　　)。
   A. 传统的观念　　　　　　　　B. 经济学家
   C. 营销者　　　　　　　　　　D. 制造商
3. 在环境恶化、资源短缺的情况下逐渐形成的营销观念是(　　)。
   A. 绿色营销观念　　　　　　　B. 推销观念

C. 市场营销观念　　　　　　　　D. 社会市场营销观念

4. 在旅游市场营销学中的产品，注重的是(　　)。

　　A. 产品（狭义的产品概念）　　B. 有形的物体产品

　　C. 劳务　　　　　　　　　　　D. 产品（广义的产品概念）

5. 市场营销者把提高产品生产效率和扩大产品销售范围作为整个市场营销核心的这
　　种观念是(　　)。

　　A. 生产观念　　　　　　　　　B. 产品观念

　　C. 推销观念　　　　　　　　　D. 市场营销观念

答案：1. C　2. A　3. D　4. D　5. A

【多选题】

1. 下面哪些营销观念是以市场卖方为中心的观念？(　　)。

　　A. 生产观念　　　　　　B. 产品观念　　　　　　C. 推销观念

　　D. 市场营销观念　　　　E. 社会市场营销观念

2. 旅游市场的特征包括(　　)。

　　A. 全球性　　　　　　　B. 异地性　　　　　　　C. 季节性

　　D. 多样性　　　　　　　E. 波动性　　　　　　　F. 高度竞争性

3. 从营销意义上，市场由三个要素构成(　　)。

　　A. 人口　　　　　　　　B. 买力

　　C. 购买愿望　　　　　　D. 购买权利

4. 旅游产品的特征，包括(　　)。

　　A. 综合性　　　　　　　B. 脆弱性

　　C. 产销同一性　　　　　D. 替代性

5. 旅游市场由三个要素构成，即(　　)。

　　A. 旅游市场客体　　　　B. 旅游市场主体

　　C. 旅游市场媒介　　　　D. 旅游中介

答案：1. ABC　2. ABCDEF　3. ABC　4. ABD　5. ABC

第二章 旅游市场营销环境分析

【学习目标】

通过本章的学习，使学生了解旅游市场营销环境的含义及其构成；理解旅游市场环境对于旅游企业发展的重要性及其影响；掌握旅游企业市场营销环境的分析方法及其战略选择方法。

案例导引

奥巴马访问印尼为印尼旅游业带来正面影响

据印尼《商报》2010 年 11 月 13 日报道，印尼文化与旅游部表示，美国总统巴拉克·奥巴马（Barack Obama）来访印尼，对印尼国内旅游部门带来正面的影响。

印尼文化与旅游部发展旅游资源机构主任伊·革德·比达纳（I Gde Pitana）日前于雅加达对记者表示："奥巴马的来访可以说，免费宣传我国，并且是个'高冲击的宣传'（high impact）。"

他说，奥巴马来访将使我国成为世界的注目焦点，致使他们更加重视我国。

他认为，奥巴马总统的访问，肯定将由各个国家媒体拍成广泛传播的照片。

"也由全世界上百万人观看，以致他们片刻将重视我国，"他这么说。

比达纳声称，我国必须把奥巴马总统来访我国之后而创造的机会好好地利用。

我国成为世界的目光焦点后，并使他们知道在世界有我国的存在，则我国必须通过进行更积极的宣传活动而采取进一步措施。

他又称："更何况，奥巴马在发表演说时，曾经说道我国拥有值得令人佩服的哲学，即是殊途同归。"除此之外，比达纳表示，奥巴马总统亦说出有关他觉得很好吃的国内一些烹饪食品，即是牛肉丸、炒饭，以及鸡肉串。他评价，上述三种烹饪食品通过奥巴马的访问，也获得直接宣传的良好商机。

简要案例评述：印尼文化与旅游部发展旅游资源机构主任比达纳何以因为美国总统奥巴马的来访，就断言印尼旅游业会有良好的未来发展呢？在此案例中，比达纳从奥巴马来访已经并将会继续为印尼旅游业的发展带来了良好的宣传效应方面做出了表述，更为重要的是，奥巴马来访意味着两国关系的正常与良好，这为吸引欧美客人赴印尼旅游做出了极好的表率与承诺，所以印尼文化与旅游部门才会如此乐观的表态。这正是发展旅游业外部宏观环境带来的影响。

（资料来源：中华人民共和国驻印尼经商参处网 http://id.mofcom.gov.cn/aarticle/ziranziyuan/laogong/201011/20101107245995.html）

第一节　旅游市场营销环境概述

一、旅游市场营销环境的含义及构成

（一）旅游市场营销环境的含义

旅游企业的市场营销活动，总是在一定的时间、空间条件下进行的，离开了必要的时间、空间条件，旅游企业的市场营销活动也就无法进行，这一时间、空间条件指的就是旅游市场营销环境。什么是市场营销环境？著名的营销学家菲利普·科特勒曾经有过这样的解释，市场营销环境是"影响企业的市场和营销活力的不可控制的参与者和影响力"。也就是说，市场营销环境是指与企业营销活动有现实与潜在关系的所有外部力量和相关因素的集合，是影响企业生存和发展的重要的外部条件。

营销意味着规划未来，旅游市场营销即是指旅游企业及相关组织对营销环境的一种创造性的适应行为；旅游市场营销环境即是指那些作用于旅游企业，而旅游企业又难以控制的因素和力量，这些因素和力量构成了旅游企业生存和发展的外部条件。旅游市场营销环境是不断变化、多样复杂的，旅游企业要通过对这些将会影响到其业务环境的不可控制力量的探索和适应，才能顺利的开展营销活动，实现其预期的目标。这种探索意味着主动出击，意味着通过其营销活动来适当的影响这些外部环境，创造企业有利的生存和发展条件，而不仅仅是被动的适应。

（二）旅游市场营销环境的构成

旅游市场营销环境包括宏观营销环境和微观营销环境两大类。宏观营销环境大体上包括企业所在区域的人口状况、经济情况、政治法律、社会文化与价值取向、生态环境、新技术等大范围的社会约束力量；微观营销环境主要指与企业紧密相连，直接影响其营销活动目标的供应商、旅游中间商、顾客群、竞争者、社会公众及旅游营销服务组织内部的各个部门。前者是旅游营销组织所不可控制的因素，后者可适度控制，旅游营销的微观环境受制于宏观环境。旅游市场营销环境的不同因素对营销活动各个方面的影响和制约不尽相同，同样的环境因素对不同的组织产生的影响和制约也会大小不一。

二、旅游市场营销环境的特征

旅游市场营销环境大体上具有以下特征：

（一）动态性

旅游市场营销环境的各种因素在一定时期之内会是相对稳定的，但是从事物发展的常态来看，事物总是处在不断的发展和变化的状态之中，尽管有些时候这种变化会显得缓慢，但是旅游市场环境的变化总是绝对的。旅游业是一个综合性的产业，其受环境的影响尤其明显，经济的发展、汇率的变化，以及突然出现的自然灾害如印尼海啸、人为灾难如9·11等，这些或者可以预测或者不可以预测的种种因素，都会在某一时刻影响与改变一地旅游业的进程与发展。正是因为旅游市场营销环境的动态性特征，给旅游行业的营销活动带来了很大的风险与不确定性，旅游企业必须研究各种营销环境的特性及其相互之间的关系，用事物变化的观点，适宜地为自己的企业营造一个良性的外部发展空间。

（二）差异性

旅游市场营销活动的开展决定了旅游市场总是要介乎旅游目的地与旅游客源地之间的，而两地各自本已形成的原有的文化背景、价值观念、生活方式等是不同甚至于相差很大的，这样就会导致两地的人们可能对于同一事物出现不同的理解甚至相反的理解，比如泰国人特别喜欢大象，认为大象是吉祥的象征，英国人则认为大象是蠢笨、无用的动物，如果我们不了解两地人们不同的价值观与生活背景，我们就会在无意中伤害到别人的感情，而且会为自己的事业发展无形中带来阻碍。旅游市场营销环境的差异性不仅表现在旅游营销所面临的客源市场环境与目的地资源环境之间的差异与不对称，同时还表现在不同旅游企业受不同环境因素的影响，同一环境因素的变化对不同旅游企业的影响也不同。正因如此，旅游企业要因地制宜地利用好不同的营销环境，为其自身的发展创造契机。

（三）复杂性

构成旅游市场营销环境的因素是多样而变化的，相互之间互相关联又充满冲突，呈现出复杂的特征。比如中国加入 WTO，一方面打开国门，为旅游业的发展与走向世界带来契机，另一方面国外强势外资旅游企业的涌入，也为国内旅游企业的发展带来挑战与威胁。旅游市场营销环境的构成因素虽然复杂，但也自成系统，宏观环境与微观环境、外部环境与内部环境相互作用，有其规律可循，这也为旅游营销活动的管理者通过研究环境因素，找到市场发展机会与规避可能的风险，进而做出相应的战略调整与规划，提供了可能性。

（四）层次性

旅游市场营销环境在横向上是表现为系统而复杂，在纵向上则对于不同的旅游主体而言表现为层次性的特点。旅游主体从纵向上来分大体可分为区域层次、旅游区层次、旅游企业层次三个方面，对于不同的分析层次而言，环境因素所关注的内容是有差别的。比如尼亚加纳地区旅游组织在评价废弃物处理点时，会考虑该处理点对区域形象的影响，而作为企业业主，关心的则是娱乐场、赌场是否合法化的问题。前者重在从一个比较大的角度去评价环境的差异，后者重在关注环境的变化对于自身企业未来走向的影响。因此，旅游行业应该根据自身的具体情况，客观地从不同层面来分析，主动的把握好环境因素可能对自己带来的影响以及自身如何更好地适应相应的环境变化。

第二节　旅游市场营销的宏观环境

旅游市场营销的宏观环境是指影响旅游企业运作的外部大环境，这些环境因素虽然不直接影响旅游企业的营销活动和决策，但是对旅游企业的营销活动成败有极大的间接性影响，它们或者为旅游企业的发展带来机遇和空间，或者为旅游企业带来某种程度上的威胁与竞争。宏观营销环境主要包括：旅游组织或企业所在区域的自然环境、经济环境、社会文化环境、人口环境、政治法律环境、科学技术环境等。

一、自然环境

优越的自然地理位置与丰富的景观资源是旅游活动的重要吸引物，也是旅游业赖以生存和发展的天然凭借与基础。自然环境中无数的天然资源为旅游业的发展和营销活动的开展提供了有利的物质保证，但是旅游业在其经营与管理的活动中，某些行为也在一定程度上影响和破坏了自然环境，产生了对旅游业不利的影响。人们对于"生态旅游"的日益关注以及现今"可持续发展"观念在全球经济以及旅游业发展中的盛行，不能不说是当今旅游业在其发展过程中，自然环境因素对旅游经济提出的不可忽视的重要命题。

（一）影响旅游业生产和经营的重要自然环境因素

自然环境是旅游业赖以生存和发展的天然基础，影响旅游业生产和经营的重要自然环境因素包括自然资源环境和物质资源环境两大类。自然资源环境主要指优越的地理位置和景观资源，物质资源环境主要指旅游业正常运作不可缺少的能源资源等。依据地球上自然资源的主要分类：无限资源（如空气等）、有限可再生资源（如森林、农产品等）、有限不可再生资源（如煤、石油等），一旦我们过度地破坏了旅游业所赖以生存和发展的有限资源环境，我们的旅游业将"皮之不存，毛将安附"？旅游业也将不复存在。气候是旅游业不可缺少的一种资源。气候现象本身的美，如：冬日雪景、夏日雷电、秋高气爽、春暖花开，都能带给人们不同的丰富多彩的自然体验；在特殊气候条件之下形成的特殊自然景观与人文景观，更是旅游的重要目标，如大漠景观、香山红叶、洛阳牡丹等；旅游作为人类的一项体验活动，一般也需要宜人的气候条件，春季踏青在我国传统文化中也比较盛行。优越的气候资源环境无疑是开展旅游活动的一个重要条件。气候资源在传统观念中被认为是取之不尽、用之不竭的可再生资源，但是现在这一观念已经开始改变，工业的污染使得气候资源的质量降低，气候变迁也改变了资源的恒定性，深深地影响着人类的生活与健康。许多城市居民远离城市到城郊度假，气候的破坏使得人们重新提出建设"园林城市"的需求，可见旅游业是对气候等自然资源异常敏感的行业。旅游企业在经营发展过程当中应当重视资源的保护，自觉地加强环境意识，节约成本，减少资源损耗。

（二）生态旅游与持续发展观念对于现代旅游业的要求

随着人们对于自然环境脆弱性的日益关注，有关生态方面的问题已经提到了前沿，事实上，现代旅游业中最热的一个词也是生态旅游。世界范围内环境保护组织的增多也证明了环境问题已经成为一个政治问题。2010 年 5 月墨西哥湾原油泄漏事件导致沿岸生物大量死亡，生态严重污染，不仅惊动了美国总统奥巴马，而且引起了美国更深层次的立法改革，也让美国矿产局因为放纵石油公司而破产。旅游业的持续发展已经成为很多国家政府和国际组织政策的重要部分，在众多的环境问题中，废物处理、再利用、污染等问题已经受到了广泛的注意，包括对于环境保护重视的旅游消费者。鉴于此，我国很多传统景区已经在旅游旺季时限制人流，酒店也实行"绿色营销"等，从而将环保意识与旅游企业营销充分结合起来，一方面加强保护环境与可持续发展，另一方面也提高旅游者的旅游质量。旅游企业的"绿色营销"通过顺应时代与公众的环保要求，重视对环境的保护与宣传，也能为自身企业的发展树立良好的公众形象，从而赢得更多的旅游消费者。德国的 Steigenberger 饭店就通过在客房中放置无包装的香皂而节约了 50% 的费用。巴西加强对亚马逊河流域和东北部地区的生态旅游资源保护和开发，建立生态旅游区，也吸引了世界众多的游客前往旅游。

二、经济环境

经济环境是指一定时期国家或地区的国民经济发展状况，表现为影响消费者购买力和支出结构的各种因素。它是旅游企业开展市场营销活动的基础，也是影响旅游营销活动的重要因素，直接关系到旅游市场状况及其变动趋势。

（一）经济收入与消费

一定的购买力水平是市场得以形成并且影响其规模大小的决定因素，消费者的购买力取决于消费者的收入，但消费者并不是把全部收入都用来购买商品或者劳务，购买力只是其中的一部分。与消费者购买力相关的因素体现在：

1. 经济规模

经济规模主要体现在国民生产总值方面。国民生产总值是指一国或地区在一年内用货币表示的所有最终产品和服务价值的总和，可以说明一国的经济发展水平。从营销的角度来说，它反映了一国旅游总需求规模的指标。一般情况下，旅游收入与国民生产总值同步增长。

2. 人均国民收入与层级化

人均国民收入是国民收入总量除以总人口的比值。这一指标大体反映了一国人民生活水平的高低，也在一定程度上决定了商品需求的构成。一般说来，人均收入高的国家，人们对旅游消费的需求和购买力就大，反之就小。但是，人均收入水平仅仅反映的是一国的平均收入水平，并不能真实而具体地反映不同阶层、不同地区的人们的实际消费能力，因此，还应该针对具体的目标人群，详细地分析其消费结构与消费层级。消费层级化是经济环境影响的结果。以旅游酒店为例，不同消费水平的人们对于所选择入住的酒店有不同的要求，酒店开发商完全可以以顾客愿意支付的价格水平将酒店分为不同的类型，以满足不同消费者的需要。他们可以为经济型旅游者开发舒适的酒店，为中档顾客提供品质酒店，为愿意支付高价的顾客提供豪华酒店，为预算型顾客提供睡眠酒店等。

3. 个人收入与实际购买力

个人收入是指一个国家的所有个人、家庭和私人非营利性机构，在一定时期内（通常是一年）从各来源渠道的收入总和。个人可支配收入是个人收入中扣除税款和非税性负担后所得余额。个人可任意支配收入是个人可支配收入中减去用以维持个人和家庭生存不可缺少的费用（如水电、衣食住行等开支）后剩余的部分。个人可支配收入构成实际的购买力，个人可任意支配收入是影响非生活必需品和劳务销售的主要因素，也是企业开展营销活动时所考虑的主要因素。对此，法国统计学家恩格尔提出了用恩格尔系数的指标来说明消费者收入变化与消费者支出模式与消费结构变化之间的关系。恩格尔系数＝食物支出变动百分比/收入变动百分比。恩格尔系数越高，一个家庭或一个国家中用于购买食物的开支占总消费量的比重就越大，生活水平就越低；反之，生活水平就越高。一般说来，恩格尔系数大于60%就是极贫困地区，小于30%可认为是富裕地区，只有恩格尔系数足够小，人们才有能力购买生活必需品以外的娱乐及奢华耐用品，人们才会选择旅游消费。

消费结构是指在消费过程中人们所消耗的各种消费资料（包括劳务）的构成，即各种消费支出占总支出的比例关系。优化的消费结构是优化的产业结构和产品结构的客观依据，也是企业开展营销活动的基本立足点。二战以来，西方发达国家的消费结构呈现出的特点是：衣着消费比重降低、住房消费比重增大、劳务消费比重上升、消费开支占国民生产总值和国民收入的比重上升。我国的消费结构这几年也发生了较大的变化，这是在研究经济环境时不可忽视的重要一环。

4. 消费者储蓄与信贷的变化

消费者的购买力会受到储蓄与信贷的直接影响。当收入一定时，储蓄增加，现实消费量就小；反之，储蓄减少，现实消费量就增多。但是，储蓄目的的不同，却往往影响到潜在需求量、消费模式、消费内容、消费发展方向的不同。消费者信贷对购买力的影响也很大。所谓消费者信贷，就是消费者凭信用预先取得商品使用权，然后按期归还信贷以购买商品的方式。这实际上就是消费者提前支取未来的收入，进行提前消费。信贷消费模式允许人们购买超过自己现实购买力的商品，从而创造了更多了就业机会、更多的收入与更多的需求，也在一定程度上调节了积累与消费、供给与需求的矛盾。

（二）经济发展状况

1. 经济发展阶段

经济发展水平的不同，会影响到人们对旅游消费的认识和接收程度的不同，从而影响到旅游需求的不同。一般而言，经济发达的地区，人们更注重精神方面的需求，品质竞争多于价格竞争；经济欠发达地区，人们更关心物质方面的需求，价格因素比产品品质更为重要。美国学者罗斯顿曾提出"经济成长阶段理论"，将社会经济发展分为传统社会、起飞前准备阶段、起飞阶段、趋向成熟阶段、高消费阶段和追求生活质量阶段六个阶段，不同的经济发展阶段社会所呈现出的消费特征和消费结构是不一样的，具体表现在不同国家之间、不同经济发展地区之间、不同行业之间、城市化发达水平等方面。旅游市场营销工作更应该关注的是经济发展的后四个阶段，因为这些阶段时期内的人们不再会为衣、食、住、行等所烦忧，他们有了较为充足的时间与精力可以投身到旅游活动中去，从而成为旅游营销活动的目标市场。对于不同经济发展水平的地区，企业应采取不同的市场营销策略。

2. 汇率变动

汇率是反映不同国家之间货币之间的比价，对国际旅游需求的变化起重要作用。汇率变动对国际旅游业的主要影响是通过旅游产品价格、出入境游客流量，以及旅游收入等一些综合性指标表现出来的。当一国货币升值，将意味着入境旅游的价格提高和出境旅游价格的下降；反之，则意味着入境旅游的价格下降与出境旅游的价格提高。通常一国的政府都希望采取鼓励入境旅游和限制出境旅游的相关政策。以中国为旅游目的地为例，如果游客选择中国作为旅游目的国，除了考虑中国本身旅游资源的独特性与旅游设施条件的完善之外，旅游价格就是其做出选择的一个重要原因。我国对入境游客的报价，通常都是以人民币为基础的，如果人民币对其所在国的汇率下跌，在我国国内价格保持不变的情况下，来中国旅游的价格将随之下降，境外旅游者所花费的纯旅游外汇支出也将相应减少。在这种情况下，有可能吸引更多的外国旅游者来华旅游，旅游人数的增加一定会带来旅游目的国外汇收入的增加。相反，当人民币升值时，以人民币为基础的旅游对外报价将随之提高，境外旅游者所花费的纯旅游外汇支出将相应增加，入境旅游人数有可能减少，旅游目的国的外汇收入也将减少。当然汇率变动的幅度也非常重要，因为汇率变动的幅度将直接影响对外旅游价格变动的幅度。实际上，旅游价格微小的变动对入境旅游人数和旅游外汇收入所产生的影响并不大。也就是说，汇率小幅度的变动所引起的旅游价格变动对旅游需求量的影响实际上不大。

三、社会文化环境

社会文化环境是由一个国家和地区的民族特征、文化传统、价值观念、宗教信仰、风俗习俗等因素所组成的。文化是特定社会的成员为适应周围环境而设计自己人生时所产生的独特的生活方式，是一个国家或地区多数民众所共享的价值观体系，是在长期的历史中逐渐形成的，是一种社会性遗产。旅游消费文化即是一个社会中大多数人所遵循的与旅游消费有关的风俗习惯。文化决定了消费者的消费观念和行为标准，文化造就和影响着消费者的习性和行为，文化对营销行为也具有深刻影响。

旅游业是来自不同地区的人们离开自己的居住地，到异国或异地去体验不同文化与景观的活动，其间必然涉及不同文化之间的交流与碰撞。旅游营销活动要能够吸引不同地区的人们来到旅游目的地旅游，很显然应该照顾到客源地人们原有的社会文化背景，通过将自己本地或本国的文化用客源地国家或地区能够接收和认同的方式来表达和传递，才能够影响并吸引到他们的兴趣与偏好。

常见的社会文化营销环境包括：

（一）民族民俗文化

旅游者来自四面八方，各自不同的民族有着各自遵循的不同文化的传承与习俗。中国本身就是一个拥有56个民族的多民族国家，世界上不同的国家之间也有着各自不同的民族习惯与社会风俗。同一样事物，在不同的社会文化风俗下，可能会有完全不一样的理解。比如乌龟在日本被认为是长寿的象征，在中国我们却视乌龟为丑陋、落后的象征。旅游营销工作者应当要了解不同国家游客之间的风俗习惯及差异，才能够做到在营销活动中有的放矢，不至于闹出笑话和尴尬来。同时应当在营销活动中懂得尊重游客的风俗习惯，正确地展示自己国家和地区的风俗民情。需要注意的是，社会风俗还会因时代而变迁，不同时代之间的人们可能对同一事物也会有不一样的看法和体会。

（二）宗教文化

宗教信仰是信奉和崇拜超自然的神灵而产生的一种社会意识形态，直接影响着人们的生活态度、价值观念和生活习惯，从而影响着人们的消费行为。据不完全统计，世界上信仰宗教的人数约占总人数的60%，不同宗教信仰间的差别明显，各自的习俗和禁忌明显，若不注意很容易给旅游营销活动带来较大的问题。"入境而问禁，入国而问俗，入门而问讳"是旅游营销活动在不同国别和地区差异间活动时应当注意的。宗教能够为旅游营销活动带来契机，每逢妈祖诞辰（农历三月二十三日）之日，福建莆田湄洲妈祖庙内外人山人海，香火鼎盛，各地游客纷至沓来，以台湾最为突出，总要抬着妈祖像回来探亲、进香还愿。许多国家都非常重视宗教文化旅游资源的开发，宗教文化资源的利用与开发，有利于形成有特色的旅游产品，开拓新的旅游市场，吸引游客，对旅游业的发展也具有重要的意义。

（三）教育与阶层文化

教育水平的高低，反映着人们的文化素养，影响着人们的消费结构、购买行为与审美观念，进而影响着旅游营销活动。处在不同教育水平国家和地区的人们，对旅游的需求和服务是不同的。通常来讲，受教育程度高的人，思想比较接近，他们有强烈的旅游需求，追求生活质量，对产品的包装和服务也有讲究，容易接受文字宣传的影响。教育程度低的人，在接受宣传时，就不仅要设计文字说明，同时还要配以更多的简明图像说明，派人进行现场演示等直观的方式，同时在开展调研时需要充分的人员准备和适当的方法。

四、人口环境

旅游市场是由具有购买动机与购买能力的旅游者所构成的，旅游者是旅游活动的主体，因此人口环境是旅游市场营销环境活动中最活跃的因素。人口因素通常包括人口数量、自然构成、增长速度、地区分布、人口迁移等，人口因素是决定市场需求类型与规模的基本因素。

（一）人口规模

人口规模不仅影响人的基本生活需求的变化，也影响着诸如旅游需求等非基本生活需求的变化。一般而言，市场容量与人口总量和增长速度成正比。根据美国人口普查局统计，截至 2010 年 7 月，世界人口已经超过 68 亿，虽然最近几年人口增长速度有所缓和，增长幅度在逐年下降，但全球人口仍在持续上升之中，按照当前的人口增速计算，到 2044 年，世界人口将超过 90 亿。人口数量的增长孕育着庞大的潜在旅游市场，也为旅游营销活动的创造开展提供了广阔的空间。

（二）人口结构

1. 年龄结构

不同年龄段的人们往往有着不同的旅游偏好，了解年龄结构的变化，不仅可以帮助旅游营销工作者掌握不同年龄段的人们在旅游方面的需求，而且可以帮助营销工作者预测未来旅游发展可能出现的需求趋势。目前人口的老龄化已经在很多国家已经出现，退休与子女的离家独立使得这部分人能够利用自己的自由时间追求久违了的兴趣，特别是外出旅游，从而推动消遣旅游市场的发展。探亲访友旅游活动也将是老年人所珍视的一项旅游活动。人口的老龄化还会以其他微妙的方式影响旅游业的发展，比如有些旅游目的地会因此而受益，另外一些旅游目的地则会面临市场的衰退。不同年龄间的差别往往意味着生理和心理状况、收入及旅游购买经验的差别，因此不同年龄的旅游者在旅游产品、购买方式和购买时间等方面的选择上有很大的差别，这是旅游营销工作者所应当注意的。

2. 性别结构

消费者的性别差异往往导致他们的消费需求、购买习惯与行为的差异。随着妇女地位的变化，现在外出旅游的单身妇女已经越来越多，她们的个性旅游需求已经越来越呈现出与传统旅游需求的某些不同。比如女性在旅游活动中需要特殊的衣架、够长度的穿衣镜、穿衣镜周围更好的灯光、熨斗、柔和的色彩和其他男性从来没有用过的东西等。不同性别角色的旅游需求与活动方式会受到传统观念的影响，也会因时代变迁而对旅游活动产生影响，旅游营销工作者应该根据不同性别角色游客的需求推出相应的旅游营销活动。

3. 家庭结构及其他方面

家庭旅游市场的规模很大，即使开发出其中的一部分，也足以支撑业务的大规模开展。但是，家庭的规模、家庭人员的构成、是否有子女、子女的年龄、晚婚或离婚、单身家庭和单亲家庭等等，这些都会对旅游市场的需求产生影响。家庭旅游的出游次数、出游方式、阶层收入、决策模式等，这些也都是旅游营销工作者所应当综合考虑的。我国现在的家庭结构也越来越趋向于小型化，亲子轴心向夫妻轴心转移，家庭的主要功能也开始发生变化，越来越呈现出满足家庭成员的感情与精神生活的需要。

（三）人口分布与迁移

1. 人口分布

居住在不同地区的人群，由于地理环境、气候条件、自然资源、风俗习惯的不同，导致了消费需求与购买行为的差别。人口分布所处地理位置的自然条件不同，会对不同地理景观产生不同的吸引力，从而激发人们产生不同的旅游动机。地理距离的增大，一方面可能因为地理景观之间的差异性大而吸引远方的客人前来游玩，另一方面又可能因为增加了旅游的时间、空间成本而导致游客的减少。城市化发展水平的高低，也是影响人们消费需求与购买行为的重要原因。一般而言，城市居民的旅游需求会多于乡村居民。其原因是：城市居民收入较高，受教育程度较高，资讯发达，旅游需求与社会条件较好，城市环境的"大城市病"也迫使城市居民改变环境，外出旅游，调节生活。

2. 人口迁移

就我国而言，大部分人口集中在东南沿海地区，人口分布不均衡，我国的人口发展呈现出这样的两个趋势：农村富余人口向城市转移；地区间的转移也不断发生。农村人口的城市化转移，加剧了城市的市场容量，也改变和影响着农村的消费观念与消费水平；地区间的人口转移有社会经济发展的原因，也有国家政策宏观调控的原因。人口的流动与转移状况包括人口流动与转移的数量、区域、时间、距离、比率、结构等。

五、政治法律环境

政治法律环境是指那些对旅游企业的经营行为产生强制或制约因素的各种法律、政府机构和压力集团。在任何社会制度下，企业的营销活动都必定受到政治与法律环境的强制与约束。政治与法律环境是旅游营销活动过程中所遇到的机遇和风险都比较大的环境因素，无论是旅游目的地还是旅游客源地，其政治与法律环境都会对旅游业带来重要而深远的影响。政治法律环境对旅游业的影响主要体现在政局的稳定性、政府的旅游经济政策、国家间的相互关系。

（一）政局的稳定性

一国政局的稳定与否，关系到旅游者的人身财产是否安全，也关系到旅游企业的经营活动是否安全，其风险是旅游市场营销最大的不可控制的外在风险。因此，政局稳定是旅游市场营销活动能够得以正常进行的基本条件，一国政局的稳定能够极好的促进旅游业的发展。相反，政局的动荡不安则会扼杀一个国家或地区的旅游。1997 年香港的回归曾使到港旅游的游客大幅度下降，针对这一新的变化，香港旅游协会及时推出了新的促销口号"我就是香港"，以表明香港政治秩序的延续性和稳定性，取得了很好的成效。2010 年 3

月泰国国内爆发红衫军示威集会，仅从 3 月 12 日到 3 月 26 日短短十多天，就使泰国旅游业流失 20 亿铢（约 6 000 万美元）的收入。政局秩序对旅游业的影响由此可见一斑。

（二）政府的旅游经济政策

一国的旅游经济政策主要体现在该国制定的旅游产业政策及旅游政策的变化是有利于还是不利于旅游营销活动的开展。旅游政策是由一国的政府所决定的。任何国家的政府都可以既鼓励、支持甚至极力推动旅游事业的发展，也可以控制、限制甚至禁止某些旅游活动的开展。一国政府通过运用自己的法律手段，干预社会经济生活，对旅游市场需求的形成、实现及破坏具有不可忽视的调节作用。一国政府为了加强对旅游服务业的管理，规范旅游营销管理者和旅游者的行为，保护国家、企业和旅游者的正当权益，也会制定出各种具体的旅游法规。日本政府曾先后制定了《旅游业基本法》、《旅游业法》、《国际旅行饭店整备法》以及有关风景和文物的保护法规、交通安全法令等。我国也制定了《反不正当竞争法》、《环境保护法》、《森林法》、《消费者权益保护法》、《国内航空运输游客身体损害赔偿暂行规定》等相关法律法规。政策法律方面的事务性变化也会对旅游业产生深远的影响，诸如免入境签证、改变购物时段，调整税收结构等。我国实行五天工作制以来，极大地刺激了周末旅游的发展；加拿大增收消费品销售税的决定则促使部分加拿大居民到美国的边界城镇去购物。简化入关手续可以吸引更多的国外旅游者，繁复的报关令则可能使相当部分的潜在旅游者闻风却步。

旅游营销工作者要了解和研究相关的旅游政策及其法律法规，确切理解其内容与含义，自觉地遵守并发现机会、回避风险，这对旅游营销活动是十分有利的。

（三）国家间的相互关系

旅游目的地与旅游客源地的所属国之间关系的好坏，往往直接影响到旅游市场营销活动的成败。两国关系的正常化意味着两国之间的合作与通商，整个双边关系包括政治、文化、法律等都会影响到并有利于相互间的旅游往来，两国间的外交关系对两国互往旅游客源也影响显著。反之，外交关系的紧张，必然导致两国互往游客的锐减。1994 年韩国彻底解除旅华限制，使当年的旅华游客骤增至 34.03 万人次，比 1993 年增长 79.2%，一跃成为我国第四大游客市场。

六、科学技术环境

技术与旅游天生为伴，技术的进步推动着当代旅游业的快速发展。20 世纪 60 年代，航空技术的商业化为人们实现远程旅游提供了交通工具，国际旅游成为大众化，旅游需求量大幅增加。20 世纪 90 年代，现代电子信息技术的迅速发展与应用，导致现代旅游业再次面临新一轮的跳跃式变革。科技的进步使得旅游活动更加便利与舒适，刺激了旅游需求的增长，也为旅游市场营销活动带来了深刻的影响：

（一）创造了新的旅游消费形式

新科技产生了新概念的旅游产品，旅游者的活动空间和体验突破了原有极限，达到了一个前所未有的水平。新科技为消费者创造了更多的娱乐消费工具，并使娱乐消费项目不断更新。太空旅游曾是"可望而不可即"的人类梦想，随着现代科技的发展，如今人类已能体验太空旅游，而且终有一天会实现平民化；极地旅游、高山探险、欢乐谷主题乐园体验等等，已经受到越来越多的人的喜爱。

（二）变革了旅游企业的运作方式

科技的发展与广泛应用大大促进了旅游企业运作的现代化，旅游业的自动化应用增强，也使旅游营销组织大大提高了营销活动的效率和服务质量。互联网的广泛普及使游客能够非常便利的了解到各地旅游的信息及其景点特色，游客的选择空间变得更大了，因此，也更加利于游客选择能满足其个性需要的旅游产品。旅游企业为了更好地赢得客人，也将更多的开始考虑为游客提供定制化的个性服务，建立以游客满意度为中心的商务管理模式。

（三）变革了旅游的促销方式

互联网的推广使旅游企业的销售系统发生了重大的变革。游客可以借助互联网便利的选择和订购自己感兴趣的旅游产品，旅游企业为了更好地宣传和激发游客对自己企业的旅游产品感兴趣，也必须借助于网络这个媒介，"旅游电子商务"由此而兴起。计算机网络在便利消费者的同时，也便利了旅游企业的宣传营销，通过拥有自己的虚拟营销网络，为消费者提供更好的服务，传达更好的信息，为自己赢得更多的市场和业务。携程网就是在这种新的技术革命背景下产生的新型促销方式的代表。

相关链接

2005 年影响全球旅游业的八大事件

当旅游成为人们的一种生活方式，影响旅游业的事件也变得与每个人相关，正所谓"世界同此炎凉"。最新一期的美国《时代》周刊评选出 2005 年度最佳照片，24 幅照片中一半与灾难有关，印尼海啸天堂变地狱，巴厘岛遭袭、巴黎骚乱、禽流感肆虐以及地震、飓风，同样也给当地的旅游业带来了毁灭性的打击。但是，我们始终相信，没有什么能够阻挡旅游者的脚步。

1. 印度洋海啸周年祭，为了逝去的纪念

【点评】为了逝去的纪念

人类目前最大的悲哀莫过于面对自然灾害时的无能为力了，无论你是富有还是贫穷、无论你是位居高官，还是一介平民、无论你是何种肤色……在灾难面前，都无一赦免。突如其来的灾难，只用了一瞬间便唤醒了人类关于洪荒的记忆。印度洋地震和海啸，让那么多生命永远地远离了 2005 年的阳光。灾难，带走了生命；灾难，摧毁了家园。灾难，让我们比任何时候都清楚地意识到：人类是一个不可分割的整体。

2. 禽流感肆虐，全球旅游业遭受重创

【点评】"救市"还需"周瑜打黄盖"

马斯洛的"需求理论"将生存与安全排在了人类需求的基本层次，可见，生存才是第一要义。当旅游遭遇 SARS、禽流感之类疾病甚至死亡威胁的时候，旅游退避三舍，也就不足为奇了。从世界旅游组织的统计数字可以看出，SARS 事件造成的恐慌对旅游业的打击足以致命，以至于该组织秘书长弗兰贾利亲自出面呼吁媒体不要造成恐慌。不过，正所谓"一个巴掌拍不响"，旅游业在面临禽流感袭击时，整个旅游市场的正常运作还需靠旅游业者和游客两方能够达成"周瑜打黄盖，一个愿打，一个愿挨"的理想境界，只有弗兰贾利一人的呼吁，恐怕收效甚微。此时，手握旅游产品的旅游业者不妨直接告诉他们的"上帝"，虽然禽流感来袭，但日子还要照常过，只要注意科学预防，该观看的景色还是不要放弃的好，大可不必因噎废食。

3. 国际油价一涨再涨，航空业不能承受之重

【点评】旅游产业链上震荡的环扣

油价上涨又将全球经济体纳入了一个链网，世界原油的剩余生产能力、世界经济的增长、气候的变化、恐怖袭击、投机商的炒作等，都在影响国际油价，并且石油问题已经上升到政治高度。全球运输业、航空业、旅游业等下游产业均遭受了油价上涨所带来的巨大冲击，我国的原油供应链条自然也没能幸免，自今年以来，油价已连续上调了五次。在诸多受油价影响的行业中，最脆弱的当属航空业和旅游业。自 2001 年以来，世界航空业一直未能摆脱衰退，今年以来，包括美国德尔塔和西北两家在内的航空业巨头均申请了破产，其他航空公司也都采取了降低工资、削减航线、大幅裁员、申请破产保护等多种措施，高企的油价将本来就惨淡经营的航空业推向了绝路。油价"井喷"，连美国总统布什也于 9 月 26 日呼吁国民尽量减少非必需的旅行，以节省能源。人们的生活因此受到很大影响，出行成本增加，消费结构被迫发生很大变化，旅游无可避免地被卷入能源短缺的困扰之中。

4. 伦敦、巴厘岛、沙姆沙伊赫旅游天堂成恐怖袭击"乐土"

【点评】旅游胜地成恐怖袭击新猎物

要是伦敦没有发生那两起连环爆炸案，相信对于伦敦乃至全英国人民来说，2005 年的7 月都将是一个美好难忘的月份，因为就在爆炸案发生的前一天，伦敦成功从其他几个竞选城市中胜出，获得 2012 年夏季奥运会的主办权。但是，历史似乎总是喜欢和人类开个小小的玩笑，完美也似乎总是人们心中永存的童话。伦敦如此，巴厘岛、埃及亦如此。正在从 2 年前的灾难中走出来的巴厘岛又一次被拉进痛苦的深渊……发生在旅游胜地的恐怖袭击事件越来越多，恐怖分子正在变得越来越"聪明"，他们知道哪里人最多，他们知道在旅游胜地发生的事件将会给这个地区乃至整个世界带来何种影响。今年 8 月，法国《费加罗报》曾载文："'9·11'事件之后，旅游业成了恐怖主义的附带牺牲品。游客成为恐怖分子最理想的袭击目标，他们所代表的傲慢、富有和享乐主义正是极端势力对西方深恶痛绝的地方。"恐怖主义已经成为世界旅游业和人类发展的最大敌人，反恐既而成为必修课题。还好，民众已有所行动。正如此次伦敦爆炸，案发之时适逢英国成为中国公民旅游目的地国家之后，中国首个赴英旅游团出发前夕，无一人退团，并准时出发、接受英国方面的"红地毯"待遇，也在特殊时期有了特殊意义。用镇定与谴责来瓦解恐怖主义的美梦，正义与和平才是人类的终极追求。

5. 自然之神频频发威，飓风成为旅游大敌

【点评】"靠天吃饭"的"先天不足"

尽管旅游业是公认的"朝阳产业"，但当台风、暖冬等一系列自然之神颐指气使的时候，旅游业总是苍白无力的，"损失"、"重创"成为旅游业面对自然灾害时的唯一"表情"。因此，如何解决"靠天吃饭"的先天不足，成为旅游业应当考虑的一个重要问题。

尽管自古以来，诸多古老神话传说和远古人的图腾崇拜就告诉人们，自然之神的威力不可阻挡，但人类从来不乏"人定胜天"的豪言壮语与伟大壮举。然而，直到目前为止，当旅游业与自然灾害狭路相逢时，旅游业所能做的却依然只有"束手就擒"。悉数自然灾害对旅游业的"献礼"：印尼海啸、巴基斯坦和印度的地震、美国的飓风等等。自然之神使出的"功夫"，招招都是对旅游业的致命打击，除了预防，旅游业者们却似乎别无他法。2004年，有人提出了"台风旅游"的概念，但遭到了很多人的指责，我们不去评述"台风旅游"本身是否合理，有无可行性，但是，至少我们看到了旅游业对摆脱"受制于天"窘境的希望。

6. 文明之都遭遇骚乱噩梦，浪漫巴黎吓退2~3成游人

【点评】危机管理与危机公关凸现

持续近三周的巴黎骚乱无疑成为年末世界旅游业的大事，浪漫之都成为全球2005最后的噩梦，圣诞、新年这些年末的重头旅游产品笼罩在骚乱的阴影中，旅游业对环境的敏感性、脆弱性在这次巴黎骚乱中又一次尽显无遗。11月23日，世界最大的网上旅游服务公司Expedia公布了该公司的有关调查数据，结果显示，旅游业是此次法国骚乱的重要受害者，大规模的骚乱严重影响了法国旅游业和其全球最受欢迎观光地的形象。这次人为导致的社会危机，也是一次典型的旅游危机事件。法国政府面临危机时，危机公关和危机管理的不到位，使得一次小小的事件演变成一场持续三周的大规模骚乱，从而让国家蒙受了巨大经济损失；身处骚乱影响下的旅游城市与旅游行业的危机管理不当也使旅游业蒙受了重大损失，这也给别的国家和城市敲响了警钟，现代社会环境下的危机公关以及危机管理成为一门必要的管理艺术。

7. 第三位太空游客成功返回 太空游让人欢喜让人忧

【点评】悲喜两重天

2002年，"太空旅游"开始进入人们的视线。时至今年，随着第三位太空游客的成功返回，"太空旅游"在全球的关注度也远远高于三年前，更多的人正巴望着有一天，自己也能到太空中体验失重的感觉。有媒体评论，"太空旅游"如同历史上大航海时代的航海技术和刚刚出现时的飞机，安全系数是人们最为关注的问题之一。且不论媒体的对比是否恰当，单单"太空旅游"的价格就使普通游客咋舌。尽管花2 000万美元到太空转一圈，可以说是物有所值，可就算是城市里的"白领"甚至"金领"等高薪人士，要想挣得2 000万美元家产，恐怕没有几十年勒紧裤带的日子也是达不到目的的。况且，"太空旅游"对人本身还有身体健康等方面的要求。如此看来，价格、身体等因素使大多数人"望空兴叹"。然而，"太空旅游"的备受关注却如同多棱镜，折射出一个现象：游客早已不满足于观光、探险等常规旅游项目了，或者说，地球的魅力已经不能吸引游客的眼球了。如果旅游业者可以开发出价格合适而又新奇的旅游产品，那么就可以在旅游市场中成为卖点。但愿，中国的太空游客早日升空。

8. 沿线城市共造新丝绸之旅，亚欧携手建旅游精品长廊

【点评】旅游发展趋于区域合作

千年前，谁能想到，张骞的"奉旨出使"将成就一个今日世界闻名的旅游品牌，成就一次横跨亚欧大陆的多个国家城市的经典合作——《新丝绸之路城市旅游合作备忘录》的签署。"丝绸之路"历经千年的岁月洗礼，沿途中，虽早已没有了昔日雄踞一方的大汉朝，

也没有了文人笔下的"古道西风瘦马"，但依然令世界各国的游客趋之若鹜，尽管他们只能看到今天的"丝绸之路"。"丝绸之路"之所以闻名，之所以被后人所津津乐道，原因不外乎有二：其一，路线之长，经历国家之多；其二，在各国交流中所起到的作用。时至今日，从因特网诞生，地球就已经被"村庄化"了。从某种意义上讲，国际经济、文化交流中，再也不需要从古老的"丝绸之路"上运输茶叶、丝绸或是番茄了。然而，人们对它浓厚的兴趣使它不能够"寿终正寝"、不只是永远作为一个历史永留教科书，它已然成为标本存在于人们的旅游计划之中。有需求就有市场，亚欧大陆桥沿线的多个国家城市的此次合作，也昭示着旅游业的大市场将会促进各个国家合作领域的不断扩大。

（资料来源：人民网：2005 年 12 月 5 日 http://travel.people.com.cn/GB/41636/41828/3972010.html）

第三节　旅游市场营销的微观环境分析

旅游市场营销的微观环境是指存在于旅游营销管理组织周围，并影响其营销活动的各种因素和条件。旅游行业是一个综合性行业，旅游市场营销的基本任务是要满足游客食、住、行、游、购、娱这六大方面的需要，而这六大需要所涉及的产品数量之庞大、品种之繁多，远非仅靠旅游企业自身所能实现的，这就需要行业内的相关因素的辅助，受到这些相关因素的影响，这就构成了旅游企业市场营销的微观环境。这些环境因素将直接影响到旅游企业为目标游客服务的能力。微观营销环境主要包括：旅游供应商、旅游中间商、旅游消费者、竞争者、社会公众以及旅游企业自身内部。

一、旅游供应商

旅游供应商是影响旅游企业开展营销活动的重要微观环境因素之一。旅游供应商是指那些为旅游企业生产产品和服务提供所需资源的企业或个人。供应商所提供的资源主要包括原材料、能源、资金、设备、信息、劳务，等等。旅游企业只有拥有良好合作关系的供应商，才能为市场提供所需的旅游产品。比如向酒店提供客源的旅游公司或旅行社，向旅游公司或旅行社提供观光场所的景点单位和提供交通服务的运输企业等。2007 年 5 月我国涵盖港、澳、台地区在内的全国网民，通过网上答卷的方式，自发投票选出"中国最佳旅游供应商"，主要涉及航空公司、酒店、订房订票网站、旅行社网站等七类，其结果的真实性和呈现出的趋势性得到社会的普遍认可。供应商对旅游企业营销活动的影响主要体现在：供货的稳定性与及时性；供货的价格变动；供货的质量水平。无疑，供应商在以上三个方面的水平差异及变化，都会直接影响到旅游企业的营销活动的开展与策划。供应商处于旅游企业的上游单位，一方面是旅游企业的"衣食父母"，一方面又为旅游企业所控制，二者是一种相互依存的关系。针对上述供应商对旅游企业的影响，旅游企业在选择供应商时，应当特别注意两点原则：一是供应商的资信状况，良好的信用才是建立长期稳定合作关系的基础，只有这样才能保证旅游企业生产资源供应的稳定性；二是应当使自己的供应商多样化，尽量避免依靠单一的供应商，以分散供应风险。

二、旅游中间商

旅游中间商是那些帮助旅游企业推广、销售或分销产品给最终消费者的机构或个人，他们一方面要把有关产品信息告知现实或者潜在的旅游者，一方面又要使旅游者得以方便的克服空间障碍获得旅游产品。主要包括：旅游经销商、旅游代理商、批发商、零售商、营销服务机构和金融机构。

（一）旅游中介企业

旅游中介企业主要有两类：旅游代理商和旅游经销商。旅游代理商包括代理人、经纪人和生产商代表，他们专门介绍客户或与客户磋商交易合同，但不拥有商品持有权，只是交易达成后提取佣金。旅游经销商包括批发商、零食商，他们购买旅游商品，拥有商品持有权，通过出售购买的商品取得合理的利润。

一般说来，旅游中介企业的工作人员都有较好的专业素质以及对市场的有效把握，通过中介企业向顾客提供旅游产品与服务所产生的效用，往往要比旅游企业自己直接向顾客提供有效的多。杰赛特旅游公司北美地区营销副总监马歇尔曾经运用旅游代理商的能力和网络，将公司没有完成的新西兰航空公司的机票销售配额在很短的时间内销售一空，而且价格还比预想的要高。我国目前通过网络实现的在线旅游消费环境也日趋稳定和成熟，"旅游搜索引擎"作为旅游产品的在线分销新模式，以高效率的专业优势，成为衔接终端消费者与旅游供应商的需求的途径。在此大环境下，品牌个性化、服务品质化、行业合作深化的市场特点逐渐明朗。旅游营销工作者应该重视旅游中介企业的重要作用，谨慎的选择好自己的中介合作商，同时根据中介企业的组团能力、销售规模、资信情况等有区别的对待，实行优惠中介商的相关措施。

（二）营销服务机构

营销服务机构主要指市场调研公司、广告公司、各种广告媒介以及市场营销咨询公司，他们协助旅游企业选择最恰当的市场，并且帮助企业向选定的市场推销产品。营销策略要达到一定的效果，就要服从于公司整体的发展战略，或是为了树立某种公众形象，或是为了塑造某种品牌，或是为了推广某种产品，营销工作的目的性与针对性，强调了营销服务机构的专业素质应当与所要实现的目的相适应。除了一些大公司可能会有自己的广告代理人和市场调研部门外，大多数公司都会选择与专业公司签订合同的方式委托办理这些事务。旅游企业需要关注、分析这些营销服务机构，选择最能为本企业提供有效服务的机构。正确的选择营销服务机构会有利于旅游企业向特定的市场传播信息，提高旅游企业和旅游产品的知名度。

（三）金融机构

金融机构是指为旅游企业的经营活动提供信贷资金、结算服务、保险服务的银行、保险公司、信用公司等。在货币信用经济发达的现代商业社会，旅游企业的交易都要不同程度的依赖金融机构来完成，他们是旅游市场营销活动中不可或缺的一环。金融机构业务活动的变化也会影响到旅游企业的营销活动，比如银行贷款利率上升，会使企业成本增加；信贷资金来源受到限制，会使企业经营陷入困境。为此，旅游企业应当与这些机构保持良好的关系，以保证融资以及信贷业务的稳定和渠道的畅通。

旅游企业能否选择适合自己的旅游中间商，关系到旅游营销渠道能否畅通和整个企业的兴衰，并非一件简单的事。旅游企业在选择中间商时应当调查分析中间商的合作意向、资信与能力、目标市场、经济效益等，依据本企业的总体目标和销售目标，有针对性的来选择，并加强对旅游中间商的管理，实现合作的双赢。

三、旅游消费者

旅游消费者是指旅游产品的最终购买者和使用者，消费者的消费行为直接决定旅游企业的经营成果，因而旅游消费者是影响营销活动最基本、最直接的环境因素。旅游消费者不同的爱好、个性、习惯和消费心理，决定了旅游者对旅游产品的不同的、变化着的需求，从而要求旅游企业以不同的服务方式提供不同的产品或服务，因而制约着旅游企业营销决策的制订和服务能力的形成。从消费者的角度来看，旅游消费者主要分为两类：

（一）个体消费者

个体消费者主要指旅游产品和服务的最终消费者，多以个人或家庭为基本消费单位。这类旅游消费者一般属于散客，主要特点是人多面广，交易数量小，购买频率高，购买产品和服务多以个人兴趣为动机，需求差异较大，多属非专家购买，购买流动性强。基于不同动机的游客，其购买方式与消费行为是不同的，度假型游客、商务型游客、体育型游客等都有着不同的旅游需求与消费方式。旅游营销人员应该根据各自不同的目标人群特点，制定相应的营销诱导策略，提供相应的旅游产品与服务。

（二）组织消费者

组织消费者是以开展业务或奖励员工需要而购买旅游旅游产品和服务的公司或组织。组织消费者的主要特点是以业务开展为目的，对价格较为不敏感，交易数量相对较少，但是交易规模较大，多属专家购买，注重旅游产品和服务的质量。组织消费者应当成为旅游营销活动的重要营销目标，因其自身特点的因素，组织消费者往往效益率比较可观。组织消费者消费目标的多重性，决定了针对组织消费者的营销活动，仅仅进行市场细分和运用营销组合来满足组织消费者的需求和欲望是远远不够的，对组织之间关系的管理和发展应该是针对组织消费者开展旅游营销活动的一种有效的方式。

四、竞争者

在营销活动中，机会和竞争总是并肩而行的，通过竞争分析发现营销机会是每一个成功的旅游企业在赢得顾客方面非常关键的一环，是企业应当牢牢把握的。"一些公司没有识别出竞争对手的真正来源；一些公司低估了竞争对手的能力和反应速度。在最近的环境中，经营战略必须以竞争为导向。"竞争环境不仅包括其他同行公司，也包括一些更基本的东西。一家公司掌握竞争的最好方法就是树立顾客观点。营销工作人员要针对目标市场的需要适时做出调整，还要针对同一市场竞争者的战略做出相应的调整。因此，必须对竞争者进行识别和评估。

（一）识别竞争者

识别竞争者看起来好像是一项很容易的工作，比如麦当劳非常明确地知道肯德基是它的主要竞争对手。但是正因为识别竞争者看起来太容易了，却往往经常发生错误的识别。

企业实际的和潜在的竞争者都是非常广泛的，导致很多情况下企业并不能正确的判断自己的竞争者。比如，一个温泉度假村的老板认为，他没有竞争者，理由是当地没有第二家温泉度假村。但是，几个月之后，他的度假村资不抵债退出了经营。原来，游客把钱花在了另一个地区的温泉度假村，因为那里的设施设备更有档次，服务更加完善；或者去了海边的度假村，那里虽然没有温泉，但是海浪听涛，沙滩烧烤，别有一番风趣。可见，这些正是这位老板所没有发现的竞争者。产品是可以替代的，而所有能够提供替代产品和服务的其他企业都应该被视为竞争者。由此，可将竞争者分为四个层次。

1. 形式竞争：当其他企业以相似的价格向相同的顾客提供类似的产品与服务时，企业可以将其视为竞争者。在这一层次，麦当劳将肯德基视为中国市场上的竞争者。

2. 类别竞争：企业可以将生产同样或同类的产品的企业都看做是竞争对手。在这一层次，麦当劳会把所有的快餐店包括中式快餐店都看做是竞争对手。

3. 一般竞争：企业可以把竞争者的范围再放宽到所有提供相同服务的企业。这样，麦当劳就会把所有的餐厅、饭店、面包店甚至超级市场的食品柜台也看做是竞争对手。

4. 预算竞争：企业可以把竞争的视野进一步放开，也就是说，把所有要从同一顾客腰包里掏钱的企业都看做是竞争者。这样，麦当劳会将生鲜超市、农贸市场都看做是竞争对手。

识别并选择正确的竞争者非常关键，因为它与任何一家旅游企业的营销战略和运营策略都有很大的关系。旅游营销工作者应该首先确定他们的顾客及其顾客的需要和需求是什么，然后调查他们会选择的竞争者是谁，从而对这些竞争者做一个彻底的分析，从中找到营销的机会。

（二）评估竞争者

认真分析竞争者的情况，理解竞争者在未来可能的动向及反应，才能为旅游企业找到适合自己的、并且能形成竞争优势的营销战略。"接近你的朋友，更要接近你的竞争者。"获得的竞争情报要实现三个目标：了解你的优势和劣势；了解竞争者的战略和策略；帮助你制定可以创造竞争优势的战略和策略。一般说来，在分析竞争者时，应该从以下三个方面着手：

1. 市场份额：这是衡量竞争者在有关市场上所拥有的销售份额。

2. 心理份额：这是指在回答"举出这个行业中你最先想到的一家企业"这一问题时，提名竞争者的顾客在全部顾客中所占的百分比。

3. 情感份额：这是指在回答"举出你在哪一家购买产品"这一问题时，提名竞争者的顾客在全部顾客中所占的百分比。

事实证明，在心理份额和情感份额方面稳步进取的企业最终将获得更多的市场份额和利润。一般认为，击败竞争者的战略有三种：通过定位来提供最好的防御；通过进攻来影响收支差额；探索产业变化。

一个成功的旅游公司必须超越今天的竞争者看到明天的竞争者，同时还必须在竞争中警惕新的进入者和替代品的威胁，关系营销一般被认为是较好的占据良好营销位置的关键。

五、社会公众

社会公众是指对旅游企业的营销活动感兴趣或发生影响的团体和个人。社会公众对于旅游营销活动而言犹如鱼水关系，良好的公众关系和社会环境是旅游企业的生存和发展所必需的。对于旅游企业而言，主要的社会公众包括金融公众、媒体公众、政府公众、民间团体公众、一般公众、社区公众和企业内部公众。

（一）不同社会公众的主要影响

金融公众主要指那些为旅游企业融通资金的企业或个人，它们是影响旅游营销目标实现的财务机构，包括银行、投资公司、保险公司、信托公司、证券公司、股东等。旅游营销活动目标的实现需要他们的财务支持，同时也要实现他们所预期的财务目标。

媒体公众主要指能刊载、传播新闻、特写和社论的具有广大影响的大众传媒机构，包括报社、杂志社、广播电台、电视台等，它们对旅游的声誉及形象有着广泛的影响。

政府公众是指那些与旅游企业有关的，对企业的经营活动进行管理的政府管理机构，诸如旅游行政部门、工商管理部门等，它们对旅游企业的营销活动行使着监督权。

民间团体公众主要指由与旅游企业有关的、共同利益产生共同行动的民间社会组织，包括消费者权益保护协会、环境保护协会、少数民族团体等。它们对立法、政策及舆论有着相对重要的影响，旅游企业不可以忽视民间团体公众的舆论影响力。

一般公众主要指不一定成为旅游企业的现实消费者，但是其态度和舆论对旅游企业的市场营销活动有着潜在影响的一般消费者。旅游企业市场营销的效果在很大层面上还依赖于"口碑"的良好宣传，因而不可以忽视在一般公众中建立起良好的企业形象。

社区公众主要指旅游企业所在地的居民社区组织，包括所在地的居民群众、地方官员和社区组织。它们与旅游企业衣食共存，共享一片蓝天，旅游企业应当搞好与当地社区公众的良好的关系，造福于民，才能赢得他们的支持与喜爱，创造良好的生存与发展环境。

企业内部公众是指旅游企业营销组织内部的所有管理者和员工。旅游营销活动需要依靠全体成员包括上至董事长、下至普通员工，各职能部门、各环节、各岗位之间的通力合作、分工协调，因此离不开内部员工之间的相互信任与支持。

（二）发展良好的社会公众关系

旅游营销活动的顺利进行离不开社会公众提供的良好氛围与支持。旅游企业应该通过自觉的加强与相关单位与社会公众的联系，注重与相关社会公众发展建设性的关系，营造出良好的社会公众氛围，使之有利于自己企业的舆论导向。公关营销理论认为，平时逐步积累起的大量信誉对于旅游企业经营而言非常有益。一般旅游企业都设有专门的公共关系部门负责处理公共关系事务，但是要注意的是，公共关系事务的处理并非公共关系部门一个部门所承担，而应该是旅游企业全体成员的共同责任。尤其是在某些特殊场景下，危机公关更显出一个企业处理公关关系的能力。2006年春节，大量游客涌入香港迪斯尼乐园，曾导致乐园爆满，部分游客被拒之门外，引起消费者极大的不满，随后，国内各大媒体对此事全面跟进报道，各大门户网站都推出相关专题，由此一场有关香港迪斯尼的拒客风波迅速传遍全国。拒客风波发生之后，香港迪斯尼乐园方面连续进行了三次道歉，并承诺退款。尽管当时媒体批判的声音一波高过一波，也暴露了迪斯尼乐园售票方式不科学、管理不完善、销售本土化、预测不到位等多方面的问题，但香港迪斯尼乐园对危机的反应和处理速度，"以消费者为中心"解决问题，跟媒体及时快捷沟通，勇于承担责任，充分体现了危机公关的三大处理原则，是值得大多数景区学习和借鉴的。

六、旅游企业内部

旅游企业内部的营销环境体现在既成的经营管理模式与企业文化中间，它制约着企业营销活动的效果，不同的内部营销环境可以使企业在面向相同的外部环境开展营销活动时取得不同的效果。企业内部营销环境主要包括企业资源、企业组织结构、企业文化。企业应当注重建立起良好的内部营销环境，使之有利于企业营销活动的成功开展。

（一）企业资源与组织结构

旅游企业所拥有的人力、物力、财力等各方面的资源配置以及其组织结构的合理与否是旅游企业能否正常开展营销活动的基本条件。旅游企业营销活动的正常开展需要借助于一定的资源支撑，需要优秀的人才储备以及足够的资金与相应的硬件设施。旅游企业自身管理水平的高低、各项规章制度的优劣也决定了企业营销机制的工作效率，决定着能否保证营销活动的有序、高效的开展。

旅游企业营销活动的正常开展需要借助于营销部门内专职员工间的通力合作，同时更为重要的是这还必须取得企业内部其他职能部门如高层管理、财务、研究与开发、采购、生产等部门的配合与协调一致。营销部门在企业中的地位影响到营销活动能否顺利的进行。旅游营销部门的营销活动必须在高层管理部门所规定的职能范围内做出决策，并且在所制定的计划实施前得到高层部门的批准；然后在执行营销计划的过程中，与其他职能部门相互配合，才能取得预期的效果。

2009 年，澳大利亚昆士兰州旅游局经过精心的准备，主办了"世界上最好的工作"——面向全球招聘大堡礁看护员的活动。从表面看，最终入选、半年薪水高达 65 万元人民币的大堡礁护岛人是最终赢家，但实际上，最大的赢家是昆士兰旅游局。他们以 170 万美元的低成本，收获了价值 1.1 亿美元的全球宣传效应，全球媒体被牵着鼻子走，使得他们成功进行了一次超值的旅游营销活动。一个好的事件营销，重要的一点就是能够让人持续关注。大堡礁看护员招聘与结束合同活动历时一年，获得了极好的眼球效应，其中除了活动策划本身的新颖创意以及互联网的优越传播功能外，昆士兰旅游局的上下齐心与大力支持也是分不开的。

（二）企业文化

企业文化是指企业在长期生产经营活动中确立的，被企业全体员工普遍认可和共同遵循的价值观念和行为规范的总称，体现在价值标准、经营哲学、管理制度、思想教育、行为准则及企业形象等，是一个非常重要的企业内部环境因素。企业文化对于企业整体氛围与工作环境的影响是潜移默化和无时无处不在的，企业文化的影响力不仅限于企业内部氛围的营造，也能通过各种渠道对社会产生影响。良好的企业文化有助于提高企业内部的凝聚力，增强员工的归属感，形成良好的员工规范，提高员工的工作积极性，激发员工的创造力与更好的工作，并能为顾客带来实效，从而取得更高的绩效。企业文化通过员工的行为与态度向外辐射，外化为企业的产品和服务，传递着企业的形象与信息。美国哈佛大学曾对两组企业（一组重视企业文化，一组相反）进行了长达 11 年的考察比较，发现"前者总收入平均增长了 682%，后者仅增长了 116%；前者公司净收入增长了 756%，后者仅为 1%。"这个调查报告，为企业文化的超乎寻常的作用力提供了量化的证据。在良好的市场环境下，缺乏强劲的企业文化支撑的企业，必将沦为被淘汰的对象，退出市场。企业文化的建设，不是落在墙上形成口号和标语，而应当切切实实的变为公司整体的思维方式和行为方式，能够落实到具体的行动中，真正汇成促进企业成长的企业文化。

第四节　旅游市场营销环境的战略分析

旅游市场营销环境的各种因素客观存在并且处在不断的变化之中，它们不可避免的会对旅游企业的营销活动产生或大或小、积极或消极的影响，复杂多变的营销环境要求旅游企业必须不断调研和分析变化中的外部环境，从中找出新的机会并且规避威胁，通过调整自身资源制定相应的营销战略和策略，实现企业的营销目标。

旅游企业在进行环境分析时可以采用 SWOT 分析法。SWOT 分析法是对一个企业的优势、劣势、机会、威胁的全面评估，其中 S 代表 Strengths，意为优势；W 代表 Weaknesses，意为劣势；O 代表 Opportunities，意为机会；T 代表 Threats，意为威胁。SWOT 分析法的主要目的就是通过探索机会、削弱威胁、克服劣势来建立公司的优势，以此来使企业的资源和能力满足企业所处环境的需求，确立企业发展的战略。

一、旅游企业营销环境的优势与劣势分析

旅游企业营销环境的优势与劣势分析是针对旅游企业内部而言的，将旅游企业经营的各个要素与其竞争者的相应要素进行比较，从中找出企业所具备的最大优势与最大劣势，然后以最大优势为基础规划未来制定战略，回避劣势所带来的影响。优劣势分析会有利于旅游企业在正确认清自身的基础上，扬长避短，制定适合自己的发展战略与策略。

（一）S——优势分析

旅游企业的竞争优势，可构建的方面很多，可以从某要素单方面呈现出来的特点对比得出，也可以从综合呈现出来的特点对比得出。一般而言，竞争要素的分析，可以从旅游企业所拥有的资源与能力、产品与服务、市场与目标、价格与需求、硬件与软件、技术与前景、地理位置、质量与声誉等各方面逐项进行比较，客观分析，综合评估。客观分析的结果，尤其要找出企业最具优势之处与最薄弱的环节，开发出企业特殊的能力与竞争优势，明确自己做什么会比其他竞争者做得更好，并据此确立自己的战略目标。

旅游目的地自身所拥有的资源条件对该地来讲总是最为重要的发现自身优势的来源之处，独特的无可替代的自然风光总是吸引人们前往旅游的重要载体，这也是为什么每年都有 2 500 万欧洲游客涌向地中海地区度假的原因。瑞士，原先只是游客在选择旅游目的地时的途经之地，周围的德、意、法、奥都是人气很旺的旅游接待国，瑞士并非旅游资源不好，那是什么原因导致了来访游客很少，而且平均停留时间也只有 1～2 天呢？瑞士旅游官员们在优劣势分析中，发现除了阿尔卑斯山为大众游客所知之外，更多美丽的旅游体验

都不为游客所知，过于单一的旅游国形象影响了客源的流入。为了不至于沦为二流的欧洲旅游国，瑞士重新找到了一个"独特的焦点"来吸引更多游客的来访——就是：瑞士并非只有阿尔卑斯山，更多的旅游资源的多样性可以满足人们更多新奇的旅游体验。通过优势分析重新定位了瑞士的旅游发展战略，之后旅游业的发展取得了极好的效果。创造旅游市场需求的来源途径很多，诸如丰富多彩的旅游体验活动、周到热情的人性化服务与设施、合理超值的旅游价格性价比、良好的旅游氛围与人文环境、具有针对性的目标顾客导向的营销方案等。

（二）W——劣势分析

每个旅游企业都有其自身的优势所在，自然也相应地伴生着劣势。复杂多变的营销环境与顾客需求，要求旅游企业不但要集中精力发扬所长锤炼出明显的竞争优势，同时还要跟随着市场的变化不断地推陈出新，强化并保护自己的这一竞争优势与市场空间。如果企业不善于把握市场环境，企业所拥有的优势有时也会变为竞争中的劣势。国外曾有一家饭店，在经营上很有特色，每当顾客进店时，总是报以热情的态度，并且主动免费为客人提供第一道菜；而当顾客在等候主菜时，又提供免费的色拉。此举曾引来大批的顾客，餐馆生意一度兴隆。10 年以来，这一服务惯例依然如故，服务生的表情也是照旧，但大部分顾客却为此感到厌倦，相继离去而寻找其他的饭店。该餐馆在经营上的失败，并不是由于它受到了强大对手的市场威胁而造成，事实上却是由于它多年一成不变的惰性导致的失败，原来的优势在发展变化的环境中变成了劣势。

旅游企业的优势与劣势之间是可以相互转化的。通过旅游企业与竞争者各竞争要素的对比分析与综合评价，可以找到旅游企业自身所长的绝对优势与薄弱环节，扬长避短的同时，注重优劣势之间相互转化的可能性，寻找机会，规避威胁。

二、旅游企业营销环境的机会与威胁分析

旅游企业营销环境的机会与威胁分析是针对旅游企业外部而言的，机会意味着营销环境中的有利趋势，威胁意味着营销环境中的不利趋势，一般而言，当营销环境趋势中创造出某种发现顾客、创造顾客、保留顾客的竞争优势时，机会就来临了；反之，则出现了威胁。所以，机会与威胁的区别就在于营销环境变化过程中，是否为企业带来了赢得顾客与利润的竞争优势。机会往往稍纵即逝，威胁也往往与机会相伴而行，旅游企业要善于发现并及时抓住机会，利用并克服威胁，或许能把威胁转变为另一种机会。

（一）O——机会分析

旅游营销环境机会的实质是指市场上存在着"未满足的需求"，这种需求可能来自于宏观环境，也可能来自于微观环境。随着顾客需求的不断变化和产品生命周期的缩短，使得老产品不断被淘汰或者被替代，要求开发出新的产品来满足顾客新的需求，市场上新的机会由此而出现。世界饭店业的发展史就可以证明这一点，从 19 世纪的豪华饭店，到 20 世纪的商业饭店、汽车旅馆，到二战之后的新兴饭店、大众旅馆，到现在普遍的经济型酒店、青年旅社等，每一次环境的变化都会引领不同顾客的新型需求，从而创造出新的市场机会。

为适应外部环境的重大变化，旅游企业必须有超前的预测能力，通过调研外部宏观环

境与微观环境的细微变化，分析出顾客现实的或者潜在的需求满足程度以及其演变的趋势，分析出竞争者的市场动向，从而找到那些"尚未被满足的需求"，及时采取行动，以免错失良机。

把握机会是旅游市场营销活动中极为关键的一步，机会总是稍纵即逝的，因而机会总是只属于有准备的企业。2001 年 11 月上海召开国际 APEC 会议，吸引了众多的国际友人来华旅游，国际性的会议给上海及周边地区带来了很好的声誉和财源。然而当时国内许多旅行社的营销工作人员都习惯性的认为十月旅游的黄金月高潮已经过去，旅游市场处于淡季，由于人手准备不足而当真正的旅游高潮来临时，出现了游客报名过多而旅行社无法组团的现象，不能满足众多的旅游消费者的需求，白白错失了一次良好的机会。

旅游企业营销环境中出现的机会只有与旅游企业自身所具备的某种优势相适应或者相匹配时，这样的机会对于旅游企业而言才是真正具有优势性与可行性的。旅游企业在发现市场机会的同时，要考虑竞争者的动向，善于在多样化的市场需求中选择出最适宜自己的、价值最大的市场机会，并能够通过相应的营销战略和策略，及时把握。

（二）T——威胁分析

旅游营销环境机会对不同的旅游企业而言是不相等，同一个环境机会对一些企业而言可能是有利的机会，对另一些企业而言则可能造成威胁。所以机会与威胁总是相伴而生的，威胁是机会的另一面。环境威胁是营销中的不利趋势，对旅游企业的发展形成挑战，如果不能及时采取适当的对策，这种趋势将会侵蚀旅游企业的市场地位，严重的可能会导致企业破产。

结合威胁对于旅游企业影响的大小和威胁出现的概率大小，可作出威胁分析矩阵。通过分析，可供选择的对策主要有三种方式：

1. 对抗：对影响企业声誉与长远利益的不正当竞争，威胁企业根本的发展，可运用舆论与法律等手段，采取积极措施，力求制止或扭转不利因素的发展。

2. 化解：对来自竞争者的强劲挑战，可通过调整营销组合减轻竞争威胁的严重性，也可采取兼并、联盟等方式化敌为友。对来自顾客层面的批评与建议，应虚心听取，衷心感谢，积极改进，力求得到他们的谅解与好评。

3. 转移：对于长远的、无法对抗和化解的竞争威胁，应当机立断，采取向其他发展前景好的经营领域转移的对策。

三、旅游市场营销战略选择

旅游市场营销环境的 SWOT 分析可以为旅游营销工作者提供一个较为客观的事实基础，营销工作者应该据此采取一种什么样的营销战略呢？简单来说，并没有一种标准的选择模式可以适宜任何一家具体的旅游企业，具体的企业应该根据自身的具体情况选择适宜自己的营销战略，从 SWOT 分析得出的结论中识别自身企业的战略目标，做出战略计划，以指导企业在营销活动中与环境因素的积极互动，达到预期的战略结果。由此我们提出了战略选择的基本函数，用以帮助我们理解战略选择的本质。

（一）战略选择的本质

战略选择是企业内部资源与外部环境交互作用的结果，战略选择函数为：S = f（E，

R，V）。其中 E 代表 Environment，意指企业的外部环境；R 代表 Resources，意指企业的内部资源；V 代表 Vision，意指企业愿景。

战略选择函数表征的是，战略（S）是环境（E）、资源（R）和愿景（V）这三个变量的三元函数。分析环境 E，可以明确企业"可做"什么；分析资源 R，可以明确企业"能做"什么；分析愿景 V，可以明确企业"想做"什么；而战略就是要确立企业"该做"什么。弄清了"可做"、"能做"和"想做"什么，"该做"什么就自然明确。

环境因素的分析本章第二节和第三节已经做了较为详细的讲述，界定了企业"可做"什么的范围，环境的变化又为企业的发展不断带来机会或威胁；资源是企业制定战略的基础条件，资源通过企业的优势与劣势表现出来，界定了企业"能做"什么的范围；外部环境与内部资源的结合既为企业的发展起着一定的限制作用，也为企业的发展带来相应的促进作用，甚至为企业的发展带来竞争优势。

愿景是企业制定战略的价值诉求，它描述了企业"想做"什么的范围，更多地体现了企业管理者的意志和意图，它为企业的战略制定提供的是精神动力和方向指南。企业"可做"且"能做"的事情并不少，但最终能否"做成"，还必须以企业"想做"为前提；企业的"想做"也要建立在"可做"和"能做"的范围之内，否则都无济于事。

由此可见，战略选择的本质是"该做"什么，它是"可做"、"能做"和"想做"的有机统一，三者缺一不可。通过战略选择的函数式，我们可以看到，战略选择该做的方向，就是要围绕这三个方面的综合评价来进行。

（二）旅游市场营销战略选择

1. 基于 SWOT 分析的战略选择

SWOT 分析通过对一个旅游企业的自身优势与劣势、外部机会与威胁进行系统的全面评估，可以为旅游企业发现市场机会、规避风险，发挥优势、克服劣势提供参考，以此来帮助企业寻找并且确立企业发展的营销战略。通过旅游企业自身资源的组合情况，在与竞争者进行相应对比之后，确认自身企业的关键能力与关键限制；把识别出的所有优势分成两组，分的时候以两个原则为基础：它们是与行业中潜在的机会有关，还是与潜在的威胁有关；用同样的办法把所有的劣势也分成两组，一组与机会有关，另一组与威胁有关。由此得出 SWOT 分析图例：

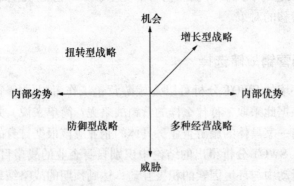

图 2-1　旅游企业 SWOT 分析图

从图 2-1 可见，当企业内部优势与机会结合，这样的资源是可以被旅游企业所直接利用的，对于旅游企业而言是为增长型战略（SO），一般而言是最佳的营销战略选择。当企业内部优势与威胁结合，旅游企业可以监视这些资源的运作，通过转移或者分散风险的方法，化解威胁带来的不良影响，对于旅游企业而言是为多种经营战略（ST）。当企业内部劣势与机会结合，这样的资源只有通过改进，变劣势为优势，才能利用，对于旅游企业而言是为扭转型战略（WO）。当企业内部劣势与威胁结合，旅游企业则只能尽量消除这些威胁的可能不良影响，对于旅游企业而言是为防御性战略（WT）。

一旦旅游企业使用 SWOT 分析法决定了企业发展过程中的关键问题，也就基本上确定了旅游市场营销活动的目标。但是，在运用 SWOT 分析法的过程中，有一点非常重要的就是它的适应性。因为有太多的场合看起来都可以运用 SWOT 分析法，所以它必须具有适应性。再一个问题就是，SWOT 分析法没有考虑到企业改变现状的主动性，也就是上文提到的企业在战略选择过程中企业自身的"愿景"。企业是可以通过寻找新的资源来创造企业所需要的优势，从而达到过去无法达成的战略目标。

2. 旅游市场营销战略选择

通常来讲，旅游市场营销活动最主要的战略选择方式有三大类：旅游"产品-市场"发展战略、市场竞争战略、营销组合战略。

第一类旅游"产品-市场"战略可以细分为市场渗透战略、市场开发战略、产品发展战略、多角化经营战略。市场渗透战略是指旅游企业在现有的市场上增加现有产品的销售量和市场占有率的一种发展战略。市场开发战略是指旅游企业在现有产品的基础上开发新市场的一种发展战略。产品发展战略是指旅游企业在现有市场上投放新的旅游产品或增加产品种类来扩大企业的市场占有率和销售量的战略。多角化经营战略是指旅游企业利用现有资源和优势，向不同行业的其他业务发展的营销战略。多角化战略还可以进一步细分为同心多角化、水平多角化、复合多角化三类。同心多角化战略指利用现有的技术、设备、营销渠道等开发与现有产品类似的产品与服务项目的经营发展战略。水平多角化战略指企业利用原有的市场，采用不同的技术来跨行业发展新产品，增加产品种类和生产新产品销售给原市场的顾客，以满足他们新的需求。复合多角化战略指旅游企业开发与现有产品、技术和市场无明显关系的新业务，开辟全新经营领域的发展战略。

第二类市场竞争战略可以细分为市场领先者战略、市场挑战者战略、市场追随者战略、市场补缺者战略。市场领先者战略适宜于行业中处于领先地位、占最大市场份额的营销者，其战略最关注的是在稳定市场地位的基础上扩大市场份额。市场挑战者战略适宜于市场占有率居于领先者之后，但是又在其他竞争对手之前的旅游企业，其战略直接对领先者形成挑战。市场追随者战略适宜于市场份额比前两类竞争者少，新产品开发的技术薄弱，市场声誉和知名度不是特别高的旅游企业，可采用紧紧跟随、有距离跟随、有选择跟随的战略。市场补缺者战略适宜于大旅游企业忽视的细分市场的旅游企业，可通过目标市场专业化形成战略优势。

第三类营销组合战略由传统的产品（Product）、价格（Price）、渠道（Place）、促销（Promotion）发展而来，可分为战略型营销组合和战术型营销组合两大类，战术型营销组合是在 4Ps 的基础上加上政治（Politics）与公关（PR），战略型营销组合则在战术型营销组合的基础上再加上研究（Probing）、划分（Partitioning）、优先（Prioritizing）、定位（Positioning）。针对旅游市场营销组合的特性，则可表现为产品（Product）、价格

（Price）、渠道（Place）、促销（Promotion）、人员（People）、有形展示（Physical evidence）与过程（Process）。旅游企业通过对自己可控制的各种营销因素（7Ps）的优化组合和综合运用，使之协调配合，扬长避短，发挥优势以创造更好的营销绩效。

由此可见，旅游企业根据自身外部环境机遇与威胁、内部资源优势与劣势以及企业期望的可行愿景，综合评估，才能找到真正适合自身发展的准确目标，选择到适宜自身发展的营销战略方式，获得预期的成功。

本 章 小 结

旅游市场营销环境是与旅游企业的营销活动有现实或潜在关系的所有外部力量和相关因素的集合，是影响旅游企业生存和发展的重要外部条件。旅游市场营销环境包括宏观营销环境和微观营销环境两大类。旅游市场营销宏观环境主要包括旅游组织或企业所在区域的自然环境、经济环境、社会文化环境、人口环境、政治法律环境、科学技术环境等，它们为旅游企业的发展带来机遇或者某种程度上的威胁，对旅游企业的营销活动有极大的间接性影响。旅游市场营销微观环境主要包括旅游供应商、旅游中间商、旅游消费者、竞争者、社会公众以及旅游企业自身内部，它们将直接影响到旅游企业为目标游客服务的能力。

旅游市场营销环境是不断变化、多样复杂的，旅游企业要通过对这些环境因素的主动探索和适应，充分认识到自身的最大优势与最大劣势，在变化的环境和顾客需求中及时发现并把握市场机会，克服威胁与不利条件，以此来明确企业发展的最佳目标，并通过适宜的营销战略选择来保证其营销目标的实现。

【思考题】

1. 如何理解旅游市场营销环境的特征？
2. 生态旅游与可持续发展观念对旅游市场营销活动提出了怎样的要求？
3. 如何识别与评估旅游企业竞争者？
4. 社会公众对旅游市场营销活动有怎样的影响？
5. 如何进行旅游市场营销环境的 SWOT 分析？

【单选题】

1. 不同旅游企业受不同环境因素的影响，同一环境因素的变化对不同旅游企业的影响也不同，这主要体现了旅游营销环境的（　　）。
   A. 动态性　　　　　　　　　　B. 复杂性
   C. 差异性　　　　　　　　　　D. 层次性
2. （　　）构成实际的购买力。
   A. 个人收入　　　　　　　　　B. 个人可任意支配收入
   C. 个人储蓄　　　　　　　　　D. 个人可支配收入

3. 2005 年第三位太空游客成功返回太空游，成为当年影响全球旅游业的八大事件之一，说明了(　　)环境对旅游业的影响深远。

    A. 社会文化　　　　　　　　　　B. 科学技术

    C. 政治法律　　　　　　　　　　D. 经济

4. 企业文化的影响力(　　)。

    A. 仅限于工作环境　　　　　　　B. 仅限于企业内部

    C. 可对外辐射　　　　　　　　　D. 仅限于口头宣传

5. 战略选择的本质是明确企业(　　)。

    A. 可做什么　　　　　　　　　　B. 能做什么

    C. 该做什么　　　　　　　　　　D. 想做什么

答案：1. C　2. D　3. B　4. C　5. C

【多选题】

1. 旅游市场营销活动更应该关注的经济发展阶段是(　　)。

    A. 传统社会　　　　　　　　　　B. 起飞前准备阶段

    C. 起飞阶段　　　　　　　　　　D. 趋向成熟阶段

    E. 高消费阶段　　　　　　　　　F. 追求生活质量阶段

2. 旅游供应商对旅游企业营销活动的影响主要体现在(　　)。

    A. 协助旅游企业选择最恰当的市场　　B. 供货的稳定性与及时性

    C. 供货的价格变动　　　　　　　D. 供货的质量水平

3. 旅游组织购买者的消费特点是(　　)。

    A. 交易规模较大　　　　　　　　B. 专家购买

    C. 交易数量较多　　　　　　　　D. 对价格敏感

4. 旅游危机公关的处理原则是(　　)。

    A. "以消费者为中心"解决问题　　B. 跟媒体及时快捷沟通

    C. 勇于承担责任　　　　　　　　D. 相互推诿拖延

5. 分析竞争者时，在(　　)方面稳步进取的企业最终将获得更多的市场份额和利润。

    A. 市场份额　　　　　　　　　　B. 心理份额

    C. 情感份额　　　　　　　　　　D. 利润份额

答案：1. CDEF　2. BCD　3. AB　4. ABC　5. BC

【本章练习题】

以某一旅行社或某一饭店为例，对其宏观和微观营销环境进行分析，并提出相应对策。

第三章　旅游消费者购买行为分析

【学习目标】

　　通过本章的学习，应了解旅游市场的特点，理解旅游消费者的消费行为模式，熟悉旅游消费者购买行为的概念、类型，掌握旅游消费者购买行为的因素及旅游消费者购买行为的决策过程。能运用旅游消费者购买行为的基本知识分析旅游市场中旅游消费者的购买行为。

案例导引

东京迪斯尼乐园的经营魔法

　　东京迪斯尼乐园位于日本千叶县普安市。1983年开业后，商界许多人认为它将失败。结果令人大吃一惊：从开业至1991年5月，游客累计为1亿多人次。现在该园每年约吸引1600多万游客，年经营额约1470多亿日元，成为日本企业界的奇迹。

　　该园的成功，是运用独特的经营技巧，全方位满足游客心理动机。为了吸引游客，提高"重游率"，从规划、建设到经营处处体现出心里诱导策略。

　　（1）地理位置。东京迪斯尼乐园的选址在距东京约10公里，乘电车20分钟可到达的普安市。

　　（2）占地面积。东京迪斯尼乐园的面积，大到游客无法在一天内游完，但也不算过分大，最恰当的面积为46.2公顷。

　　（3）景观环境。聘请农业博士专家协助建园，使该园一年四季能呈现不同景观，始终维持花草繁荣的状态。

　　（4）适应国情。该园商店街建有屋顶，而美国加州、佛罗里达州的迪斯尼乐园却没有，主要原因是日本雨水较多。

　　（5）商品奇俏。该园游客平均消费远比传统乐园高，主要原因是园内销售的商品均经过仔细挑选，许多商品在外面买不到，所以对旅游者有足够的吸引力。

　　（6）设施常新。该园几乎每年都增设新的游乐设施，1987年建"雷电世界"；1989年修"星际之旅"；1992年推出"米奇胜过滑雪"节目。正是这些层出不穷的新节目新设施，才使东京迪斯尼乐园的重游率高达85%。

　　简要案例评述：东京迪斯尼乐园的经营之所以取得的成功，正是因为经营者正确分析了游客的购买行为及可以促使游客产生购买行为及重复购买的影响因素，并针对这些影响因素从选址、建筑到商品各个方面精心打造，以满足旅游者的消费心理需求。从此成功案例可以看出，重视旅游消费者的购买行为，并进行针对性的研究，对旅游企业的经营有非常重要的意义。

（资料来源 http://wenku.baidu.com/view）

第一节　旅游消费者购买行为概述

旅游消费者是旅游企业的生命线，是旅游企业生存和发展的依靠。不同的旅游企业、不同的旅游产品，旅游消费者的购买行为也有较大的差异。旅游消费行为有一定的规律性，以个人和家庭消费为目的的消费行为、组织机构的"团购"行为及"为卖而买"的旅游中间商的消费行为之间有明显的区别。分析各类旅游消费行为的目的在于制订不同的营销组合，影响和引导旅游消费行为朝着有利于本企业的方向发展。

现代旅游市场营销认为旅游消费者是旅游营销活动的主体，旅游企业须以旅游消费者为导向，才能避免营销工作的盲目性。在旅游市场日趋国际化、企业竞争空前激烈的今天，赢得客户、赢得旅游者已成为旅游企业生死存亡的关键。

旅游企业要赢得旅游消费者的青睐，首先必须了解他们的所思所想。关注他们现在和未来需要哪些产品，乐意在何处、何时消费，谁来主导消费，吸引他们消费的因素是什么，旅游消费者对旅游营销刺激会做出何种反应，旅游企业如何满足需求、刺激需求、引导需求乃至创造需求，如何在与同行对手争夺旅游消费者过程中取得优势地位等，以此来不断推陈出新，生产符合消费者口味的新产品，以获得巨大的经济效益和生存发展空间。

一、旅游消费者购买行为的概念

旅游购买行为是指在收集旅游产品有关信息的基础上，旅游产品的购买者选择、消费、评估旅游产品过程中的各种行为表现。

旅游消费者购买行为是指购买旅游产品是供个人、家庭或结伴消费群体的最终消费，而不是为了转让赚取利润或供法人单位旅游消费的消费行为。旅游者消费又可分为个人消费和群体消费两类。

二、旅游消费者消费行为的类型

旅游企业把旅游消费行为依据不同的分类标准进行划分，其目的在于更好地研究各类旅游消费者的需求特点和消费行为特征。

（一）习惯型

因为消费经验的积累，指旅游消费者在消费旅游产品时，其消费行为呈现出反复性的特征，形成一种习惯型消费行为。例如，许多学生旅游消费者习惯于选择散客旅游的方式，而不是团队旅游。

（二）理智型

这种旅游消费者具有头脑清醒冷静，经验丰富的特点，他们对旅游产品的品质、用途、价格高低等都有自己的见解，主观性强，不容易受外界因素的影响，很少感情用事。也因此他们在选择旅游消费产品之前能够广泛收集信息，了解市场行情，进行认真分析，权衡各种利弊因素，然后才实施购买行为。

（三）经济型

旅游消费者如果对旅游产品的价格十分敏感，那么其实施的旅游行为就属于经济型消费行为。这类旅游者特别重视旅游产品的价格，专爱选择价格较为低廉的旅游产品，他们往往善于发现别人不易察觉的旅游产品的价格差异。例如，许多低收入旅游消费者由于受到收入水平的限制，往往选择在淡季出游，享受价格的优惠；此外，他们还非常关心如何安排线路以减少花费。

（四）冲动型

这种类型是指旅游消费者未经事先考虑，受现场情景激发而做出消费，以直观感觉为主，临时做出决定的消费行为。这类旅游者的情绪容易冲动，心境变化激烈，容易受广告和他人行为的影响。这种类型的旅游消费者往往在先天性格方面比较随意和感性，喜欢追求新产品，从个人兴趣出发，不大讲究产品的效能、性能，易受旅游产品的外观、广告宣传的影响。

（五）感情型

这种类型是指旅游消费者由于感情因素的影响而进行消费的行为，又称想象型。这类旅游者的消费行为大多数属于情感的反应，以丰富的想象力来衡量旅游产品的意义。例如：有些旅游者由于感情受到挫折，导致心情低落，从而选择外出旅游来缓解情绪，这就是典型的情感型消费。

（六）疑虑型

旅游消费者在消费旅游产品前反复仔细对比考虑，消费过后还疑心上当的消费行为就是疑虑型旅游消费行为。这类旅游者一般性格内向，言行谨慎、多疑，对营销人员抱有不信任感。

（七）随意型

是指旅游消费者在购买旅游产品时无固定偏好，进行顺便购买或尝试购买的消费行为。这类旅游者或者缺乏消费经验，或者缺乏主见，既不苛求也不挑剔，消费行为比较随便。

三、旅游消费者消费行为模式分析

在市场营销观念指导下，研究旅游者的消费行为成为旅游企业营销管理的基本任务。一般来说，旅游消费者的消费行为是由于旅游者首先受到了某种（内部或外部）刺激而产生某种需要，随后由于需要而产生消费某种旅游产品的动机，最后导致产生某种消费行为。

研究消费者消费行为的理论学家曾设计了许多模式来研究和描述旅游消费者的消费行

为。这里主要介绍两种模式：

（一）科特·莱文（KurtLewin）模式

旅游消费者消费行为是旅游者购买和使用旅游产品或服务的决策过程中的各种活动，在旅游活动中，旅游消费者的心理和行为是极丰富和复杂的，旅游者的购买行为必然直接或间接地受到许许多多的心理因素和社会因素的影响。行为科学家科特·莱文（KurtLewin）用公式（3-1）描述人类的消费行为：

$$CB = f (P, S, E) \qquad\qquad 公式（3-1）$$

其中：CB——消费者行为；

　　　P——消费者个人的特点；

　　　S——社会影响因素；

　　　E——环境因素。

（二）刺激—反应模式

美国著名市场营销学家菲利普·科特勒在其《市场营销管理》一书中提出的刺激—反应模式。

刺激分为两种：一种是营销刺激（营销4P），即企业可控因素的刺激，分别是产品（Product）、价格（Price）、地点（Place）、促销（Promotion）等因素；另一种是其他刺激，是企业不可控因素的刺激，包括经济、政治、文化、科学技术等因素。营销刺激与其他刺激一起构成了对消费者的外在刺激，他们共同作用以引起消费者的注意。消费者受到刺激而做出反应，期间还要经历一个过程，即具有一定特征的消费者个体消费动机形成，并产生消费行为的决策过程。消费者制定消费决策的心理过程及影响消费行为的因素是如何起作用的？这深藏在消费者的内心深处，如同"黑箱"一样，营销人员无法直接了解。

图3-1显示了外在刺激因素进入消费者的"黑箱"并产生一定反应的过程。消费者的"黑箱"由两部分组成：第一，消费者的特点，对于消费者如何向刺激做出反应有重大影响；第二，消费者的决策过程，对于结果有影响作用。旅游企业可以通过多种刺激手段（如广告、人员推销等）来促使旅游者做出多种多样的反应，然后根据他们做出的公开反应来推断出黑箱是如何变化的，从而有针对性地开展营销刺激，提高营销绩效。

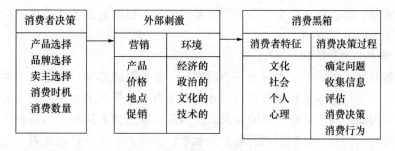

图3-1　刺激—反应模式

第二节　影响旅游消费者消费行为的因素

一、内部因素

旅游者的行为决策是一个复杂的心理过程。旅游者消费决策通常要受心理过程的影响，包括需要、动机、知觉、学习及信念与态度。在旅游系列行为决策动因系统中，旅游者消费行为的基本原因是旅游需求，当旅游需求与旅游目标相遇时，动机就是旅游行为的直接推动力量；知觉、学习、个人的信念和态度是间接推动力量。这些都是影响旅游消费者产生消费行为的内部因素。

（一）需要

1. 含义

需要是个体对内外环境的客观需求在脑中的反映。需要被认为是个体的一种内部状态，或者说是一种倾向，它反映个体对内在环境和外部生活条件的较为稳定的要求。它常以一种"缺乏感"体验着，以意向、愿望的形式表现出来，最终导致为推动人进行活动的动机。

旅游是人们的一种需求或需要。

按照马斯洛（二战后美国行为科学家）的需要层次理论提出的观点。需要层次理论认为，人的需要分为五个层次：生理需要；安全需要；爱的需要或社交需要；受尊重需要；自我实现需要，需要层次从低到高。

马斯洛需要层次的两个最高层次是最能激发旅游活动的。例如：有人发生旅游消费行为是由于旅游经历能代表个人的能力和威望，这是出于获取尊重需要，所以说旅游需要主要属于人类需要的高级层次。需要层次越高，达到的人数就越少。

2. 旅游需要的主要内容

旅游需要实质是人的一种文化精神需求，是人们变换生活环境以调节身心节律的一种短期生活方式的需要，是人们在特定生活和特定经济条件下对旅游产品、服务的愿望和要求。另一方面，旅游需要又在不同程度上包含了人类各层次需要的内容，包括饮食、休息、安全、求知、审美和社会交往等多种需要的内容。根据对旅游活动影响的大小，旅游需要主要表现为以下三方面：

（1）旅游者的文化需要

恩格斯曾经把人类的需求划分为三个层次：一是生存的需求；二是享受的需求；三是发展的需求。在满足基本生存条件之后，才会产生带有享受性的旅游需求。所以，旅游是人们生活水平提高，高于生存需要的需求。这些需求有精神方面的，也有物质方面的，但更多的是表现为人们对自己知识视野的扩大和个性方面的需求，也就是对文化的需求。这就是现代客源国主要集中于经济和文化发达国家的原因所在。文化需求促进了探险旅游、休闲观光、民俗风情观光旅游以及宗教旅游、美食旅游、民俗旅游、文物古迹等各种专项旅游的蓬勃发展。

（2）旅游者变换生活环境以调节身心节律的需要

人们的日常生活和工作，往往会给人一种单调感和枯燥感，造成心理压力和心理上的疲惫感。而且随着现代社会竞争激烈，生活节奏不断加快，日益紧张的工作、生活也会造成人们体力和精神的疲劳。人们普遍希望在可能的情况下，暂时避开这样的环境，逃避这种现实。旅游使人们从紧张的工作环境中解放出来，新奇的环境又带来了新的刺激，给人们提供了松弛、娱乐和发展个性的可能。旅游能让人忘记悲伤和压力，从而可以有效地缓解人们的紧张情绪和精神压力。随着经济的发展和人类社会的发展，人们的生活观念由追求物质生活的丰富和充实向注重身心的享乐转变。改革开放后，我国居民的旅游支出在各项支出中的比例日渐增长，这些都反映了人们对改变生活内容和节奏的需求。

（3）探新求异的需要

好奇之心，人皆有之。人们普遍认为，旅行可以增加一个人对异乡事物的了解并开阔眼界。而在现代，这一需要仍然在旅游中占重要地位。人们渴望到异国他乡体验与日常居住和生活环境不同的乡土人情、事物风光、地方文化传统和习俗，这种情况逐渐在社会中形成了一种新的价值观念，即喜欢并赞赏探索。俗话说"读万卷书，不如行万里路"，尤其是随着教育的发展和信息技术的进步，人们更需要了解世界上的其他地区，这就更加促使人们渴望亲自到那些地方旅行游览，以满足自己的好奇心和求知欲，而非单纯地依靠书报、图片或他人的介绍等间接手段。大众旅游的发展实践也证明，相当大一部分旅游者的动机中都有这种求新求异的需要。

产生旅游动机可能源于上述需要的某一种，也可能出于其中两种或多种需要。

3. 旅游者的需要在旅游消费中的表现

旅游的需要推动旅游者去进行必要的旅游活动，并直接或间接地表现在旅游消费活动中和影响旅游者的消费行为。具体到不同消费目的的旅游者来说，旅游需要表现为以下几方面的内容：

（1）观光型旅游者的需求表现

这类旅游者主要希望观赏游览异国他乡的名胜古迹、风土人情，同时还可以与购物、娱乐、考察、业务等相结合。他们希望通过游览观赏异域自然景观与人文景观来增长知识、开阔视野、陶冶情操，获得新、奇、异、美、特的感受，他们追求的旅游产品一般具有特色鲜明、价格低廉、逗留时间短的特点。

（2）娱乐消遣型旅游者的需求表现

这类旅游者的主要需求是松弛精神，调节生活节奏，摆脱紧张工作带来的烦恼，享受临时变换环境所带来的欢愉。他们追求的旅游产品以消遣、娱乐、享受为目的，而且质量优良、安全性强，注重季节性，他们一般选择旅游景区最好的季节出游。

（3）文化知识型旅游者的需求表现

这类旅游者的主要需求是观察社会、体验民俗风情、丰富知识积累，通过旅游达到积极的休息和娱乐，获得知识的启迪和充实。他们在选择旅游产品时十分在意日程安排的周密性和旅游线路的科学性以及导游的文化修养。

（4）公务型旅游者的需求表现

这类旅游者的主要需求是根据工作的需要进行贸易、商务洽谈、出席有关会议、进行科学文化交流或举办展览会为目的的游览。他们对旅游产品和服务质量要求较高，对价格不敏感。

（5）医疗保健型旅游者的需求表现

这类旅游者的主要需求是参加有益于身体和心理健康的旅游活动，治疗某些慢性疾病、消除疲劳。他们比较在意旅游项目中的保健、康复功能和医疗效果以及旅游环境的质量。

（二）动机

1. 动机与旅游动机

动机是激励和维持人的行动，并将使行动按照某一目标执行，以满足个体某种需要的内部动因。动机是一种内部心理过程，不能直接观察，但是可以通过任务选择、努力程度、活动的坚持性和言语表示等行为进行推断。

旅游动机同样是一种心理活动，它控制着人们旅游行为的发展方向，是驱使人们采取某种旅游行为的内在动力。不同的需要产生不同的动机，即使相同的需要也可能因人们的民族、性别、年龄、职业和文化程度等因素的影响而以不同的旅游动机形式表现出来。因此，促使人们外出旅游的直接动机是多种多样的。

2. 旅游动机的分类

（1）美国著名的旅游学教授罗伯特·W·麦金托根据旅游需求把旅游动机划分为四类：

一是身体方面的动机。包括度假休息、参加体育活动、海滩消遣、娱乐活动以及其他直接与保健有关的活动，其目的是通过与身心健康有关的旅游活动来达到消除紧张、松弛身心的目的。

二是文化方面的动机。其特点是了解异国他乡文化，包括了解其音乐、艺术、民俗、舞蹈、绘画及宗教等，其目的是增长见识。

三是人际方面的动机。接触他乡人民、探亲访友、结识名师良友等。

四是地位和声望方面的动机。出席会议、考察研究、求学进修，其目的是自我完善和价值实现。

除了上述四类旅游动机外，还有经济动机，比如购物和商务等。人们外出旅游往往有一两种主导动机，同时还包括一系列其他辅助性动机。有些旅游动机，是在旅游活动过程中产生的，这些新动机的产生是"触景生情"的产物，所以旅游企业要善于诱导旅游者的动机，提供更加丰富和精彩的旅游吸引物。

（2）我国一些旅游研究工作者把旅游动机分为以下几种

① 求新的动机，以追求旅游活动的新颖为主要目的。

② 求名的动机，以显示自己的地位声望为主要目的。

③ 求知动机，以追求知识为目的。

④ 访亲寻友、访祖归宗的动机。

⑤ 出自爱好心理的动机，以满足个人特殊爱好为目的。

3. 旅游动机的特点

（1）旅游动机的不可观察性。旅游动机本身是无法直接观察到的，它只能通过对某些旅游行为指标的研究做出推断。一些人高层次的旅游消费很可能是出于显示其身份、地位、财富的动机，旅游服务商如果据此设计旅游产品，很可能因迎合这部分消费者的需要，从而获得成功。正是由于旅游动机的无法观察性，我们在对旅游消费行为的动机进行推断时，必须谨慎小心。以旅游者住豪华品牌饭店为例，他或她可能是出于显示身份、地位的需要，也可能是出于避免或减少消费风险的考虑。对同一旅游消费行为后动机的不同解释，意味着完全不同的营销意义。所以，在制定和实施旅游营销计划前，对旅游消费者的消费动机进行仔细研究和小心求证是非常有必要的。

（2）旅游动机的多重性。旅游者所做的旅游产品或品牌选择，是受某种动机支配和主宰的，然而，某一旅游消费行为一般并不是由单一的旅游动机所驱使的。事实上，很多旅游消费行为都隐含着多种动机。旅游者去旅游，既可能是出于获得释放压力，寻求放松的动机，也有可能有学习的动机。所以，旅游企业在设计旅游产品和制定营销策略时，既应体现和考虑旅游者消费该产品的主导动机，又应兼顾非主导的动机。

（3）旅游动机的冲突性。当多种动机被同时激发时，会出现一种难以避免的现象，即消费动机的冲突。旅游消费动机的冲突，是指旅游者面临两个或两个以上的旅游消费动机，其诱发力大致相等但方向相反。在时间、收入、精力等条件的制约下，旅游者经常面临在几种同时欲求的产品、服务或活动中做出选择的问题，因此旅游消费动机的冲突性是普遍存在的。

（三）知觉

1. 知觉的概念

知觉是指人们通过自己的身体感觉器官而对外界刺激物所作的反应。知觉是人们为了解世界而收集、整理和解释信息的过程［1］。

旅游知觉即旅游者选择、组织及解释外来旅游方面的信息而产生其内心世界反应的过程。旅游动机会引发消费者的旅游行为，而具体采取怎样的消费行动则受知觉的影响。

2. 旅游知觉的三种方式

知觉是客观事物直接作用于人的感觉时，人脑所产生的对事物整体的反映。旅游知觉过程是一种有选择的心理过程，它有以下三种方式：

（1）选择性注意。在现实生活中，人每时每刻都面临着来自各方面的刺激，但最能引起人们注意的情况有三种：一是与人们当前需要有关的；二是预期出现的；三是变化幅度大于一般的、较为特殊的刺激物。

因此，引起旅游消费者对旅游产品的注意应当是旅游营销工作者的主要工作。现在许多旅游企业散发附有精美照片的制作精良的旅游产品宣传手册，设计新颖的大幅广告画面、高度概括性或具有幽默感和戏剧性形式的广告语，例如：深圳锦绣中华的标志性口号"一脚踏入历史，一日游遍中国"，其主要目的就是为了吸引潜在旅游者的注意。此外，在旅游淡季，许多旅游企业采取价格策略吸引游客，较为明显的价格差异容易激发旅游者的消费热情。

（2）选择性曲解。消费者在接受外界事物和信息的刺激时，与原有思维模式相结合来解释外来刺激，从而造成先入为主、按照自身意愿曲解信息的倾向，称作选择性曲解。

我国的旅游市场在逐渐走向买方市场的今天，旅游企业的服务质量就越来越受到旅游者的关注。某些旅游者对某家旅游企业的信誉度感知，如果已通过亲朋好友与同事的亲身经历感受形成一定的思维倾向，当外界宣传的刺激与其已建立起的感知不一致时，他们往往会对旅游宣传者产生不信任。

（3）选择性记忆。人们对许多已了解的事物，往往只记住那些与自己观念一致的事物。这在旅游者的消费偏好中表现得十分明显。因为旅游者对某种品牌旅游产品的钟情，而引起再次消费行为的发生，就是选择性记忆作用的结果。

3. 旅游知觉风险

在旅游活动中，一方面，人们对旅游商品、信息、旅游环境等外界刺激形成一定的知觉；另一方面，也对即将发生或已经发生的旅游消费决策产生知觉。由于种种原因，人们在旅游活动结束之前，往往很难预料其旅游消费决策结果的优劣，换言之，任何旅游消费决策都存在一定的风险。这种风险必然反映在人们的知觉中，并对其旅游消费行为产生影响。

在旅游消费者行为学中，我们把旅游消费者所知觉到的消费决策中存在的风险称为旅游知觉风险。旅游消费风险则是由于种种原因而导致的人们旅游消费活动的结果与其期望未必相符而存在的不确定性。例如：人们旅游大多是为了使自己的心情放松，但是，并非旅游时事事与预期一致，担心导游服务质量差，害怕买到劣质产品，这样，对旅游的消费就存在一定的风险。

（四）学习

1. 学习的概念

人们在社会实践中由于受后天经验的影响而引起的行为变化过程就是学习。学习是由于经验而引起的个人行为上的变化。人类有些行为是与生俱来的，但大多数行为是后天从经验中学习得来的。

心理学家认为，人们只有少数本能会导致行为的产生，其他绝大多数的行为都是受后天经验学习的影响形成的。旅游及其消费行为，也是受后天经验的影响而形成和改变的。

2. 学习的基本模式

学习理论专家认为，人类的学习是由驱使力、刺激物、提示物（也称诱因）、反应、强化五种要素构成，旅游消费者的消费行为是由驱使力、刺激物、提示物、反应和强化等五种要素相互作用的结果。

其中驱使力是指促使旅游消费者产生消费行为的内在力量，它源自于旅游消费者未得到满足的需求；刺激物是减低驱使力使旅游消费者需求得到一定满足的事物信息；提示物则指能够诱发旅游消费者产生消费行为的所有因素；反应指旅游消费者为满足旅游需求所采取的消费行为；强化是指旅游消费者的消费评价，主要指对刺激物的反应与评价。如果旅游消费者对旅游商品的满意程度高，就会产生重复消费，这种"类化"的反应被称作正向强化。与此相对的是负向强化，这种情况下旅游消费者会辨别、区分各种刺激，并根据情况调节反应。

3. 学习理论在旅游营销中的运用

根据以上理论，旅游营销人员应通过学习与驱使力的内在联系，运用刺激性暗示和提供积极的强化手段来建立对旅游产品的需求。因此，旅游营销活动中，首先要努力设计具有差异化的整体旅游产品，以吸引旅游者，刺激其消费欲望。例如，旅游项目的丰富多彩一般可以增强旅游线路的吸引力。在同一条旅游线路的设计中，各项旅游活动要避免重复。其次，要善于及时有效地向旅游者提出启发需求的提示物，强化促销策略，诱发旅游者的消费行为。例如，通过促销资料、人员推销向游客提供必要的信息：同样价格的旅游产品，本企业的经营中包含了旅游保险费用，而其他企业需要旅游者自理，以暗示本企业旅游产品的价格性能比优于其他企业的同类旅游产品。旅游者通过对同类旅游产品的信息的比较分析，自然会影响到消费决策。此外，旅游企业还要做好强化工作，加强消费者对旅游企业及产品的满意度，创造重复消费。旅游企业提供热情、细致、周到的服务，是提高知名度和信誉度的重要途径。

（五）信念和态度

信念和态度是指一个人对某些事物的看法、评价、知觉和倾向。

消费者通过行动和学习建立自己对某事物的信念和态度，信念和态度反过来又会影响该消费者的消费行为。

1. 信念和态度的概念

信念，是指个人对某些事物所持有的描述性思想。旅游企业应关注旅游者头脑中其产品或服务所持有的信念，即本企业产品和品牌的形象。人们根据自己的信念做了行动，如果一些信念是错误的，并妨碍了消费行为，旅游企业就应进行促销活动去纠正这些错误信念。

态度，是指个人对某些事物或观念长期持有的好与坏的认识上的评价、情感上的感受和行动倾向。态度能使人们对相似的事物产生相当一致的行为。一个人的态度呈现为稳定一致的模式，改变一种态度就需要在其他态度方面做重大调整。

2. 信念和态度在旅游营销中的运用

由于信念的不易观察性，旅游营销人员在营销活动中要了解旅游者和潜在旅游者对旅游企业的印象，通过企业形象设计，来增强旅游者对旅游企业的良好认知，提高旅游企业的知名度和美誉度。由于态度具有长期不易改变的特性，故旅游营销人员在营销活动中必须了解旅游者和潜在旅游者对推出旅游产品的态度，通过沟通系统设计，来增强旅游者对旅游产品的良好印象。另一方面，旅游企业也可以通过研制新的旅游产品推向市场和提高服务质量以改变旅游者对旧有旅游产品的不良态度。例如，在旅游酒店的竞争中，一些酒店打出"三星的价格，五星的服务"的口号，正是利用旅游者对不同星级酒店的信念和态度，来宣传自身服务的质优价廉。

二、影响旅游消费者消费行为的外部因素

（一）文化因素

文化因素主要是指文化和亚文化。

1. 文化

是指人类在社会发展过程中所创造的物质财富和精神财富的总和。这里的文化主要指精神文化，包括思想、道德、哲学、艺术、宗教、价值观、审美观、信仰、风俗习惯等方面的内容。

文化作为旅游企业市场营销活动中一种宏观环境因素，是人类欲望和行为最基本的决定因素，它往往决定着一个社会的旅游消费习俗、伦理道德、价值观念和思维方式等。文化的产生和存在可以指导旅游消费者的学习和社会行为，从而为旅游消费者提供目标、方向和选择标准。例如，当文化变得对环境保护和身心健康日益重视后，生态旅游呈现了较

大的发展空间。其次，文化的渗透性可以在新的区域中创造出新的需求来。例如，情人节期间我国各旅游地、饭店推出的吸引国内旅游的情人节之旅。再次，文化自身所具有的广泛性和社会普及性使旅游者行为具有模仿性，例如春节期间中国人赶传统的庙会。有鉴于此，旅游营销人员在制订营销方案时，必须经常试图去了解文化变迁从而掌握旅游者的潜在需求。

2. 亚文化

民族群体、宗教群体、种族群体、地域群体

每种文化都由更小的亚文化组成，亚文化为其成员带来更明确的认同感。亚文化是指根据共同生活经验及情境而产生共同价值体系的一群人所遵循的文化标准，它流行于不同国籍团体、宗教群体、种族群众和地理区之中。因此，旅游企业营销人员必须了解不同社会群体的文化差异，以进行有针对性的营销活动。

亚文化有许多不同的分类方法：一种比较有代表性的分类方法是由美国学者罗伯逊提出的按人种、年龄、生态学、宗教划分亚文化的分类法。目前，国内外营销学者普遍接受的是按民族、宗教、种族和地理划分亚文化的分类法。

（1）民族亚文化。几乎每个国家都由不同民族所构成。不同的民族，都各有其独特的风俗习惯和文化传统。尤其是我国共有五十多个民族。与有些多民族国家不同的是，我国各民族人口数量悬殊，少数民族人口少，而且居住分散，他们都保持着自己传统的宗教信仰、消费习俗、审美意识和生活方式。例如：蒙古族人的习惯是穿蒙袍，住帐篷，吃牛肉、羊肉，喝烈性酒；傣族的泼水节等节庆活动独具民族特色。旅游者进入不同的民族地区要了解和适应当地的文化。由此可见，民族亚文化对旅游者行为的影响是巨大的、深远的，也是旅游营销者不容忽视的。

（2）宗教亚文化。不同的宗教群体，具有不同的文化倾向、习俗和禁忌。如我国有佛教、道教、伊斯兰教、天主教、基督教等，这些宗教的信仰者都有各自的信仰、生活方式和消费习惯。宗教能影响人们的行为，也能影响人们的价值观。这并不是说每个人都一定是宗教信徒，但对一个社会或群体有着深远影响的宗教，却会给其成员的态度和行为留下深刻的印迹。

宗教因素对于旅游企业营销有着重要意义。例如，宗教可能意味着与一定宗教节假日相联系的高旅游消费期。对旅游企业来说，宗教节假日是推销旅游产品和服务的良好时机，伴随一个重要节假日的，往往是一个旅游销售旺季。

（3）种族亚文化。黄种人、白种人、黑种人都各有其独特的文化传统、文化习俗和生活方式。他们即使生活在同一国家甚至同一城市，也会有自己特殊的需求、爱好和消费习惯。

（4）地理亚文化。由于自然状况和社会经济历史发展的结果，地理上的差异，往往导致人们消费习俗和消费特点的不同。例如，中国闻名的川菜、鲁菜、粤菜等八大菜系，皆风格各异，自成一派，就是因地域不同而形成的。长期形成的地域习惯，一般比较稳定。同是面食，北方人喜欢吃饺子，西北部人却喜欢吃饼和馍。

（二）社会因素

旅游市场消费者的消费行为也受到一系列社会因素的影响，这些因素主要是社会阶层、相关群体、家庭、角色与地位。

1. 社会阶层

所谓社会阶层，是指一个社会中，依照一定的分组标志而划分的，具有相对的同质性和持久性的集团。主要因素包括：职业、教育、收入、健康、地区、种族、伦理、信仰和财富等。它们是按一定等级排列的，每一阶层成员具有类似的价值观、兴趣爱好和行为方式。在一定程度上，某个阶层内的成员采取的行为模式差不多，处于同一阶层的人为了使自己的角色、地位与所属阶层相符，他们往往都会有意无意地遵循一种共同的规范行事。处于不同阶层的人，生活方式和消费习惯有相当大的差别，可以影响我们的职业、信仰、小孩培养和教育娱乐。由于社会阶层对人的生活的许多方面都有影响，同样可以影响旅游消费决策。例如：商务客人一般入住星级饭店，选择飞机作为旅游交通工具；而一般工薪阶层和青年学生则选择普通招待所和选择汽车、火车作为旅游交通工具。

不同社会阶层的成员有着不同的旅游消费行为，主要体现在以下三个方面：

（1）对旅游休闲方式的影响。高阶层的旅游者从事较多的户外旅游活动，这一点在西方表现尤为明显。他们多进行如网球、高尔夫球、保龄球、滑雪、海滨游泳等活动。而低阶层的旅游者，一方面，由于经济条件所限，无法从事那些高级的娱乐活动；另一方面，由于他们中间大部分人本来就是从事体力工作的，所以也较少有开展户外活动的需要。

（2）对媒介和广告的影响。高阶层的旅游者比低阶层的旅游者更喜欢读报纸、杂志，而现在西方国家，不同的报刊杂志倾向于把自己定位于不同阶层之中。由于阶层不同，对于信息符号系统的反应也不相同。以广告而言，具有比较深刻含义而富有幽默性的广告，对高阶层的旅游者可能产生较好效果，而对于低阶层的旅游者，可能由于文化水平所限而无法理解广告的含义。此外，有研究表明，高阶层的旅游者，特别是女性消费者，在选择旅游商品时比低阶层的旅游者更多地依赖于广告。

（3）对价格心态的影响。低阶层的旅游者总倾向于把价格和旅游服务质量联系在一起，他们认为一定的价格反映一定的质量。对于中层和中下层的旅游者而言，他们对价格过低的旅游产品总会产生怀疑，认为这必然意味着服务质量的低劣，他们更多的是追求适中的价格。而对于上层的旅游者，价格和质量有时是可以脱离的，他们评价旅游商品和服务多以自己的喜好为依据，注重旅游商品和服务的象征性。而很多时候，价格也是一种身份地位的象征，他们可以以很高的价格去参加某次旅游活动以表明自己的社会阶层，哪怕他们自己心里也清楚这其实不值得。

2. 相关群体

相关群体也称参考群众，是指对消费者生活习惯和偏好有直接影响的各种社会关系。

（1）分类

一般包括以下几类：

一是主要群体，也称紧密型成员团体，即与消费者个人关系密切、接触频繁、影响最大的团体，如家庭、朋友、同学、同事等。

二是次要群体，也称松散性团体，即与消费者关系一般、接触不太密切，不保持持续交互影响的群体，如行为协会、社会团体等。

三是崇拜性群体，也称渴望团体，即渴望成为团体中的一员，仰慕此类团体成员的名望、地位，狂热效仿其消费模式与消费行为。这类团体的成员一般为社会名流，如影星、歌星、体育明星、政界要人、学术名流。此外，与崇拜性群体相对应的隔离性群体的价值观和行为是个人所不能接受的群体，如流氓帮派等。相关团体对旅游消费者消费行为的影响是潜移默化的，他们为团体成员提供某一特定的消费模式，并运用团体力量影响旅游者的消费态度以及对旅游产品的选择。

（2）相关群体对旅游者的影响。相关群体对旅游者的影响归纳起来具体可分为三种：即对旅游者行为规范的影响，对旅游者信息判断的影响，以及对旅游者价值观的影响。

① 对旅游者行为规范的影响。多指相关群体对旅游者买或不买某样旅游产品的影响，如某人平时不爱购物，但他在参加旅游团队时却时常会买些东西。旅游者之所以这样，是因为他不想总使自己的行为与群体相背离，否则这个群体就可能有意无意地用某些方式打击他、疏远他。

② 对旅游者信息判断的影响。多指当旅游者已经产生对某种旅游商品的消费动机时，相关群体对他在品牌选择、消费时间方面产生的影响。一般说来，相关群体所提供的信息其权威性越高，则他对这样的信息依赖性就越强。例如，某人一直想到国外去旅游，他发现他的同事大多对澳大利亚比较感兴趣，于是他就选择澳大利亚作为旅游目的地。

③ 对旅游者价值观念的影响。是指相关群体对旅游者在某件事物上所持的态度、信念和看法的影响。当你的朋友向你推荐自驾车旅游有无穷的乐趣时，你接受了他的看法，即在价值观上受到了影响。一般说来，旅游者对其所属群体的忠诚度越高，群体内部凝聚力越强，则对其成员在价值观上的影响越大，比如父母的价值观对子女的影响就十分显著。有时，上述三种影响是相互交织、相互联系的。

相关群体对旅游者消费行为的影响会因时间、阶段的不同而不同。一般，对于旅游营销过程而言，一定的旅游产品、价格以及销售渠道、促销手段对相关群体的影响十分明显。

3. 家庭

家庭是社会组成的细胞，尤其是像我国这样一个崇尚家庭血脉、亲情的国家，它对于旅游者的消费行为有很大的影响力。在家庭的影响和熏陶下，形成了不同旅游者的价值观、审美情趣、消费习惯、个人爱好。在影响旅游者消费决定的参与因素中，家庭成员的影响作用是首位的。以家庭权威中心为标准划分的家庭类型有丈夫决策型、妻子决策型、协调决策型和自主决策型四类。不同类型的商品，家庭消费决策的重心也不尽相同。旅游产品对于已婚人士来说，一般属于夫妻共同协商决策型；对于未婚成年人士来说，一般属自主决策型。因而，旅游营销人员设计开发旅游产品时必须协调好家庭各方面需求与兴趣的偏好。

家庭是消费者最基本的相关群体，因而家庭成员对消费者消费行为的影响显然最强烈。家庭生命周期阶段不同，旅游消费行为各有特点。

4. 社会角色与地位

角色是对于具有某一特定地位的人所应具有的行为的期望。地位是指从社会角度规定了的权利和义务的社会位置。旅游者的消费行为往往要符合自己的地位与角色。大部分旅游消费品具有很大的地位上的象征意义，如选择星级酒店、豪华舒适的交通工具、选择旅游目的地、消费某一特定的旅游产品等，往往都代表着一定的社会地位。对具有社会地位象征意义的产品，旅游营销者就应充分重视消费者的地位与角色，尽量使自己的产品具有地位上的象征意义。当然，在一般情况下，旅游者的消费行为也可能脱离自身的社会地位和相应的角色，如旅游者外出的消费水平、所期望的产品及服务质量往往高于其社会地位。至于角色，旅游者亦可能会因为参加那些参与性极强的旅游消费活动而暂时忘记自己的"角色"。

（三）经济因素

经济因素是决定一个人消费能力大小的主要因素，旅游消费需求的实现取决于一定的可支配收入、储蓄和资产，不同收入阶层表现在消费观念、消费方式、消费偏好及需求模式上是不同的。经济状况实际上决定了个人和家庭的消费能力的大小。由于旅游消费是一种弹性较大的消费，因而个人经济状况和社会经济环境等方面的变化都会影响旅游者的消费决策。因此，旅游营销人员必须了解潜在旅游者的可支配收入变化情况及对旅游支出的态度。而且，当经济不景气时，旅游营销人员需要积极地重新进行市场定位，重新设计旅游产品的构成和价格。

第三节　旅游消费者消费行为的决策过程

旅游者有了外出旅游的动机后，就会采取相应行为，从旅游动机转化成旅游行为的中介就是旅游决策；旅游决策的正确与否，直接决定了旅游行为的内容和效果。可见旅游决策在旅游行为中占有十分重要的地位。

旅游消费者的消费决策过程说明人们消费一种商品的行为并不是突然发生的，在旅游消费行为发生之前，旅游消费者会有思维活动或行为来保证以后消费的旅游商品自己能满意。即使一个旅游消费者把商品买到家里后，他还会进一步研究他所买的商品，看看性能如何，味道如何等等。这样看来，与旅游消费者消费行为相关的是一个完整的消费者的消费过程。作为参与市场营销的旅游企业来说，了解整个旅游消费者的消费决策过程是很重要的，通过对消费过程的分析，可以使旅游市场营销人员针对每个程序中旅游者消费的心理与行为特点采取适当的措施影响旅游者的消费决策，从而促使营销活动的顺利完成。

旅游决策过程是由以下五个阶段构成的，见图3-2。

图3-2　旅游决策过程

一、认识需求

消费者首先要认识到自己需要某种商品的功能后，才会去选择和消费，因此，认识需要是消费者消费决策过程中的第一个阶段。这种需要可能是由内在的生理活动引起的，也可能是受到外界的某种刺激引起的。在这个阶段里，消费者认识到自己的即时状态与理想中的状态的差距，所以就想消除这个差距。

旅游消费决策的过程也始于认识需求，即人们认识到自己对旅游产品的需要。这种需求可能由内在刺激物引起,如日常工作过于紧张、身心疲惫需要休息;也可能由外界刺激引发,如某个名胜古迹的宣传。人们从以往的经验中,学会通过消费某种产品或服务来满足自己的需要。内在刺激源于旅游者的生理需求,外在刺激则包括一切能够激发旅游者的消费动机的因素。但在一般情况下,这一需求是两方面共同作用的结果。

就实质而言,认识需求是由于旅游者理想的状态与他感知的状态存在差距,这种差距促使他采取某种旅游决策行动。旅游者在意识到某个问题以后,是否采取进一步行动,取决于两个方面的因素:一是其理想状态与感知状态之间差距的大小或强度,二是问题的相对重要性。比如,某位旅游者希望客房面积较为宽敞,而现在住的饭店客房面积只有 30 多平方米。此时,理想状态与现实状态之间虽然存在差距,但由于差距比较小,如果没有其他因素,这一差距可能不会导致旅游者采取要求换房的决策行动。另一方面,即使现实状态与理想状态之间存在较大差距,但如果由此引起的问题相对于其他消费问题不具有太大的紧迫性和重要性的话,旅游者也不一定会进入下一步的决策程序。对于旅游营销人员而言,他们必须了解自己的旅游产品可以满足旅游消费者哪些内在需求,以及通过哪些外在刺激来引发人们对旅游产品的需求。一项旅游产品能够满足旅游者的需求越多,就越受旅游者的欢迎。在这一阶段,旅游营销人员要努力唤起和强化消费者的需要,并协助他们确认需要,创造需求。

二、收集信息

消费者认识到自己的需要以后,就会对他所需对象发生兴趣,因而有意识地去了解信息,便会自动地进入消费决策过程中的另一个阶段——信息搜集,搜集信息是消费决策的调研阶段。当然,对于反复消费的商品,消费者会越过信息搜集阶段,因为所需信息已被消费者通过过去的搜集而掌握,这是不言而喻的。另外对于一个消费者来说,越贵的商品越能使消费者重视信息搜集。信息的外部来源有多种。

(一)个人来源

如家庭、亲友、邻居、同事等;亲戚和朋友是典型的外部信息来源,在与亲朋好友的谈天中,在网络上,人们会获得关于商品的知识和信息,并且有相当一部分的消费者喜欢接受别人的建议及购物指南,尽管介绍商品的人的认识或消息来源有时也不十分准确。

(二)公共来源

公共来源的范围较广,可以是政府或其他组织的评奖,也可以是报纸或杂志中关于旅游产品的评论与介绍,还可以是广播电台或电视台、网络上的有关旅游商品的节目。

(三)商品来源

商品来源包括主要包括由旅游营销人员介绍、旅游产品、旅游广告、商店的陈列或产品包装上的说明等,不过这些途径的信息对消费者来讲有时会有先天性的偏差,消费者可以同意或相信,也可以提出问题或根据自己的经验作其他评论。通常,旅游者获得的旅游商品信息,大部分来自于商业来源。

(四)个人经验

旅游者通过以往旅游经验、联想、判断获得的信息。

旅游者获得的信息越丰富,就越有利于做出旅游消费决策。因此,旅游营销人员必须不定期做市场调查，了解旅游者对旅游产品的信息来源渠道，从而制定有针对性的信息沟通方案，以增强旅游者对旅游产品的了解和信任。

三、判断选择

旅游者搜集了各种有关资料后，必然要进行分析、对比，做出选择。不同的旅游者在比较评估的标准和方法上有很大的差别。旅游者在评估过程中涉及一系列标准，这些标准一般是由旅游者态度和事物的客观属性共同产生的，即对属性的态度。旅游者对属性的态度对其偏爱有重大影响。旅游者的态度是十分复杂的，例如，对不同旅馆的态度，旅游者会考虑到房价、地理位置、清洁卫生、房间大小及舒适程度等多方面问题。另外，人们对任何一个事物的态度，是由人们对该事物各种属性的一系列态度综合而成的。各个属性的重要性对旅游者形成旅游态度来说，就是旅游者在旅游活动中所寻求的基本利益，也就是人们在作旅游决策时最关心的东西。而且，各种属性的重要性还会因旅游目的不同而改变。例如，对进行商务旅游的旅游者来说，服务十分重要，而对消遣型旅游者而言，价格则十分重要。

由于旅游产品的属性多样，所以旅游者的评价标准常常是很多的。美国夏威夷大学旅游学院院长朱卓任认为，西方旅游者到中国旅游的评价标准从高到低依次为：文化和艺术、优美的风景、历史文物、人民的好客态度、良好的膳宿设施、中国菜肴、气候、文艺演出、娱乐消遣和室外活动等方面。总体说来，旅游者对旅游产品的属性、价格和优惠、品牌形象与企业信誉、价值观念四个方面关注较多。

一是旅游产品的属性，对不同旅游者而言各种属性的不同重要程度，旅游产品的品牌信念，旅游产品每一属性的效用函数，直接影响旅游者评估程序。

二是价格和优惠，旅游产品的价格是旅游消费者在品牌选择中最基本的评估标准之一。对于收入较低的旅游消费者，价格往往是他决定是否消费的主要标准。价格能影响人们对旅游景点安排、交通食宿条件以及旅游服务质量的看法，而且这种影响力是很大的。旅游消费者在评价计算实际支付时，如能得到旅游营销企业的价格优惠待遇及其他方便，就会得到一种心理的满足，给予该项旅游产品较高评价。

三是品牌形象和商标信誉，旅游消费者经常把旅游品牌名称或商标信誉作为旅游产品质量的代指标。他们通常会将各种品牌旅游产品的声誉进行分析比较，一般会对名牌产品、获奖商标、著名企业给予更高的评价和更多的青睐。

四是价值观念，一般来说较低社会阶层的旅游消费者较重视旅游产品的价廉物美；而在较高社会阶层上，则更多重视旅游产品的社会象征性价值和自我实现价值。旅游者在评估选择的过程中，以下几个方面需要引起旅游营销人员的注意：旅游产品的属性，对不同旅游者而言各种属性的不同重要性程度，旅游产品的品牌信念，旅游产品每一属性的效用函数，旅游者的评估程序等。

四、消费决策

消费决策，是指旅游者做出消费决定和实现对旅游产品的消费的过程，它是旅游消费行为的中心环节。旅游者获知并对旅游产品信息进行了比较和评估后，就会形成消费倾向，但在从消费意图到消费决策之间的过程中，还会受到其他人的态度、可预期的环境因素、意外环境因素三方面因素的影响，最终形成消费决策。

消费意图即旅游者决定消费何种旅游产品、预计的消费金额、消费时间、消费地点等。其他人的态度主要是指旅游者家人的态度或其他关键人士的态度。可预期的环境因素主要指旅游者预期今后的收入情况、预期的旅游费用以及可从旅游产品中获得利益等。无法预见的环境因素指失业、自然灾害等令人失望的不可控或超出预期的因素。旅游者修改、推迟或取消某个消费决定，往往是因观察到某种风险，受知觉风险的影响。知觉风险的大小随旅游产品的金额多少、产品性能的确定程度以及消费者信心的强弱而改变。因此，旅游营销必须尽可能减少旅游者可能承担的风险，令旅游消费者对旅游产品产生信赖与认可。

五、购后行为

购后行为是购买决策的反馈阶段。它既是本次消费购买行为的结束，又是下次购买或不购买行为的开端。当旅游消费者认为购买到的产品达到他们的预期时，就会产生满意的消费心理，反之如果旅游者对本次购买的产品或服务不满意，他就会选择以后购买其他的旅游产品。旅游消费者对其消费活动的满意感，是其对旅游产品期望和该产品可觉察性能的函数，用公式（3-2）表示为：

$$S = F\ (E,\ P)$$ 公式（3-2）

其中：S——旅游消费者对消费活动的满意度；

　　　E——消费者对旅游产品的期望；

　　　P——旅游产品的可觉察性能；

　　　若 $E = P$，则消费者会感到满意；

　　　若 $E > P$，则消费者会感到不满意；

　　　若 $E < P$，则消费者会感到很满意。

旅游消费者购后的满意程度，取决于其对旅游产品的预期性能与产品使用中的实际性能之间的对比。消费后的满意程度，决定了旅游消费者的购后活动，决定了该消费者是否重复消费该产品，以及对该品牌的态度，并且还会影响到其他旅游消费者，形成连锁效应。

购后行为是旅游消费决策的反馈阶段。它是本次旅游消费的结束，也是下次消费或不消费的开端。当旅游者认为消费到期望的旅游产品时，就会认可该项旅游产品，如果不满意其服务与质量，就会选择今后消费其他的旅游产品。

因此，对于旅游营销人员来讲，一方面要使自己提供的信息（包括服务）与实际水平一致，另一方面要创造适合自己产品的特色，增强旅游者的满意程度，形成积极的品牌效应。这种积极的品牌效应的获得，既满足了当前的旅游消费者，又能获得长期的持久的名牌效应，并刺激和培养新的消费群体。反之，如果旅游者消费了与他期望值不相符甚至完全相反的产品，就会形成不满意感受，造成恶劣的影响，更严重的是，它抑制甚至扼杀了"明天的旅游消费者"。我国某些景区（点）中常见的服务质量低劣、"宰客"事件时有发生等现象，已经抑制了新的旅游消费者消费行为的产生，影响了该地区旅游经济的发展，同时也在一定程度上对我国旅游业的形象产生了不利的影响。因此，旅游营销人员在营销工作中，对旅游产品的宣传要实事求是，不要夸大其词，此外，还要采取积极的步骤，使旅客消除不满意感，使他们相信自己的选择是正确的。

以上我们介绍了旅游者消费行为的决策过程。对于旅游市场营销人员来讲，了解并分析旅游者的消费过程以便深入地了解旅游者，了解旅游者在不同因素影响下的消费行为，是旅游营销工作的中心和出发点。充分了解旅游消费者的消费行为就是为了使旅游营销人员有针对性地制定有效的旅游营销策略。

第四节　一般组织机构的旅游消费行为分析

组织机构的旅游消费行为是指消费旅游产品是为了盈利目的而进行转卖或供法人单位消费的旅游消费行为，针对旅游中间商的营销策略与团体消费有较大的差别。

一、一般组织机构旅游消费过程的参与者及其特征

（一）参与者

从旅游消费组织机构的一般含义考虑，可以将旅游组织机构分为两大类，一是为了内部成员消费的机构，可称为一般组织机构；二是为了转卖而赢利的机构，即旅游中间商。

为了内部成员消费的组织机构包括有：各类非旅游企业、政府机构、学校医院、行业协会、各种专业协会等。其中，因各类非旅游企业数量最多、需求数量大而成为消费旅游产品和服务的最大的组织机构。这些组织机构是出于工作联系、奖励员工、组织会议、公务出差、接待来访客人等多种原因而消费旅游产品和服务的。它们对旅游产品和服务除了基本需求外，如交通、住宿、饮食等，往往还会提出一些特殊的要求，这同个体旅游者也有特殊要求一样，旅游企业当尽全力满足这些特殊要求。

为了转卖旅游产品而赢利的组织机构被称为旅游中间商，其中主要有旅游代理商、旅游批发商、旅游零售商、专业旅游媒介、政府旅游机构以及电子销售系统等等。

（二）特征

消费旅游产品和服务的组织机构与个体旅游消费者相比较具有一些鲜明的特征：如消费者少，但消费次数频繁；一次消费往往数量大且价值高；旅游中间商消费数量大，但价格低；消费决策所需信息多、决策时间长；消费数量大的时候，通常还要签订消费合同；从需求角度看，缺乏需求弹性；旅游营销人员对组织机构一般采用人员销售和直接销售形式，等等。这些特征使得旅游营销人员完全有必要制定专门的针对组织机构旅游消费的营销策略。

组织机构消费旅游产品同个体旅游者消费旅游产品的主要区别在于：首先，前者的主体是社会团体、企业和旅游中间商，后者是个人或家庭；其次，前者消费的目的，社会团体是为了团体成员的消费，旅游中间商是为了转卖旅游产品而获取利润，后者则是为了自身消费，享受旅游的乐趣。

二、一般组织机构旅游消费过程

作为一种消费行为，组织机构的旅游消费过程与个体旅游者消费过程大体上是相似的，当然也存在一些不同之处。组织机构旅游消费过程可以由六个步骤组成，即问题识别、总需要说明、查询旅游服务企业、征求旅游服务信息、选择旅游服务企业和购后评估。

（一）问题识别

当企业中有成员认识到只有通过使用某项旅游产品和服务才能解决企业的某种需要时，企业旅游消费过程便开始了。企业旅游消费需要产生于内外部因素的刺激，比如，需要访问客户、提高员工工作积极性等，即属于企业内部因素刺激。旅游产品的广告宣传等营销活动所引起的需要则属于外部刺激因素，例如：一家饭店搞周年庆祝促销活动的宣传、一个新的旅游景点或度假村开业告示等都可能刺激企业旅游消费行为的产生。

一般情况下，由于旅游消费是企业非赢利性活动，本质上服从于企业的经营活动，因此，外部刺激往往是在内部刺激引起需要的基础上发生作用的。由此看来，旅游营销人员更应在了解和掌握企业需要方面多加努力，如此，才能制定有针对性的旅游营销策略。

（二）总需要说明

总需要说明是对旅游消费各种标准的认定。在认识到旅游消费需要之后，消费者和使用者便着手根据需要规定欲购旅游产品和服务的各种标准，其基本内容包含有：消费哪一种旅游产品和服务、买多少、具体时间和内容安排、交通工具选择及食宿标准、费用预算等等。如果是重要的旅游消费，须经主管经理批准后再进入下一阶段。

（三）查询旅游企业

总需要说明为组织机构旅游消费人员设法查询到能提供适宜产品的旅游企业奠定了基础。查询的方法和渠道有不少，如查询旅游服务咨询中心、查看有关广告宣传、其他企业推荐等。针对旅游消费"查询旅游企业"的这一过程，旅游企业的任务首先是要被组织机构列入主要的备选目录中。因此，制定和实施强有力的广告促销方案，努力树立企业的良好形象是达到这一目的的必要条件。

（四）征询旅游产品和服务信息

查询到备选的旅游企业后，组织机构旅游消费人员会将有关的"总需要说明"寄送给这些企业，并请他们提供所需旅游产品和服务的价格、服务质量等信息的说明书，组织机构据此作为选择旅游企业的主要依据之一。

（五）选择旅游企业

在这一过程，组织机构旅游消费中心人员，或部分人员对备选旅游企业提供的说明书，以及他们的信誉、形象等进行比较和权衡，最终选择最佳卖主。有些数量大、价值高的旅游消费在最终确定卖主之前，组织机构往往需要同几个备选旅游企业经过多次协商和谈判，以便在价格、服务项目和质量方面获得更多的好处，这也是组织机构从事旅游消费的常用方法、程序。在不少情况下，一些大企业或组织机构会将量大的旅游消费分散到几个旅游企业，因为这将促使旅游企业之间的竞争，从而有利于消费者，同时，也可收到分散风险的效果。

（六）购后评估

在这一阶段，组织机构旅游消费人员需要对旅游企业提供的旅游产品和服务的绩效进行认真的评估。评估可以根据既定标准进行加权评估，有时要根据最终使用者的意见进行评估。评估结果直接影响到组织机构消费中心下次消费行为：继续消费或拒绝消费该旅游企业的产品和服务。因此，尽管这一次业务已经完成，但旅游企业营销人员仍要重视组织机构对这次业务的评估，以便不断提高服务质量，争取今后接到更多的业务。

上述组织机构旅游消费所经历的六个过程并非每次消费都必须遵循。实际上，无论从消费的可操作性角度，还是消费的成本和效率上考虑，一般性和常规性的旅游消费过程要简单得多，大都是消费者本人根据经验、爱好，或者使用者的直接要求而完成的。只有数量大、价值高、十分重要的旅游消费才需要经过完整的旅游消费过程，其目的主要在于控制风险，物有所值。

三、旅游中间商的消费行为分析

由于旅游产品和服务的综合性特点，以及分散消费的不便性，旅游产品和服务很大部分是由旅游中间商消费或代理出售的，因此，旅游企业营销人员必须高度重视旅游中间商，尤其是旅游代理商的消费行为分析。

（一）旅游中间商的购买特点

旅游中间商的购买行为具有以下几个特点：

一是其购买旅游产品的目的为了转卖而购买（或代理）。旅游中间商经营的目的是通过转卖或代理销售旅游产品和服务而获得利润，这也是他们赖以生存的基本方式，因此，旅游产品和服务能否带来利润就是旅游中间商选择消费或代理销售最重要的标准之一。

二是购买数量大、专业性强。旅游中间商的每次购买行为都是在集中了众多消费者的购买需求之后做出的，而且都是专家购买，他们对旅游行业内的价格行情非常熟悉。

三是团体决策。旅游中间商的某一购买行为并不是由一个人凭他自己的意愿所决定的，大多数情况下，是一种团体行为，由团体成员商量后做出购买决策。

四是购买或代理灵活性强。

五是对产品的需求属于派生性需求。旅游中间商实际上是旅游者（组织机构和个人）的采购代理人，在很大程度上代表了旅游者（包括组织机构）的需要和欲望。

（二）影响旅游中间商购买行为的因素

作为旅游市场的主体之一，旅游中间商的消费及代售行为也要受到外部因素和内部因素的影响。

外部因素包括政治法律、社会经济、社会文化、自然环境、科学技术和人口因素等，此外还包括其他旅游中间商、提供旅游产品和服务的旅游企业和旅游者，这些因素对中间商购买行为的影响与对组织机构的购买基本类似；内部因素一般是指企业可控制的因素，主要有企业组织的特点，如组织体制、组织机构设置、权力集中程度、营销因素组合，以及决策和业务人员的个人因素，如个性、经验、文化修养、能力、人际关系等。

（三）研究旅游中间商购买行为的意义

旅游产品和服务的综合性特点使旅游中间商具备了组合旅游产品的功能，而为了满足不同旅游者的特殊需要，顺利获取利润，旅游中间商通常也必须对不同的旅游产品和服务进行各种形式的组合，然后再予以销售或代理销售。旅游中间商的这种组合行为将不同的旅游产品生产和供应企业、不同的旅游产品和服务、不同的旅游者有机地糅合到了一起。旅游营销人员如果能深入了解，并把握这种组合的现象、规律和变化态势，那么，制定和执行高绩效的旅游营销策略就有了良好的基础。

由于"同行"的原因，无论从哪个角度考察，旅游企业的营销活动都要对旅游中间商的消费和代售行为产生不同程度的影响。旅游产品、质量、服务、技术、价格以及旅游企业的形象、产品品牌、广告宣传、佣金和支付条件等，都是旅游中间商所关注的内容，因此，旅游营销人员对旅游中间商的营销活动应是全方位的。

正因为中间商对旅游企业的营销活动影响重大，又是旅游产品销售渠道中不可少的一个环节，所以如何选择中间商事关重大。它关系着旅游营销计划能否完成，因此，营销人员应全面、深入调查、分析旅游中间商的发展趋势，搞好旅游营销中间商的选择、评估和管理工作。

相关链接

希尔顿酒店的女子客房服务

希尔顿酒店是全球酒店行业中最早注意到单身女性顾客的特殊需要的酒店。1974年，该酒店在美国阿尔克茨希尔领酒店开辟了女子专用楼层，为单身女性提供各种便利服务。

此后的二十多年间，希尔顿酒店连锁集团一直致力于为单身女客提供更加专业化、精细化服务，赢得了众多女性客人的偏爱，建立了稳定的市场地位。

在希尔顿酒店的女子专用客房里，所有的设施设备都是从女性的爱好与实际生活需要出发的，大部分都配有特制的穿衣化妆镜、成套化妆用品；各种品牌的洗涤剂和沐浴用芳香泡沫剂；此外，还会提供女士睡袍、挂裙架、吹风机、卷发器、针线包等各类妇女专用品。

客房通常会被装饰成温馨的色调，比如粉红、天蓝或米黄等，床上用品和窗帘等织品也与房间色调相匹配，床头柜或是茶几上还备有专供妇女阅读的书刊和最畅销的妇女杂志。

女子客房单独辟成楼层，并配有大量的便装女保安人员。除了便衣保安外，女子楼层还有很多专门的保安措施，例如房间号码严格对外保密，不准任何人查询；外来电话未经客人同意不能随意接进房间等。甚至连进出大堂都可以选择另外的通道。

了解顾客的需要并创造性地满足这种需要，是旅游企业竞争制胜的法宝。希尔顿酒店对客人细致的观察和全方位、体贴的服务，使得它能够在市场上占有一席之地。

(资料来源：饶勇. 现代饭店营销创新500例. 广州：广东旅游出版社，2000.)

本 章 小 结

　　旅游者和竞争者是构成旅游市场的重要因素，旅游市场营销的核心就是以旅游消费者的需求为导向，生产出适应旅游消费者需求的旅游产品，推出令旅游消费者满意的旅游服务，使旅游者的旅游消费呈现出可持续发展的态势。旅游消费者购买行为是指购买旅游产品是供个人、家庭或结伴消费群体的最终消费，而不是为了转让赚取利润或供法人单位旅游消费的消费行为。研究旅游者的消费行为必须研究影响其行为的外部因素和内在因素，这样才能通过研究制定出合适的旅游营销策略。一般而言，旅游消费者的购买行为过程分为五个阶段：认识需求，收集信息，判断选择，消费决策及购后行为。

　　组织机构消费行为是指消费旅游产品是为了盈利目的而进行转卖，或供法人单位消费的消费行为。分为旅游中间商的消费和团体消费两类。

【思考题】

1. 旅游消费者购买行为的含义是什么？
2. 影响旅游消费者购买行为的外部因素包含哪些？
3. 旅游动机是怎样影响旅游者的购买行为的？
4. 旅游消费者购买行为过程包括哪几个阶段？
5. 组织机构消费行为的含义是什么？

【单选题】

1. 习惯型旅游消费者在消费旅游产品时，其消费行为呈现出的（　　）特征，形成一种习惯型消费行为。
   - A. 单一性
   - B. 反复性
   - C. 多重性
   - D. 冲动性

2. 旅游市场消费者的消费行为也受到一系列社会因素的影响，这些因素不包括以下哪个方面（　　）。
   - A. 社会阶层
   - B. 相关群体
   - C. 文化
   - D. 角色与地位

3. 旅游决策过程是第二个阶段是（　　）。
   - A. 认识需求
   - B. 消费决策
   - C. 购后行为
   - D. 收集信息

4. （　　）的主要需求是观察社会、体验民俗风情、丰富知识积累，通过旅游达到积极的休息和娱乐，获得知识的启迪和充实。
   - A. 观光型旅游者
   - B. 娱乐消遣型旅游者
   - C. 文化知识型旅游者
   - D. 公务型旅游者

5. 旅游知觉的方式不包括以下哪种（　　）

A. 选择性注意　　　　　　　　B. 选择性遗忘

C. 选择性曲解　　　　　　　　D. 选择性记忆

答案：1. B　2. C　3. D　4. C　5. B

【多选题】

1. 影响旅游消费者消费行为的内部因素包括(　　　)。

　　A. 需要　　　　　　　　B. 动机　　　　　　　　C. 学习

　　D. 知觉　　　　　　　　E. 信念和态度

2. 以下(　　　)是影响旅游消费者消费行为的社会因素。

　　A. 社会阶层　　　　　　B. 相关群体　　　　　　C. 家庭

　　D. 角色与地位　　　　　E. 种族

3. 旅游动机的特点包括以下几点(　　　)。

　　A. 不可观察性　　　　　B. 多重性　　　　　　　C. 冲突性

　　D. 规律性　　　　　　　E. 可预测性

4. 旅游需要包含以下几个方面(　　　)。

　　A. 文化需要　　　　　　B. 探新求异需要　　　　C. 调节身心

　　D. 商务洽谈　　　　　　E. 探亲访友

5. 美国著名的旅游学教授罗伯特·W·麦金托根据旅游需求把旅游动机划分为
(　　　)类。

　　A. 探亲访友的动机　　　B. 身体方面的动机　　　C. 文化方面的动机

　　D. 人际方面的动机　　　E. 地位和声望方面的动机

答案：1. ABCDE　2. ABCD　3. ABC　4. ABCDE　5. BCDE

第四章　旅游市场营销调研与预测

【学习目标】

通过本章学习，了解旅游营销信息在旅游营销中的重要作用，了解旅游营销信息系统、旅游营销调研的程序，掌握旅游市场需求测量预测的方法，能够进行旅游市场调查问卷的设计与分析。

案例导引

《双流县"响水军歌"旅游景区概念性规划》市场调研

2008 年 9 月，成都大学旅游文化产业学院为成都市双流县黄龙溪镇响水村辖区内的 103 厂和 401 厂为基础的区域做旅游总体规划，103 厂和 401 厂为保存完好的废弃军工厂。在确定景区发展目标和定位前做了一下市场调查：

2008 年 10 月，规划编制组在成都市春熙路、盐市口、九眼桥、金沙车站、锦里、四川大学西区街头针对不同年龄组各发放了 400 份调查问卷，就下列问题随机截访过往行人。经过整理分析，得出以下数据：

问题 1：游客会选择军事工业怀旧旅游吗？

年龄段	持肯定答案人数	百分比（%）
25 岁以下	310	78
26～39 岁	329	86
40～60	278	82.3
60 岁以上	336	84

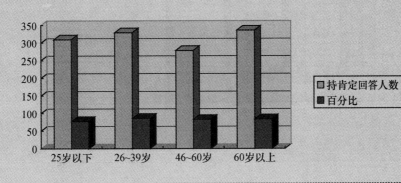

问题2：假如条件许可，你会选择军事工业怀旧旅游吗？

年龄段	持肯定答案人数	百分比（%）
25 岁以下	378	95
26～39 岁	379	95
40～60 岁	322	81
60 岁以上	340	85

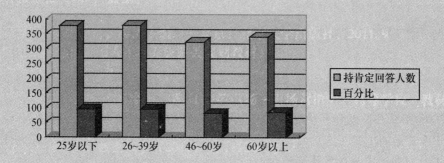

问题3：如果附近有一个军事工业怀旧旅游主题景区，你会尽快去旅游吗？

年龄段	肯定要	百分比（%）
25 岁以下	375	94
26～39 岁	380	95
40～60 岁	343	86
60 岁以上	340	85

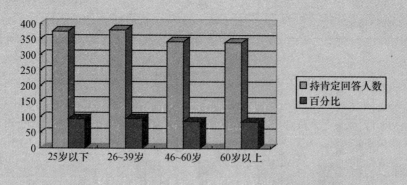

问题4：到军事工业怀旧旅游景区去旅游一次，游客心理能够承受的价格是：

年龄段	300 元以内		300～400 元		400 元以上	
	人数	百分比	人数	百分比	人数	百分比
25 岁以下	230	57.5	110	27.5	60	15
26～39 岁	201	50.3	130	32.5	69	17.2
40～60 岁	187	46.8	156	39	57	14.2
60 岁以上	181	45.3	169	42.3	50	12.4

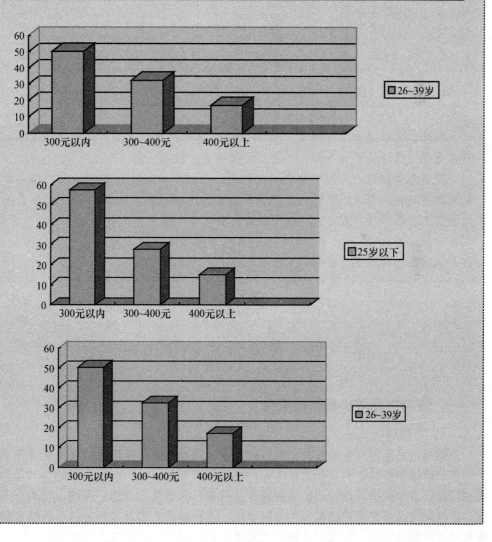

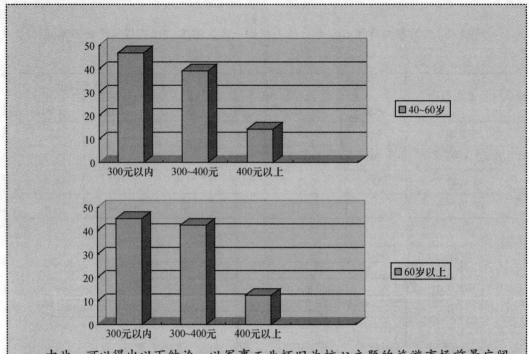

　　由此，可以得出以下结论：以军事工业怀旧为核心主题的旅游市场前景广阔；其消费期望价位属于经济档位，为广大旅游消费者所接受。

　　简要案例评述： 在规划时期，成都地区乡村旅游发展已经进入成熟期，各地乡村旅游项目存在较为明显的同质现象。由于传统型低端乡村旅游项目充斥其间，同行恶性无序竞争将不可避免。由于规划区域具有开发军工怀旧主题旅游的资源基础，同时市场调查结论得知，以军事工业怀旧为核心主题的旅游市场前景广阔，因此，规划编制小组将景区定位为：军事工业怀旧主题旅游度假区。

第一节　旅游市场营销调研概述

一、旅游市场营销调研的概念

（一）市场调研的概念

　　市场调研是运用科学的方法，有目的、有计划地搜集、整理和分析与企业市场营销有关的各种情报和资料，为企业营销决策提供依据的管理活动。市场调研的目的是为管理决策部门提供参考依据。市场调研的内容涉及消费者的意见、观念、习惯、行为和态度等方面。市场调研的原则是遵循客观性与科学性。市场调研的结果是经过科学方法处理分析后的基础性数据和资料，可以用各种形式的调研报告向社会或委托人公布。

（二）旅游市场营销调研的概念

　　旅游市场营销调研是运用科学的方法，有目的、有计划地收集、记录、整理分析和报告有关旅游市场的各种情况、信息和资料，以了解旅游市场发展变化的现状和趋势，解决旅游企业面临的市场营销问题，为旅游企业经营决策提供科学依据的活动。

（三）旅游市场营销调研的原则

1. 客观性原则

旅游市场营销调研首先要求市场调研人员必须保持实事求是的态度，在调研过程中，不能掺杂任何个人的主观意愿和偏见，坚决禁止任何夸大事实或隐瞒真相的行为。其次，要求市场调研人员在实际调研过程中采用科学的方法设计调研方案，收集和分析信息，对信息进行有效的选择和利用。

2. 及时性原则

旅游企业的市场机会稍纵即逝。旅游企业调研人员必须以积极的态度投入市场调研的过程中，避免出现由于拖延时间而导致所收集到的信息和得出的调研结论失去应有的价值。

3. 经济性原则

旅游企业应当有一定比例的市场调研预算。同时，应严格控制费用的开支金额和范围，力求以最少的投入获得最满意的调研成果。

4. 针对性原则

旅游企业的市场调研是针对某一方面的问题进行的专门调研活动。一般而言，该问题对旅游企业的经营具有比较重大的意义，对该问题进行市场调研的目的性应该非常明确。

（四）旅游市场营销调研的重要意义

旅游业发达的国家或地区以及非常成功的企业，都十分重视市场调研工作。科学有效的市场调研工作是旅游业和旅游企业可持续发展的重要法宝。但是在如何更好地利用旅游市场营销调研为企业营销决策服务方面仍有一些误区。在市场竞争异常激烈的今天，营销决策者必须对市场调研有一个科学而全面的认识。

1. 旅游市场营销调研有利于旅游企业营销决策者了解市场现状和发展趋势，把握市场机会

市场是动态变化的，旅游市场脆弱性和季节性特点，导致其动态变化的程度更高。旅游市场营销调研作为一种管理工作，它强调旅游企业必须在经营管理过程中时刻盯住市场，及时了解和分析旅游者的需要心理和购买特点的变化发展从而捕捉市场机会。

2. 旅游市场营销调研可以充实和完善旅游营销信息系统

旅游市场营销调研是一项长期的基础性工作，它需要持续、系统地收集大量的市场信息，通过营销调研，大量有效的市场信息被输入营销系统，使营销信息系统的内容得到更加的充实和完善，为旅游企业的长远发展提供服务。

3. 旅游市场营销调研有助于旅游企业进行科学决策

旅游市场营销调研有助于旅游企业克服和避免盲目营销行为，减少资源浪费，从而改善旅游企业经营和管理，提高旅游企业的经济效益、社会效益和环境效益。

二、旅游市场营销调研的内容

为了制定正确的市场营销决策，旅游企业市场营销调研人员必须有针对性地收集相关

资料和信息，这些资料和信息构成了旅游企业市场营销调研的主要内容。

（一）旅游宏观环境信息的调研

营销环境可以分为宏观环境与微观环境两部分。宏观环境是企业营销活动的重要外部环境，它对企业营销活动产生直接和间接的影响，是企业不可控的因素。宏观环境由一些大范围的社会力量构成。微观环境是那些直接影响企业为目标市场服务能力的因素。

旅游营销的宏观环境包括社会经济、社会文化环境、政治法律环境、经济环境、科学技术环境、竞争环境、自然地理环境等。每个旅游企业都处于这些宏观环境因素的包围之中，不可避免地受到其制约和影响。这些宏观因素和发展趋势为企业的发展提供了机会，同时也对旅游企业的生存构成威胁。

1. 社会经济地位调研

社会经济地位是指一个国家或地区社会文化、政治、经济、科技、自然地理等要素综合实力的表现，通常通过社会经济指数的综合分析得到现实反映，它是进行旅游营销活动最重要的综合因素。社会经济指数高的国家，一般来说，旅游业就比较发达。现代旅游业首先是在经济发展国家兴起，美国、德国、英国、法国、意大利、加拿大、日本等国是世界上最主要的旅游客源国的接待国。与此相反，众多的发展中国家经济底子薄，交通落后，基础设施不完善，在国际旅游市场上缺乏竞争力。

2. 社会文化环境调研

社会文化环境是指由社会地位和文化素养的长期熏陶而形成的生产方式、价值观念和行为准则，是一个社会的教育水平、语言、宗教与民族特征、风俗习惯、价值观、人口、社会组织等的总和。教育水平不仅影响人们的旅游水平，而且影响旅游企业的市场调研与促销方式。掌握当地语言，易于人们的感情沟通，对营销活动十分有利。宗教与民族影响着人们的价值观，行为准则与认识事物的方式，从而影响着人们的消费行为。风俗习惯对消费行为、营销方式影响重大。此外，价值观念和审美观念人口、家庭规模、生活方式等以及社会团体的行为都对旅游企业的营销产生直接和间接的影响。

社会文化渗透于所有的旅游营销活动中，而旅游营销活动又处处蕴含着社会文化。如营销对象的思想文化，表现为消费者的教育水平、宗教信仰、价值观念、审美观念等对生活方式、消费习惯、消费需求的影响；又如旅游营销主体的营销术、营销成果也是社会文化的具体体现，社会文化贯穿旅游营销活动的始终。旅游消费者和营销者的文化水平，往往决定旅游营销的成败。有些国家，尽管人口经济收入相近，但旅游市场情况可能有很大差别。这种差别，很大程度反映在社会文化方面。因此，旅游营销必须适应社会文化因素，并随社会文化因素的变化而变化。反映在具体的旅游营销活动中，特别是开展国际旅游营销活动中，旅游企业不能以本国、本地文化为参照系，而要自觉地考虑异国、异地社会文化的特点，使旅游营销与社会文化因素之间互相适应。如旅游广告、旅游产品目录的制作，必须顾及语言文字、模特形象是否符合异国异地文化。一个漂亮女性形象的广告，在许多国家都可以被接受，但在伊斯兰教国家却会遭到抵制，在某些中东国家甚至无法进行电影、电视广告宣传。

3. 政治法律环境调研

政治法律环境是指政府、政党、社会团体在国际关系和国家社会经济生活方面的政策活动及与市旅游企业的营销活动是社会经济生活的组成部分，它必然受到政治与法律环境的强制与约束。旅游企业总是在一定的政治法律环境下进行营销活动的。构成政治法律环境的因素就要有：

（1）国家的政治体制、政局变动。政治体制是政治制度的体现，不同政治制度的国家，其经济、文化、外贸政策也不同。不同政党之间政权的更迭，对经济和贸易政策也会产生重大影响，从而对旅游营销也会产生影响。

（2）经济管理体制、政府与企业的关系。就我国目前情况而言，与旅游企业密切相关的问题是精简政府机构，实行政企职责分开等。

（3）政府的法令、条例、法规，特别是有关经济、旅游立法。经济立法的目的在于建立维护经济秩序，保护竞争，保护消费者的利益，防止环境污染。从 1979 年以来，我国陆续制定和颁布了不少法令，和旅游企业营销直接有关的有：《中外合资经营企业法》、《中外合作经营企业法》、《中华人民共和国涉外合同法》、《环境保护法》、《专利法》、《商标法》、广告管理条例、旅行社管理条例、旅行社质量保证金暂行规定、导游人员管理条例等等。

（4）政府的有关经济政策。法令、法规是相对稳定的，那么方针政策则有较大的可变性。它随着政治经济形势的变化而变化。政府的政策必然会对旅游企业的营销产生直接或间接的影响。目前，我国正着眼于建立新的经济运行机制。因此，旅游企业对国家的有关政策（如人口政策、产业政策、财政、货币政策等）对营销活动的影响应予以密切关注。

4. 经济环境调研

经济环境是指旅游企业营销活动所面临的经济条件，是开展市场营销活动的基础。旅游企业从事市场营销活动的前提是市场的存在，而旅游市场是由旅游消费者、购买力、购买意愿、购买权利四个要素组成，旅游市场的四要素实质上都是直接受经济环境变化的影响。因此，经济环境对旅游营销活动有更为直接的影响力。

旅游市场营销中经济环境调研重点分析的内容是：（1）经济发展状况；（2）居民收入状况；（3）消费状况；（4）居民储蓄。

5. 科学技术环境调研

影响人类最大的力量是科学技术。当前世界科技发展迅猛，呈现出新的趋势和特点。可能会对市场营销产生影响的科学技术发展趋势、特点有：

（1）信息化和智能化将普遍进入生产、管理和社会生活的各个领域；

（2）生命科学将获得新的突破；

（3）保护生态环境，发展节约资源（能源、原材料、水、土等）的技术，已成为人们的共识；

（4）各门科学技术将全面而深入地发展，互相渗透，综合交叉。

科技环境的变化，给旅游企业带来了前所未有的机遇与挑战。一方面，新技术的发明和应用，给旅游企业开发新产品创造了条件，增加了旅游供给产品的吸引力，提高了旅游服务水平和质量，提高了服务效率和服务的准确性，也给旅游企业创造了新的市场，带来了新的消费利润。例如，电脑的广泛应用，可以提高饭店的工作效率，使饭店开展一对一营销，为客人提供定制化产品成为可能。又如，交通技术的飞速发展使得旅游者的出行更加便捷，旅游需求量也随之增加。再如，声控技术和光学技术在旅游人造景观上的运用，强化了模拟功能，增加了旅游景点对游人的吸引力，刺激了旅游需求量的增加。但新技术的发明，也给老产品构成了威胁，给旅游企业带来了生存危机。例如，新材料的不断出现，使饭店硬件的更新速度加快，这无疑加大了饭店的成本。互联网的出现，弱化了旅行社的代理功能，使不少旅行社面临生存危机。

6. 自然地理环境调研

世界各国不同的自然地理环境，如地形、气候、自然资源、环境状况等都对旅游营销产生影响。

7. 竞争环境调研

从旅游消费者的角度，每个企业在其开展营销活动时，都面临着四种类型的竞争者：第一是愿望竞争者。指提供不同产品以满足不同旅游需求的竞争者。例如某个消费者攒了一笔钱，他既可以外出度假，也可以去游览风景名胜，或去考察民居。作为度假地，如何吸引更多的旅游消费者前来度假，这就是一种竞争关系。第二是平行竞争者。指能满足同一旅游需求的不同旅游产品的竞争。例如饭店的客房与商住写字楼竞争商务顾客的住宿办公需要；饭店的娱乐产品与电影院、电视机甚至书籍竞争消费者娱乐和休闲的需求。第三是产品形式竞争者。指同类旅游产品的不同形式之间的竞争。例如，三星级饭店标准客房与四星级饭店级饭店标准客房的竞争，或同是三星级饭店，标准客房与豪华客房之间的竞争。第四是品牌竞争者，这个层次是同一产品不同品牌之间的竞争。如假日饭店、希尔顿饭店、万豪饭店之间的竞争。对每个旅游企业来说，以上四种类型的竞争，完整描述了其竞争环境结构。因此，全面地认识各种层次竞争，有助于其看清竞争环境的重要变化。

竞争环境的主要内容有：

（1）面临的主要竞争者和类型包括同类旅游项目或产品的竞争者、相互可以替代旅游项目或产品之间的竞争者和争夺客源的竞争者；

（2）竞争者的市场营销状况；

（3）竞争者的内部状况。

（二）旅游市场需求信息调研

旅游者的需求在很大程度上决定了旅游供给，因此，收集和分析旅游市场需求以及影响这种需求的旅游消费者的心理、偏好、购买行为等信息，是旅游企业市场调研的核心内容。旅游企业关于需求信息的调研主要包括以下三个方面：

1. 旅游者规模及构成的调研

旅游者规模及构成的主要内容包括旅游客源地经济发展水平和人口特点，旅游者的可自由支配收入和闲暇时间，旅游者的数量和消费构成，旅游者对旅游目的地产品的总体评价等。

2. 旅游动机调研

旅游动机是维持和推动旅游者出游的内部原因和实质动力。旅游者的出游动机，若综合专家和学者的观点由低到高排序，可以大致分为 5 个层次。

第一个层次为放松动机。即：旅游者通过离开自身的居住地到另一个地方短时期逗留，去观赏异地风光，体验异国风情，揭示异地特色，使身心得到放松、休息和恢复。

第二个层次为刺激动机。即：旅游者通过空间的转移，了解国内外各方面的知识，得到新的经历，亲临其境地接触全国各地乃至世界各地居民，欣赏变换奇妙的自然风光，体验异地文化，考察不同生活制度，以寻求新的感受、新的刺激，形成新的思想。

第三个层次为关系动机。即：旅游者通过外出旅游，结交朋友、建立友谊、给予爱、获得爱或逃避社会关系、解除人际烦扰或建立商务伙伴关系。

第四个层次为发展动机。即：旅游者在身处异地的文化氛围中，培养多种兴趣，得到新的知识，掌握新的技能，增加新的阅历，获得异地的奖赏，提高个人声望和魅力，成为旅游鉴赏家，获得他人尊敬，发展自我潜能。

第五个层次为实现动机。即：旅游者借助于旅游，充分地利用各种旅游资源，发挥客体对主体的能动作用，丰富、改变、创造人的精神素质，主宰自己的人生，获得更高的成就，实现自己的梦想和精神价值。

3. 旅游者消费行为调研

狭义的旅游者消费行为强调一种外在表现形式，仅指旅游者进行旅游的行为和对旅游产品的实际消费。广义的旅游者消费行为则包括了旅游者旅游的全过程，一般指旅游者利用收集的各种信息，根据自己的经验、主观判断、偏好、性格等做出决策并进行旅游消费的过程。包括旅游需求的产生过程、旅游的预算过程、旅游所需费用的取得过程、旅游计划的制订过程、旅游者心理和行为活动过程，最后到对旅游产品的实际消费过程。它是一种特殊形式的行为，是旅游者在搜集旅游信息、进行旅游活动、旅游消费和评估旅游产品过程中的行为表现。

（三）旅游市场产品供给调研

旅游产品从供给的角度可以划分为旅游吸引物、旅游设施、旅游服务、旅游商品和旅游通达性，旅游企业的调研应该包括这五个方面。

1. 旅游吸引物调研

旅游吸引物是旅游活动中的一个核心要素。旅游吸引物是指凡是能够激发旅游者的旅游动机，吸引旅游者产生旅游行为的自然现象、人文景观和社会现象的总称。旅游吸引物在很大程度上决定了旅游者对旅游目的地的选择。

2. 旅游设施调研

旅游设施是指旅游目的地旅游行业的人员向游客提供服务时依托的各项物质设施和设备。分为旅游基础设施和旅游接待设施。旅游基础设施是指主要服务对象是当地居民，但是同时也向外来旅游者提高的设施，主要包括供水系统、供电系统、供暖系统以及城市交通等。旅游接待设施是指主要向外来游客提供的设施，包括旅游饭店、夜总会、商务酒吧等。

3. 旅游服务调研

旅游服务是指旅游目的地旅游行业的人员以一定的物质为资料凭借，为满足游客在旅游活动过程中各种需求而提供的服务。进行旅游服务调研的内容主要包括售前服务（旅游咨询、签证、办理入境手续、保险等）、售中服务（为游客提供的食、住、行、游、购、娱等服务）以及售后服务（送游客到机场、港口，为其办理出境手续、托运等服务）。

4. 旅游商品调研

旅游商品，是指供游客购买的商品，其中一部分是游客在旅游途中吃、穿、用的物品，另一部分是供游客赏玩、收藏和馈赠亲友的物品。具体分类为：旅游纪念品、工艺美术品、民间艺术品、文化艺术品、土特产品和旅游一般用品等。旅游商品发展的程度是旅游业发展成熟度的重要标志之一。在旅游业发达的地方，旅游购物的收入占旅游总收入的

30%～50%，有的甚至达到60%以上。一般西方国家旅游商品的收入占到旅游总收入的35%，而旅游发达地区甚至达到60%。许多旅游目的地既是游览胜地也是购物天堂，旅游购物成为旅游者的主要活动之一。旅游商品调研主要是调研旅游商品的种类、质量、价格、游客满意度等。

5. 旅游通达性调研

旅游通达性是指旅游者在旅游目的地之间来回移动的方便、快捷、通畅的程度，具体表现为进出旅游目的地的难易程度和时效标准，主要可以从以下几个方面进行调研：是否有完善、发达的交通网络；是否有方便的通信条件；出入境签证的手续、出入境验关程序、服务和信息咨询是否便利。旅游通达性对旅游产品的成本、质量、吸引力等有较大的影响，也是旅游市场产品供给调研的重要内容。

（四）旅游企业市场营销组合调研

旅游企业的市场营销组合指旅游企业为了增强自身的竞争实力，在选定旅游目标市场的基础上，综合运用旅游企业可以控制产品、价格、分销渠道和促销等因素，实现最优组合，实现旅游企业的目标。

1. 旅游产品调研

旅游产品是旅游业者通过开发、利用旅游资源提供给旅游者的旅游吸引物与服务的组合。即旅游目的地向游客提供一次旅游活动所需要的各种服务的总和。产品是旅游企业赖以生存的物质基础。旅游产品调研包括：游客对旅游产品需求的特点，旅游产品的市场占有率和销售潜力，旅游新产品的开发与组合、旅游产品的生命周期等。

2. 旅游产品价格

价格问题是旅游业的敏感问题，也是老百姓特别关心的问题。旅游企业要想获得更高的利润必须制定正确的产品价格策略。旅游产品价格调研包括：旅游产品定价现状及变化趋势调研、替代品的供求和价格调研、需求价格弹性调研、旅游产品定价策略的调研等。

3. 旅游促销调研

旅游促销是刺激旅游销售的有效手段，其实质是建立旅游企业与旅游者的沟通。旅游促销调研包括促销对象调研、促销方法调研、促销投入调研、促销效果调研、企业形象调研、公共关系调研、人员推销调研和企业推广调研等。

4. 旅游分销渠道调研

要提高销售的效率、降低销售费用，旅游企业就必须选择合适的旅游产品分销渠道。在选择合适的分销渠道之前必须要做好分销渠道调研：销售渠道长度和宽度调研、旅游中间商调研、降低销售费用以提高销售渠道效率调研等。

（五）旅游企业经营效益调研

1. 经济效益调研

旅游企业和其他企业一样，根本目的都是追求利润最大化。反映现代旅游企业的经济效益指标主要包括旅游企业的产品市场占有率、企业总成本、销售总量、营业总收入、营业总利润等指标。

2. 社会效益调研

旅游企业在提高经济效益的同时还关注企业和产品良好形象的树立、希望与公众建立良好的社会关系，形成公众对企业和产品的认可甚至赞誉。评价旅游企业社会效益的主要指标包括：企业从业人员的综合素质、企业目标市场顾客的满意度、企业和产品的形象树立、企业核心竞争力以及企业与公众良好关系的建立等。

3. 环境效益调研

旅游业的可持续发展战略要求旅游企业应当而且必须关注生态环境效益。在求得企业发展的过程中，注重对生态环境的保护已经成为旅游业发达国家或地区旅游企业的共识，这不仅是所有现代旅游企业应该遵循的标准。

三、旅游市场营销调研的类型

根据市场调研目标和要求的不同，旅游市场营销调研可以分为探测性调研、描述性调研、因果性调研和预测性调研四种类型。

（一）探测性调研

探测性调查是指在旅游企业对市场状况不甚明了或对问题不知从何处寻求突破时所采用的一种方式，其目的是要发现问题的所在，并明确地提示出来，以便确定调查的重点。

探测性调查的方法主要有三个方面：一是现成资料，这是主要来源；二是向专家、产品设计者、技术人员和用户、顾客做调查；三是参考以往类似案例，从中找出一些有关因素，得到启发。

为取得可靠资料，调查前必须制订一个资料来源和时间进度的计划或设计一种表格做数字统计，并进行各种访问座谈。收集的资料必须有时效性，否则会浪费时间，增加费用。

有用的资料和数据首先应具有经济价值，并能准确地回答拟订的设想；其次要与调查课题有相互关联的因素；再次要能对这些资料和数据进行有说服力的分析，并确定其可靠程度，便于决策者做出正确决定。

（二）描述性调研

描述性调研是一种常见的项目调研，是指对所面临的不同因素、不同方面现状的调查研究，其资料数据的采集和记录，着重于客观事实的静态描述。大多数的市场营销调研都属于描述性调研。例如，市场潜力和市场占有率，产品的消费群结构，竞争企业的状况的描述。在描述性调研中，可以发现其中的关联因素，但是，此时我们并不能说明两个变量哪个是因、哪个是果。与探测性调研相比，描述性调研的目的更加明确，研究的问题更加具体。对旅游企业而言，如酒店目标市场的年龄构成、地理分布、收入状况、客人对本酒店的评价等，通常都是描述性调研。

描述性调研，正如其名，处理的是总体的描述性特征。描述性调研寻求对"谁"、"什么"、"什么时候"、"哪里"和"怎样"这样一些问题的回答。不像探索性调研，描述性调研基于对调研问题性质的一些预先理解。尽管调研人员对问题已经有了一定理解，但对决定行动方案必需的事实性问题做出回答的结论性证据，仍需要收集。

（三）因果关系调研

因果关系调研是指为了查明项目不同要素之间的关系，以及查明导致产生一定现象的原因所进行的调研。通过这种形式调研，可以清楚外界因素的变化对项目进展的影响程度，以及项目决策变动与反应的灵敏性，具有一定程度的动态性。

因果关系调研的目的是找出关联现象或变量之间的因果关系。描述性调研可以说明某些现象或变量之间相互关联，但要说明某个变量是否引起或决定着其他变量的变化，就用到因果关系调研。因果关系调研的目的就是寻找足够的证据来验证这一假设。

在旅游企业调研实践过程中，旅游企业一般把目标销售额、市场占有率和利润等设为因变量，而把旅游企业可控制的因素如产品、价格、分销、促销以及企业外部的不可控制因素设为自变量，通过定性和定量研究，帮助旅游企业营销决策者评价和选择活动方针。

（四）预测性调研

预测性调研是指专门为了预测未来一定时期内某一环节因素的变动趋势及其对企业市场营销活动的影响而进行的市场调研。如市场上消费者对某种产品的需求量变化趋势调研，某产品供给两的变化趋势调研等。这类调研的结果就是对事物未来发展变化的一个预测。

一般而言，预测性调研以因果关系调研的结果为基础。通过因果关系调研，我们建立起事物之间的因果关系甚至数字模型。预测性调研则是利用事物之间已知的因果关系或数学模型，用一个或数个事物的变化趋势推断另一个或几个事物的变化趋势。

四、旅游市场营销调研的程序与方法

市场调研是一种有计划、有组织的活动，必须遵照一定的工作程序，才能有条不紊地实施调查，取得预期的效果。和其他市场调研一样，旅游市场营销调研一般分为如下五个步骤：

（一）旅游市场营销调研的程序

1. 研究调研专题与调查目标

由于在市场营销决策过程中涉及的内容十分广泛，需要进行调研的问题也就很多，不可能通过一次市场调研解决决策中所面临的全部问题，因此调研有重点，在组织每次市场调研活动时，应当首先找出需要解决的最关键的问题，选定调研的专题，明确调研的任务和目标。

旅游企业在确定调研专题时，专题的界定不能太宽太空，要避免专题不明确、不具体。选题太宽的结果将会使调研人员无所适从，在大量的不必要的信息面前迷失方向，反而不能发现真正需要的信息。专题的界定也不可以太窄、太细微，这样会使市场调研不全面，不能反映真实情况。

在确定调研目标时，应当努力使需要调研的问题定量化，提出具体的数量目标，以利于对调研结果的审核和评估。例如把调研目标定为"景区的游客规模是否很大"？在这里究竟多少是游客规模很大呢？如果说明某景区年接待游客量为300万为规模很大，那么这个目标就明确多了。

2. 制订调研计划

（1）确定资料的来源

调研资料按其来源分为第一手资料和第二手资料，又叫直接资料和间接资料。采集第一手资料的费用一般比较高，但所得资料通常与需要解决的问题更密切相关。第一手资料常常来自现场调查。

第二手资料指为了其他目的而采集的现成资料。第二手资料的来源非常广泛，市场调研人员既可以利用内部资料来源，又可以利用外部资料来源。常见的内部资料来源有旅游企业的财务报告，资金平衡表、销售统计及其他档案；常见的外部资料来源有报纸、书刊、文件等等。第二手资料的采集费用比第一手资料要低得多。

（2）确定调研方法

数据资料的采集可以借助四种方法：文案调研法、访问调研法、观察调研法和实验调研法。

（3）确定费用

费用预算是制定调研计划时要考虑的一个重要内容。任何调研项目都是花钱的，没有充足的费用调研就无法进行。如果一项调研的费用大于实施调研后可能取得的收益，那么这项调研也就失去了意义。调研人员在制订调研计划时必须仔细地估算用于市场调研的费用，将费用列入计划向上级报批。

3. 实施调研计划

实施调研计划包括三个步骤：数据资料的收集、加工处理和分析。

在实施调研计划时，数据资料收集阶段往往是费用最高、也最容易出现错误的阶段。营销的主管人员必须密切监督调研现场工作，防止调研中出现偏差，以确保获得的实验结果的客观性和可靠性。

采集到的数据资料必须要经过科学的加工处理，才能做到去伪存真、去粗取精。数据资料的处理包括对调查资料的分类、综合与整理。数据资料加工处理中的关键是保证信息的精确性与完整性。如果加工处理时发现数据资料不可靠，就需要利用不同的资料来源加以核实，剔除不可靠的部分。必要时可能不得不放弃已经获得的数据资料以免导致产生错误的结论。

对调研资料进行加工处理的目的是对它进行分析，以获得调研结论。依资料分析的方式不同分为经验分析和数学分析。利用先进的统计学方法和决策数学模型，辅之以经验分析与判断，可以较好地保证调查分析的科学性、正确性。

4. 编写调研报告

在对调研资料进行分析的基础上，调研人员要得出结论并以书面形式总结汇报调研结果。

调研报告分为技术性报告和结论性报告。技术性报告着重报告市场调研的过程，而结论性报告着重报告市场调研的成果，提出调研人的结论与建议，供旅游营销决策者参考。

（二）旅游市场营销调研的方法

旅游市场营销调研的方法比较多，但是旅游企业营销实践活动中最常见的调研方法主要有：文案调研法、询问调研法、观察调研法和实验调研法。

1. 文案调研法

文案调研法，又叫文献调研法、桌面调查法及室内调研法等，是一种获取二手旅游资料的调查研究方法，即根据一定的研究目的，通过对收集到的、与调查课题相关的各种旅游信息和情报资料等，进行分析、研究获得调研成果的一种调研方法。文案调研法信息来源渠道主要有以下几方面：

（1）各级政府机关公布的有关国民经济发展计划、统计资料、政策、法规和法令等，尤其是与旅游业发展有关的产业发展计划、统计资料、政策、法规和法令等。

（2）旅游行业协会和其他旅游组织提供的资料。

（3）旅游科研院所、旅游专业情报机构、旅游咨询机构提供的资料和研究成果。

（4）旅游企业内部积累的资料等。

（5）旅游企业之间交流的有关资料和信息。

（6）国内外公开出版物刊登的新闻、报道和调查资料等。

文案调研法的优点是：

（1）不受时空限制，信息资料多；

（2）信息获得较方便、容易，能够节省时间和精力；

（3）调查的费用低；

（4）内容比较客观，适宜纵向比较。

文案调研法的缺点是

（1）有局限性，无法收集市场的新情况、新问题；

（2）不可预见性，所收集资料无法直接应用；

（3）缺乏直观感、现实感，对调查者能力要求较高。

旅游饭店二手资料的主要来源：

旅游饭店的二手资料可以分成两部分：即饭店内部二手资料和饭店外部二手资料。

（1）饭店内部二手资料

① 客人记录

首先是饭店总台登记，主要包括客人姓名、地址、到离时间、停留天数、证件号码以及团队人数等。

其次是客人预订要求，主要包括客人的特殊要求、预订方式、客人类型和价格要求等。

再次是客人的档案资料，主要包括客人的姓名、年龄、地址、职业、电话号码、消费偏好、使用饭店次数、抱怨及投诉情况等。

② 销售记录

销售记录以列表的形式把客人在某一段时间内花费的账单组织起来，以作为信息的来源。

③ 其他记录

其他记录主要包括放置在饭店客房内的调查表、饭店各部门的情况汇报以及客人的来信等。

（2）饭店外部二手资料

① 政府机构提供的资料。政府机构主要包括国家旅游局、各省市旅游局、旅行社、统计局等机构提供的资料。

② 国际机构提供的资料。主要包括世界性或区域性经济组织，尤其是世界旅游业理事会、世界旅游组织、亚太旅游协会提供的资料。

③ 饭店行业组织提供的资料。饭店行业主要包括世界性和区域性的饭店协会、餐饮协会等组织。

④ 旅游教育机构和科研院所提供的资料。旅游教育机构和科研院所主要包括世界著

名的旅游院校、全国各大旅游院校、科研院校所发表的论文及研究报告。

⑤ 旅游新闻出版机构。主要包括各种旅游报社、旅游杂志社和旅游出版社等。

2. 询问调研法

询问调研法，就是调查者通过口头交谈等方式向被访问者了解信息并进行分析研究的方法。根据营销调研人员与被调查者的接触方式，询问调研法包括以下几种类型。

（1）面谈式询问

面谈式询问是指旅游营销调研人员直接当面访问被调查者以获取有关信息的方法。该方法经常被使用，其具体形式有个别交谈、小组交谈，也有一次性面谈或多次面谈等。面谈式调查法的优点在于：能直接获取被调查者的意见，得到第一手的真实资料。方式灵活，启发性好。该方法可以针对不同的调查者采取不同的询问方法。该方法的缺点是：调查的时间长、费用大，因而调查的成本高；调查结论受调查者和被调查者的主观因素影响比较大。

（2）电话式询问

所谓电话式询问是指旅游营销调研人员根据抽样要求，选取样本，用电话询问被调查者，以此获取有关信息的方法。该种方法的优点是：获取信息的速度快，经济省时。它适用于那些工作繁忙，不愿接待来访者的被调查者，由于被调查者不受调查人员在场的心理拘束，对于那些当面不便回答的敏感问题，不失为一种好的调查方法。该种方法的缺点是：电话询问受通话时间的限制，提问不能太多，不能作深入的交谈，因此，很难判断所得信息的真实性。

（3）邮寄式询问

所谓邮寄式询问是指旅游营销调研人员将设计好的调查表邮寄给被调查者，请他们根据要求填写调查表，填好后按时寄回的一种获取有关信息的方法。该种方法的优点是：调查面广，成本低；可以避免调查人员的主观偏见；被调查者有思考、讨论的余地，较适合敏感性问题的调查。其缺点表现在：问卷回收率低，信息反馈时间长，代表性和准确性难以把握，只适用于有一定文化程度的调查对象和简单、易于回答的问题的调查。

（4）留置式问卷调查法

留置式问卷调查法是指旅游营销调研人员把调查表送交被调查者，请他们填写再定期收回填写好的调查表，由此而获取有关信息的方法。留置式问卷调查法可以避免邮寄式询问回复率低的缺点，还可以克服面谈式的某些不足之处。

3. 观察调研法

所谓观察法是指旅游营销调研人员在现场观察具体事物和现象的一种收集资料的方法。该方法的主要优点是：由于被调查者处于"无意识状态"，被调查者没有感觉到自己正在被调查，没有相互交流，没有个人主观影响，因而所取得的资料真实性较高。该方法的不足之处在于：观察所需时间较长，并且只能观察到表面的信息，而很难了解其内在原因。观察调研法一般可分为以下四种：

（1）亲身经历法

指旅游营销调研人员通过亲自参与旅游活动而获取旅游市场信息的一种调查方法。

（2）直接观察法

指旅游营销调研人员亲自或派人到现场观察调查对象，以此获取有关旅游市场信息的一种调查方法。

（3）行为记录法

旅游营销调研人员用特定的装置在调查现场记录被调查对象在一定时间内的有关行为的调查方法。

（4）痕迹观察法

指旅游营销调研人员通过观察调查对象所留下的痕迹来收集有关旅游市场信息的调查方法。

4. 实验调研法

所谓实验调研法，是指旅游营销调研人员通过特定的小规模试验以获取相关信息的一种方法。实验法来源于自然科学中的实验求证原理，它通过小规模的营销活动的实验来测试某一产品或某项营销措施的效果，以决定是否要进行推广。实验法的具体做法是从影响调查对象的众多因素中，选择一个或几个因素作为自变量，研究这些变量对旅游企业营销问题的影响。常用的实验法有两种：

（1）实验室实验

即实验在特定控制的环境下进行，这种方法常用于传播媒体的选择和广告效果的研究。例如，某旅游企业在进行传播媒体的选择时，就可以请一批旅游者，听取他们的意见。

（2）现场实验

现场实验就是在市场上进行小范围的实验，即把旅游新产品先投放到有代表性的旅游市场进行试销，由此了解旅游消费者的反映，收集相关的信息资料再进行分析、预测，最后决定是否进行全面推广。

实验法的优点是：客观性较强，有很好的实际应用价值。旅游企业在改变其产品的品种、外观造型、包装装潢、价格、广告宣传、分销渠道和陈列方式等时，均可进行实验。通过实验，能直接了解引起某一旅游市场营销问题变化的原因和结果，并能直接检验营销活动的效果。实验法的主要缺点是时间较长，费用较高，选择合适的实验对象较难。但总的说来，实验法是一种科学的方法，经过精心安排的实验所得的结果具有较高的参考价值。

五、旅游市场营销调查问卷设计的技术

问卷调查法是收集第一手资料的主要方法之一，而问卷是询问调查法的最常用工具。了解和设计问卷就成为旅游市场营销调研人的必备技能。

（一）问卷调查的概念

问卷是调查研究中用来收集资料的一种测量工具，它是由一组问题所构成的表格。问卷调查是由受过培训的调查员利用精心设计好的问卷收集资料而开展的一种调查研究方法。在实际操作中，问卷调查包括两大类：

1. 访谈式问卷调查：即由调查者根据问卷中设计好的问题直接面对面（或电话）与

被调查者交谈而获取资料调查方法。

2. 自填式问卷调查：即将问卷邮寄或发给被调查者，由被调查者自行完成填写的一种调查方式。

（二）问卷的基本结构

问卷的基本结构一般包括四个部分，即说明部分、调查内容、编码和结束语。其中调查内容是问卷的核心部分，是每一份问卷都必不可少的内容，而其他部分则根据设计者需要来取舍。

1. 说明部分

用于介绍研究者身份、调查目的和意义，同时解释如何填写问卷（也称指导语）等，目的是取得被调查者的信任和理解并引发其参与调查的兴趣。说明部分常置于问卷的前面或作为附在问卷上的一封短信，它是问卷的重要组成部分，也是获得被调查对象良好合作和支持的基础。在编写问卷说明时，除了语言上力求简明扼要和诚恳外，应充分强调每个人参与的重要意义。若调查问题涉及个人隐私或敏感问题，指导语中一定要强调信息的保密性，以便尽可能地获得真实可靠的资料。

2. 调查内容

问卷的调查内容主要包括各类问题，问题的回答方式及其指导语，这是调查问卷的主体，也是问卷设计的主要内容。

问卷中的问答题，从形式上看，可分为开放式、封闭式和混合型三大类。开放式问答题只提问题，不给具体答案，要求被调查者根据自己的实际情况自由作答。封闭式问答题则既提问题，又给出若干答案，被调查中只需在选中的答案中打"√"即可。混合型问答题，又称半封闭型问答题，是在采用封闭型问答题的同时，最后再附上一项开放式问题。

至于指导语，也就是填答说明，用来指导被调查者填答问题的各种解释和说明。

3. 编码

编码一般应用于大规模的问卷调查中。因为在大规模问卷调查中，调查资料的统计汇总工作十分繁重，借助于编码技术和计算机，则可大大简化这一工作。

编码是将调查问卷中的调查项目以及备选答案给予统一设计的代码。编码既可以在问卷设计的同时就设计好，也可以等调查工作完成以后再进行。前者称为预编码，后者称为后编码。在实际调查中，常采用预编码。

4. 结束语

结束语一般放在问卷的最后面，用来简短地对被调查者的合作表示感谢，也可征询一下被调查者对问卷设计和问卷调查本身的看法和感受。

（三）问卷设计的步骤

设计问卷通常包括如下几个基本步骤：

1. 确定调查主题或变量

根据研究目的，收集并列出在该项调查中需详细调查的主题或所需测量的变量，然后与其他感兴趣的研究人员或同道或被研究对象一起讨论并做必要的提炼，同时还可应用非结构式访谈或小组讨论形式进行探索性研究，以便确认其他具有潜在重要性的主题或变量。另外，借用其他问卷中符合本研究目的的条目也是确定调查主题的辅助方法。

2. 设计问卷初稿

根据确定的调查主题或变量设计相应的问题，并将零散的问题按照一定结构组织成一份问卷初稿。组织编写问卷时，需要考虑到各种问题的前后顺序、逻辑结构、对回答者的心理影响、是否便于被调查者回答等多方面因素。

3. 预调查和修改

设计好的问卷初稿需经过试用或预调查，以便发现和修改问卷中的问题，如用词是否恰当等。在现场条件下进行预调查时，最好由参加以后正式调查的人员去实施。另外，就问卷的最终设计请数据处理人员进行审核也是十分重要的，它有助于尽量减少数据录入和编辑阶段中可能出现的问题。

4. 效度和信度检验

通过效度和信度检验来评价问卷的质量。

（四）问卷设计的注意问题

问卷的设计是一项专业性、技术性及经验性很强的工作。问卷设计应注意如下几个问题：

1. 避免双重装填。即避免在一个问题中混杂着两个甚至更多个变量，因为它会导致应答者难以做出准确回答。

2. 避免用词不当。即尽量不使用含糊不清的词，同时避免使用专业术语、俗语和缩写词等。

3. 避免诱导性提问。这类提问会人为地增加某些回答的概率，从而产生偏误。因为带有诱导性的提问，容易使无主见的回答者顺着您的意思回答，最好采用中性的提问。

4. 避免抽象性提问。抽象概念的提问一般较难回答。问卷如果一定要涉及抽象概念的提问，最好给出一些具体的看法，让回答者仅回答赞成与否。

5. 对于敏感问题。如涉及政策、社会规范、伦理、个人隐私等问题，应充分强调保密性问题，并用假定法来提问以提高问卷应答率。

（五）问卷的信度与效度

1. 信度

指对同一事物进行重复测量时，所得结果一致性的程度，即测量工具的稳定性或可靠性。影响调查结果可靠性的主要因素包括：

（1）调查问题设计不合理，如问题不明确和太难；

（2）调查实施过程存在问题，如不同调查员所用指导语不同、被调查对象相互交流等；

（3）被调查者主观因素影响，如应答动机等。

信度分析就是对问卷的信度进行分析，其主要方法如下：

（1）复测信度（或重测信度）。即用同一问卷在不同时间对同一对象进行重复测量的一致程度。由于研究对象的特征可能随时间发生变化及重复测量受前一次的影响，故两次测量间隔的时间不宜太长，也不宜太短，以2～4周为宜。

（2）复本信度。设计另外一种与问卷在测量内容、难度、长度、问题排序、应答形式及统计方法等方面高度类似的问卷，同时测量研究对象，评价两个问卷测量结果的相关性。

（3）折半信度。将一个问卷分折为两半，分别作为各自的复本。最常用的折半法是将问卷中所有的题目按问题的性质、难度排序并编号，求出奇数号和偶数号的相关系数。由于折半法计算出的是半个问卷的信度，故需做如下校正：

$$R = \frac{2x}{1+2x}$$

一般，信度系数达到 0.8 以上，才能认为问卷的信度较好。

2. 效度

指测量结果与试图要达到的目标之间的接近程度，它反映调查的真实性。效度高，表明调查结果真实地测量到了调查对象的实际情况和特征。效度可分为：

（1）表面效度。从表面上看，问卷能否测量研究者想要了解的问题。这是一个由专家评价的主观指标。

（2）内容效度。该指标评价问卷所涉及的内容能在多大程度上覆盖研究目的所要求达到的各个方面和领域，也是一个主观指标。在实际工作中，只能由专家根据自己的经验，判断问卷表达内容的完整性。

（3）结构效度。用两个相关的相互可以取代的测量尺度对同一概念交互测量，如能取得同样结果，可认为有结构效度，一般可用相关分析、因子分析等方法评价结构效度。

（4）准则效度。即评价问卷测量结果与标准测量即准则间的接近程度。

第二节　旅游市场预测

一、旅游市场预测的概念及内容

（一）旅游市场预测的概念

所谓旅游市场预测就是在旅游市场营销调研获取的各种资料与信息的基础之上，运用科学的方法，根据旅游企业的需要，对旅游市场未来一段时期内的发展规模和趋势做出的分析与判断。

旅游市场预测是旅游市场营销决策的基础，是旅游企业编制发展计划和调整营销计划的重要依据，是增强旅游企业及其产品竞争力的有效途径，因此，必须要认识到旅游市场预测的重要性，认真地搞好旅游市场预测，根据预测的结果，不断地推出能满足旅游者需求的产品，才能减少旅游企业经营的盲目性和风险，使自己在日益激烈的市场竞争中立于不败之地。

根据不同的标准，旅游市场预测可划分为不同的类型。

1. 按旅游市场预测的范围划分

按旅游市场预测的范围划分，旅游市场预测可分为旅游宏观市场预测和旅游微观市场预测。

（1）旅游宏观市场预测

旅游宏观市场预测是指对影响旅游营销的总体市场状况的预测，主要包括旅游消费者的收入水平、购买力状况、价格水平、旅游消费者的需求及构成，以及目标市场的经济政策对供求的影响等方面的预测。其目的是了解旅游市场的总体供求状况，为旅游企业确定经营方向、制定营销战略和策略提供依据。

（2）旅游微观市场预测

旅游微观市场预测是指从旅游企业的角度，对其经营的旅游产品的市场发展前景的预测，主要包括旅游企业经营的具体商品的需求和销售预测，旅游企业的市场占有率和经营效果等情况的预测，促销效果预测等，其目的是为旅游企业制定相应的营销计划提供依据。

2. 根据旅游市场预测期的长短划分

根据旅游市场预测期的长短，旅游市场预测可分为长期预测、中期预测和短期预测。

（1）短期预测

短期预测是指 1 年以内的预测，其目的是使旅游企业及时调整营销策略，迅速适应市场需求的变化。

（2）中期预测

是指对 1 年以上 5 年以下的旅游市场动态所作的预测，其任务是为制定中期发展规划提供依据。

（3）长期预测

长期预测一般指 5 年以上的预测。主要用于宏观预测，其任务通常是为制定长期规划提供依据。

3. 根据旅游预测采用的方法的性质划分

根据旅游预测采用的方法的性质来划分，旅游市场预测可分为定性预测和定量预测。

（1）定性预测

所谓定性预测是指根据旅游营销调研资料和主观经验，通过对预测目标性质的分析和推断，估计未来一定时期内旅游市场商情变化趋势的一类预测方法的总称。定性预测侧重于旅游市场变化趋势的预测。

（2）定量预测

定量预测是根据营销调研的数据资料，运用数学和统计方法，找出其变化的一般规律，并依此规律对其前景做出量的估计的一类预测方法的总称。定量预测着重于旅游市场变化的量化。

旅游市场现象都是量与质的统一体在实际市场预测中，定性预测与定量预测不可分割，定量预测应以定性预测为前提，定性预测应以定量预测为补充，只有将两者有机地结合，才能搞好预测。

（二）旅游市场预测的内容

凡是影响旅游企业营销的诸种因素都应属于预测内容之列，因此，旅游企业市场预测的内容十分广泛。但考虑到实际操作的可能性及预测的时效性，一般都是对对旅游营销具有直接影响的因素进行预测，具体内容如下：

1. 旅游市场环境预测

旅游业是一个高度依托性的行业，受环境因素的变化影响较大，因此，在制订营销计划和进行营销决策之前，就需要用定性预测的方式对国内外的政治、经济形势及产业结构的变化趋势，自然环境和生活方式的变化趋势，旅游业相关行业的发展变化趋势等做出预测。

2. 旅游市场需求预测

旅游市场需求预测主要是从旅游市场需求总量预测、旅游需求结构预测和旅游客源预测三个方面进行。

（1）旅游市场需求总量预测

旅游市场需求总量是指在一定区域、一定时间内以及一定营销环境和一定的营销费用水平条件下，旅游者可能购买的旅游产品总量。

测量旅游市场需求总量的公式为：

$$Q = \sum_{n=1}^{n} pnv$$

式中：Q——市场需求总量；

n——特定产品的可能购买人数；

pn——第 n 个旅游者平均购买数量；

v——特定产品的平均价格。

（2）旅游需求结构预测

在对旅游市场需求总量做出预测之后，还必须对旅游需求的结构做出预测，以便针对性地推出旅游产品去满足旅游消费者的需要。旅游消费者的需求主要是在餐饮、住宿、交通旅行、游览、娱乐和购物等方面，旅游企业必须在这几个方面分别做出预测。

（3）旅游客源预测

旅游企业发展业务的对象就是游客，因此，旅游企业非常有必要对旅游客源做出预测，以便采取有针对性的促销策略。旅游客源预测包括：旅游者数量变化、旅游者季节变化、旅游者地区分布状况、旅游者构成变化和旅行游览时间的长短变动等。

3. 旅游容量预测

旅游需求与供给是旅游市场的两个主要因素，在预测市场需求的同时，也应对旅游容量或旅游承载力进行预测。准确地测定旅游目的地的现有旅游容量并预测旅游极限容量，使旅游目的地的接待能力处在一个合理容量之内，维持供需的相对平衡，这样才能够在很好地满足旅游者需要的前提下，保持旅游资源的吸引力和维护自然生态环境的稳定。旅游容量预测包括：旅游心理容量、旅游资源容量、旅游生态容量、旅游经济发展容量和旅游地域社会容量等的预测。

4. 旅游价格预测

旅游市场的波动一般都是通过旅游价格的变化来反映。旅游价格预测的主要内容为：

（1）旅游行业价格变化趋势及其对供求关系产生的影响。

（2）本旅游企业的主要竞争对手的价格策略，及其对旅游市场价格的影响。

（3）本旅游企业价格的变化对市场需求、本旅游企业效益的影响。

5. 旅游效益预测

（1）市场占有率预测

市场占有率是一个旅游企业旅游产品的销售量与该产品市场总销售量的比例。其计算公式为：

$$市场占有率 = \frac{某旅游企业产品或服务的销售量}{该产品或服务总的销售量} \times 100\%$$

对市场占有率的预测，便于旅游企业了解其在行业中的竞争地位，然后根据不同的竞争地位，采取不同的竞争策略。

（2）旅游效益预测

旅游企业经营的目的就是要获得适当的经济效益、社会效益和生态效益，因此，必须对旅游企业经营的成本和收益进行预测，只有对旅游的效益有一个较准确的判断，才能够确立正确的营销战略和策略。

二、旅游市场预测的程序与方法

（一）旅游市场预测程序

旅游市场预测是一个复杂的系统工程，要使旅游预测结果正确，具有科学性，旅游预测就必须有计划、按步骤地进行。旅游市场预测的一般程序，见图4-1。

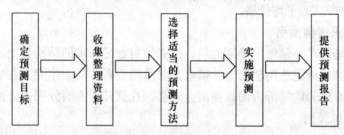

图4-1　旅游市场预测一般程序图

1. 确定预测的目标

确定预测目标，即要明确为什么进行预测以及要预测什么，明确了目标，才能有的放矢，才能正确地选择市场变量和确定具体的预测项目，以便下一步围绕目标去收集所需资料。

2. 搜集整理资料

预测的结果与资料的多少以及资料的可靠程度密切相关，因此，要广泛地收集与预测目标有关的资料，并且收集的资料要具有针对性、真实性和可比性。除此之外，还必须对资料进行整理和分析，以使资料更适合预测的需要。

3. 选择适当的预测方法

旅游市场预测的方法很多，并且各具不同的特点，预测时应根据预测的对象、内容、目标和所掌握的信息资料的情况，去挑选行之有效的预测方法。

4. 实施预测

在获得充分的信息之后，就要进行预测。在进行预测时，如果是定性预测，就要在客观资料的基础之上，凭主观的认识和经验，进行逻辑推理，对未来的趋势加以判断；如果是定量预测，就要根据旅游企业营销活动中各种因素、现象之间相互关系等的数据资料建立数学模型，通过对数学模型的计算来预测未来。

5. 提出预测报告

预测结果出来以后，就要撰写预测报告，以供旅游营销决策人员使用。

（二）旅游市场预测方法

下面从定性和定量两方面分别介绍旅游市场预测的方法：

1. 定性预测的方法

（1）旅游营销人员意见预测法

由于旅游营销人员直接参与市场上各种旅游营销活动，非常了解旅游消费者和竞争对手的情况，特别是对他们自己营销范围内的情况更为熟悉，因此，他们的意见具有较高的参考价值。应用这种方法，首先要组织一些对预测对象熟悉的人员，其次由这些人员提出各自的主观概率，最后求概率的平均值，即得到事件可能发生的预测值。即：

$$p = \frac{\sum_{i=1}^{n} p_i}{n}$$

式中：P—— 事件预测值；

　　p_i—— 第 i 个旅游预测人员的主观概率；

　　n—— 参加旅游预测人员的人数。

（2）专家意见预测法

专家意见预测法，又称德尔菲（Delphi）法，由美国兰德公司于 20 世纪 40 年代首先创立，是在旅游市场营销预测中应用较为广泛的一种定性方法。它是通过发函询问的方式进行预测的，具体做法如下：

首先，确定预测目标。这是专家意见预测法首先要做的事情。

其次，选择专家。在确定预测目标之后，就要选择一些在拟预测问题方面的行家参与预测。一般，要求人数适当，结构合理，具有代表性。

第三，发送预测问卷。问卷要介绍预测的目标、所要解决的问题和要求，以及相关的情况，并附有填表说明。

第四，预测反馈。请专家以不记名的形式在规定的时间内将预测表格或问卷寄回，由预测组织者统计汇总后，将所得结果再反馈给专家，使他们有机会参考其他人的意见对自己的预测做出修改。如果某位专家的意见与他人的预测相差较大，而又坚持己见时，则请他阐明理由。按照这种形式，经过 3 至 4 轮征询专家意见后，预测结果一般会趋于集中。

最后，汇总专家意见。对众专家的预测结果进行处理，得出预测结论，完成本次预测过程。

2. 定量预测的方法

（1）平均数预测法

这是时间序列预测法中的一种预测方法，它是以一定时期内预测目标的时间序列的平均数作为预测目标趋势的预测依据，据此计算趋势预测值。

A 简单平均数法：即是根据过去多期资料数据计算算术平均值，来说明某种现象在时间上的发展趋势的一种预测方法。这种方法简单易行，但精确度差，不能充分反映发展趋势和季节变动的影响，适用于短期预测。其计算公式为：

$$y_{n+1} = \frac{1}{n}(y_1 + y_2 + \cdots y_n)$$

$$= \frac{1}{n}\sum_{i=1}^{n} y_i$$

式中：y_{n+1}——$n + 1$ 期的预测值；

　　　n——时间序列的资料期数；

　　　y_1, y_2, y_n——各期的观察值。

B 加权平均数法：即对不同时期的实际数给予不同的权数处理后再求加权平均值的一种预测方法。一般来说，参与预测的一组历史数据中，远期数据影响较小，近期数据影响较大，因此，为了减少误差，就应该给近期数据的权数较大，给远期数据的权数较小，这样可体现各期数据的不同影响程度，因而，这种方法的预测结果比简单平均法更为准确。其计算公式为：

$$y_{n+1} = \frac{y_1 k_1 + y_2 k_2 + \cdots k_n y_n}{k_1 + k_2 + \cdots + k_n}$$

$$= \frac{\sum_{i=1}^{n} y_i k_i}{\sum_{i=1}^{n} k_1}$$

式中：y_{n+1}——$n + 1$ 期的预测值；

　　　y_i——第 i 期的观察数据（$i = 1,2,3\cdots\cdots n$）；

　　　k_i——第 i 期数据的权数（$i = 1,2,3\cdots\cdots n$）。

例：已知某旅行社 1～3 月的实际销售量如下表，预测 4 月份的销售量。

表 4-1　某旅行社 1～3 月实际销售量表

月　份	1	2	3	4
销售量（y_i）	110	125	140	?
权值（k_i）	0.20	0.30	0.5	1

$$y = \frac{\sum_{i=1}^{3} y_i k_i}{\sum_{i=1}^{3} k_i} = \frac{110 \times 0.20 + 125 \times 0.30 + 140 \times 0.5}{0.20 + 0.30 + 0.50} = 129.5$$

（2）回归预测法

所谓回归预测法，就是对具有相互联系的现象，根据大量的观察和相关因素分析，找出其变量间的统计规律，用一种数量统计方法建立合适的数学模型，近似地表达变量的平均变化关系，并依此模型进行预测的一种预测方法。这个数学模型称为回归方程。如果研究的因果关系只涉及两个变量，并且变量间存在着确定的线性关系形态，则被称为一元线性回归。这里只讨论一元线性回归在旅游市场预测中的应用。应用一元线性回归进行旅游市场预测的主要步骤是：

首先，确定预测目标和影响因素，收集历史统计资料数据。

其次，建立一元线性回归方程，即：

$$y = a + bx$$

式中：y—— 因变量，即预测值；

x—— 自变量，通常为时间标值；

a、b—— 回归参数（n 为直线截距，b 为趋势线斜率）。

第三，建立标准方程，求 a、b 直线回归参数。

标准方程为：

$$\begin{cases} \sum y = na + b \sum x \\ \sum xy = a \sum x + b \sum {}_x^2 \end{cases}$$

如果简化计算，可将时间序列原点移到数列中心，使 $\sum x = 0$，即：

$$\begin{cases} \sum y = na \\ \sum xy = b \sum {}_x^2 \end{cases}$$

第四，用回归方程进行预测，并对预测结果进行分析（如误差分析）。

例：某景点 1994—2000 年的营业收入如下，预测 2001—2002 年的营业收入，数据见表 4-2：

表 4-2 某景点 1994—2000 年的营业收入统计表

年份	时间序数	营业实绩（万元）	收入 x 期数	期数平方
n	x	y	xy	x^2
1994	-3	50	-150	9
1995	-2	58	-116	4
1996	-1	60	-60	1
1997	0	66	0	0
1998	1	70	70	1
1999	2	72	144	4
2000	3	70	210	9
$\sum n = ?$	$\sum x = 0$	$\sum y = 446$	$\sum xy = 98$	$\sum x^2$

表中数据，时间序数已作简化处理。根据景点 7 年的营业收入实绩进行预测的步骤为：

A. 历史数据资料的处理结果如表 4-2 所示。即：$n = 7$，$\sum x = 0$，$\sum y = 446$，$\sum xy = 98$，$\sum x^2 = 28$；

B. 将数据代入标准方程，即简化方程式：

$\sum y = na$，即：$446 = 7a$，得 $a = 63.7$；

$\sum xy = b \sum x^2$，即：$98 = 28b$，得 $b = 3.5$；

C. 将回归参数代入回归模型, 得到: $y = 63.7 + 3.5x$;

D. 如果计算 2001 年到 2002 年的饭店营业收入, 则时间序数 x 分别为 4、5。

预测值为:

2001 年营业收入: $y = 63.7 + 3.5 \times 4 = 77.7$ (万元)

2002 年营业收入: $y = 63.7 + 3.5 \times 5 = 81.2$ (万元)

E. 针对景点的实际情况, 再进行误差分析。

第三节　旅游市场营销信息系统

一、营销信息系统的构成

(一) 营销信息系统

市场营销信息系统 (Marketing Information System) 是指有计划有规则地收集、分类、分析、评价与处理信息的程序和方法, 有效地提供有用信息, 供企业营销决策者制订规划和策略的, 由人员、机器和计算机程序所构成的一种相互作用的有组织的系统。

(二) 营销信息系统的构成

根据对市场信息系统的要求和市场信息系统收集、处理和利用各种资料的范围, 其基本框架一般由四个子系统构成, 见图 4-2。

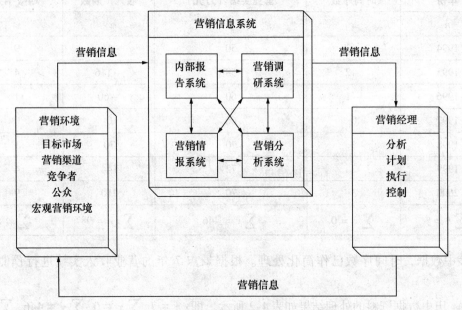

图 4-2　营销信息系统

1. 内部报告系统

内部报告的主要任务是由企业内部的财务、生产、销售等部门定期提供控制企业全部营销活动所需的信息, 包括订货、销售、库存、生产进度、成本、现金流量、应收应付账款及盈亏等方面的信息。企业营销管理人员通过分析这些信息, 比较各种指标的计划和实际执行情况，可以及时发现企业的市场机会和存在的问题。企业的内部报告系统的关键是如何提高这一循环系统的运行效率，并使整个内部报告系统能够迅速、准确、可靠地向企业的营销决策者提供各种有用的信息。

2. 市场营销情报系统

企业的市场营销情报系统是指企业营销人员取得外部市场营销环境中的有关资料的程序或来源。该系统的任务是提供外界市场环境所发生的有关动态的信息。企业通过市场营销情报系统，可能从各种途径取得市场情报信息，如通过查阅各种商业报刊、文件、网上下载；直接与顾客、供应者、经销商交谈；与企业内部有关人员交换信息等方式。也可通过雇用专家收集有关的市场信息；通过向情报商购买市场信息等。系统要求采取正规的程序提高情报的质量和数量，必须训练和鼓励营销人员收集情报；鼓励中间商及合作者互通情报；购买信息机构的情报；参加各种贸易展览会等。

3. 市场营销研究系统

市场营销研究系统是完成企业所面临的明确具体的市场营销情况的研究工作程序或方法的总体。其任务是：针对确定的市场营销问题收集、分析和评价有关的信息资料，并对研究结果提出正式报告，供决策者有针对性地用于解决特定问题，以减少由主观判断可能造成的决策失误。因各企业所面临的问题不同，所以需要进行市场研究的内容也不同。根据国外对企业市场营销研究的调查，发现主要有市场特性的确定、市场需求潜量的测量、市场占有率分析、销售分析、企业趋势研究、竞争产品研究、短期预测、新产品接受性和潜力研究、长期预测、定价研究等项内容，企业研究得比较普遍。

4. 市场营销分析系统

市场营销分析系统是指一组用来分析市场资料和解决复杂的市场问题的技术和技巧。这个系统由统计分析模型和市场营销模型两个部分组成，第一部分是借助各种统计方法对所输入的市场信息进行分析的统计库；第二部分是专门用于协助企业决策者选择最佳的市场营销策略的模型库。

通过以上市场营销信息系统的四个子系统所研究的内容及这些子系统之间的关系的分析，可以看出企业的市场营销信息系统具有以下重要职能：

集中——搜寻与汇集各种市场信息资料；

处理——对所汇集的资料进行整理、分类、编辑与总结；

分析——进行各种指标的计算、比较、综合；

储存与检索——编制资料索引并加以储存，以便需要时查找；

评价——核对输入的各种信息的准确性；

传递——将各种经过处理的信息迅速准确地传递给有关人员，以便及时调整企业的经营决策。

二、旅游市场营销信息与旅游营销系统

旅游市场营销信息是关于旅游营销环境和营销活动的实际状况、特性及相互关系的各种信息、资料、数据和情报的总称。它具有涉及面广、包含内容多，并且总是在不断变化的特点。

（一）旅游市场营销信息的构成

旅游市场营销信息主要包括两大组成部分：旅游企业外部市场环境信息和旅游企业内部条件信息，旅游企业市场营销信息的构成，见图4-3。

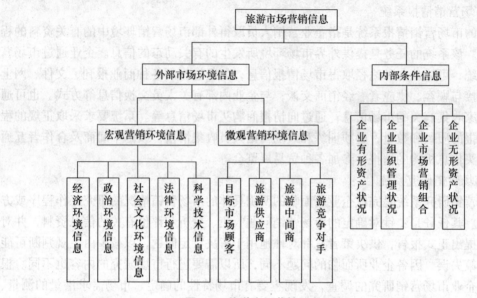

图4-3　旅游市场营销信息构成

1. 旅游企业外部市场环境信息

旅游企业的外部市场环境信息，主要是来源于外部的宏观大环境和微观小环境的营销信息，它具有不可控制的特点，它对旅游企业的市场营销活动起着很大的促进或阻碍作用，因此，旅游企业必须认识、了解和把握这些信息，并采取有效措施使本企业的营销活动适应外部营销环境的变化和发展。旅游企业的外部营销环境信息具体包括以下几个方面。

（1）外部宏观营销环境信息。外部宏观营销环境信息主要是指所有旅游企业都必须共同面对的经济、政治、法律、技术以及社会文化等外部大环境的信息。

（2）外部微观营销环境信息。外部微观营销环境信息主要是指各旅游企业所面对的不同旅游目标市场的顾客、旅游供应商、旅游中间商、旅游企业竞争对手及社会公众等方面的信息。

2. 旅游企业内部市场条件信息

旅游企业的内部市场条件信息主要是指来源于旅游企业的内部、影响本企业活动的各种信息，它具有可控制性的特点。旅游企业内部市场条件信息主要包括以下四个方面。

（1）旅游企业有形资产状况的信息：主要包括旅游企业的人力、物力、财力等有形资源方面的信息。

（2）旅游企业组织管理状况的信息：主要包括旅游企业的计划、组织、领导及控制等企业管理基本职能方面的信息。具体而言，它主要包括管理者决策的有效性、企业组织结构的设置、领导者的综合素质、企业管理制度与企业文化等方面的信息。

（3）旅游企业的市场营销组合状况：主要包括产品的开发与组合、产品定价、分销渠道以及促销宣传等方面的信息。

（4）旅游企业有无形资产状况的信息：主要包括本企业的品牌价值、美誉度、信誉等级以及产品或服务的差别利益等方面的信息。

（二）旅游营销信息系统的构成

同一般的营销信息系统构成一样，一个完整的旅游市场营销信息系统由四个子系统构成：内部报告系统（internal record system）、营销情报系统（marketing intelligence system）、营销调研系统（marketing research system）、营销决策系统（marketing decision support system）。

这些子系统从旅游企业市场营销外部环境和企业内部收集各种营销信息，通过四个子系统的加工处理，把信息传输给旅游企业的营销决策者，为其做出科学的营销决策提供依据。旅游市场营销信息系统，见图4-4。

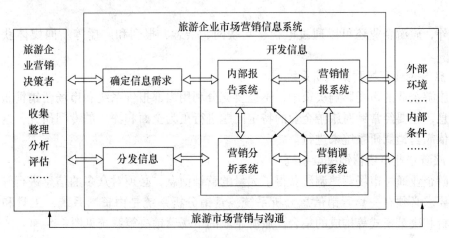

图4-4　旅游市场营销信息系统

1. 旅游企业内部报告系统

企业内部报告子系统一般由旅游企业的财务部、人力资源部和营销部等部门共同组成，其主要职能是为本企业的其他部门收集、储存和传递信息。

在旅游企业的营销实践中，这些信息主要包括旅游企业内部传递的各种销售单据、报表及调查报告等。例如，旅行社的团队预订、出团、回款以及重要客户的情况等，饭店企业的客房预订、入住率、客房及餐饮产品的销售状况以及客人投诉情况等。旅游营销决策者制定营销决策和营销计划必须认真考虑该子系统提供的信息。

2. 旅游企业营销情报系统

旅游企业营销情报子系统是为了旅游企业的市场营销决策者提供关于旅游营销环境和营销活动变化发展的信息系统，该子系统提供的是当前正在发生的数据。在旅游企业的营销实践活动中，营销决策者进行情报收集的方法主要有以下五种。

（1）营销决策者及相关人员自己收集信息。旅游企业营销决策者及相关人员在日常工作中，通过大量查阅专业报纸、杂志，收看电视、广播、浏览网页，以及和客户交流，与供应商、中间商及销售人员交谈，或参加举办的各类旅游展销活动，从而获得一些信息。

（2）通过销售人员收集信息。旅游企业销售人员是直接接触外部营销环境和顾客的人员，他们会接触到中高层营销决策者接触不到的大量营销情报，并且销售人员收集这些外部信息也相对方便，因此，旅游企业营销决策者应该充分利用销售人员的优势，加强对销售人员的培训力度，制订专门的管理制度和激励办法，以鼓励其向本旅游企业报告外部营销环境及影响活动的发展变化。

（3）通过旅游中间商来收集营销信息。旅游中间商同旅游者直接接触，因此，他们最了解旅游者的需求心理以及市场营销环境变化对旅游者的直接或间接影响，旅游企业的营销决策者应当对旅游中间商这一营销情报重要来源予以充分的重视，与旅游中间商进行经常性的富有建设性的沟通，及时了解相关市场信息。

（4）通过专业情报信息中介机构获得营销信息，随着我国市场经济深入发展，有大量的中介机构专门从事情报收集和传输工作，有些中介机构实力雄厚，信息面广、技术专业，旅游企业的营销决策者可以通过有偿支付的方式委托这些中介机构代为收集有关的营销信息。

此外，旅游企业还可以通过电视、互联网、杂志、报刊和广播等新闻媒体获得营销信息。

3. 旅游企业市场营销调研系统

在旅游企业的市场影响决策中，不但要充分利用内部报告系统和市场营销情报系统提供的信息，还要经常针对旅游企业的特定问题进行更为全面和深入的专门研究，这种研究必须要依靠营销调研系统来进行。

4. 旅游企业市场营销决策系统

旅游企业通过市场营销调研获得了大量的营销信息，必须对众多的信息进行筛选和提炼，这要求必须有一套营销信息分析系统。营销分析系统是由资料系统、工具和统计技术、分析和决策模式等构成的集合。旅游企业的市场营销决策系统见图4-5。

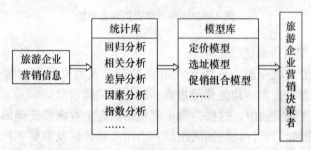

图4-5　旅游市场营销决策信息系统

问卷技术在旅游市场调查中的应用

一、问卷技术在我国旅游市场调查中存在的问题

问卷技术能比较方便地获取有关事实性问题和态度性问题的资料，适用面相当广。旅游问卷技术作为旅游市场调查重要的信息收集技术之一，越来越多地得到使用。但在旅游调查活动中，问卷技术却经常得不到正确的运用，存在的问题还有待于进一步研究和改进。其主要问题表现在以下几个方面：

（一）认识误区

在问卷调查中，普遍认为问卷调查是一件非常简单的事，对于市场调查问卷的设计和统计一直不以为然，总觉得没什么，好像问卷设计与调查不用学习，任何人都可以设计问卷，实际上这样设计的问卷，往往只是问题的简单堆砌，而且不系统、不规范，设计者往往想到什么就列出什么，遗漏的问题较多，而且会有大量看似相关而实际上与研究者需要并不相符的问题出现。另外，很多人对自己为什么使用问卷技术并不是很清楚，对于他们想通过问卷获得的资料也不清楚，在资料分析方面存在很多问题，主要是分析工具选择不科学，数据浪费现象严重。因此虽然进行了问卷调查，但问卷的作用并没有发挥。

（二）从业人员素质低，问卷设计不合理

问卷的完美设计，是做好市场调查的要件之一，问卷的设计质量往往能决定一项调查的最终成败。设计一份问卷，应该有充分的准备，尤其是要有丰富的调查经验。在问卷设计之前，我们应该明白我们的调查对象，因为我们的问题是给调查对象看的，对调查过程及其被调查者的心理状态做到心中有数，研究者对于自己所研究的对象一定是比较熟悉的。一方面，我们的设计应尽量符合地方的语言习惯，另一方面，我们对地方的整体情况及我们调查的背景资料有全面的了解，研究者应该争取在自己所要研究的范围内成为专家，要掌握丰富的相关资料和理论知识。在研究者确定了研究课题后，对自己的研究任务与想要获得的研究成果要有一个清楚的认识，只有这样才能提出研究假设，设计相应的问题。但是，在国内旅游市场调查现实中，由于缺乏大量高素质调查专业人员，特别是严重缺乏具有多学科复合型背景的应用人才，调查设计人员素质参差不齐，许多调查组织设计出来的旅游市场调查问卷缺乏科学性，有的研究者自行设计的问卷没有经过合适性、信度、效度检验、抽样方法有欠缺、选取的被试对象不足以代表研究总体，数据处理比较草率等等；在问卷技巧方面，存在的问题很多，突出表现为问题设计不规范、不科学。

（三）旅游市场调查问卷的回收率、有效率达不到要求

旅游市场调查问卷的成败，不仅取决于问卷的设计，也取决于问卷最后的回收率和有效率。在市场调查中，对不同形式问卷回收率的要求是不同的，一般来说，访问问卷的回收率要求在90%以上，发送问卷的回收率要求在67%以上，邮寄问卷的回收率在50%左右就可以。在旅游市场问卷调查中，通常采用发送问卷，50%的回收率是旅游市

场问卷调查的最低要求，现实中许多调查组织由于不重视发放和回收两个环节，只注重问卷的发放，不注意问卷的回收，经常导致极低的回收率，有的问卷回收率低于10%，同时，由于无法控制发送问卷的调查过程，导致在回收的问卷中存在大量无效的答卷。一般来讲，如果旅游市场调查问卷的回收率和有效率达不到要求，在没有其他有效补救措施的情况下，该项旅游市场问卷调查必须中止。但是现实中，很多旅游市场调查组织者不愿意为自己的调查失败承担责任，经常利用不合格调查问卷的回收结果勉强应付调查任务。

（四）问卷技术与抽样技术的结合使用不够充分、合理

在旅游市场调查中，将问卷技术与抽样技术结合使用，能有效的排除各种人为误差，减少调查误差，使调查结果更加切合实际，有效提高调查质量。问卷技术和抽样技术科学地解决了市场调查中两大难题：一是解决"调查什么"，即如何设计问卷中的问题，二是解决"向谁调查"，即问卷发给谁去填答的问题。在旅游市场调查活动中，调查所涉及的问题与所要调查的对象往往十分紧密。但是许多调查组织并不重视问卷技术与抽样技术的结合使用，要么选对了抽样技术，却选错了问卷形式，要么选对了问卷方法，却又选错了抽样类型，导致出现较大的误差，使抽样质量大打折扣。

二、改善旅游市场调查问卷技术的措施

（一）选择合适的调查主题与调查对象

在问卷调查中，被调查者对问题的理解、支持与合作态度，都将对问卷的回收率、有效率产生直接影响。要想得到被调查者的理解、支持与合作，首先要选准问卷主题。具有吸引力的调查主题，虽然不能确保旅游市场问卷调查一定获得成功，但由于该项调查符合旅游市场需要，容易得到人们的积极响应，因此在问卷调查时容易得到被调查者的支持与合作。其次，选择合适的调查对象。调查对象选择是否合适，将会影响一项旅游市场调查能否成功，一般应该在与调查主题密切相关的总体内选择调查对象。

（二）重视旅游市场调查问卷的设计工作

作为市场调查最为常见的调查方法，问卷设计是问卷调查的关键。问卷设计是一项专业性、技术性很强的工作，在问卷调查中，问卷设计是非常重要的一个环节，旅游市场调查问卷设计水平的高低，直接影响到问卷调查的回收率、有效率以及被调查者的回答质量。因此，旅游市场调查问卷设计应着重处理好以下几个问题：

1. 明确调查目的和内容，问卷设计应该以此为基础

在问卷设计中，最重要的一点，就是必须明确调查目的和内容，这不仅是问卷设计的前提，也是它的基础，为什么要做调查，而调查需要了解什么？在进行问卷设计的时候都必须对调查目的有一个清楚的认知，并且在调查计划书中进行具体的细化和文本化，以作为问卷设计的指导。

2. 明确针对人群，问卷设计的语言措辞选择得当

问卷题目设计必须有针对性，对于不同层次的人群，应该在题目的选择上有的放矢，必须充分考虑被调查人群的文化水平、年龄层次和协调合作可能性，除了在题目的难度和题目性质的选择上应该考虑上述因素，在语言措辞上同样需要注意这点。

3. 应考虑数据统计和分析是否易于操作

目前做市场调查的人员，一般都能考虑到市场调查的目的和内容，在题目选择和言语措辞上也能够综合考虑到各种因素，但是往往容易忽视的一个问题就是数据的统计和分析，因为这两个环节的工作基本上是人员分离的，所以在整合和衔接上就容易出现偏差，为了更好地进行调查工作，除了在正确清楚的目的指导下进行严格规范的操作，还必须在问卷设计的时候就充分考虑后续的数据统计和分析工作，具体来说包括题目的设计必须是容易录入的，并且可以进行具体的数据分析的，即使是主观性的题目在进行文本规范的时候也要具有很强的总结性，这样才能使整个环节更好地衔接起来。

4. 问题数量要合理化、逻辑化、规范化

问题的形式和内容固然重要，但是问题的数量同样是保证一份问卷调查是否成功的关键的因素，由于时间和配合度的关系，人们往往不愿意接受一份繁杂冗长的问卷，这样就不能保证问卷答案的真实性，同时在问题设计的时候也要注意逻辑性的问题，不能产生矛盾的现象，并且应该尽量避免假设性问题，保证调查的真实性，另外，主观性的题目应该进行避免，或者换成客观题目的形式。

（三）注意问卷技术与抽样技术的结合使用

在旅游市场调查中，可选用的抽样类型很多，就拿随机抽样技术中的分层抽样与整群抽样来讲，二者应用都很广泛。但各自相对应的问卷技术要求区别却很大。例如，在某个地区进行居民休闲旅游消费情况的调查，采用分层抽样时一般倾向于选用邮寄调查问卷发放形式，而采用整群抽样时却适合选择发送调查问卷的方式进行。除了问卷发放形式的区别以外，不同问卷设计内容也要求选择不同的抽样方式与之匹配。由此可见，一旦确定了某一抽样技术，紧接着就需要确定合适的问卷形式与之配合；反之，如果旅游市场调查所选用的问卷方案与发放形式提前准备好了，那么紧接着要做的是确定与之相适应的抽样技术。只有将问卷技术与抽样技术更好地配套使用，才能最大限度地增强问卷调查的实效，提高调查质量。

（四）加强旅游市场调查人才的培养

缺乏大批高素质复合型的旅游市场调查人才，已经成为我国旅游调查整个行业快速健康发展的障碍。复合型旅游市场调查人才应该首先加强基本素质的培养，这种素质是以旅游学、经济学、社会学、统计学、心理学等多学科知识交叉背景为基础的。为了适应某些技术性很强的调查项目的需要，调查人员还要掌握某些专门技巧，如酒店管理知识、旅游营销策划技术等；随着互联网的普及、旅游市场的国际化，调查人员还应具有搜索并处理分析网上资料的能力，具备国际贸易、世界旅游文化和历史知识，熟练掌握多种外语；最后还要重视职业道德的培养，树立正确的价值观、人生观，自觉抵制社会调查行业中的不良风气。由此看来，只有从业人员具有扎实的专业基础知识，知识面广博，同时具备良好的职业道德，在设计旅游问卷方案时才能最终为旅游市场调查的成功奠定坚实的基础。

（资料来源：费春桃：《问卷技术在旅游市场调查中的应用》（发表于《统计与决策》，2006 年 15 期））

本 章 小 结

旅游市场调研与预测是旅游市场营销中操作性强，同时也是技术性较强的工作，在实际运用中很不容易把握。本章重点介绍了旅游市场营销调研的程序与方法、旅游市场营销调查问卷设计的技术。旅游市场营销调查问卷设计的技术是旅游市场营销人员必备的基本技能。旅游市场预测方法是本章的难点。定量预测方法涉及高等数学知识尤其不易掌握，本章结合案例重点介绍了平均数预测法和回归预测法。同时，本章对旅游市场营销调研的概念、旅游市场营销调研的内容、旅游市场营销调研的类型、旅游市场预测的概念及内容和旅游市场营销信息系统等知识进行了介绍。

【思考题】

1. 旅游营销信息要反映哪些方面的状况？
2. 试述旅游营销信息系统的含义及构成。
3. 试述旅游营销调研的概念、内容及种类。
4. 试述旅游营销调研的程序。
5. 试述旅游市场需求预测的概念、内容及方法

【单选题】

1. 旅游产品从供给的角度不包括(   )。
   A. 旅游吸引物   B. 旅游设施
   C. 旅游服务   D. 旅游商品和旅游通达性
   E. 旅游区景区
2. (   )是指旅游企业对市场状况不甚明了或对问题不知从何处寻求突破时所采用的一种方式，其目的是要发现问题的所在，并明确地提示出来，以便确定调查的重点。
   A. 探测性调研   B. 描述性调研
   C. 因果关系调研   D. 预测性调研
3. 问卷调查法是收集第一手资料的主要方法之一，而(   )是询问调查法的最常用工具。了解和设计问卷就成为旅游市场营销调研人的必备技能。
   A. 面谈式询问   B. 问卷
   C. 电话式询问   D. 邮寄式询问
4. 一般来说，信度系数达到(   )以上，才能认为调查问卷的信度较好。
   A. 0.5   B. 0.6
   C. 0.8   D. 0.9
5. 长期预测一般指(   )年以上的预测。主要用于宏观预测，其任务通常是为制订长期规划提供依据。

答案：1. E　2. A　3. B　4. C　5. A

【多选题】

1. 旅游市场营销调研的原则(　　)。
   - A. 客观性原则
   - B. 及时性原则
   - C. 经济性原则
   - D. 针对性原则
   - E. 市场导向

2. 旅游市场营销调研的内容(　　)。
   - A. 旅游宏观环境信息的调研
   - B. 旅游市场需求信息调研
   - C. 旅游市场产品供给调研
   - D. 旅游企业市场营销组合调研
   - E. 旅游企业经营效益调研

3. 旅游市场营销调研的类型(　　)。
   - A. 探测性调研
   - B. 描述性调研
   - C. 因果关系调研
   - D. 预测性调研

4. 旅游市场营销调查问卷的基本结构包括(　　)。
   - A. 说明部分
   - B. 调查内容
   - C. 编码
   - D. 结束语

5. 定量预测的方法包括(　　)。
   - A. 平均数预测法
   - B. 回归预测法
   - C. 专家判断法
   - D. 讨论法

6. 旅游市场营销信息系统的四个子系统包括(　　)。
   - A. 内部报告系统
   - B. 营销情报系统
   - C. 营销调研系统
   - D. 营销决策系统

7. 旅游市场营销调研的方法比较多，但是旅游企业营销实践活动中最常见的调研方法主要有(　　)。
   - A. 文案调研法
   - B. 询问调研法
   - C. 观察调研法
   - D. 实验调研法

答案：1. ABCD　2. ABCDE　3. ABCD　4. ABCD　5. AB　6. ABCD　7. ABCD

第五章 旅游市场细分和目标市场定位

【学习目标】

了解旅游市场细分、目标市场选择及定位的概念和意义；理解市场细分的原则和标准、目标旅游市场的选择模式；熟练运用旅游市场细分的程序和方法，进行有效目标市场选择，掌握旅游市场目标定位的主要策略。

案例导引

麦当劳瞄准细分市场需求

麦当劳作为一家国际餐饮巨头，创始于 20 世纪 50 年代中期的美国。由于当时创始人及时抓住高速发展的美国经济下，工薪阶层需要方便快捷的饮食的良机，并且瞄准细分市场需求特征，对产品进行准确定位而一举成功。当今，麦当劳已经成长为世界上最大的餐饮集团，在 109 个国家开设了 2.5 万家连锁店，年营业额超过 34 亿美元。

回顾麦当劳公司发展历程后发现，麦当劳一直非常重视市场细分的重要性，而正是这一点让它取得了令世人惊羡的巨大成功。它根据地理、人口和心理要素准确地进行了市场细分，并分别实施了相应的战略，从而达到了企业的营销目标。我们来看看麦当劳如何根据地理要素细分市场的。

麦当劳有美国国内和国际市场，而不管是在国内还是国外，都有各自不同的饮食习惯和文化背景。每年，麦当劳都要花费大量的资金进行认真严格的市场调研，研究各地的人群组合、文化习俗等，再书写详细的细分报告，使每个国家甚至每个地区都有一种适合当地生活方式的市场策略。

麦当劳进行地理细分，主要是分析各区域的差异，通过把市场细分为不同的地理单位进行经营活动，从而做到因地制宜。如：根据美国东西部人喝咖啡的口味不一样这一特点，麦当劳在美国东部和西部推出了口味不同的咖啡。

麦当劳刚进入中国市场时大量传播美国文化和生活理念，并以美国式产品牛肉汉堡来征服中国人。但中国人爱吃鸡，与其他洋快餐相比，鸡肉产品也更符合中国人的口味，更加容易被中国人所接受。针对这一情况，麦当劳改变了原来的策略，推出了鸡肉产品。在全世界从来只卖牛肉产品的麦当劳也开始卖鸡肉产品了。这一改变正是针对地理要素所做的，也加快了麦当劳在中国市场的发展步伐。

简要案例评述：通过案例分析，我们可以认识到麦当劳通过对地理要素进行的市场细分是相当成功的，不仅在这方面积累了丰富的经验，还注入了许多自己的创新，从而保持住自己的核心竞争力，继续维持着全球餐饮霸主的地位。

（资料来源：程爱学，徐文峰编著. 麦当劳餐饮方法. 北京：北京大学出版社，2008.）

第一节　旅游市场细分

一、旅游市场细分的概念和意义

（一）旅游市场细分的概念

1. 市场细分的概念

市场细分（Market Segmentation）的概念，是美国市场学家温德尔·史密斯（Wendell R. Smith）于 20 世纪 50 年代中期提出来的。市场细分（market segmentation）是指营销者通过市场调研，依据消费者的需要和欲望、购买行为和购买习惯等方面的差异，把某一产品的市场整体划分为若干消费者群的市场分类过程。每一个消费者群就是一个细分市场，每一个细分市场都是具有类似需求倾向的消费者构成的群体。

2. 市场细分的产生与发展

市场细分的出现是随着市场营销的不断发展进步而产生的，而市场营销的发展是经过了以下阶段：

（1）大量营销阶段

工业化初期，企业流行生产观念，实行大量营销，即大批量生产品种规格单一的产品和通过大众化的渠道推销，在这样的情况下市场细分战略是不可能产生的。

（2）产品差异化营销阶段

企业向市场推出与竞争者产品不同的、具有不同质量、外观、性能的产品，这时的市场营销仅仅体现在产品差异，而这种产品差异也不是由市场细分产生的。

（3）目标营销阶段

20 世纪 50 年代后，企业转变经营观念，即在细分市场的基础上，结合自身的资源与优势，选择其中最有吸引力的细分市场作为目标市场，设计与之相配的营销组合，市场细分战略应运而生。

理解市场细分的定义时需要明确三点：

第一、市场细分存在的基础是什么？

市场细分存在的基础是市场所特有的相似性和差异性。所谓差异性，就是广大消费者对某一种产品不同的需求、爱好。而相似性，是指某些消费者对同一产品的需求所产生的共性所在。差异性和相似性的存在，使某一种产品的市场可分也可聚，市场细分就有了可能。

第二、市场细分的对象是什么？

市场细分并不是指对产品、对物品进行细分，而是对某种产品需求各异的顾客进行细分，细分的对象是人。

第三、市场细分的目的是什么？

市场细分的目的是为了寻找还没有被其他企业、竞争对手所重视但却很有潜力的那部分市场。

3. 旅游市场细分的概念

旅游市场细分，是指旅游企业根据旅游者对旅游产品的需求欲望、购买行为和购买习惯的差异把整体旅游市场划分为若干个不同类别的市场的过程。同一细分市场内部，需求差别比较细致，而在各个不同的细分市场之间，旅游消费者的需求差别则比较明显。

旅游市场细分不是由人们的主观愿望决定的，而是旅游市场的需求和供给的共同特点所决定的。所以，我们也可以说旅游市场细分其实质就是"同中求异，异中求同"地划分旅游者的过程。旅游企业通过市场细分，能更好地确定营销组合，使产品或服务的价格、产品或服务的种类、销售渠道、经销方法等更能满足某一个或某几个细分市场的需求。

（二）旅游市场细分的意义

旅游者遍布全世界的任何角落，旅游者的需求也多种多样。在竞争非常激烈的现代社会，任何一个旅游企业都不可能完全满足所有旅游者的意愿，所以愈来愈多的旅游企业只能在整体市场上，寻找一个自己最富吸引力的市场，全力打造这个市场，形成自己的拳头产品，从而在激烈的竞争中赢得立足之地。这就是旅游目标市场细分的核心意义。具体：

1. 有利于选择目标市场和制定市场营销策略

进行旅游市场细分后的旅游子市场的特点会更加具体，就更容易让旅游企业了解旅游者的需求，根据自身条件，确定服务对象，即目标市场，并针对目标市场制定相应的营销策略。同时，旅游企业更容易了解和反馈信息，一旦旅游者的需求发生变化，旅游企业可迅速改变营销策略，制定相应的对策，以适应需求的变化，提高自身的应变能力和竞争力。

2. 有利于发掘市场机会，开拓新市场

通过市场细分，旅游企业可以对每一个细分市场的购买潜力、满足程度、竞争情况等进行分析对比，探索出有利于本企业的市场机会，使旅游企业及时开拓新市场，以更好适应市场的需要。例如：成都润邦国际酒店在对成都地区的酒店市场进行分析之后，发现商务散客这块细分市场值得好好开垦，于是采取一系列针对商务客人的促销活动：开辟商务楼层，增设商务服务设施，对商务客人进行价格优惠等。从而树立起成都高档商务酒店的形象，取得了很好的社会和经济效益。

3. 有利于集中人力、物力投入目标市场

任何一个旅游企业的资源、人力、物力、财力都是有限的。通过细分市场，在选择了适合自己的目标市场后，旅游企业可以集中人、财、物及资源，去争取局部市场的优势，然后再占领自己的目标市场。例如，让我们看看计划到加利福尼亚旅游的两对夫妇。一对夫妇，都是 30 多岁，夫妇双方都有高收入的职业。丈夫是一家制药公司的销售经理，妻子是一位电脑软件工程师，他们没有孩子。另一对夫妇，丈夫是退休印刷工，妻子以不多的固定收入为生。如果你的汽车租赁公司出租的是豪华高价赛车，可以断定年轻的那对夫妇比退休的那对夫妇租豪华赛车的可能性更大。你会将营销精力集中于高收入的年轻夫妇，而不是收入有限的退休夫妇，这样，旅游企业的人力、物力等就会更好地集中在了目标市场上面。

4. 有利于企业提高经济效益。

旅游企业通过市场细分后，可以面对自己的目标市场，生产出符合消费者需求的产品或服务，既能满足市场需要，又可增加自身收入；而产品适销对路可以加速资金流转，加大批量销售，降低成本，提高员工的熟练程度，提高旅游产品质量，全面提高旅游企业的经济效益。

二、旅游市场细分的原则和依据

（一）可衡量原则

可衡量原则，是指用来细分市场的标准和变量及细分后的市场是可以识别和衡量的，即有明显的区别。如果某些细分变量或购买者的需求和特点很难衡量，细分市场后无法界定，难以描述，那么市场细分就失去了意义。一般来说，一些带有客观性的变量，如年龄、性别、收入、地理位置、民族等，都易于确定，并且有关的信息和统计数据，也比较容易获得；而一些带有主观性的变量，如心理和性格方面的变量，就比较难以确定。

比如我们用年龄、收入和性格三个细分变量来细分旅游市场，我们既可以细分出年轻人，性格爱冒险子市场，还可以细分出高收入，性格爱冒险的子市场。但我们可以看出，这样的细分标准是不合理的，因为很明显，后一个子市场和前一个子市场的度量标准是交叉的，高收入中也会有年轻人，他们的标准就没有被区分开来。

（二）可盈利原则

可盈利原则，是指市场被细分出来以后，所选择的细分市场一定是要有开发价值的。这要从两个方面来理解。

1. 市场细分的过程使整体的大市场小型化，但如果分得太细，规模太小，投入远远超过收益，那就毫无意义。

2. 某些细分市场虽然在整体市场中所占的比重很小，但购买力足以达到盈利水平，也是值得考虑的。

（三）可进入原则

可进入原则，是指细分后的市场是企业利用现有的人力、物力和财力可以去进入和占领的。市场细分是为确定目标市场服务的，市场细分结果中必须有本企业可能进入并占有一定份额的子市场存在，否则就没有现实意义。它包括客观上要可进入，主观上要可行动才行。

（四）稳定性原则

稳定性原则，是指要求细分后的市场应具有相对稳定性，如果变化太快、太大，会使制定的营销组合很快失效，导致营销资源分配不得不重新调整，并形成企业市场营销活动前后脱节的被动局面。旅游市场细分是一项复杂而又细致的工作，随之而来的是很多投入的营销组合。如果变化太多、太快，对旅游企业的资源是一种浪费。

三、旅游市场细分的标准

旅游市场的细分标准可以概括为地理因素、人口统计因素、心理因素和行为因素四个方面，每个方面又包括一系列的细分变量，见表5-1。

表 5-1　旅游市场细分标准及变量一览表

细分标准	细分变量
地理因素	地理位置、地形、地貌、气候、交通状况、人口密集度等
人口统计因素	年龄、性别、职业、收入、民族、宗教、教育、家庭人口、家庭生命周期等
心理因素	生活方式、性格、购买动机、态度、兴趣、价值等
行为因素	购买时间、购买数量、购买频率、购买习惯（品牌忠诚度）、对服务、价格、渠道、广告的敏感程度等

（一）根据地理因素细分（Geographical Segmentation）

按地理因素细分，就是按旅游者所处的地理位置、地理环境等变量来细分市场。因为处在不同地理环境下的旅游者，对于同一类产品往往会有不同的需要与偏好。例如：英国大部分年轻、单身的专业人士居住在伦敦及东南部，东北部的英格兰人似乎家庭收入比较低。这种细分就使得目标市场的选择更有针对性。

1. 按地理位置细分

可以根据五大洲及行政区划来进行细分，如 WTO 把全球旅游市场分为六大市场（欧洲，美洲，东亚及太平洋地区，南亚，中东，非洲市场），其中；东亚及太平洋地区是近年来接待量增长最快的市场；在我国，可以划分为东北、华北、西北、西南、华东和华南几个地区；也可以按照地理区域来进行细分，如划分为省、自治区、市、县等，或内地、沿海、城市、农村等。在不同地区，旅游者的需求显然存在较大差异。

2. 按地形和气候细分

根据地形特点的不同可划分为平原、丘陵、山区、沙漠地带等；根据气候特点的不同，旅游企业可以把旅游市场细分为热带旅游区、亚热带旅游区、温带旅游区、寒带旅游区等。各地地形、气候的不同会影响旅游产品的消费，影响旅游者的流向。例如：在我国北方，冬天气候寒冷干燥，阳光海岛游就很有市场；平原地带的旅游者就对丘陵、山区旅游感兴趣。从国际旅游市场看，凡气候寒冷，缺少阳光地区的旅游者一般趋向于到阳光充足的温暖地区旅游。这也是地中海地区、加勒比海地区旅游业发达的主要原因。

3. 按接待人数比例细分

国际上还通行根据不同客源国或地区旅游者流向某一目的地，所占该目的地总接待人数的比例来细分市场。在同一旅游目的地国家或地区总接待人数中，来访者占最大比例的两三个客源国或地区（一般可共占40%～60%）可划为一级市场；来访者占相当比例的一些客源国或地区，可划为二级市场；来本目的地人数很少，而出游人数日渐增长的国家或地区，可划为机会市场（也叫边缘市场）。

（二）根据人口统计因素细分（Demographic Segmentation）

根据人口统计因素细分，就是根据年龄、性别、职业、收入、家庭人口、家庭生命周期、民族、宗教、国籍等变量，将旅游市场划分为不同的群体。由于人口变量比其他变量更容易测量，且适用范围比较广，因而人口变量一直是细分旅游者市场的重要依据。

1. 年龄

不同年龄段的消费者，由于生理、性格、爱好、经济状况的不同，对消费品的需求往往存在很大的差异。因此，按年龄可将旅游市场划分为许多各具特色的旅游者群，如老年市场、中年市场、青年市场、儿童市场等。

- 老年市场——"银色市场"：随着世界人口平均年龄增长的趋势，这逐渐成为一个受重视的市场。老年人比较倾向于平静、休闲的旅游方式。
- 中年市场——"金色市场"：国际旅游市场的主力，最有经济效益的市场。
- 青年市场——"橙色市场"：富有朝气，经济不太丰厚；倾向于刺激性，探险性的旅游项目。
- 儿童市场——"彩色市场"：儿童的旅游兴趣很广泛，而儿童的旅游活动往往可以决定一个家庭的旅游决策。

美国运通公司将其营销重点放在成年人市场上，因为这个年龄的人占整个观光市场预定人数的70%。而遗产旅游成为美国北美旅游市场发展最快的旅游市场之一，是和人口老龄化趋势密切相关的。像马里奥特、凯悦这样的知名酒店也建立了老年人活动中心，以适应这个市场的发展。甚至有人还将老年人市场定义为"Med"市场，Med 的第一个含义是地中海俱乐部的意思，即老年人需要地中海俱乐部那样的设施；Med 的另一个含义是指医疗服务，这对老年人也是必不可少的。

2. 性别

按性别可将旅游市场划分为男性旅游市场和女性旅游市场。男性旅游者与女性旅游者对旅游服务和项目的需求表现出一定的差别，同时越来越多的人开始希望拥有"朋友集团"的度假经历。这些有可能是单一性别的群体假期，例如：滑雪、骑马、购物或购物旅游等。男性相对独立性较强，倾向于比较刺激，消耗大的旅游活动；而女性则大多重视人身安全，喜欢购物，对价格较敏感。

3. 收入

收入的变化将直接影响旅游者的需求欲望和支出模式。按平均收入水平的高低，可将旅游者划分为高收入、次高收入、中等收入、次低收入、低收入五个群体。收入高者在旅游过程中平均停留时间长，花费高；不同收入的旅游者在旅游中选择参加的活动类型，购买的旅游产品也因收入的不同而有所差别；例如：收入高的旅游者就比收入低的旅游者购买更高质高价的产品，如旅游产品中豪华游轮系列等。

人们的收入越多，旅游支付能力就越强，因此，高收入群体成为许多旅游营销人员的目标，特别是那些促销昂贵产品的营销人员。但是低收入群体也能成为极好的旅游目标市场，廉价的汽车旅馆就是专门吸引低收入目标群体的旅游产品例子。他们的促销信息常常强调廉价，把追求便宜舒适旅游的个人和家庭作为目标。

4. 民族

世界上大部分国家都拥有多种民族，我国更是一个多民族的大家庭，除汉族外，还有55 个少数民族。这些民族都有自己的传统习俗、生活方式，从而呈现出各种不同的旅游产品需求，在进行旅游市场营销宣传及旅游市场接待时更应考虑民族这一细分变量。深具影响力的民族习俗影响着旅游消费者对旅游、节假日、食物等的态度。所以按民族这一细分变量将市场进一步细分，才能了解各族人民的不同需求，并进一步扩大旅游企业的市场。

5. 职业

虽然职业与收入有关，但是职业却是一个独立的细分变量。不同职业的旅游者，由于知识水平、工作条件和生活方式等不同，其旅游需求存在很大的差异；同时，一个人的职业在很大程度上决定一个人的购买水平和闲暇时间，决定一个人的生活经历。工作繁杂程度高，人际交往频繁，工作任务重的就业者倾向于选择放松型的度假旅游。

职业细分使得营销人员能够深入了解目标群体的收入、教育和兴趣情况。利用它，可以根据特定职业群体的需求特点，开发出具有针对性的产品。例如：旅行社可以针对中学英语老师组织一次英国文学的旅游。

6. 受教育状况

受教育程度不同的旅游者，在志趣、生活方式、文化素养、价值观念等方面都会有所不同，因而会影响他们的购买种类、购买行为、购买习惯。一般来说受教育程度高，旅游需求层次的品味越高。

根据能获得的最高教育水平，可将教育典型地分解为以下类别：

- 小学以下的文化水平
- 受过一些中学教育
- 完成了中学教育
- 受过一些大学教育
- 完成了大学教育
- 受过一些研究生教育
- 完成了研究生教育
- 完成了博士教育

受教育水平可以与一定的旅游类型联系起来。例如，具有重要文化意义的景区（点）或节事活动的旅游目的地，也许会把相对受过良好教育的群体作为目标市场。大学校友协会为吸引成员参加研讨会，常常把研讨会安排在令人兴奋的历史旅游地举行。

7. 家庭生命周期

一个家庭的生命周期基本可以经过以下阶段：

经济基本独立的新婚夫妇

- 有一个三岁以下小孩的年轻夫妇
- 有一个三岁以上子女的满巢阶段
- 有一个或一个以上成年子女的空巢阶段

每个不同时期的家庭对旅游的需求是不同的，即使年龄相同但处于不同家庭生命周期的人的旅游需求也还是有很大差异的。

（1）经济基本独立的新婚夫妇：有较高的购买力，有空闲时间可以外出旅游，旅游需求高，一般进行度假旅游。

（2）有一个三岁以下小孩的年轻夫妇：孩子小，家庭负担较重，很少有空闲时间，难以外出旅游。

（3）有一个三岁以上子女的满巢阶段：这时全家的旅游需求有所上升，一般选择跟团的旅游方式。

（4）有一个或一个以上成年子女的空巢阶段：子女基本独立，经济负担减少，自己的收入和闲暇时间也有所增加，往往选择观光旅游的方式。

已婚的成年人带小孩外出旅游与成年已婚无小孩家庭度假的需求完全不一样的。针对这一现象，地中海俱乐部开发出一些针对家庭的度假地和针对已婚无小孩家庭的度假地。

（三）根据心理因素细分（Psychographic Segmentation）

心理行为是由消费者主观心态所导致的行为，它比较复杂难测。从心理行为进行细分，主要从旅游者的个性特征、生活方式和购买动机等方面去分析。生活方式是人们在所处社会环境中逐渐形成的，按生活方式细分市场主要是根据人们的习惯活动、消费倾向、对周围事物的看法以及人们所处生活周期来划分。由于人们生活方式的不同必然带来需求的差异。

按心理因素细分，就是将旅游者按其生活方式、性格、购买动机、态度等变量细分成不同的群体。

1. 生活方式

生活方式是人们对工作、消费、娱乐的特定习惯和模式，不同的生活方式会产生不同的需求偏好，如"传统型"、"新潮型"、"节俭型"、"奢侈型"等。此外，态度的改变，工作和生活的平衡都会影响生活方式，例如：关心绿色问题，对潮流感兴趣，关心社会公平，追求享乐主义，喜欢听音乐看电影等都可以被考虑进来。这种细分方法能显示出不同群体对同种旅游产品在心理需求方面的差异性。同样，这个细分因素还对品牌有着很大的影响，特别是利用公众人物作为品牌形象代言人的企业。在酒店业里，当我们提到"Ritz"酒店时，我们总会联想到富裕和知名。

SRI 国际机构（前斯坦福研究学会）的研究者们把价值观和生活方式（VALS）分成9类：

- 求生者——年老，很穷
- 维持者——在贫困的边缘
- 归属者——上了年纪，传统，稳定
- 竞争者——年轻，炫耀，想做大事业
- 有成就者——中年，富裕，自信，现实主义
- 自我主义者——年轻，冲动，个人主义，单身，处于转变阶段
- 体验者——年轻，风雅，有主见
- 有社会意识者——成熟，成功，关心环境
- 集大成者——心理成熟，理解深刻，有开阔的眼界

以上分类，对于旅游业来说，求生者和维持者市场是不可行的细分市场，因为这类人没有钱和理由旅游。相反，许多营销人员把有成就者和有社会意识者确定为细分市场，这类人常常因生意和娱乐而旅游。

2. 性格

这个细分因素对于旅游业是非常有用的，因为作为自由裁量的旅游消费和旅游者的性格有着很大的内在联系。性格可以用外向与内向、乐观与悲观、自信、顺从、保守、激进、热情、等词句来描述。性格外向、容易感情冲动的旅游者往往好表现自己，因而他们喜欢购买能表现自己个性的产品；性格内向的旅游者则喜欢大众化，往往购买比较中庸的产品；富于创造性和冒险心理的旅游者，则对新奇、刺激性强的旅游产品感兴趣。

3. 态度

这个细分因素是根据旅游者对企业及其商品的态度进行分类并采取相应的营销措施。如：对待"我曾听说过某品牌，但我并不真正了解它"之类持中间态度的旅游者，应通过提供详细资料，大力开展有说服力的促销活动；对待"某品牌是市场上最好的产品"之类持积极态度的旅游者，应利用持续的促销活动和与旅游者签订合同的办法加以巩固；对"某品牌比另外某品牌差"之类持消极态度的旅游者，要改变其态度是较困难的，应把促销工作做细，并改进产品质量，提高企业形象。一般说来，企业放弃"消极态度"的细分市场是合适的，因为企业进行市场细分并不是要企业利用一种营销努力来满足所有旅游者群体的要求。

4. 购买动机

即按旅游者追求的利益来进行细分。旅游者对所购产品追求的利益主要有求实、求廉、求新、求美、求名、求安等，这些都可作为细分的变量。例如，有人旅游为了放松休闲，有人是为了追求美的享受，有人则为了体现自身的经济实力等。因此，企业可对市场按利益变量进行细分，确定目标市场。

（四）按购买行为因素细分（Behavioral Segmentation）

购买行为因素是根据旅游者对产品的购买行为和使用情况等细分市场。常用的细分标准有：购买目的、购买时间、购买方式、购买数量、购买频率、品牌信赖程度等。

1. 购买目的

按购买目的细分，通常可以分为观光旅游市场、探亲访友旅游市场、度假旅游市场、会议旅游市场、商务旅游市场、奖励旅游市场等。

商务旅游者的需求不同于那些非商务旅游者。例如，商务旅游者可能比非商务旅游者更关心便捷而不是成本。当旅游营销人员根据旅游目的地进行市场细分时，要利用这个区别。例如，当他们把商务旅游者作为目标市场时，他们开发、促销他们的产品和服务时，就应该强调其便捷性。

2. 购买时间和购买方式

按购买时间细分，即根据旅游者出游的时间来划分旅游市场。由于旅游活动的时间性、季节性非常突出，按购买时间可以划分为旺季、淡季及平季的旅游市场，还可以分为寒暑假市场以及节假日市场。

购买方式，是指旅游者购买旅游产品过程的组织形式和所通过的渠道形式，可以分为团体旅游市场和散客旅游市场；电话购买、网络购买、零售商处购买等。

3. 购买数量和购买频率

按购买数量和频率细分，是指按旅游者购买旅游产品的数量和频率特征来细分，可以分为较少旅游者、多次旅游者和经常旅游者。一般来说，经常旅游者所占市场的比例很小，但从购买量看，却占有很高的比例。这种市场细分有利于深入描述探析不同购买者数量特征的旅游群体在人口属性与心理特征、媒介习惯方面差异的深层原因。通过关注特定服务产品的使用频率，旅游企业可以加强与经常使用者的关系或是通过多样化策略使得小量使用者变成大量使用者。

4. 购买习惯（对品牌忠诚度）。

可将旅游者划分为坚定品牌忠诚者、多品牌忠诚者、转移的忠诚者、无品牌忠诚者等。例如，有的旅游者忠诚于某些服务，如东方航空公司、某某酒店或饭店等，或忠诚于某一个机构、某一项事业等。为此，企业必须辨别他的忠诚顾客及特征，以便更好地满足他们的需求，必要时给忠诚顾客以某种形式的回报或鼓励，如给予一定的折扣。

四、旅游市场细分的程序和方法

（一）旅游市场细分的程序

1. 选定市场范围

旅游企业在确定经营目标之后，就必须确定其经营的市场范围，这是市场细分的基础。旅游企业必须在深入调查研究市场的基础上分析市场的需求状况并做出相应的决策。同时，旅游企业必须结合自身的经营目标和资源条件从广泛的市场需求中，选择自己有能力服务的市场范围，过大或过小都是不行的。

2. 列举潜在顾客的需求

选择市场以后，可根据地理、人口、心理等市场细分标准，列出影响产品市场需求和旅游者购买行为的各项变量。并尽可能全面而详细地分列归类，以便针对市场需求的差异性决定实行哪种细分市场的因素组合，为市场细分提供可靠的依据。

3. 分析可能存在的细分市场

通过了解旅游者的不同需求，分析可能存在的细分市场。在分析过程中，一方面，企业要考虑到旅游者的地区分布、人口特征和购买行为等情况；另一方面，还应根据企业多年的经营经验做出估计和判断。

4. 确定市场细分的标准

在可能存在的细分市场中各有其不同的需求因素，旅游企业应分析哪些需求因素是重要的，删除那些对各个细分市场都重要的因素，因为这些共同因素对于旅游企业进行细分市场无关。

5. 进一步了解各细分市场旅游者的旅游需求和购买行为

旅游企业应深入分析各细分市场的旅游需求，了解这些市场旅游者的购买心理和行为特征，以便对各细分市场进行必要的分解或合并，使之形成有效的目标市场，制定有效的市场经营策略。

6. 分析各细分市场的规模和潜力

旅游企业对各细分市场的分析要与人口特征、地区分布、消费习惯、经济条件等特点联系起来以便企业估计潜力，决定各个细分市场的规模并找出目标市场，完成整个细分市场工作。

（二）市场细分的方法

市场细分的方法主要有单一变量法、综合变量细分法、系列变量细分法等；

1. 单一变量细分法

所谓单一变量细分法，是指根据市场营销调研结果，把影响旅游者需求最主要的因素作为细分变量，从而达到市场细分的目的。这种细分法以旅游企业的经营实践、行业经验和对组织客户的了解为基础，在宏观变量或微观变量间，找到一种能有效区分旅游者并使企业的营销组合产生有效对应的变量而进行的细分。例如：以性别为依据来划分，整个市场可分为男、女两个细分市场。这种方法一般只适用产品通用性较强、选择性较弱的市场。在大多数情况下，此方法只能作为对市场细分的起点，即先期用此方式对市场作比较粗略的划分。

2. 综合变量细分法

综合变量细分法，又称交叉细分法或多元细分法，即根据影响旅游者消费需求差异紧密的两种及两种以上的并列变量对旅游市场进行细分的方法。如可同时以假期、家庭收入等变量因素交叉细分度假旅游市场。这样细分出的市场比单一变量细分出的要多很多，但此方法并非要运用与消费需求有关的所有变量要素，而是要选择几个对形成消费需求差异影响突出且取得有关信息的成本比较适宜的因素。

3. 系列变量细分法

系列变量细分法，即考虑与旅游需求差异相关的各种因素，将其按照一定的顺序对旅游产品市场依次进行系列细分的方法。此方法对旅游者需求差异较大而市场竞争又较激烈的旅游产品市场细分比较适合。其要点是在各变量之间充分把握它们在内涵上的从属关系，进行合理排序，否则会造成细分工作混乱，增加成本。

4. 完全细分法

完全细分法，是一种极端形式的市场细分方式，即根据每一位旅游者消费需求的差异，最终将每位旅游者分割为一个特定的细分市场，这被称为完全细分法。采取这种细分方法的最终目的，就是要针对每位旅游者的不同需求，为他们定制满足其特殊需求的产品和服务。显然，由于定制营销的成本太高，完全细分法在绝大多多数情况下都不可能被企业采用。但在某些特殊市场上，此法仍不失其有效性。如上海锦江饭店，专门研究掌握每一位高级贵宾的需求特点。为之建立服务档案，由此采取个人针对性很强的特殊服务方式以满足其需求。对于旅游业的某些具有很高个人消费水准的市场，尤其是高级别的商务旅游者市场，则完全可以采用本细分市场法。

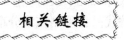

希尔顿集团的市场细分

希尔顿集团采用品牌延伸把一个联号集团分成不同质量和档次的饭店。在对顾客作细致分类的基础上，利用各种不同的饭店提供不同档次的服务以满足不同的顾客需求。希尔顿集团的饭店推出了各种特色服务项目，其中主要包括：

1. 浪漫一夜。此服务为庆祝周年纪念或新婚的情侣所设置，提供上乘的住宿、免费的香槟，到店的第一天免费双人早餐，免费使用健康矿泉和漩涡式按摩水池，并享有延后离店时间的特权。

2. 轻松周末。以极低的房价为客人提供轻松、舒适的周末住店服务。提供每天的欧式早餐，客人可早入店和迟离店。

3. 对老年人的服务。针对老年客人的特点，为其提供专门的特权、特殊的让利以及体贴周到的照顾。

（案例来源：马勇. 旅游市场营销. 大连：东北财经出版社，2008 年）

第二节　旅游目标市场选择的策略

一、旅游目标市场选择的含义及其依据

（一）旅游目标市场含义

旅游目标市场，是指旅游企业在市场细分的基础上，进行营销活动所要满足其需求的旅游者群体。这一类旅游者群体的市场需求成为旅游企业的主要经营目标。

（二）目标市场选择的依据

对各细分市场进行评估后，旅游企业应确定其中一个或几个细分市场作为目标市场。旅游企业在选择目标市场时应遵循以下几个依据：

1. 目标市场具备发展的规模及潜力

旅游企业选择目标市场时，一定要考虑这个目标市场的规模，即这个细分市场的人数足够多，旅游消费能力足够强。如果市场规模狭小或者趋于萎缩状态，旅游企业进入后很难获得发展。从发展潜力来看，虽然某些细分市场现在还不能即刻看到收益，但随着时间的推移，相关环境的完善，就能给旅游企业带来许多利益的这部分市场也是值得关注的，这就是我们通常所说的利基市场。但同时也要注意细分市场的规模并不是越大越好，还必须和企业自身的实力想匹配。

2. 目标市场具备结构吸引力

即该细分市场还处于供不应求的状况或者竞争对手还未能完全控制市场，旅游企业有可能乘势开拓并占有一定的市场份额，在市场竞争中取胜。如果一个细分市场具备众多竞

争者，则该细分市场对旅游企业而言吸引力下降。旅游市场的进入如果几乎没有壁垒，资本和劳动力自由流动，那么，目标市场的吸引力并不高。另外，替代品会限制该细分市场的潜在收益。

3. 目标市场必须与旅游企业的经营目标和企业形象相符合

高档次、集团化的旅游企业不适宜打入中低档、大众化的客源市场。反之，中、低档的旅游企业对经济收入较高、社会地位较高的消费者不构成吸引力。因而，旅游企业选择目标市场时应考虑到企业形象和经营目标。

4. 目标市场与旅游企业自身实力相匹配

目标市场与旅游企业自身实力相匹配包括旅游企业人、财、物等硬件设施以及企业内部建设等软件设施。某些细分市场虽然有较大吸引力，但不能推动旅游企业实现发展目标，甚至分散企业的精力，使之无法完成其主要目标，这样的市场应考虑放弃。目标市场的选择要依据此市场能否使旅游企业充分地发挥自身优势和资源，扬长避短，突出自己的特色，方能使营销获得成功，企业才会立于不败之地。

二、旅游目标市场选择的评估

旅游目标市场的选择评估过程要经过以下步骤，首先确定自己的经营范围，然后根据细分标准进行市场细分，最后，通过认真地分析和评估每个细分市场，确定目标市场。

（一）评估细分市场

分析评估细分市场有几个重要数据需要掌握

1. 估算各细分市场潜量和本企业的销售量

（1）市场潜量估算

首先，对于未开发的旅游细分市场，可通过抽样调查获得一定时段的可能形成的旅游消费价格，两者的乘积可作为市场潜量估算值。

其次，对于已经开发的旅游细分市场，可将其已有的一定时段消费人次和旅游消费水平和乘积作为市场估算值。

例如：2005 年贵州接待海外游客 27.62 万人次，平均停留 2.29 天，人均每天消费 160.01 人民币，其中游览费用占 4.6%，那么，对于贵州某一景区景点而言，来年的海外客源市场潜量估算为：

$$276\,200 \times 160.01 \times 2.29 \times 4.6\% = 4\,655\,476.23 \text{（元）}。$$

（2）销售潜量估算

销售潜量＝市场潜量×市场占有率

例如：假设海外游客来贵州旅游有 60% 的目的地都是贵阳，而经过预算，贵阳 2012 年的市场潜量是 684\,765.8 美元，那么贵阳来年各景区的海外客源市场的销售潜量是：

$$684\,765.8 \times 60\% = 410\,859.48 \text{（美元）}$$

2. 分析各细分市场的销售潜力

对于已经开发的旅游细分市场，还要根据现有资源进一步对各细分市场的整体销售额和本企业在各细分市场的销售额的增减趋势做出分析，并分别计算出相应的销售增长率，以评价每个细分市场整体的销售增长潜力和企业在各细分市场的销售增长潜力。相对来讲，市场潜量高，年销售增长率高的市场肯定是首选的。

3. 对备选的细分市场进行营利量测评

市场潜量大，销售量大并不代表就一定能赚钱。因为利润是销售额减去成本以后的金额，所以还必须控制成本。有时销售量大的细分市场，由于实际销售额并不高，而成本也不低，因而盈利效果也不佳。

4. 对细分市场结构吸引力测评

哈佛大学商学院波特教授认为：影响一个市场或一个细分市场的长期盈利有四个因素：行业竞争、替代产品、购买者和供应者。细分市场结构吸引力可以视为对该市场利润的期望值。期望值高，则吸引力大。而吸引力的大小则是上述四种要素在细分市场上的强度的一个函数。分析每一个细分市场的吸引力是旅游企业选择目标市场的基础和出发点。

（1）竞争者状况

过多旅游企业共同经营同一种旅游产品，他们都把同一个细分市场作为自己的目标市场，实际上就是共同争夺同一个容量有限的市场，从而造成某一种旅游产品的供给大大超过市场需求的状况，结果造成社会劳动和资源的浪费，忽略了其他市场需求，大大增加了企业的机会成本，影响了企业的经济效益。

（2）替代性产品状况

如果在一个细分市场上，目前或将来存在许多替代性产品的话，那么可能会妨碍进入这个细分市场的企业获取足够多的利润。

（3）购买者的能力状况

购买者的相对能力大小也会影响细分市场的吸引力。如果在一个细分市场上，购买者相对于销售者具有强有力的讨价还价力量，那么，他们将迫使价格下降并需要更好的质量与服务。

（4）供应商状况

如果在一个细分市场上存在一个强有力的供应商，他能控制生产所需的原材料与服务的价格以及它们的质量和数量，这个细分市场也是缺乏吸引力的。

（二）选择细分市场

市场经过细分、评估后，可能发现有许多小市场可以进军。因此要确定覆盖市场的模式。

1. 市场集中化：企业在众多细分市场中只选择其中一个进行集中营销的策略。

2. 选择专业化：企业选择若干个有吸引力，可能会盈利的细分市场的策略。

3. 产品专业化：企业专门生产一种适合各种旅游者需求的产品。

4. 市场专业化：企业集中生产某一市场所需要的各种产品的策略。

5. 市场全面化：企业用各种产品满足不同层次旅游者的需求。

三、旅游目标市场选择的策略

旅游企业在选择目标市场时，可以采取"由面至线、由线至点"的战略，而在市场营销中则采取"由点至线、由线到面"的原则，稳打稳扎，步步为营，进入整个市场。其具体营销策略有以下三种。

（一）无差别营销策略

1. 无差别营销策略的定义

无差别营销策略，是指旅游企业把所有旅游者作为目标市场，只推出一种旅游产品，运用一种统一的旅游营销组合，为满足旅游者共同的需求服务。

即：一种产品＋一种市场营销组合 ⟹ 整体市场

2. 无差别营销策略的优缺点

优点：降低生产经营成本；简化销售渠道；规模效应显著，容易形成名牌超级产品的趋势。

缺点：不能完全满足旅游者的差异性需求。

3. 无差别营销策略的适用范围

无差别营销策略适用于：新产品介绍期，产品供不应求，竞争较弱，需求差异性小的时期。

（二）差别营销策略

1. 差别营销策略的定义

差别营销策略，是指旅游企业选择两个或两个以上细分市场作为自己的目标市场，供不同的旅游产品，运用不同的旅游营销组合，为满足不同的细分市场的需求服务。

即：A 产品＋A 市场营销组合 ⟹ 细分市场 1

B 产品＋B 市场营销组合 ⟹ 细分市场 2

C 产品＋C 市场营销组合 ⟹ 细分市场 3

2. 差别营销策略的优缺点

优点：能更好地满足各类旅游者的不同需求增强适应能力，扩大市场，增加营业收入，增加抗风险能力。

缺点：成本增加。

3. 差别营销策略的使用范围

差别营销策略适用于：产品成熟期，竞争的激烈时期，规模大，资源雄厚的企业。

（三）集中性营销策略

1. 集中性营销策略的定义

集中性营销策略，是指旅游企业只选择其中一个或少量细分市场作为目标市场，推出一种或一类旅游产品，运用一种旅游营销组合，为特定的子市场服务。

即：一种产品＋一种市场营销组合 ⟹ 细分市场 1

2. 集中性营销策略的优缺点

优点：降低生产经营成本，增加盈利，提高资源利用率，经营范围针对性强，容易形成产品与经营特色。

缺点：风险较大，若目标市场需求下降，则旅游企业的收入和利润都会下降。

3. 集中性营销策略的适用范围

集中性营销策略的适用于：中小型旅游企业，以及资源独具特色，能吸引一定类别的旅游者前往。

┌─────────────┐
│　相关链接　　│
└─────────────┘

法国雅高国际酒店集团——全球规模最大的酒店及观光事业集团

法国雅高（Accor）饭店集团是欧洲最大的酒店经营集团，经营着 14 个具有不同品牌的酒店。近年，为突出核心竞争力将 14 个品牌减为 7 个核心品牌，在世界范围内约有 4 000 家饭店，从经济型到豪华型，雅高提供了全系列不同档次的饭店服务，满足了不同需求层次顾客的需要。新近推出的非标准化设计的高档酒店——铂尔曼（Pullman），目前已在全球开设了 12 家：法国巴黎、马赛和图卢兹（巴黎左岸铂尔曼酒店、巴黎戴高乐机场铂尔曼酒店、巴黎拉德方斯铂尔曼酒店、巴黎凡尔赛宫铂尔曼酒店、马赛棕榈滩铂尔曼酒店、马赛普罗旺斯铂尔曼酒店、图卢兹机场铂尔曼酒店）；德国科隆和多特蒙德（科隆铂尔曼酒店、多特蒙德铂尔曼酒店）；比利时布鲁塞尔（布鲁塞尔机场铂尔曼酒店）；泰国曼谷（曼谷铂尔曼君主酒店）；中国东莞（东莞旗峰山铂尔曼酒店），形成一个高档酒店网络。

铂尔曼的推出，针对的主要就是高端细分市场和商务旅行人士，两者结合具有很高的增长潜力。

铂尔曼高档酒店的创立顺应了酒店市场发展的两大基本趋势：

1. 高档酒店细分市场越来越重要；

2. 由于管理、市场营销、采购甚至零售业方面的专业优势，在这个细分市场中实行网络化经营越来越广泛；商务客源的优势日益突出；

高档酒店细分市场目前在酒店市场中占有高于 40% 的份额，拥有 100 万间客房，创收高达 450 亿欧元（不包括北美市场）。这个细分市场在酒店市场中增长最快，年增长率达 5%。此外，商务旅行人士是酒店市场中最具价值潜力的服务对象，现已达到市场总数的 55%，占市场总收入的 70%。

雅高集团除了高端的铂尔曼酒店以为，同时它还拥有：

1. 索菲特：风格细致豪迈、服务精粹超群

索菲特（Sofitel）是雅高集团的顶级品牌，提供卓尔不群的一流服务及最豪华的设施，主要位于世界上最重要城市以及观光旅游胜地。每一间索菲特品牌酒店除了拥有顶级设施及豪华房间外，亦保留了各地独有的文化传统和当地特色。

索菲特服务的特点：无论从每一个客人的到达或是离店，还是酒店氛围、娱乐设施以及个性化的服务，处处都让客人拥有如家般的感受。对客人服务的一致性、共融性以及与众不同的特色，是每一间索菲特品牌酒店强调的待客之道。

2. 诺富特：商务及休闲酒店，领导商务酒店住宿潮流

诺富特（Novotel）是世界知名的商务及休闲酒店品牌。诺富特品牌包含了海滨度假酒店以及休闲高尔夫球场。

3. 美居酒店：城市真貌，异曲同工

雅高酒店集团的美居品牌（Mercure）为一个多层面的品牌，从经济型到豪华型涵盖了酒店市场的各个消费层次。在雅高集团，美居品牌涵盖了三种不同的标准：经济实惠、

舒适精致和豪华典雅。

美居的酒店分为三个不同的消费层次：豪华型、商务型和经济类酒店，并涵盖了酒店、服务式公寓和休闲度假酒店这几个不同的类型。美居品牌的特色是让酒店能够体现当地特色。从旅游胜地的豪华度假村酒店到便利经济的美居经济酒店，为客人展示了各个美居品牌酒店不同的精粹和风格。美居酒店特别注重当地民俗风情、饮食和本土员工的融合，并以此来贴切的反映出美居的精华：城市真貌、异曲同工。

4. 宜必思：经济性价位国际级享受

宜必思品牌（ibis）的主要经营理念是让旅客以经济性的价位享受国际标准的酒店住宿。宜必思品牌酒店位于主要城市的商务区域和枢纽地带，面向商务往来人士。宜必思品牌即意味着物超所值，深深吸引着来自国际或是区域的商务客人。

宜必思酒店的房间皆依循其品牌标准，其设施完全体贴客人的要求，而非旨在增加酒店价格及成本，且能最大限度的满足客人的需要。不但如此，宜必思酒店还提供房间送餐、商务服务以及休闲设施。

（资料来源：MBA 智库．百科 http://wiki.mbalib.com/wiki/%E6%B3%95%E5%9B%BD%E9%9B%85%E9%AB%98%E5%9B%BD%E9%99%85%E9%85%92%E5%BA%97%E9%9B%86%E5%9B%A2）

四、影响旅游目标市场选择的因素

旅游企业采用何种目标市场策略要受到旅游企业自身实力条件、旅游产品的特点、旅游市场的需求状况、产品生命周期阶段、竞争者数目和竞争者战略等因素的影响，应综合考虑各方面因素来加以确定，见表5-2。

表5-2 目标市场营销策略决定因素

	旅游企业资源	产品生命周期	竞争对手	需求差异	供求关系	产品同质性
无差异	多	投入	少	小	供小于求	高
差异	多	成长	多	大	供大于求	低
集中	少	成熟	多	大	供大于求	低

1. 旅游企业的自身实力条件

旅游企业的自身实力条件主要包括其人力、财力、物力条件及其生产能力、技术能力和销售能力，具体表现为旅游企业的产品的设计与营销组合能力、宣传促销能力、服务与管理能力等方面。如果旅游企业自身实力条件有限，就采用集中性市场营销策略；反之，如果旅游企业本身资源、实力雄厚，可采用无差异性和有差异性互相组合的营销策略，可以广泛的有力的促销，增加企业的销售量及收益，提高企业的声誉和形象。

2. 旅游产品或服务的特点

同质性旅游产品或服务，如旅游饭店同等档次的客房、旅游航空客运服务等，由于其差异性小，替代性很强，竞争主要集中在价格上，较适宜实行无差异性市场策略；对于不同质的旅游产品或服务，就需要采用差异性或密集性营销组合策略。

3. 旅游市场需求状况

旅游市场上的消费者在某一时期的需要与偏好及其他特征很接近、市场类似程度很高时，适宜采用无差异市场策略，如：旅游交通市场。而对于旅游者需求异质程度很高的旅游产品市场，一般要采用差异性市场策略或集中性市场策略。

4. 旅游产品生命周期

旅游产品的生命周期，是指某种旅游产品从投放市场，经过成长期、成熟期到最后淘汰的整个市场过程。它不同于产品的使用生命周期。

旅游产品的生命周期分为投入期、成长期、成熟期和衰退期四个阶段。新产品刚上市时，品种单一，渠道也较单一，竞争者少；旅游企业应重点启发顾客需求，因此，投入期可采用无差异性营销战略，以便探测市场需求和潜在顾客。待产品进入成长或成熟阶段，市场竞争加剧，同类产品增加，应改为差异性或集中性营销战略。

5. 旅游市场竞争状况

旅游经营者采取哪种市场策略往往视竞争者的策略而定。如果竞争者数量较少或弱，且产品具有垄断性，则旅游企业可以采取无差异市场营销策略。若竞争者采用无差异市场营销策略，则旅游企业可以反其道而采用差异性市场营销策略或集中性营销策略。如果竞争者太多，则应采取差异性或集中性目标市场策略。

第三节 旅游市场定位

旅游企业在确定了目标市场以后，营销工作还远远没有结束，还应确定本企业旅游产品在目标市场上的竞争地位即进行市场定位，只有这样才能制定出针对性很强的旅游市场营销组合。旅游市场定位是"STP"营销中的一个重要组成部分。

一、旅游市场定位的含义和作用

（一）旅游市场定位的含义

市场定位是在20世纪70年代由美国营销学家阿尔·里斯和杰克特劳特提出的，其含义是指企业根据竞争者现有产品在市场上所处的位置，针对消费者对该类产品某些特征或属性的重视程度，为本企业产品塑造与众不同的，给人印象鲜明的形象，并将这种形象生动地传递给消费者，从而使该产品在市场上确定适当的位置。

旅游市场定位，是指旅游企业根据目标市场的旅游者偏好，竞争状况和自身优势，确定自身产品在目标市场上应处于的竞争位置。

旅游市场目标定位不同于占位，占位只是为了自己占据了一个空间位置，而定位是为自己占据一个心理位置。其实质就是专门针对目标市场旅游者心目中某一特定需求位置，为本企业旅游产品设计独特而深受欢迎的营销组合；也就是要根据竞争对手的特点，突出自己的优势，形成差异化优势，见图5-1。

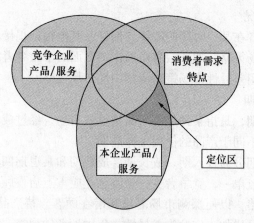

图 5-1　市场定位位置图

（二）旅游市场定位的意义

旅游产品的市场定位决定其有效营销组合的制定。由于旅游产品的特殊性，进行有效的市场定位，树立其特色形象是非常重要的。市场定位是旅游目标市场营销中极为关键的策略。

1. 有利于旅游区与旅游企业有针对性地开展营销活动

旅游产品的定位应与目标市场的需求联系起来，这样才能有针对性地开展营销活动。例如，德雷克是芝加哥的一家大饭店，靠近密歇根湖，位于市区商业和购物中心。对于这样一家豪华的、位置便利的饭店，商务旅行经理们无疑是它的一个目标市场。他们的需求与在宾夕法尼亚乡间旅馆度假的人们的需求是完全不同的。商务旅行经理们可能需要套房，有与卧室分开的客厅，以适合开展私人商务会议。而德雷克正是根据目标市场的需求为商务旅行经理们提供了这些服务。

2. 有利于旅游区与旅游企业造就和强化在旅游者心目中的持久形象

旅游市场定位是通过为旅游区或旅游企业的产品创立鲜明的特色或个性从而塑造独特的市场形象来实现的。

例如：在加勒比海的一个不出名的小岛上，有一个新的豪华度假胜地，虽然地理位置一般，但作为经营者，一开始就必须为其创建形象。它可以选择吸引时髦的单身人士、有小孩的家庭或者是有许多空闲时间和金钱的老年人，以及其他可能的细分市场。依托自己的细分市场选择，度假区可以改进自己的服务设施，以匹配所选细分市场的需求。例如，如果把单身人士或者老年人作为其目标市场，就肯定不会需要儿童游乐场。

3. 有利于旅游区与旅游企业拓展目标市场潜力

通过市场营销定位，旅游市场的范围更加清楚与明确，反馈变得迅速而敏捷，旅游区与旅游企业可以据此来开展集中有效的营销活动并且可以充分发掘市场潜力。

4. 避免企业间的恶性竞争

通过有效的市场定位，避免了雷同产品的出现，在产品品种、服务、人员、形象等方面明显的差异性又利于旅游者充分行使选择权，同时避免了恶性竞争局面的产生。

二、旅游市场目标定位的原则和内容

(一) 旅游市场目标定位的原则

尽管市场需求及产品特征千差万别，但市场定位仍需遵循以下三个原则。

1. 差异性

差异性是市场定位的基本原则，通过定位能够找到有别于其他旅游企业、旅游产品的差异性所在，包括产品差异性，形象差异性。

2. 重要性

选择产品和服务的一个或几个特点进行定位时，这些特点对于旅游者是非常重要的，是旅游者购买时首先要考虑的因素。

3. 可获得性

旅游企业通过定位能够获得新增的利润，否则旅游企业的定位就是不对的。

(二) 旅游市场目标定位的内容

1. 产品定位

侧重于产品实体定位，即从产品的功效、品质、成本、市场、价格、可靠性等方面定位，突出该产品价值，强调本产品与同类产品的不同之处以及能够给消费者带来的更大利益。

2. 企业定位

企业定位是指企业通过其产品及其品牌，基于顾客需求，将其企业独特的个性、文化和良好形象，员工能力、知识、言表、可信度等塑造于消费者心目中，并占据一定位置，即塑造企业形象品牌。

3. 竞争定位

竞争定位是指突出本企业产品与竞争者同档产品的不同特点，通过评估选择，确定对本企业最有利的竞争优势并加以开发。即：确定旅游企业与竞争者的市场位置。

4. 消费者定位

消费者定位是指依据消费者的心理与购买动机，寻求其不同的需求并不断满足消费者，即确定企业的目标顾客群。

三、旅游市场目标定位的主要步骤和方法

(一) 旅游市场目标定位的主要步骤

1. 确定定位的层次

对于旅游企业及旅游目的地而言，一般应考虑三个层次的定位：组织定位、产品线定位及单一产品定位。组织定位是指一个企业整体或目的地整体的市场定位。

2. 确定产品和服务的特征

当市场定位的层次确定之后，旅游企业就应根据目标市场的需要选定能够使本企业产品和服务区别于竞争对手的产品特征。这些特征既是旅游产品必须具备的，也是目标顾客最看重的核心"利益点"，因为旅游者正是在不同竞争产品和服务的差异性评估的基础上进行购买决策的。

3. 确定定位位置

当选定了作为产品和服务差异化的产品特征后，旅游企业要为这些特性寻找最佳的市场位置，把旅游企业的关键属性与竞争对手的属性做明显的区分。

4. 实施定位

市场定位最终是通过旅游企业与目标市场的互动过程实现的。这些互动过程包括旅游企业各个部门、员工及市场营销活动对目标市场的各种接触和作用。

（二）旅游市场目标定位的方法

旅游市场定位的常用方法有以下几种。

1. 初次定位

初次定位，是指新成立的旅游企业初入市场、旅游新产品投入市场，或者旅游产品进入新市场时，企业为满足某一特定目标旅游者的需要，采用所有的市场营销组合而使其竞争优势与特色为目标旅游消费群体接受的过程。

2. 避强定位

这是一种避开强有力的竞争对手进行市场定位的模式。当企业意识到自己无力与强大的竞争者抗衡时，则远离竞争者，根据自己的条件及相对优势，突出宣传自己与众不同的特色，满足市场上尚未被竞争对手发掘的需求，这就是避强定位。

实行避强定位的优点是：能够迅速地在市场上站稳脚跟，并在旅游者心中尽快树立起一定形象。由于这种定位方式市场风险较小，成功率较高，常常为多数旅游企业所采用。缺点是：避强往往意味着旅游企业必须放弃某个最佳的市场位置，很可能使旅游企业处于最差的市场位置。

3. 迎头定位

这是一种以强对强的市场定位方法。即将本企业形象或产品形象定在与竞争者相似的位置上，与竞争者争夺同一目标市场。例如，1999 年 10 月开通的城际间快速列车，以其快速、舒适、便利、价格合理的优势，吸引了更多的乘客，与航空客运展开了针锋相对的竞争。

实行迎头定位的旅游企业应具备的条件是能比竞争对手设计出质量更好或成本更低的旅游产品；市场容量大，能容纳两个或两个以上的竞争者；拥有比竞争者更多的资源和能力。

实行迎头定位的优点是：竞争过程中往往相当引人注目，甚至产生所谓轰动效应，旅游企业及其产品可以较快地为消费者或用户所了解，易于达到树立市场形象的目的。缺点：具有较大的风险性，但能够激励企业以较高的目标要求自己奋发向上。

4. 重新定位

重新定位是指旅游企业通过改变产品特色等手段，改变目标旅游者对产品的认识，塑造新的形象。

即使企业产品原有定位很恰当，但当出现下列情况时，也需要考虑重新定：

（1）竞争者推出的市场定位侵占了本企业品牌的部分市场，使本企业产品市场占有率下降。

（2）旅游者偏好发生了变化，从喜爱本企业品牌转移到喜爱竞争对手的品牌。

一般来说，重新定位是企业为了摆脱经营困境，寻求重新获得竞争力的手段。当然，重新定位也可作为一种战术手段，并不一定是因为陷入了困境，相反，可能是由于发现了新的产品市场范围引起的。

市场定位是设计旅游企业产品和形象的行为，以使企业明确在目标市场中相对于竞争对手的自己的位置。企业在进行市场定位时，应慎之又慎，要通过反复比较和调查研究，找出最合理的突破口。避免出现定位混乱、定位过度、定位过宽或定位过窄的情况。而一旦确立了理想的定位，旅游企业必须通过一致的表现与沟通来维持此定位，并应经常加以监测以随时适应目标顾客和竞争者策略的改变。

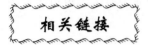

相关链接

青年旅馆的市场定位

我国酒店业目前尚处于发展的阶段，这表现在档次梯度结构不合理、产品形式单调缺乏个性等方面，无论是经营者还是消费者都不同程度的存在对酒店行业的一些误解。近年来各类专业型平价旅馆的蓬勃发展从另一个侧面为我们展示了酒店业发展的本来面目。在西方国家历史悠久、深受欢迎的"青年旅馆"就是一种极为重要的酒店形态。

所谓青年旅馆，旨在为年轻人尤其是青年学生提供价格低廉而又卫生的住宿处所。由于青年旅馆的准确定位，时至今日，青年旅馆已风靡全球，目前世界各地已经有 5 000 多家成员酒店，从大洋洲的澳大利亚到美国，从英伦三岛到保加利亚，从香港到非洲的苏丹，青年旅馆无处不在。

青年旅馆的标准是清洁、舒适、经济实惠，友好方便。其设施设备都是最基本的，有许多地方使用公共卫生间，住上下双层床，甚至还要使用或租用睡袋。有的青年旅馆条件稍好一些，带有一定的娱乐设施。

青年旅馆的宗旨是为青年人了解社会、了解自然、旅行游览提供住宿方便。为了保证青年人的身心健康，对作息时间、吸烟、酗酒等事宜都有严格的规定。对青年旅馆协会的成员予以优先安排，实行优惠价格，最低能做到每夜 3 美元左右。

由于青年旅馆的明确的市场定位受到了青年人的普遍欢迎，成为青年人欲了解世界，"身背睡袋走天下"时最好的住所。

（案例来源：后东升·饭店市场营销. 西北大学出版社，2007 年）

四、运用 CI 与 CS 战略进行旅游市场定位

随着市场经济走向成熟，旅游区与旅游企业间的竞争已不仅仅是单一生产经营层面上的竞争，而是在理念与价值取向、目标与企业精神、决策与经营哲学、人才与员工教育等多方面的全方位整体性竞争。CI 战略与 CS 战略作为一种全新的经营战略，它们具有超前性、多维性和诱发性的特点。这两种战略试图融文化于企业战略，对于旅游区或旅游企业的旅游市场定位具有较强的借鉴作用。

（一）CI 战略

CI 是企业形象识别（Corporate Identity）的简称。CI 组合即企业识别系统，它由三个子系统构成：理念识别（Mind Identity，MI）、行为识别（Behavior Identity，BI）以及视觉识别（Visual Identity，VI）。CI 策划，就是运用 CI 方法对旅游区或旅游企业进行整体策划，帮助其创造富有个性和感染力的全新形象。

（二）CS 战略

CS 是顾客满意（Customer Satisfaction）的简称，它是 20 世纪 90 年代国际上新兴的营销战略。CS 战略是一种面对买方市场新形势的出现，强调从顾客需求出发的战略。

CS 战略在旅游市场定位中的运用。CS 战略在旅游区与旅游企业中的运用可以表现为以下三个方面。

1. 强化旅游消费者至上的经营观念。

2. 提高旅游从业人员的服务质量。

3. 广泛征询旅游者的意见。

（三）CI 战略与 CS 战略整合

CI 战略与 CS 战略在旅游市场定位中应整合运用，各有侧重。根据 CI 战略与 CS 战略整合模式可以得出如下认识：旅游地或旅游企业在进行旅游市场定位时，一方面要强调旅游地或旅游企业的经营理念、行为和视听具有可识别性的个性创造，突出区域特色、企业特色和产品特色。另一方面要强调旅游者的满足感，注重建立健全反馈机制与满意评价机制。做到创造需求的同时适应需求，既留住目标旅游消费群又吸引潜在旅游消费者，从而真正实现经济效益、社会效益与文化效益的统一。

相关链接

加拿大的旅游市场细分

加拿大旅游局曾委托许多研究机构对美国的娱乐旅游市场进行了大量的研究。美国是加拿大最大的国际旅游市场。在 1985 年的其中一项研究过程中，在美国进行了 9 000 份入户个人调查。被调查者必须具备以下的条件：在过去的 36 个月内，至少进行过一次远离住地 100 英里，其在外过夜至少一晚的娱乐旅行，并且在这些旅行中使用了商用住宿设施或交通工具。被调查者中 75% 为 16 岁及 16 岁以上的人，每一份问卷的完成平均耗时 50 分钟。

经过不同途径的分析，最后确认了四个主要的细分市场：观光市场、户外旅游市场、都市旅游市场和度假市场。

1. 观光市场

通常平均持续 8 天时间。旅游计划是在利用了大量且多样的信息来源后事先制定的，而且旅行产品是整体销售的。这就意味着可以通过一系列的营销活动来争取这个细分市场。通过与不同的旅游类型和其他国家的目的地相比，可以看出加拿大的观光市场份额为美国出境游客总体市场的 7%（其他国家的观光旅游 12%）。在美国人心目中，加拿大是一个较好的观光目的地。但相对与美国本土而言，加拿大吸引美国观光客的主要优势在于"加拿大是一个有着不同文化和生活方式的外国目的地。"

2. 户外旅游市场

户外旅游的游客主要是有孩子的年轻的美国家庭，他们通常以轿车、小货车为交通工具，以野营为主要的住宿方式。户外游客是美国的主流。他们更倾向于一种比较温和的和安静的户外娱乐方式。而对该市场而言，比较有吸引力的目的地是具有优美的自然风光，但不荒凉的地方，并且可以提供一种与世隔绝的充分私密性的体验，其有许多事情可以做。这种旅游通常持续3～4天，因此选择的地点离住地较近。这难免限制了加拿大边疆地区的以及更长时间的户外旅游发展的潜力。许多美国的户外度假者很向往加拿大，但他们更乐于选择离家较近的本土目的地。这说明，对户外旅游而言，将加拿大定位为一个传统的，拥有广阔的野生环境的地区是有危险的。但是如果宣传加拿大是一个"有崎岖山区的地方"将会对美国主流中的部分市场产生吸引力。通过强调这一点，并将它直接传达给目标市场，加拿大户外旅游市场的潜力将有所增加。

3. 都市旅游市场

该市场的游客主要利用周末的时间出游，通常会将旅游时间定为3天。这样的旅游通常是出于一时的冲动且缺乏计划性的，它的主要目的是逃脱工作的压力和责任，像一个家庭似的在一起，休息和放松。典型的美国都市游客多为已婚和中年人，他们通常拥有高于平均水平的收入和学历，这样的游客往往会选择著名的美丽的，并拥有高级饭店的城市作为目的地。这种旅游活动的关键是多样性，例如舒适优雅的餐馆，好的购物条件，不同的文化氛围，出色的地方食品和令人兴奋的夜生活。加拿大拥有美国都市旅游市场2.8%的份额，主要的旅游目的地有多伦多和温哥华。这些城市不仅仅是旅游的最终目的地，而且是入境城市和其他旅游类型，特别是观光旅游的起点。美国人对加拿大的大城市有良好的印象，但他们对本国的大城市的印象更佳。虽然如此，我们依然可以得出结论：可以通过将这些大城市描绘为获得广阔的独一无二的加拿大经历的"入口"来推销这些城市。

4. 度假市场

只以某一个度假区域地为目的地。这个度假区有丰富多彩的娱乐条件和机会，例如：海滨、滑雪、网球场等等。他们的主要目的是休息和放松，持续时间主要依赖于该度假区活动的丰富程度。这样的旅游通常提前两三个月就已经做好了准备。游客往往是中青年人，受过良好的教育且经济状况较好。当美国旅游者计划要进行一次度假旅游时，他们往往在本国南部和加勒比地区选择一个拥有阳光。海水、沙滩的目的地。对于加拿大来说，度假旅游是最弱的旅游类型。虽然对美国的娱乐旅游者而言，度假旅游占据了所有过夜旅游的6%，美国人到加拿大过夜旅游占美国所有过夜旅游的3%，但美国人到加拿大进行度假旅游的只占所有过夜旅游市场的0.8%。加拿大度假旅游的形象主要受到两个因素损害：它的气候看起来不适于开展水上和海滨活动；它的宾馆、饭店和夜生活看起来不如美国本土那样令人兴奋。这说明加拿大的度假市场应该针对国内游客，或者将度假作为观光旅游线路的一个组成要素，这样比说服美国的年轻人到加拿大度假要容易得多。但专业性的度假，如狩猎、垂钓仍有一定的吸引力。

以上的市场细分研究产生了一些意想不到的发现，例如：美国人将加拿大当作一个有驼鹿、皇家骑警和多山的地方，加拿大在户外旅游市场有较强的竞争优势，并且观光旅游市场也有很强的竞争优势。这主要来源于加拿大清洁、安全的城市环境，并且是一个可以提供不同于美国本土一系列不同经历的外国目的地。针对这一研究结果，加拿大对美国市场采取了新的态度，提出了新的营销口号"加拿大：隔壁的世界＼Canada：The World Nest Door。"这一研究体现了细分市场的应用。虽然对于一个区域而言，由于资源的有限而难以进行如此大规模的研究，但努力去了解现有和潜在市场的特征是很有必要的。仅有直觉往往是不够的，而且可能会产生误导，产生出不恰当的或者无效的决定和决策。

（资料来源：http：//blog. sina. com. cn/s/blog_ 4e1499ff01000ccc. html）

本 章 小 结

市场细分是旅游企业进行营销活动的前提，通过本章的学习，了解旅游市场细分、目标市场选择及定位的概念和意义；理解市场细分的原则和标准、目标旅游市场的选择模式；熟练运用旅游市场细分的程序和方法，进行有效目标市场选择，掌握旅游市场目标定位的主要策略

【思考题】

1. 旅游企业选择目标市场时需考虑的因素有哪些？
2. 旅游企业为什么要进行旅游市场细分？
3. 简述商务旅游市场的特点。
4. 市场定位的策略有哪些？
5. 旅游市场目标定位的主要步骤和方法有哪些？

【单选题】

1. 下列属于消费者市场细分的依据中人口变量的是(　　)。
   A. 生活方式　　　　　　　　　B. 家庭规模
   C. 城市或农村　　　　　　　　D. 个性
2. 按照收入水平来细分市场和选择目标市场，是属于(　　)。
   A. 人口细分　　　　　　　　　B. 心理细分
   C. 行为细分　　　　　　　　　D. 地理细分
3. 对于同质产品，或需求上共性较大的产品，一般宜实行(　　)。
   A. 无差异市场营销　　　　　　B. 差异性市场营销
   C. 集中性市场营销
4. 如果企业资源雄厚可以考虑实行(　　)。
   A. 无差异市场营销　　　　　　B. 差异性市场营销
   C. 集中性市场营销

答案：1. D　2. A　3. A　4. B

【多选题】

1. 消费者市场的细分变量主要有(　　)。
   A. 顾客规模　　　　　　　　B. 地理变量
   C. 人口变量　　　　　　　　D. 心理变量
   E. 行为变量
2. 细分市场的有效标志有(　　)。
   A. 可测量性　　　　　　　　B. 可进入性
   C. 可选择性　　　　　　　　D. 可盈利性
   E. 可区分性
3. 旅游企业选择差异性营销策略的优点是(　　)。
   A. 避免力量分散　　　　　　B. 满足消费者不同需求
   C. 塑造企业及产品的良好形象　　D. 节约调研费用
   E. 便于对营销人员的管理
4. 细分市场的有效标志有(　　)。
   A. 可测量性　　　　　　　　B. 可进入性
   C. 可选择性　　　　　　　　D. 可盈利性
   E. 可区分性

答案：1. BCDE　2. ABDE　3. BC　4. ABDE

第六章　旅游市场营销战略

【学习目标】

战略在营销管理中有着重要的作用。通过本章学习，了解旅游市场营销战略的含义与特征，熟悉旅游市场营销战略的制定与控制的程序与方法；掌握三种基本的旅游市场营销战略：旅游市场营销的组合战略、旅游市场营销的竞争战略、旅游市场营销的品牌战略。

案例导引

希尔顿公司和希尔顿国际公司：战略联盟

有效地利用希尔顿公司的品牌效应可以从两个角度考虑：第一，在美国国内市场，公司通过赋予能提供全方位服务的饭店特许经营权的方法，通过其新的希尔顿花园宾馆，扩大希尔顿公司的品牌影响。第二，从长期策略角度看，也许更为重要，就是将品牌最大限度地拓展到全世界，这也意味着希尔顿公司必须建立一种与莱德洛克集团公司（希尔顿国际公司的所有者）的联系。不久前，两家公司——希尔顿饭店公司和莱德洛克集团公司——并没有在进行联盟，而是在相互指控对方。两家公司后来同意，如果能将希尔顿公司的品牌在全世界范围统一使用，对双方来说，都有着巨大的好处。1996 年经过一系列细致的工作，宣布希尔顿的品牌名重新统一。从技术角度讲，与莱德洛克集团公司结成的新型关系被称为"战略联盟"。与莱德洛克集团公司的联盟取得了一些非常特别的和大量的绩效。主要的好处就是：旅行大众越来越多地看到了希尔顿饭店公司近乎完善的全球化网络，该网络包括了遍布全世界 49 个国家的 400 家宾馆。事实上，希尔顿公司已经是目前世界上使用单一品牌的"四星级"、"五星级"饭店龙头老大。

简要案例评述： 旅游市场营销的品牌战略是旅游市场营销战略的重要内容。希尔顿公司和莱德洛克集团公司建立了战略联盟，重塑了希尔顿品牌，让希尔顿公司成为目前世界上使用单一品牌的"四星级"、"五星级"饭店龙头老大。

（资料来源：中华管理学习网 http://www.100guanli.com/detail.aspx? id =221791）

第一节　旅游市场营销战略的概述

一、旅游市场营销战略的含义与特征

（一）旅游市场营销战略的含义

旅游业的内在关联性，旅游市场的地域组合性等特点使旅游市场营销战略有着更为丰富的内涵，即有宏观和微观两个层次的含义。

在宏观层次上，是指立足于国家、地区、区域的角度，在现代市场营销观念的指导下，为实现发展旅游业的目标，把旅游业的发展纳入国民经济和社会发展之中，寻求旅游业发展同国民经济和社会发展的内在契合的，一种有关市场营销发展的总体设想和谋略。

在微观层次上，是指旅游企业高层经营者在现代市场营销观念的指导下，在准确把握环境变化趋势的基础上，为实现企业的营销发展目标，而对企业在一定时期内市场营销发展的总体设想和谋略。旅游市场营销战略是旅游企业战略管理的重要组成部分，它不同于旅游企业的日常业务管理的"战术性"决策，其为旅游企业的日常业务管理指明了方向和内容，做出了总体框架性规定。正确有效的"战略"指导，有助于战术性决策的实施和取得良好效果。

一般情况下，旅游市场营销战略指的是微观层次的旅游市场营销战略。

（二）旅游市场营销战略的特征

1. 决定性

企业的战略规划与一般日常事务管理的根本区别在于战略是关系企业兴衰存亡和决定企业整体利益的管理，而不是一般的局部利益的管理，作为一种高级决策，它是最大限度实现企业整体利益的根本保证。

市场犹如繁荣的港口，进进出出，你来我往，川流不息。市场又如一个天然有序的排列场，只有决策正确，才能占有一席之地。石英表的技术最先是瑞士人发明的，可这项专利却被锁在抽屉里长达十几年后，才被日本人找出来，得以重见天口。日本人大量生产石英表的战略决定，使其企业大受其益，而瑞士的名贵精工机械表受到了很大的冲击。我国的巨人集团，本来从事电脑行业，却贸然进入生物制品和房地产市场，这个战略决定最终使其债台高筑，遭受惨痛的失败。旅游市场营销战略的决定性特征，要求旅游营销者在作战略规划时，要眼界宽阔，有大局观，对营销系统加以全面把握，使各个局部在营销战略的整体中得到协同发展。

2. 长远性

营销战略的制定，是一种长期性的目标管理，旨在谋求企业长期的生存和发展，它要求营销人员要具有长远发展的战略眼光，高瞻远瞩，特别是不能为了短期利益，采用各种虚假和欺骗的手段，形成一时的消费热潮，而造成一种长期的危害。1997年，宜昌旅游企业大力开展"告别三峡游"的宣传活动，形成了游三峡的高潮，很多企业争相购买豪华游轮，盖宾馆和办出租车公司。很快，高潮过后，便是长时间的低谷，这些企业普遍陷入了困境。现在，国家制定了"开发大西部"的宏观战略，西部有很丰富的旅游资源，在开发的过程中，一定要有长远的眼光，注意保护环境，长远发展。

3. 危机性

市场的不确定因素很多，并且总是千变万化的，因此，在作战略决策时，总会有一定的风险。这种风险主要来自于以下几个方面：第一，决策者们始终无法掌握全面的信息，正如克莱斯勒的总裁雅科尔所说："你只能在掌握 95% 的情况下做出决策，否则当你又掌握了剩下的 5% 时，时机已过。"第二，由于决策者们自身的原因，如教育、经历、成长环境、个性等方面，在面对同一市场情况时，他们往往会做出不同的决策。很显然，最佳决策只有一个，其他的决策都存在一定的风险性。如 2001 年的月饼市场就因冠生园月饼的"陈馅事件"而风云突变，销量锐减。

4. 调适性

战略一般是针对重大问题的中、长期计划，在实施的过程中，不能一成不变，而要根据外部市场环境和内部条件的变化不断加以调整，抓住有利机会，消除不良影响和潜在威胁，以顺利实现企业的目标。

二、旅游市场营销战略的制定与控制

（一）旅游市场营销战略的制定

战略的制定是件极为重要而又非常困难的管理任务，应当遵循科学的程序，进行系统分析，并要调动各方面的积极性，充分发挥想象力和创造力。

市场营销战略的制定程序一般是：市场细分—选定目标市场—市场营销组合。

1. 旅游市场细分

旅游市场细分是指旅游营销者通过市场调研，依据旅游者的需要和欲望、购买行为和购买习惯等方面的差异，把某旅游产品的市场整体划分为若干消费者群的市场分类过程。每一个消费者群就是一个细分市场，每一个细分市场都是具有类似需求倾向的消费者构成的群体。

市场不是单一、拥有同质需求的顾客，而是多样、异质的团体，所以市场细分能发现新的市场机会，也能更好地满足市场需求；既能更充分地发挥企业优势、又能为旅游企业选定目标市场提供条件，奠定基础。

旅游市场细分要按照一定的标准（人口、地理、心理、购买行为等因素）进行，细分后的市场还要按一定的原则（如可测定性、可接近性、可盈利性等）来检测是否有效。市场细分的好坏它将决定着市场营销战略的命运。

目前，多数学者采用三种细分方法。单一变数法，即根据影响旅游消费需求的某一种因素进行市场细分的方法；综合变数法，按影响旅游消费需求的两种以上的因素进行市场细分；系列变数法，按照影响旅游消费需求的各种因素进行系列划分。

美国的市场学家麦卡锡提出细分市场的一整套程序，这一程序包括七个步骤：选定产品市场范围；了解、列举分类顾客的基本需求；了解不同潜在用户的不同要求；抽调潜在顾客的共同要求；根据潜在顾客基本需求上的差异方面，划分不同的群体和子市场；进一步分析每一细分市场需求和购买行为特点，并分析其原因，以便在此基础上决定是否可以对这些细分出来的市场进行合并，并作进一步细分；估计每一细分市场的规模。

　　国内多数的学者对麦卡锡提出的七个步骤保持认同，同时提出细分市场的程序在实际的操作中可以根据市场的需要来做灵活的调整，不必拘泥于学者提出的旅游市场细分的步骤。

　　2. 旅游目标市场的选择

　　目标市场的选定和市场营销的组合是市场营销战略的两个相互联系的核心部分。选择旅游目标市场时，必须考虑各个细分旅游市场的规模和发展潜力，一定要具有足够大的、适合旅游开发的市场潜力；要认真分析自身产品的竞争结构、产品优势、适合人群的层次，合理进入市场能够有效地进行市场开拓；要研究分析自身的市场开发能力，也就是必须具备开发该市场的人、财、物等资源条件。

　　根据各个细分市场的独特性和旅游企业自身的目标，共有三种目标市场策略可供选择。

　　（1）无差异市场营销。指旅游企业只推出一种产品，或只用一套市场营销办法来招徕顾客。当旅游企业断定各个细分市场之间很少差异时可考虑采用这种市场营销策略。

　　（2）密集性市场营销。这是指旅游企业将一切市场营销努力集中于一个或少数几个有利的细分市场的营销策略。

　　（3）差异性市场营销。指旅游根据各个细分市场的特点，相应扩大某些产品的花色，式样和品种，或制定不同的营销计划和办法，以充分适应不同消费者的不同需求，吸引各种不同的购买者，从而扩大各种产品的销售量。其优缺点如下：

　　优点：在产品设计或宣传推销上能有的放矢，分别满足不同地区消费者的需求，可增加产品的总销售量，同时可使公司在细分小市场上占有优势，从而提高企业的市场占有份额，在消费者中树立良好的公司形象。

　　缺点：会增加各种费用，如增加产品改良成本，制造成本，管理费用，储存费用。

　　3. 市场营销组合

　　市场营销组合指的是旅游企业在选定的目标市场上，综合考虑环境、能力、竞争状况对企业自身可以控制的因素，加以最佳组合和运用，以完成企业的目的与任务。

　　市场营销组合是企业市场营销战略的一个重要组成部分，是指将企业可控的基本营销措施组成一个整体性活动。市场营销的主要目的是满足消费者的需要，而消费者的需要很多，要满足消费者需要所应采取的措施也很多。因此，企业在开展市场营销活动时，就必须把握住那些基本性措施，合理组合，并充分发挥整体优势和效果。

　　（二）旅游市场营销战略的控制

　　旅游市场营销战略，是旅游企业根据自己的市场营销目标，在特定的环境中，按照总体的策划过程所拟订的可能采用的一连串行动方案。但是旅游市场营销环境变化很快，往往会使旅游企业制定的目标、策略、方案失去作用。因此，在企业市场营销战略实施过程中必然会出现战略控制问题。战略控制是指市场营销经理采取一系列行动，使实际市场营销工作与原规划尽可能一致，在控制中通过不断评审和信息反馈，对战略不断修正。市场营销战略的控制既重要又难以准确。因为企业战略的成功是总体的和全局性的，战略控制注意的是控制未来，是还没有发生的事件。战略控制必须根据最新的情况重新估价计划和进展，因而难度也就比较大。

第二节　旅游市场营销战略

一、旅游市场营销的组合战略

（一）市场营销组合概述

市场营销组合指的是企业在选定的目标市场上，综合考虑环境、能力、竞争状况对企业自身可以控制的因素，加以最佳组合和运用，以完成企业的目的与任务。

市场营销组合是企业市场营销战略的一个重要组成部分，是指将企业可控的基本营销措施组成一个整体性活动。市场营销的主要目的是满足消费者的需要，而消费者的需要很多，要满足消费者需要应采取的措施也很多。因此，企业在开展市场营销活动时，就必须把握住那些基本性措施，合理组合，并充分发挥整体优势和效果。

市场营销组合这一概念是由美国哈佛大学教授尼尔·鲍顿（N. H. Bor den）于1964年最早采用的，并确定了营销组合的12个要素。随后，理查德·克莱维持教授把营销组合要素归纳为产品、定价、渠道、促销。

市场营销组合是制定企业营销战略的基础，做好市场营销组合工作可以保证企业从整体上满足消费者的需求。市场营销组合是企业对付竞争者强有力的手段，是合理分配企业营销预算费用的依据。

（二）营销组合理论的演化

1. 4Ps 营销策略组合

20世纪六十年代，是市场营销学的兴旺发达时期，突出标志是市场态势和企业经营观念的变化，即市场态势完成了卖方市场向买方市场的转变，企业经营观念实现了由传统经营观念向新型经营观念的转变。与此相适应，营销手段也多种多样，且十分复杂。1960年，美国市场营销专家麦卡锡（E. J. Macarthy）教授在人们营销实践的基础上，提出了著名的4P营销策略组合理论，即产品（Product）、定价（Price）、地点（Place）、促销（Promotion）。"4Ps"是营销策略组合通俗经典的简称，奠定了营销策略组合在市场营销理论中的重要地位，它为企业实现营销目标提供了最优手段，即最佳综合性营销活动，也称整体市场营销。

2. 6Ps 营销策略组合

20世纪八十年代以来，世界经济走向滞缓发展，市场竞争日益激烈，政治和社会因素对市场营销的影响和制约越来越大。这就是说，一般营销策略组合的4Ps不仅要受到企业本身资源及目标的影响，而且更受企业外部不可控因素的影响和制约。一般市场营销理论只看到外部环境对市场营销活动的影响和制约，而忽视了企业经营活动也可以影响外部环境，另一个方面，克服一般营销观念的局限，大市场营销策略应运而生。1986年美国著名市场营销学家菲利浦·科特勒教授提出了大市场营销策略，在原4Ps组合的基础上增加两个P，即权力（Power）和公共关系（Public Relations），简称6Ps。

科特勒给大市场营销的定义为：为了成功地进入特定市场，在策略上必须协调地使用经济心理、政治和公共关系等手段，以取得外国或地方有关方面的合作和支持。此处所指特定的市场，主要是指壁垒森严的封闭型或保护型的市场。贸易保护主义的回潮和政府干预的加强，是国际、国内贸易中大市场营销存在的客观基础。要打入这样的特定市场，除了做出较多的让步外，还必须运用大市场营销策略即 6P 组合。大市场营销概念的要点在于当代营销者越发需要借助政治力量和公共关系技巧去排除产品通往目标市场的各种障碍，取得有关方面的支持与合作，实现企业营销目标。

大市场营销理论与常规的营销理论即"4Ps"相比，有两个明显的特点：（1）十分注重调和企业与外部各方面的关系，以排除来自人为的（主要是政治方面的）障碍，打通产品的市场通道。这就要求企业在分析满足目标顾客需要的同时，必须研究来自各方面的阻力，制定对策，这在相当程度上依赖于公共关系工作去完成。（2）打破了传统的关于环境因素之间的分界线。也就是突破了市场营销环境是不可控因素，重新认识市场营销环境及其作用，某些环境因素可以通过企业的各种活动施加影响或运用权力疏通关系来加以改变。

3. 11Ps 营销策略组合

1986 年 6 月，美国著名市场营销学家菲利浦·科特勒教授又提出了 11Ps 营销理念，即在大营销 6Ps 之外加上探查、分割、优先、定位和人，并将产品、定价、渠道、促销称为"战术 4Ps"，将探查、分割、优先、定位称为"战略 4Ps"。该理论认为，企业在"战术 4Ps"和"战略 4Ps"的支撑下，运用"权力"和"公共关系"这 2Ps，可以排除通往目标市场的各种障碍。

11P 分别是：

（1）产品（Product）质量、功能、款式、品牌、包装。

（2）价格（Price）合适的定价，在产品不同的生命周期内制定相应的价格。

（3）促销（Promotion）尤其是好的广告。

（4）分销（Place）建立合适的销售渠道。

（5）政府权力（Power）依靠两个国家政府之间的谈判，打开另外一个国家市场的大门，依靠政府人脉，打通各方面的关系，在中国所谓的官商即是暗含此理。

（6）公共关系（PublicRelations）利用新闻宣传媒体的力量，树立对企业有利的形象报道，消除或减缓对企业不利的形象报道。

（7）探查（Probe）即探索，就是市场调研，通过调研了解市场对某种产品的需求状况如何，有什么更具体的要求。

（8）分割（Partition）即市场细分的过程，按影响消费者需求的因素进行分割。

（9）优先（Priorition）即选出我的目标市场。

（10）定位（Position）即为自己生产的产品赋予一定的特色，在消费者心目中形成一定的印象。或者说就是确立产品竞争优势的过程。

（11）员工（People）"只有发现需求，才能满足需求"，这个过程要靠员工实现。因此，企业就想方设法调动员工的积极性。这里的 people 不单单指员工，也指顾客。顾客也是企业营销过程的一部分，比如网上银行，客户参与性就很强。

"11Ps"包括大市场营销组合即 6Ps 组合（产品、价格、促销、分销、政府权力，公共关系），这 6Ps 组合称为市场营销的策略，其确定得是否恰当，取决于市场营销的战略"4Ps"（依次为市场调研或市场探查、市场细分或市场分割，目标市场选择与市场定位，最后一个"P"是指员工），贯穿于企业营销活动的全过程，也是实施前面 10 个"P"的成功保证。

市场营销策略组合作为现代市场营销理论中的一个重要概念，在其发展过程中，营销组合因素即 P 的数目有增加的趋势，但应当看到，传统的 4Ps 理论仍然是基础。

4. 4Cs 营销策略组合

20 世纪 90 年代初，世界进入了一个全新的电子商务时代，消费个性化和感性化更加突出，企业为了了解消费者的需求和欲望，迫切需要与消费者进行双向信息沟通。1990 年美国市场学家罗伯特·劳特伯恩教授提出了 4Cs 理论，即 Customer（顾客）、Cost（成本）、Convenience（便利）和 Communication（沟通）。该理论针对产品策略，提出应更关注顾客的需求与欲望；针对价格策略，提出应重点考虑顾客为得到某项商品或服务所愿意付出的代价；并强调促销过程应用是一个与顾客保持双向沟通的过程。4Cs 理论的思想基础是以消费者为中心，强调企业的营销活动应围绕消费者的所求、所欲、所能来进行，这与以企业为中心的 4Ps 理论有着实质上的不同。

（三）市场营销组合的特点

市场营销组合作为企业一个非常重要的营销管理方法，具有以下特点。

1. 市场营销组合是一个变量组合

构成营销组合的"4Ps"的各个自变量，是最终影响和决定市场营销效益的决定性要素，而营销组合的最终结果就是这些变量的函数，即因变量。从这个关系看，市场营销组合是一个动态组合。只要改变其中的一个要素，就会出现一个新的组合，产生不同的营销效果。

2. 营销组合的层次

市场营销组合由许多层次组成，就整体而言，"4Ps"是一个大组合，其中每一个 P 又包括若干层次的要素。这样，企业在确定营销组合时，不仅更为具体和实用，而且相当灵活；不但可以选择四个要素之间的最佳组合，而且可以恰当安排每个要素内部的组合。

3. 市场营销组合的整体协同作用

企业必须在准确地分析、判断特定的市场营销环境、企业资源及目标市场需求特点的基础上，才能制定出最佳的营销组合。所以，最佳的市场营销组合的作用，决不是产品、价格、渠道、促销四个营销要素的简单数字相加，即 4Ps≠P＋P＋P＋P，而是使他们产生一种整体协同作用。就像中医开出的重要处方，四种草药各有不同的效力，治疗效果不同，所治疗的病症也相异，而且这四种中药配合在一起的治疗，其作用大于原来每一种药物的作用之和。市场营销组合也是如此，只有他们的最佳组合，才能产生一种整体协同作用。正是从这个意义上讲，市场营销组合又是一种经营的艺术和技巧。

4. 市场营销组合必须具有充分的应变能力

市场营销组合作为企业营销管理的可控要素，一般来说，企业具有充分的决策权。例如，企业可以根据市场需求来选择确定产品结构，制定具有竞争力的价格，选择最恰当的销售渠道和促销媒体。但是，企业并不是在真空中制定的市场营销组合。随着市场竞争和顾客需求特点及外界环境的变化，必须对营销组合随时纠正、调整，使其保持竞争力。总之，市场营销组合对外界环境必须具有充分的适应力和灵敏的应变能力。

（四）市场营销组合策略应用的约束条件

1. 企业营销战略

在运用市场营销因素组合时，应首先通过市场分析，选择最有利的目标市场，确定目标市场和市场发展策略，在这个基础上，再对营销因素组合策略进行综合运用。

2. 企业营销环境

企业在市场营销因素组合活动中面临的困难和所处的环境是不同的。自20世纪70年代以来，世界各国政府加强了对经济的干预，宏观环境对企业的市场营销活动的影响越来越大，有时起到了直接的制约作用。企业选择市场营销组合时，应把环境看做是一个主要要素，时刻重视对宏观环境各因素的研究与分析，并对这些不可控制因素做出营销组合方面的必要反应。

3. 目标市场的特点

目标市场的需要决定了市场营销组合的性质。企业要规划合理的市场营销组合，首先要分析目标市场各个方面的条件。根据目标市场以下三个方面的条件，可以分析它们对各个基本策略的影响，从而判断哪种营销组合更切实可行、更具有吸引力和更有利可图。

第一，目标市场消费者情况；

第二，目标市场消费者选购商品的意愿；

第三，目标市场竞争状况。

4. 企业资源情况

企业资源状况包括企业公众形象、员工技能、企业管理水平、原材料储备、物质技术设施、专利、销售网、财务实力等等。这就决定了选择合适的市场营销组合必须与企业实际相符合。企业不可能超出自己的实际能力去满足所有消费者与用户的需要。

二、旅游市场营销的竞争战略

在竞争日趋激烈的市场上，企业仅仅了解顾客是不够的，还必须了解竞争者，真正做到知己知彼，才能取得竞争优势。下面我们将从五个方面分析竞争者：谁是我们的竞争者？他们的目标是什么？他们的优势与劣势是什么？他们的反应模式是什么？他们的战略是什么？其中，竞争者的战略是重点。

（一）识别企业竞争者

竞争者一般是指那些与本企业提供的产品和服务相类似，并且有相似目标顾客和相似价格的企业。通常认为，识别竞争者似乎是很简单的事，如百事可乐公司的竞争者显然是可口可乐公司，香格里拉大酒店的主要竞争者之一是希尔顿大酒店。其实不然。一般来讲，竞争者可从产品替代的角度把它分为四类。

1. 品牌竞争者。就是指向相似的顾客群以相似价格提供相似产品和服务的企业。如同处一个城市之间的涉外酒店就是品牌竞争者，这是一种最直接最明显的竞争者。

2. 行业竞争者。是指提供同类产品的所有企业，如涉外酒店把国内的高、中、低档次酒店，即所有涉足酒店的企业都视为竞争者。

3. 形式竞争者。是指能更广泛地提供相似服务和产品的企业。如涉外酒店不仅把所有酒店都看做是竞争者，还把所有能提供休闲服务的企业也看做是竞争者，如茶坊、歌舞厅、美容院等。

4. 一般竞争者。这是最广泛意义上的竞争者，它是指所有能争取消费者掏钱的企业，几乎涵盖所有企业。如涉外酒店把高校、房地产公司、中介公司等都作为竞争者。

企业在制定竞争战略时，往往只重视品牌竞争者。因为这是最现实最直接的威胁，而忽视后面的几类。如一些中专学校往往为争夺生源而展开激烈的竞争，可绝大多数生源都被大学抢走了，结果，几乎所有的中专都面临困境。柯达公司一直把其死对头富士公司作为竞争者，却忽视了其更大的竞争对手是佳能和索尼公司，因为这两家公司所生产的摄影机，能在电视上展现画面，可转录入硬盘，也可擦掉。可见，摄影机威胁到了整个胶卷行业，当然就威胁到了柯达公司。所以，旅游企业在识别竞争者时，不仅要识别现实的竞争者，还要识别潜在的竞争者，后者的危险更大。一个企业很可能被潜在的竞争者，而不是当前的主要竞争者吃掉。

（二）判定竞争者的目标

确定了谁是企业的竞争者之后，还要进一步搞清每个竞争者在市场上追求的目标是什么？每个竞争者行为的动力是什么？假设所有竞争者努力追求的都是利润的极大化，并据此采取行动。但是，各个企业对短期利润或长期利润的侧重不同。有些企业追求的是"满意"的利润而不是"最大"的利润，只要达到既定的利润目标就满意了，即使其他策略能赢得更多的利润他们也不予考虑。

每个竞争者都有侧重点不同的目标组合，如获利能力、市场占有率、现金流量、技术领先和服务领先等。企业要了解每个竞争者的重点目标是什么，才能正确估计他们对不同的竞争行为将如何反应。例如，一个以"低成本领先"为主要目标的竞争者，对其他企业在降低成本技术方面的反应，要比对增加广告预算的反应强烈得多。企业还必须关注和分析竞争者的行为，如果发现竞争者开拓了一个新的细分市场，那么，这可能是一个市场营销机会；或者发觉竞争者正试图打入属于自己的细分市场，那么，就应抢先下手，予以回击。

竞争者目标的差异会影响到其经营模式。美国企业一般都以追求短期利润最大化模式来经营，因为其当期业绩是由股东评价的。如果短期利润下降，股东就可能失去信心，抛售股票，以致企业资金成本上升。日本企业一般按市场占有率最大化模式经营。它们需要在一个资源贫乏的国家为1亿多人提供就业，因而对利润的要求较低，大部分资金来源于寻求平稳的利息而不是高额风险收益的银行。日本企业的资金成本要远远低于美国企业，所以，能够把价格定得较低，并在市场渗透方面显示出更大的耐性。

（三）分析竞争者的优势和劣势

企业需要了解竞争者的优势及劣势，了解竞争者执行各种既定战略的情报，是否达到了预期目标。为此，需搜集过去几年中关于竞争者的情报和数据，如销售额、市场占有率、边际利润、投资收益、现金流量、发展战略等。但这不是一件容易的事，有时要通过间接的方式取得，如通过二手资料、别人的介绍、别人的经验等。企业可以对中间商和顾客进行调查，如以问卷调查形式请顾客给本企业的产品和竞争者的产品在一些重要方面分别打分，通过分数可了解竞争者的长处和劣势，还可用来比较自己和竞争者在竞争地位上的优劣。在寻找竞争者的劣势时，要注意发现竞争者对市场或对他们自己判断上的错误。例如，有些竞争者自以为他们的产品是第一流的，而实际上并非如此；有些错误观念，如认为"顾客偏爱产品线齐全的企业"、"人员促销是唯一主要的促销方式"、"顾客认为服务比价格更重要"等，都会导致采取错误的战略。如果发现竞争者的主要经营思想有某种不符合实际的错误观念，企业就可利用对手这一劣势，出其不意，攻其不备。

（四）判断竞争者的反应模式

竞争者的目标、战略、优势和劣势决定了他对降价、促销、推出新产品等市场竞争战略的反应。此外，每个竞争者都有一定的经营哲学和指导思想。因此，为了估计竞争者的反应及其可能采取的行动，企业的市场营销管理者要深入了解竞争者的思想和信念。当企业采取某些措施和行动之后，竞争者会有不同的反应

1. 从容不迫型竞争者。一些竞争者反应不强烈，行动迟缓，其原因可能是认为顾客忠实于自己的产品；也可能重视不够，没有发现对手的新措施；还可能是因缺乏资金无法做出相当的反应。

2. 选择型竞争者。一些竞争者可能会在某方面反应强烈，如对降价竞销总是强烈反击，但对其他方面（如增加广告预算、加强促销活动等）却不予理会，因为他们认为这对自己威胁不大。

3. 凶猛型竞争者。一些竞争者对任何方面的进攻都迅速强烈地作出反应。如美国宝洁公司就是一个强劲的竞争者，一旦受到挑战就会立即发起猛烈的全面反击。因此，同行业的企业都避免与它直接交锋。

4. 随机型竞争者。有些企业的反应模式难以捉摸，它们在特定场合可能采取也可能不采取行动，并且无法预料它们将会采取什么行动。

（五）确定竞争者的地位

根据企业在市场中的竞争地位，一般把企业分为几种类型：市场领先者、市场挑战者、市场跟随者和市场补缺者。

1. 市场领先者：是指在行业中居于领导和统治地位的企业。它的基本特点是：在相关的产品市场中占有最大的市场份额，通常在价格变化、新产品引进、分销和促销方面起着领导作用，是行业中竞争对手关注、模仿或挑战的对象。如酒店行业中的希尔顿集团公司，汽车行业的通用公司，胶片行业的柯达公司。有时，一个行业中由于竞争激烈，行业中前几位企业的实力和市场占有率比较接近，市场领先者可能不是一个企业而是几个企业组成的一个集团。

2. 市场挑战者：在行业中占有第二、第三和以后位次的公司，它们的实力依然很雄厚，仅次于市场领先者。在自己的权力范围内，这些公司是有相当影响的，并时时尝试通过进攻而取代领先者，如百事可乐公司、富士公司和高露洁公司等。

3. 市场追随者：其实力并不一定比市场挑战者弱，只是在战略上它不明目张胆地挑战领先者，而是采用一种跟随策略，以避免激烈的竞争。

4. 市场补缺者：就是精心服务于市场的某些细小部分，而不是与主要的企业竞争的企业，它们只是通过专业化经营来占据有利的市场位置。

（六）比较竞争者的战略

企业的竞争战略一般是根据自身的实力和竞争对手的战略而制定的，也是容易变化的。在这里，主要分析上面四种竞争者的战略。

1. 市场领先者战略

（1）总成本领先策略

作为行业的领先者，其实力必然是很强大的，对于一些市场需求比较大的存在明显规模效应的行业，领先者可采用这种策略：低价格—大销量—低成本—合理利润。这种策略能形成一些进入障碍，有效地阻止竞争对手的进入，同时也对消费者有利。如松下公司在推出新产品时，往往以低于成本的价格销售，这样就阻止了竞争对手的进入，其销量大增，按照规模效应规律，产量每增加一倍，其成本降低20%。这样，以后它不用提价，就可赚取利润，弥补前期的亏损，而且随着销量的继续增加和技术的改进，产品价格还可继续下降。我国的长虹公司试图也用这个策略取得成功，可结果却不尽如人意。其问题就出在我国的地方保护主义太严重，很多小企业不轻易退出市场。

（2）维持和扩大市场份额

市场领先者往往是"众矢之的"，为了保住自己的位置，可以利用扩大和维持市场份额的战略。如果自己的市场份额不够高，可以采取措施适当地提高自己的市场份额，对于对手的进攻，甚至可以以攻为守，抢占对方的份额。如果自己的市场份额已经很高，实力很雄厚，还要抢占对手的地盘，甚至不惜利用自己各方面的优势压制对方。这样会激起公愤，对自己不利，微软公司的做法就是典型的例子。研究表明，企业的最佳市场占有率是50%。因此，作为市场领先者，更多地应采用维持和防御战略。防御战略的目的是减少攻击的可能性，使攻击转移到危害较小的地方，并削弱其攻势。可供选择的防御战略有以下六种：

① 阵地防御：就是在现有阵地周围建立防线，这是防御的基本形式，是一种静态的防御。

② 侧翼防御：是指市场领先者除保卫自己的阵地外，还要建立某些辅助性的基地作防御基地，或必要时作为反攻基地，特别是要注意保护自己的侧翼，防止对手乘虚而入。

③ 以攻为守：这是一种"先发制人"式的防御，即当竞争者的市场占有率达到某一危险的高度时，就对它发动攻击；或者对市场上所有的竞争者全面攻击，使人人自危。

④ 反击进攻：当领先者遭到对手进攻时，不能只是被动应战，而应主动反攻入侵者的市场阵地。可实施正面反攻、侧翼反攻，或发动钳形攻势，以切断进攻者的后路。

⑤ 运动防御：不仅防御目前的阵地，而且还要扩展到新的市场阵地。

⑥ 收缩防御：在所有市场阵地上防御有时会得不偿失。在这种情况下，最好是实行战略收缩——收缩防御，即放弃某些疲软的市场阵地，把力量集中到主要的市场阵地上来。

2. 市场挑战者战略

（1）确定挑战对象。一般而言，市场挑战者的挑战对象有三种选择：①市场领先者；②同等地位和实力的竞争者；③实力薄弱的竞争者。

（2）选择进攻战略。在确定了进攻目标之后，挑战者就要考虑采取什么样的进攻战略。这里，挑战者可借用军事上的五大进攻战略来开展进攻。

① 正面进攻：正面进攻就是集中全力向对手的主要阵地发起进攻，即进攻对手的强项而不是弱点。在这种情况下，进攻者必须在产品、广告、价格等主要方面的实力大大超过对手才可能成功，否则，不能采取这种进攻战略。

② 侧翼进攻：侧翼进攻就是集中优势点攻击对手的弱点，有时可采用"声东击西"的战略，佯攻正面，实际上是攻其侧面、背面。这又可分为两种情况：一种是地毯性的侧翼进攻，即在全国或全世界寻找对手力量薄弱的地区，在这些地区发动进攻；另一种是细分性侧翼进攻，即寻找领先企业尚未服务的细分市场，在这个小市场上迅速填空补缺。这是一种比较经济和比较有效的战略形式，比正面进攻有更多的成功机会。

③ 包围进攻：包围进攻是一个全方位大规模的进攻战略。挑战者拥有优于对手的资源，并确信包围计划的完成足以打垮对手时，可采用这种战略。

④ 迂回进攻：这是一种间接的进攻战略，它完全避开了对手的现有阵地而迂回进攻。具体方法有三种：一是发展无关的产品，实行产品多角化；二是以现有产品进入新地区的市场，实行市场多角化；三是发展新技术、新产品取代现有产品。

⑤ 游击进攻：主要适用于规模较小实力较弱的企业。游击进攻的目的在于以小型的间断性进攻干扰对手的士气，以占据长久性的立足点。

上述市场挑战者的进攻战略是多样的，一个旅游企业如果作为挑战者，不可能同时适用所有这些战略，但也很难单靠某一种战略取得成功，通常是设计出一套战略组合，借以改善自己的市场地位。

3. 市场跟随者战略

市场跟随者与挑战者不同，它不是向市场领先者发动进攻并图谋取而代之，而是跟随在领先者之后自觉地维持共处局面，这种"自觉共处"状态在资本密集且产品同质的行业（如钢铁、化工等）是很普遍的现象，但是这不等于说市场跟随者就无所谓战略。每个市场跟随者必须懂得如何保持现有顾客，并争取吸引一定数量的新顾客；必须设法给自己的目标市场带来某些特有的利益；还必须尽力降低成本并保持较高的产品质量和服务质量。因此，也必须选择正确的追随战略。

（1）紧密跟随

这种战略是在各个细分市场和市场营销组合方面，尽可能仿效领先者。这种跟随者有时好像是挑战者，但只要它不从根本上侵犯到领先者的地位，就不会发生直接冲突，有些甚至被看成是靠拾取领先者残余谋生的寄生者。

（2）距离跟随

这种跟随者是在主要方面，如目标市场、产品创新、价格水平和分销渠道等方面都追随领先者，但仍与领先者保持若干差异。这种跟随者可通过兼并小企业而使自己发展壮大。

（3）选择跟随

这种跟随者在某些方面紧跟领先者，而在另一些方面又自行其是。也就是说，它不是盲目跟随，而是择优跟随，在跟随的同时还要发挥自己的独创性，但不进行直接的竞争。在这类跟随者中，有些可能发展成为挑战者。

4. 市场补缺者战略

（1）选择有利的补缺基点

所谓补缺基点就是指市场补缺者想要补缺的那些市场。一个企业如何取得补缺基点呢？进入补缺基点的主要战略是专业化市场营销。企业为取得补缺基点，可在市场、顾客、产品或渠道等方面实行专业化。下面是几种可供选择的专业化方案：

① 按最终用户专业化。专门致力于为某类最终用户服务，如计算机行业有些小企业专门针对某一类用户（如诊疗所、银行等）进行市场营销。

② 按垂直层面专业化。专门致力于分销渠道中的某些层面，如制铝厂可专门生产铝锭、铝制品或铝质零部件。

③ 按顾客规模专业化。专门为某一种规模（大、中、小）的客户服务，如有些小企业专门为那些被大企业忽略的小客户服务。

④ 按特定顾客专业化。只对一个或几个主要客户服务，如美国有些企业专门为西尔斯百货公司或通用汽车公司供货。

⑤ 按地理区域专业化。专为国内外某一地区或地点服务。

⑥ 按产品或产品线专业化。只生产一大类产品，如美国的绿箭（Wrigley）公司专门生产口香糖一种产品，现已发展成为一家世界著名的跨国公司。

⑦ 按客户订单专业化。专门按客户订单生产预订的产品。

⑧ 按质量和价格专业化。专门生产经营某种质量和价格的产品，如专门生产高质高价产品或低质低价产品。

⑨ 按服务项目专业化。专门提供某一种或几种其他企业没有的服务项目，如美国有一家银行专门承办电话贷款业务，并为客户送款上门。

⑩ 按分销渠道专业化。专门服务于某一类分销渠道，如专门生产适于超级市场销售的产品，或专门为航空公司的旅客提供食品。

选择市场补缺基点时，多重补缺基点比单一补缺基点更能减少风险，增加保险系数。因此，旅游企业通常选择两个或两个以上的补缺基点，以确保企业的生存和发展。

三、旅游市场营销的品牌战略

越来越多的消费者在选择产品时会把产品的牌子作为购买决策的参考依据。随着旅游业的发展，旅游企业竞争日益加剧，众多的同类产品摆在消费者面前以供选择。这时品牌能把同类产品区分开来，发挥重要作用。比如，人们一提到喜来登，马上就会想到这是一家外国人管理的饭店，一定是五星级的标准，有着上乘的服务和一流的设施。可见，旅游品牌对旅游企业的形象与市场营销有着重要的影响作用。

（一）旅游品牌及其含义

旅游品牌是指旅游经营者凭借其产品及服务确立的代表其产品及服务形象的名称、标记或符号，或它们的相互组合，是企业品牌和产品品牌的统一体，它体现着旅游产品的个性及消费者对此的高度认同。

一个完整的旅游品牌应包含以下几层含义：

1. 属性。它包括优美的自然景观、深厚的文化底蕴、优质服务、持续可靠的承诺、良好的信誉、尊贵、对人身心的关怀以及欢乐与享受、独一无二的体验、对环保的关注等。旅游品牌应给予旅游者某种特定属性包括对民族文化和异域文化的独特体验等。

2. 利益。旅游者购买旅游产品是追求某种或某些利益。

3. 价值观。旅游品牌应体现旅游企业的某些价值观包括提供高水平的服务、可靠的承诺、人性的关怀等。

4. 文化。由于旅游本身就是一种文化现象，所以旅游品牌应突出文化内涵体现文化特色。

5. 个性。通过品牌定位突出并宣传景点的地域、历史和文化个性。

6. 旅游者。宣传旅游品牌的目的就是吸引相关旅游爱好者拓展客源市场。

旅游品牌营销可以达到以下效果：

（1）吸引旅游者。出于对旅游高水平身心享受的追求和对旅游产品增值消费的期望旅游者对旅游品牌要求和呼声越来越高；

（2）增强竞争力。旅游品牌营销可以提高知名度和美誉度，增加客源和经营收入，从而增强竞争力；

（3）挖掘持续发展的潜力。旅游品牌营销可以提高旅游者的忠诚度，"言传身教"强于广告功效进而拥有潜在的客源。

（二）旅游品牌的特殊性

就一般而言，品牌具有以下性质：

1. 品牌是一种无形资产。由于品牌的拥有者凭借着品牌能够不断地获取利润，所以说，品牌具有价值，而这种价值是摸不着、看不到的。

2. 品牌具有一定的风险性和不确定性。市场是不断变化的，消费者的需求也在不断的提高，品牌的潜在价值可能很大，也可能很小，有时由于品牌质量出现意外，有时产品售后服务不过关，品牌可能在市场中迅速贬值。

3. 品牌是无形的。它不具有独立的实体，不占有空间，它通过一系列物质载体来表现自己。直接的载体主要是美术图形、文字；间接的载体主要是市场占有率、知名度、美誉度、产品的质量、产品的价格等。

4. 品牌具有排他专有性。品牌在一般情况下，为所有者所独有，具有明显的排他专有性。

旅游品牌和一般的产品品牌相比，有其特殊性，其特殊性主要是由于旅游产品的特殊性所引起的。旅游产品不仅仅是一种实物产品，而且还是一种服务产品。服务是一个经济主体受让另一个经济主体的经济要素的使用权，并对其使用所获得的运动形态的使用价值。由此可以看出，服务是使用权的让渡，而不是所有权的让渡。服务是一种使用的权利，购买服务就是购买一种对他人他物使用的权利，服务消费的过程就是使用权利实现的过程。正是基于这一点，旅游品牌在形式上首先表现为两种形态：公共品牌和企业品牌。

所谓公共品牌是相对一个旅游区域而言的，它并不为某一个特定的旅游企业所独占，而是为该地区所有的旅游企业所共享。由于旅游区域的地域性，此地区的公共品牌不可能为彼旅游地区所使用，从这个意义上说它依然具有排他独占性。企业品牌与旅游企业利益相联系，是在旅游地品牌基础上的丰富与完善，在一定意义上，企业品牌是公共品牌的个性化，与企业关系更密切。以杭州为例，"杭州旅游"是一个公共品牌，而"楼外楼"、"天堂旅行社"以及"宋城"等旅游品牌则是企业品牌。

值得注意的是，旅游产品是一种服务产品，与其他实物产品比较，其品牌更多与旅游企业相联系，原因在于旅游产品是一组使用权力的组合，品牌与所有权是分离的。由此出现了旅游市场的品牌竞争更多与旅游地整体形象相联系的状况，品牌竞争是旅游地之间的品牌竞争。

严格地说，一地旅游公共品牌属于俱乐部产品，这是一种介于公共产品与私人产品间的中间形式。对于私人产品，旅游地品牌具有公共产品的特点，如果一地旅游品牌受市场青睐，则该地旅游企业都将从中受益。反之，则一损俱损。但是，与纯粹的公共产品不同的是，旅游地品牌具有明确的地域性，受益企业是有限的。

（三）旅游品牌对市场营销的意义

旅游品牌不仅有助于消费者识别旅游产品、避免购买风险、降低购买成本，更重要的是对旅游企业扩大销售、提高企业知名度和开拓市场有很大意义。

1. 旅游品牌有利于利用消费者形成的品牌偏好巩固市场。消费者一旦体验到购买旅游品牌所带来的好处，形成品牌偏好，就会在再次购买该品牌的其他旅游产品时认为值得购买。这是消费者对旅游品牌产生忠诚态度的效果。旅游品牌忠诚使旅游企业有一个稳定的顾客群，从而在竞争中对已有的市场份额具有较大的控制能力。

2. 旅游品牌有助于旅游产品增加销售和扩大市场。品牌如果形成一定的知名度和美誉度，被市场认可，就会吸引更多消费者购买该产品，旅游企业也就可以趁势进一步扩大市场。消费者一般都有趋同心理，某个细分市场的主流顾客的消费趋向会带动整个细分市场的消费潮流。

3. 旅游品牌有助于旅游企业市场竞争。在市场竞争条件下，由于品牌具有排他性，品牌表明了所代表的旅游产品与其他产品相比具有特殊品质，从而降低了价格战对该旅游产品的冲击。一个有市场影响力的知名品牌可以使消费者确信"一分钱一分货"，该品牌产品的确"物有所值"，值得消费者付出高价钱来购买。这就使旅游企业可以避开价格大战，而保证自己的旅游产品稳定销售。

4. 旅游品牌有助于细分市场对产品认识购买。旅游品牌都以独特的风格针对各自不同的消费群体。很多旅游企业在不同的细分市场针对不同的消费群体，推出不同品牌旅游产品，去适应和满足消费者的不同需求。当消费者看到某一个品牌时马上就会想到是否适合自己的消费档次和品位，从而缩短了消费者购买决策的过程。

5. 旅游品牌有助于旅游企业扩大经营。旅游企业可以借助成功品牌进行品牌延伸，来扩大企业经营。品牌延伸就是以现有的知名品牌去扩大产品组合或延伸产品线。在正常情况下，使消费者熟悉该新品牌需要相当大的投入。所以，很多知名企业都采用品牌延伸策略来扩大经营。

（四）旅游品牌战略的实施

旅游品牌战略主要由旅游品牌产品线扩展的战略、多旅游品牌战略、新旅游品牌战略、旅游品牌延伸战略和旅游名牌战略组成。

1. 旅游品牌产品线扩展战略

旅游品牌产品线扩展是指旅游企业现有的产品线使用同一品牌，当增减该产品线的产品时，仍沿用原有的品牌。这种旅游新产品往往是现有产品的局部改进上，比如增减新的功能、服务项目、形式和风格等。通常，企业会在这些产品宣传上说明不同的类别、不同的功能特色或不同的消费者。旅游产品线扩展的原因是多方面的，如可以充分利用过剩的服务能力；满足新的消费者的需要；率先成为旅游产品线全满的企业，以填补市场的空隙；与竞争者推出的旅游新产品竞争或为了得到更多的展示旅游产品空间。旅游产品线的扩展有利于提高所扩展的旅游产品的成功率，能满足各个细分市场的不同需求。此外，完整的产品线还可以防御竞争者的袭击。但是，旅游产品线过度扩展也有不利的影响。旅游产品线的不断加长，会淡化旅游品牌原有的个性和形象，增加消费者认识和选择的难度，因而可能使旅游品牌名称丧失它特定的意义。

2. 多旅游品牌战略

多旅游品牌战略是在相同旅游产品类别中推出多个品牌。一个旅游企业可能面对多个目标市场，这些市场可能存在很大的差异，尤其是文化习惯上的差异。旅游品牌表达的各种信息可能与这些市场的文化氛围不大协调甚至格格不入，这样，旅游企业营销就不能达到其营销目的，于是旅游企业就会建立品牌组合，实施多品牌战略，在不同目标市场采用不同的旅游品牌。

3. 新旅游品牌战略

为新旅游产品设计新品牌的策略称为新品牌战略。当旅游企业在拓展的新产品类别中推出一个产品时，它可能发现原有的品牌名称不适合于它，或是对新产品来说有更合适的品牌名称，企业需要设计新品牌。比如旅游景区企业向旅游接待业发展时，所有饭店的品牌就会以适合饭店业的名称来命名。

4. 旅游品牌延伸战略

旅游品牌延伸（brand extensions）与新旅游品牌战略正好相反，它是把一个现有的旅游品牌名称使用到一个新类别的旅游产品上。或者说旅游品牌延伸战略是将现有成功的旅游品牌，用于新产品或改造过的产品上的一种策略。旅游品牌延伸并非只借用表面上的旅游品牌名称，而是对整个旅游品牌资产的策略性使用，随着全球经济一体化进程的加速，旅游市场竞争越来越激烈，各旅游企业间的同类产品在功能、服务质量、价格等方面的突出优势也会越来越不明显，旅游企业的常规营销效果会大打折扣。由于品牌有独占性特点，因而旅游品牌成为众旅游企业竞争较量的一个重要筹码。旅游企业必须在使用新旅游品牌和延伸原旅游品牌之间进行选择。旅游品牌延伸可以实现旅游品牌无形资产转移，是旅游企业业务发展的一种有效途径。另外，旅游品牌也受旅游产品生命周期的约束，也存在导入期、成长期、成熟期和衰退期。旅游品牌作为无形资产，是旅游企业的战略性资源，如何充分发挥旅游企业的战略性资源，如何充分发挥旅游企业的品牌资源潜能并延续其生命周期便成为旅游企业的一项重大的战略决策。旅游品牌延伸一方面在旅游新产品上实现了旅游品牌资产的转移，另一方面又以旅游新产品形象延续了旅游品牌寿命。

5. 旅游名牌战略

当今社会，名牌效应已渗透至社会生活的各个方面。名牌旅游产品的市场份额远大于非名牌旅游产品，其相应的经济效益随之而来。所以，创造名牌就成为旅游企业的战略目标。

创旅游名牌要从思想上确立"名牌观"，从创名牌的高度来发展旅游。要坚持高起点、高品位，从启迪心智、寓教于旅、爱国主义教育和推进精神文明建设的高度来创建旅游名牌。创建中要摒弃那些低级趣味、封建迷信的糟粕，大力弘扬民族优秀文化，挖掘我国悠久历史文化丰富的内涵。我国一些老字号生产服务企业早就有大批自己的名牌产品，经几代人的不懈努力，造就了诸如全聚德、五芳斋、狗不理、北京烤鸭、金华火腿、绍兴老酒、苏州刺绣、东阳木雕等著名产品和品牌。这些产品和品牌充分展示了中华民族五千年灿烂文化的源远流长，展示了我国旅游文化资源的丰富多彩，成为我国创建旅游名牌的良好素材，我们要很好地加以利用。

　　我国有很多在全国和世界旅游市场赫赫有名的旅游景区，如北京八达岭长城和故宫、西安兵马俑、桂林山水、杭州西湖、云南香格里拉、安徽黄山、河南少林寺……都是事实上的旅游名牌。国外有法国的埃菲尔铁塔、印度的泰姬陵、埃及的金字塔、美国的迪斯尼乐园……也是闻名遐迩的旅游名牌。至于一些新推出的特色旅游项目、活动，诸如河南的黄河之旅、海南环岛游、珠江夜游、雁荡山夜景……也都在一定范围内引起了中外游客的兴趣和好评，形成了旅游名牌效应。

相关链接

浅析旅游企业的"CS"营销战略

　　旅游业被人们称作"永远的朝阳产业"，中国旅游市场充满着生机和活力，有着巨大的发展潜力和美好的前景。旅游业正在发展为世界上最大和增长最快的产业之一。发达国家发展旅游业的经验表明，在人均 GDP 达到 1 000 美元以后，旅游的大众化、普遍化便开始迅猛发展，我国已经接近于这一临界值，说明我国的大众旅游时代很快就要到来。

　　一、CS（Consumer Satisfaction）营销战略的涵义

　　迅速崛起的中国旅游市场孕育着巨大的商机，但作为旅游经营者更关心的是本企业能争取到的"蛋糕"份额和永续经营的机会。随着我国旅游市场营销的理念从掠夺式经营理念→生产导向理念→产品导向理念→推销导向理念→营销导向理念→社会营销导向理念的不断进化，CS 营销战略越来越引起旅游企业的重视。

　　CS 营销战略即顾客满意战略，也是一种以顾客满意为核心，以信息技术为基础，以顾客满意需求、顾客满意指标、顾客满意程度、顾客满意测评等为工具进行营销管理的一种现代企业经营管理理论。它要求企业站在顾客的立场上，而不是站在企业的立场上设计、生产产品，对顾客的要求和反映要具备快速的反应机制，企业的整体要围绕着市场高速有效地运行。

　　二、旅游企业"CS"营销理念的缺失

　　我国目前旅游企业还不具备完整的"CS"营销理念，主要表现在以下几方面。

　　（一）企业的价值观扭曲

　　旅游企业要获得利益本无可厚非，但企业所考虑的获利方式往往是降低成本、提高销售额或降低顾客价值。降低成本有一定的限度，靠广告打出一定的知名度来提高销售额在短时间内又难以奏效，旅游企业往往会把目光瞄向降低顾客价值或降低产品质量等，以此来提高利润。例如我国不少旅行社为了降低成本，在旅游产品的开发、营销与推广上很少投资。往往是"一家开发、大家搭车"的现象，产品计划就是"复制"、"粘贴"，产品质量标准化程度较低，产品重复利用，造成产品质量参差不齐，甚至产品质量低劣，从而造成了顾客的严重不满。

　　（二）企业的中心偏移

　　今天的市场已从卖方市场转入买方市场，旅游者在市场中处于中心地位，但有的旅游

企业营销理念仍然是以企业为中心，偏重于关注品牌、产品、企业的印象度和知名度，漠视旅游者的需求，进一步滋长以"我"为中心的自恋情节，从而导致旅游者的很大不满。

（三）企业的营销重心失衡

企业过分强调广告宣传公关的作用，忽略了按游客满意的原则进行沟通与促销设计。企业偏重以"硬性"广告传播视觉形象、策划宣传事件以制造"轰动"效应，很容易使旅游者产生抵触情绪，甚至引起旅游者的反感。一些旅游企业求名心切，不顾市场需求和自身能力，不计工本大做广告，往往还未等广告把企业"吹"出名，游客对硬性广告的不满却进一步加剧。

三、旅游企业的"CS"营销战略实施

在激烈的市场竞争中，"CS"战略是一种新的行之有效的经营战略，旅游企业实施这一战略时，本企业的理念、行为、形象都必须以旅游消费者的满意为出发点和归宿点。

（一）理念满意——"心"系顾客

要想使顾客满意，旅游企业首先必须塑造一颗让顾客满意之"心"。为此，旅游企业要从三方面做出努力：

1. 以顾客满意为前提，更新经营理念

在现代旅游市场营销中，旅游产品指的是一个包含核心产品、有形产品和附加产品的整体概念。它不仅仅要求要给予顾客生理上、物质上的满足，而且要给予顾客心理上、精神上的满足。这就要求旅游企业把顾客视作"上帝"并为之服务，真正确立以旅游者为中心的经营理念，将顾客的满意作为前提。

比如我国的旅游市场营销现存在的一个主要问题是忽视售后服务，导致顾客严重不满意，从而引起游客流失。从"CS"战略出发，要使顾客满意，旅游企业必须对游客售后服务满意程度进行跟踪调查，获取旅游者对旅游产品的要求和意见，对不能满足游客需要的个人和企业行为进行及时纠正，不留任何隐患和"死角"。

2. 以不损害顾客利益为宗旨，树立新型的价值观

"君子谋财，取之有道"，企业要获得利润，应该采取令游客满意的各种方法和措施，不能通过牺牲游客利益牟取不义之财。

我国旅游市场营销的现状中存在部分旅游企业无证照和超范围经营，利用格式合同模糊承诺，服务打折扣，在旅游交通工具、酒店、景点约定内容上打折扣或设置陷阱，欺骗消费者，旅行社由个人承包或挂靠，买团卖团，默许导游以种种理由临时更换或增加观光景点，巧立名目乱收费，严重损害消费者的利益。从"CS"战略出发，以不损害顾客利益为宗旨，旅游企业在经营活动中必须遵守公平交易原则、平等竞争原则、诚实守信原则，树立新型价值观，切实做到依法经营、诚信经营、优质服务。

3. 以服务顾客为目标，培植新型的营销管理文化

现代营销讲究"以人为本"，CS战略强调以顾客满意为核心，为了更好地服务顾客，在营销管理中也应树立"以人为本"的新观念，强调"员工第一"的精神，在企业内部产生巨大的向心力和凝聚力，结成企业与员工的命运共同体，培植新型营销管理文化。

我国旅游业中在人力资源方面仍缺乏"人本思想"，只有"以人为本"的口号，没有"以人为本"的理念和实质，员工的积极性、主动性和创造性受到限制，员工的工作潜能和激情不能得到激发，对顾客的服务自然会打折扣。从"CS"战略出发，以服务顾客为

目标，旅游企业应有更加开放的人才理念，要树立"人才资源是第一资源"、"人人是人才"的观念，坚持"以人为本"的观念，培植新型营销管理文化。

（二）行为满意——"行"为顾客

旅游企业不但要塑造一颗让顾客满意之"心"，还要打造令顾客满意的"行"。这里的顾客是广义的概念，不仅指购买本企业产品和服务的最终旅游消费者，还包括旅游批发商、旅游代理商，既适用于旅游企业内部各单位、各部门的服务对象，又适用于旅游企业与政府部门互为顾客关系中的"顾客"。旅游企业的行为如何让顾客全面满意呢？

1. 全面服务，让旅游消费者满意

全面服务，落实到旅游企业行为中，就是以发现并满足让旅游者满意的科学、文明、健康的消费需求为己任。在旅游产品方面，推出使游客满意的质量、品种，并提供令人满意的服务，在销售渠道方面，应以旅游者购买的便捷性为重点，构建销售网络，在售后服务方面，及时跟踪，构建完善的售后服务体系。把握好消费者的每个消费环节，提供全面周到的服务，让消费者更满意。

2. 实现价值，让员工满意

员工在企业里不仅有生存需求（即生理及安全方面的物质需求）、关系需求（人际关系及社会结构有关的方面，如被爱、有人需要和得到承认），更有成长需求（与个人进步及成长有关的方面，即尊重和自我实现）。"尊严可以产生生产力"，我们必须充分重视员工的尊严、满足员工的自我价值感和成就感，让员工满意，激发员工的潜在生产力。

3. 共同发展，让合作者满意

旅游企业的合作者有上游合作者、下游合作者和同行合作者三大类。旅游企业应与上游合作者建立稳定、可靠和满意的业务关系，使旅游企业原材料供应有可靠的数量、质量和保障，与下游合作者建立满意的协作关系，有利于企业产品的销售；与同行竞争者搞好关系，可以在某些业务上进行合作，避免互相倾轧、恶性竞争。与这三类合作者共同发展，有利于给企业提供一个稳定有序的市场环境。

4. 和谐经营，让社会满意

旅游企业的和谐经营是指照章纳税、遵纪守法，恪守社会公德。旅游企业应以高尚的经营道德来规范经营行为，以诚信经营取得合理的利润，在营销中传播优秀企业文化，推动社会文明。如此和谐经营，让社会满意，可使企业获得更多的可持续发展机会。

（三）形象满意——"容"悦顾客

旅游企业不但要塑造一颗让顾客满意之"心"，打造让顾客满意的"行"，而且还要塑造让顾客满意的"脸"。

1. 外部形象的设计让顾客满意

旅游企业应注意建筑设计与周围环境的协调，提高设计水平，带给游客艺术美的享受。比如2008年北京奥运会的游泳馆水立方，作为一个摹写水的建筑，水立方纷繁自由的结构形式，源自对规划体系巧妙而简单的变异，简洁纯净的体形，谦虚地与宏伟的主场对话，不同气质的对比使各自的灵性得到趣味盎然的共生。椰树、沙滩、人造海浪……将奥林匹克的竞技场升华为世人心目中永远的水上乐园。水立方亦成为北京旅游的一个新的亮点。

2. 内部形象的设计让顾客满意

内部形象的完善，是对顾客选择消费的一种尊重。比如从酒店的内部形象设计来看，随着经济的高速发展，人们生活水平的日益提高，入住酒店已不是六、七十年代住旅店为解决睡觉的问题，而是一种生活和精神的享受，是与社会政治、经济、文化相联系的社会活动。如果酒店环境高档优雅，会让顾客感觉赏心悦目、心旷神怡。所以酒店不但要有良好的设施，还要营造顾客美好的心情，这就要求我们创新产品，营造氛围。如在酒店内部装饰改造时，设置小桥流水、亭园假山、灯光布景、植物观赏、餐厅周围养殖观赏小鱼及花卉盆景等，使客人既品美酒佳肴，又赏美景，似处桃源仙境，鱼欢鸟唱，酒未醉而心自醉，给客人以温馨和愉悦之感，达到使客人流连忘返之效果。客房进行个性化的布置和安排，如无烟楼、女士楼、休闲楼，装饰的时尚化、理想化，康乐设施的多样化，满足现代人生活、健康、情趣和精神享受的需要，提高酒店设施设备的经营价值和使用效应，最大限度地吸引社会公众的关注和兴趣。

3. 品牌视觉形象的设计让顾客满意

品牌视觉形象的建立，用文字、符号以及造型等元素来捕捉美感，鲜活企业品牌个性，以取得让游客满意的效果。比如：如家酒店连锁的标志是房屋形状，上面写着有英文的"家"和中文的"如家"，这样给顾客一种回家的感觉。

4. 宣传形象的打造让顾客满意

旅游企业的宣传形象的打造主要集中在广告、促销和公关方面。

旅游企业广告应提高艺术性，以此来吸引游客的注意。如在2008年欧洲杯足球赛中瑞士旅游局则充分利用媒体广告，以推动当地旅游热，吸引外国球迷延长在瑞士的逗留时间。两名记者像现场转播球赛那样，在瑞士牧场现场转播奶牛挤奶，如此风趣幽默的广告，早在4月初，就在瑞士、法国、意大利和荷兰电视台反复播出，目的是向观众传递这一信息，别忘了利用看球的机会，在空余时间去欣赏一番当地风景。

旅游促销也应成为游客购买的助手和参谋。2005年，杭州市积极拓展以欧洲为重点的新市场，先后组团参加德国柏林展、法国巴黎展、法兰克福会议与奖励旅游展和第二届欧中旅游合作论坛，并在法国巴黎和英国伦敦举办《东方休闲之都—印象杭州》大型图片展，吸引更多的欧洲客人到杭州旅游。2005年，欧洲游客比上年增长43.3%。

旅游企业的公关应该成为让顾客满意的沟通活动。酒店企业是以公众为对象，以酒店对外的美誉度为目的，扩大影响面，提高知名度。酒店的公共关系应以互惠互利为原则，以诚心实意为真谛。打造公众信誉，巩固公关成果，注重保持与公关对象的联系，使之成为相互间长期、稳定的合作伙伴关系。

当前，中国的国内旅游市场已呈现出前所未有的竞争态势，旅游企业要在竞争中求生存、求发展，关键是在经营管理理念、方法等方面进行创新，使顾客满意，树立品牌形象，在此基础上得到利润回报，所以旅游企业实施CS战略是现代营销的趋势，是明智之举。

（资料来源：王懿：《浅析旅游企业的"CS"营销战略》（发表于《河北旅游职业学院学报》，2009年第四期））

本 章 小 结

　　战略是实现旅游企业长期目标的总体方案，战略具有决定性、长远性、危机性和调适性的特点。旅游市场营销要进行营销战略的分析、制定、选择、监督与控制。旅游市场营销战略主要包括旅游市场营销的组合战略、旅游市场营销的竞争战略、旅游市场营销的品牌战略。本章介绍了旅游市场营销战略的含义与特征，旅游市场营销战略的制定与控制的程序与方法；分析了三种基本的旅游市场营销战略：旅游市场营销的组合战略、旅游市场营销的竞争战略、旅游市场营销的品牌战略。旅游市场营销策略不是僵化的，需要旅游企业根据所处的市场环境、自己的竞争实力采取不同的营销策略。

【思考题】

　　1. 请选择一个旅游企业进行 SWOT 分析，并拟订几种战略备选方案，评出最优方案，估价该方案会为该企业带来何种效益。

　　2. 在竞争中旅游企业有几种竞争战略？怎样去选择？

　　3. 品牌战略给旅游企业带来什么好处？旅游企业怎样利用好品牌战略？

　　4. 有了其他营销战略后为什么旅游企业还要制定市场营销组合战略？

【单选题】

1. 一般情况下，旅游市场营销战略指的是(　　　)的旅游市场营销战略。
   A. 微观层次　　　　　　　　　　B. 宏观层次
   C. 中观层次　　　　　　　　　　D. 都包括

2. 当旅游企业断定各个细分市场之间很少差异时可考虑采用(　　　)市场营销策略。
   A. 无差异市场营销　　　　　　　B. 密集性市场营销
   C. 差异性市场营销　　　　　　　D. 4Ps 营销策略组合

3. (　　　)是营销策略组合通俗经典的简称，奠定了营销策略组合在市场营销理论中的重要地位，它为企业实现营销目标提供了最优手段，即最佳综合性营销活动，也称整体市场营销。
   A. 4Ps 营销策略组合　　　　　　B. 6Ps 营销策略组合
   C. 11Ps 营销策略组合　　　　　　D. 4Cs 营销策略组合

4. 20 世纪 90 年代初，世界进入了一个全新的电子商务时代，消费个性化和感性化更加突出，企业为了了解消费者的需求和欲望，迫切需要与消费者进行双向信息沟通。1990 年美国市场学家罗伯特·劳特伯恩教授提出了(　　　)理论。
   A. 4Ps　　　　　　　　　　　　B. 4Cs
   C. 6Ps　　　　　　　　　　　　D. 11Ps

5. 4Cs 理论的思想基础是以(　　　)为中心，强调企业的营销活动应围绕(　　　)的所求、所欲、所能来进行，这与以企业为中心的 4Ps 理论有着实质上的不同。

A. 企业文化　　　　　　　　B. 产品

C. 供给　　　　　　　　　　D. 消费者

答案：1. A　2. A　3. A　4. B　5. D

【多选题】

1. 旅游市场营销战略的特征是(　　)。

　　A. 决定性　　　　　　　　B. 长远性

　　C. 危机性　　　　　　　　D. 调适性

2. 4Ps 营销策略组合是指(　　)的组合。

　　A. 产品（Product）　　　　B. 定价（Price）

　　C. 地点（Place）　　　　　D. 促销（Promotion）

3. 市场营销组合策略应用的约束条件

　　A. 企业营销战略　　　　　B. 企业营销环境

　　C. 目标市场的特点　　　　D. 企业资源情况

4. 旅游品牌战略主要包括(　　)。

　　A. 旅游品牌产品线扩展战略　　B. 多旅游品牌战略

　　C. 新旅游品牌战略　　　　　　D. 旅游品牌延伸战略

　　E. 旅游名牌战略

5. 旅游品牌营销可以达到以下效果(　　)。

　　A. 吸引旅游者　　　　　　B. 增强竞争力

　　C. 挖掘持续发展的潜力　　D. 打击竞争对手

答案：1. ABCD　2. ABCD　3. ABCD　4. ABCDE　5. ABC

第七章　旅游产品策略

【学习目标】

通过本章学习，认识旅游产品的概念，并能在实践中灵活运用，理解旅游产品的特性和整体旅游产品的构成；熟练掌握旅游产品生命周期理论和营销策略；了解旅游产品品牌的概念和构成，认识品牌战略在旅游市场营销中的重要作用，熟练运用各种旅游产品品牌策略；了解旅游新产品的概念和类型，掌握旅游新产品开发的一般过程和策略；了解旅游产品组合的概念和类型，熟练运用旅游产品组合策略，并能对旅游产品组合的状况进行评价。

浙江千岛湖的多渠道整体营销

千岛湖即新安江水库，位于浙江省杭州市西南部的淳安县境内。1959 年新安江水电站蓄水后，未被淹没的山峰形成岛屿，当水库水位运行于 108 米的位置时，面积在 2 500 平方米以上的岛屿共 1078 个，千岛湖也因此得名。这座大型水库碧波万顷、千岛竞秀、群山叠翠、峡谷幽深、溪涧清秀、洞石奇异，还有种类众多的生物资源、文物古迹和丰富的土特产品，构成了享誉中外的岛湖风景特征。千岛湖最吸引人的还是其超过 170 亿立方米的一级水体，能见度达到 10 米以上，而且，大多数湖区可直接饮用。天然矿泉水"农夫山泉"就取自千岛湖 70 米深处。

千岛湖景区注重进行以淳安县为主的多种渠道整体营销。从 1984 年将新安江水库改名为"千岛湖"，到通过摄制风光电视片在国内外宣传千岛湖；从 20 世纪 90 年代中期的"农夫山泉——千岛湖的源头活水"，到通过 6 家报纸向全国征集旅游标志，到今天的巧借电视、报刊、互联网等各种媒体，促销力度不断增强。千岛湖更充分地利用旅游节庆，精心策划休闲度假旅游推介专题活动，努力打响"秀水千岛湖，休闲好去处"的休闲度假主体品牌形象。注重休闲度假情境主题设计，立足千岛湖特色，适应游客需求，精心设计各种人性化、个性化、精细化和富有想象力、吸引力的休闲度假情境，突出"休闲度假胜地"、"水上运动福地"、"全国水业基地"等品牌内涵。同时，把国际花园城市、"城在山中，山在湖中，湖在城中，城在景中"、"一城山色半城湖"的江南山水名城城市品牌和旅游集散与服务中心作为千岛湖最有卖点的核心内容加以宣传。成功的营销宣传，使得千岛湖保持了长久的吸引力。而 2010 年的世博"千岛湖周·欢乐盛装大巡游"、世博网络互动营销、与加拿大千岛湖缔结友好景区、全国电视易地采访周、与福建土楼联手打造旅游品牌、发放旅游消费券、在异地开设旅游形象专卖店等营销策略与手段，更是将千岛湖旅游形象推向了新的高度。

　　简要案例评述：浙江千岛湖景区以本地得天独厚的旅游资源为基础，充分运用包括整体营销、概念营销、媒体营销、事件营销、品牌营销和联合营销在内的多种旅游产品营销策略和手段，取得了良好的经济、社会与环境效益。

（资料来源：夏必琴. 千岛湖旅游地演化进程及其机制研究［D］，安徽师范大学硕士论文，2007.）

第一节　旅游产品的概念

一、旅游产品的界定

（一）旅游消费的角度

谢彦君（1999）指出，旅游产品是指为满足旅游者的愉悦需要而在一定地域上被生产或开发出来以供销售的物象与劳务的总和。第一，旅游产品的生产有两种方式，一种是依赖旅游资源所做的开发，从而生产出一种资源依托型旅游产品（resource-based tourist product），另一种是凭借拥有的人、财、物力资源而仿造或创造的旅游产品，从而生产出一种所谓资源脱离型旅游产品（resource-freed tourist product）；第二，旅游产品主要供旅游者购买（但不完全排斥非旅游者购买和使用），功能上具有可观赏性或愉悦性，空间上具有地域性；第三，旅游产品可以有物质实体，也可以仅仅是某种现象；第四，旅游产品都或多或少含有人类专门为旅游目的而投入的劳动，但绝不能没有人类的这种劳动投入，否则，就不称其为旅游产品；第五，各种媒介要素（包括饭店、交通设施等各种接待性产业要素）不是旅游产品，但它们可以构成旅游产品利益的追加组成部分。

（二）旅游供给的角度

Kotter（1974）认为旅游产品是指旅游企业为满足市场需求而向市场提供的所有有形与无形要素的集合，包括有形物质服务、人、地点、组织和思想。李伟（2006）从旅游开发角度定义为，旅游地的旅游资源经过人为开发生产出来的旅游吸引物，具体表现为有形的空间活动场所及无形的旅游项目组织。旅游产品主要由旅游吸引物、旅游设施、旅游服务和可进入性等构成。其中旅游服务是旅游产品的核心，旅游设施、旅游吸引物是旅游产品的外延，而可进入性是其中介。

（三）旅游产品结构的角度

Cooper 等（1993）提出旅游产品可以用 4As 来表示：Attraction，旅游吸引物；Access，可进入性，当地的交通运输设施和服务；Amenities，住宿、餐饮、娱乐、零售及其他旅游生活设施和服务；Ancillary Service，当地旅游组织提供的相关服务（如旅游问讯中心服务）。

Smith（1994）把旅游产品分解成 5 个同心环层次，从内到外依次是：物质实体（PP，

Physical Plant），即：位置、自然资源、野生动物、度假区、陆地、水体、建筑物和基础设施等构成旅游产品的物质基础；服务（S，Service），游客旅游所必要的交通、餐饮、住宿、商业函电、托儿等服务；好客（Hospitality），服务人员服务时表现出的态度与风格等；选择自由（FC，Freedom of Choice），游客对各种服务、产品有一定的自由选择的机会；在接受服务时，游客有直接的参与机会（O，Opportunity）。

综上，旅游产品可分为总体和单项旅游产品。总体旅游产品，从需求角度是旅游者从离家外出开始直至完成全程旅游活动并返回家中为止这一期间的全部旅行经历的总和；从供给角度是指旅游目的地为满足来访旅游者的需要而提供的各种旅游活动接待条件和相关服务的总和。单项旅游产品是旅游企业所经营的设施和服务，或者说是旅游企业借助一定的设施而向旅游者提供的项目服务。

二、旅游产品的特点

（一）无形性

无形性是服务产品的共同特点，旅游产品主要是由无形服务组成的集合体。旅游产品的无形性主要体现在两个方面：首先，旅游产品是旅游者通过旅游活动体验一系列旅游服务获得感受的全过程；其次，旅游产品的无形性表现在其价值和使用价值不是凝结在具体的物上，而是在无形的劳务活动中，只有当旅游者享受了服务后，才能体会到旅游产品的价值和实用价值。由此，在旅游产品的深层次开发和对市场需求的满足较多地依赖于无形产品的开发，也就是不断地提高旅游服务的质量和水平。

（二）生产与消费的同步性

有形产品拥有"生产—销售—消费"环节，而多数旅游产品的生产与消费却是同时进行、不可分割的，所以又称"生产与消费的同步性"，也是服务产品的共性。旅游产品尽管有预付等形式的非生产地交易，但旅游者只有到旅游产品产地才能真正购买到旅游产品，拥有其使用价值。旅游产品交易的最终完成必须在产地实现。旅游产品生产与消费同步性的特点构成其与有形产品最突出的差别，并使其质量控制的难度增大。这一特点还说明旅游产品在游客消费前还不是"成品"，旅游者在消费前一般也难以对旅游产品质量做出评价，这意味着旅游者的购买风险较高，同时也意味着沟通与促销将对旅游者起到重要的引导作用，恰如其分的沟通与促销，将有利于旅游者了解企业产品并选择购买。

（三）不可转移性

旅游产品是一种特殊产品，其购买、消费与使用是一种信息的交流和传播，产品不发生位移。旅游者购买的是特定时间、特定地点的产品使用权，如：特定班次的车船、航班的座位代表乘坐权、景点门票代表观赏权等。因此，旅游者只能到旅游产品生产地就地消费。旅游产品的不可转移性还体现在产品销售后所有权的变更上。一般物质产品通过买卖交换，所有权发生转移，但旅游产品的买卖是旅游者在特定时间和地点拥有产品的使用权，而不是永久性所有权。

（四）不可储存性

一般实物产品暂时销售不出去可以贮存待售。而旅游产品由于具有生产与消费的同步性和时空上的不可分割性等特点，任何时间、任何地点的旅游产品都不可能首先生产出来等待旅游者前来购买，只有当旅游者购买并消费时，以服务为主体的旅游产品才会生产出来。如果服务在生产过程中未被销售出去，就意味着失去了这部分价值。因此，旅游企业应十分关注旅游产品不可贮存性，在淡季时努力争取客源，尽可能减少因销售不出去而导致旅游产品价值的损失。一些营销有方的旅游企业，往往能创造淡季不淡、旺季更旺的经营佳绩。

（五）综合性

首先，旅游产品的构成内容具有综合性，是旅游资源、住宿、交通、服务、旅游环境等因素的综合体；其次，旅游产品的综合性表现在旅游吸引物的综合性，包括自然风光、历史遗迹、民俗风情、现代都市风貌等多重内涵；第三，综合性表现在旅游产品生产和销售部门的多样性。旅游产品的综合性是由旅游者需求的综合性决定的，旅游需求有食、住、行、游、购、娱及相关配套服务，几乎涉及日常生活所有领域；从需求成分看既有物质需求，又有精神需求；旅游产品的生产经营涉及农业、工业、商业、建筑业、金融保险、交通运输、饭店、旅行社、饮食等多个行业及文化、教育、科技、公安、海关等部门，所跨的行业和部门之广，是其他产品难以比拟的。

（六）需求弹性大

由于旅游产品满足的是人类较高层次的精神需求，而非生活必需品，从而决定了旅游产品具有较大的需求弹性，容易被替代。人们对旅游产品的需求强度小，且极不稳定。精神需求的满足可通过消费旅游产品获得，也可通过教育、体育健身、在居住地附近休闲游憩等方式获得。如果旅游产品不尽如人意或其他产品吸引力更强，那么旅游产品被其他消费品和活动方式替代的可能性就很大。

三、整体旅游产品的构成

整体旅游产品是指旅游企业向市场提供的能满足人们旅游活动需要的一切物品和劳务，包括有形的物质产品、无形的服务、旅游企业的人员素质及理念、包装和品牌的价值、游客的期望值等一系列因素的综合体。菲利普·科特勒指出，整体旅游产品可分解为5个层次：核心产品（Core Product）、形式产品（Generic Product）、期望产品（Expected Product）、延伸产品（Augmented Product）和潜在产品（Potential Product）。

（一）核心产品

核心产品，是指旅游者购买产品所追求的基本效用或核心价值，满足顾客最主要的需求。旅游者通过对核心产品的体验，能够获得各自所需的愉悦。具体说，食、住、行、游、购、娱的旅游六要素构成了整体旅游产品的核心层次。

（二）形式产品

形式产品，是指旅游产品的实体状态和劳务外观，是核心产品的载体，核心产品借以实现的形式旅游产品是不同于一般的产品，其核心产品的载体主要体现在景观设计上（外观、特征、品质）。但旅游产品是不可移动的，不能像一般商品可以摆放到产地以外的货架上。但是，又由于旅游产品具有商品的特性，可通过品牌和包装，推介到市场去实现其价值。具体来讲，形式产品包括旅游产品的品质、外观、式样、规格、特点、品牌与包装等因素，以及旅游产品的具体类型，如观光产品、度假产品、商务会展旅游产品，以及文化旅游产品等。

（三）期望产品

期望产品，是指旅游者在购买产品时，通常所期望得到的与产品相关联的匹配的条件。例如：入住四星级饭店，顾客期望饭店的客房整洁、安静，餐厅的食品美味可口，服务的热情、周到。一般而言，期望产品往往是行业的惯例或执行标准。

（四）延伸产品

延伸产品，是指超出旅游者所预期的附加利益的总和。旅游企业为了在激烈的市场竞争中获得最大利益，不断使自己的产品呈现"人有我优、人优我多"的态势，使顾客得到更多的额外服务、超值享受和意外收获。

（五）潜在产品

潜在产品，是指产品在未来可能会出现的变化，如拓展、演变、升级、精锐，用以满足旅游者未来的、长远的需求。随着科技的日新月异、人类创意的无穷无尽，旅游资源的内涵被无限放大，潜在旅游产品也将源源不断的出现。

第二节　旅游产品生命周期策略

一、旅游产品生命周期的概念

旅游产品和其他产品一样，也都有产生、成长、成熟、退出的过程。随着社会发展、科技进步、民众需求变化的加快，大多数旅游产品生命周期呈现越来越短的趋势。而不同的旅游产品类型，如宗教旅游产品、商务旅游产品、主题公园、区域性娱乐旅游产品和全国性观光旅游产品，其产品生命周期各有不同，相应的投资开发策略也大相径庭。

旅游产品生命周期（Tourism Product Life Cycle）理论是市场营销学中的产品生命周期理论在旅游研究中的运用与发展。国外也使用 Tourist area cycle of evolution、Destination life、Tourism area life cycle、Resort life cycle 等说法。旅游产品生命周期是指旅游产品从投放市场到退出旅游市场的全过程。与产品自然生命周期不同的是，旅游产品生命周期不是指旅游产品使用价值的存在和消失，而是指旅游产品是否被旅游市场接受及接受程度。旅游产品生命周期理论是旅游学中的一个重要理论，它对于旅游企业或有关部门在激烈的市场竞争中，根据现代旅游消费的特点，有效利用旅游资源、开发具有特色的旅游产品，制定各发展阶段的营销策略，发现导致旅游产品衰退的各种因素，采取有效措施减缓衰退期到来，从而延长旅游产品生命周期，实现旅游经济的可持续发展，具有重要的实践意义。

（一）典型的旅游产品生命周期分布

旅游产品在市场上的生命周期有长有短、表现形态各异，为了便于分析，一般采用典型旅游产品生命周期来进行。典型旅游产品经济生命周期经过引入期、成长期、成熟期和衰退期 4 个阶段，见图 7-1。

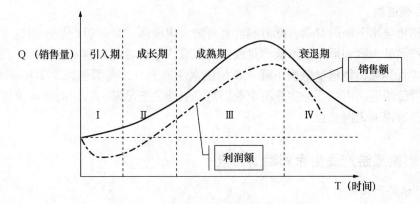

图 7-1 典型的旅游产品生命周期分布

二、旅游产品生命周期各阶段的特点

（一）引入期

引入期是新产品正式上市后，销售成长缓慢的时期，如新旅游景点、饭店、娱乐设施的建成，旅游新线路的开通，新旅游项目和服务的推出。此阶段，旅游产品的设计和生产有待进一步完善，服务质量不稳定。旅游产品尚未被旅游者了解和接受，潜在的旅游者对此持观望态度，购买不够踊跃，只有少数追求新奇的消费者尝试购买。旅游产品销售量低，增长速度缓慢。由于销量小，投入费用高，产品的单位成本较高。为使顾客了解和认识产品，企业需做大量广告宣传，开展促销活动，使广告费用和其他营销费用开支较大，故利润较低，甚至存在一定程度的亏损。在这一阶段，企业尚未建立理想的营销渠道和高效率的分销模式，企业承担的风险最大，但市场竞争者较少，因此市场机会也较大。企业应尽量缩短引入期的持续时间，以求迅速进入和占领市场。

（二）成长期

市场逐步打开、新的旅游产品逐渐被消费者接受，旅游产品的设计和生产基本定型，主题明确。旅游者对产品的了解和认知程度提高，产品销售额快速增长。旅游者从"先锋型"转变为"大众型"。销售渠道被打开，众多中间商愿意加入旅游产品销售队伍。由于经过一段时期磨合以及各项质量保证措施的落实，旅游产品质量日趋稳定并不断提高。随着旅游产品销售量的增长，单位成本下降，企业盈利增长。经济效应的示范作用，加之市场准入的法律与政策门槛不高，旅游企业难以保护知识产权，导致大量新的投资者不断涌入，使市场竞争压力加大。

（三）成熟期

这一时期是旅游产品销售的主要阶段，旅游产品成为名牌产品或老牌产品，如众多的旅游企业推出相同的热点旅游线路、热点旅游服务项目等，在市场中享有较高的知名度和美誉度，消费者趋于大众化，连保守型人士也愿意购买，拥有很高的市场占有率，销售额逐渐达到高峰而增长趋缓，利润也达到最高水平，市场开始饱和。旅游产品质量已很稳定，单位旅游产品成本较稳定但有上升趋势，利润较高有下滑迹象。市场上的竞争者大量涌现，竞争日趋激烈，企业可能为了对抗竞争者而增加营销支出。

（四）衰退期

产品销售急剧下降的时期，此时利润有可能大幅滑落，是旅游产品逐渐退出市场的阶段。旅游产品的内容和形式都不能满足旅游者需求，旅游者的兴趣发生转移，只有一些怀旧型客人才肯光顾，销售量急剧下降，单位成本快速上升，利润迅速下降甚至发生亏损，同行竞争者纷纷退出市场。一些旅游企业因对衰退期缺乏足够的认识而猝不及防，随着现有旅游产品衰退而走向衰亡。

三、影响旅游产品生命周期的因素

（一）旅游产品吸引力

旅游产品的吸引力主要指旅游吸引物，即旅游资源本身的吸引力。通常，吸引力越大，其生命周期越长。旅游产品特别是一些自然和人文景观，由于其独特的科学价值、审美特点、历史地位和文化内涵，而无法被完全仿制，具有垄断性特点。一些名胜古迹，年代越久，吸引力越大。

（二）旅游地环境

因为旅游产品的吸引力不仅来自于产品本身的吸引力，更大程度上还依赖于目的地的自然环境和社会环境，如安全、卫生、便捷的交通、优美的环境、当地居民的友好态度等。因此，旅游目的地的环境在很大程度上影响着旅游产品的生命周期。

（三）消费者需求

消费者需求可能因时尚潮流的变化而发生兴趣转移，从而引起市场需求变化，导致某地旅游资源吸引力衰减。不同时期人们消费观念的变化、收入的增加、新旅游景点的出现、目的地的环境污染或服务质量下降等，都会影响消费需求的变化。

（四）旅游企业经营管理

旅游市场竞争日趋激烈，只有不断地革新经营观念，加大促销与宣传力度，实施正确的产品组合策略和市场细分战略，才能保持和扩展客源市场，延长旅游产品生命周期。因此，旅游企业服务质量的高低、广告宣传力度的强弱、旅游产品定位的准确与否、旅游产品组合的优劣等，都直接影响旅游产品的生命周期。

（五）旅游市场竞争状况

现代旅游市场竞争越来越激烈，在旅游企业不断提高服务质量的情况下，新的旅游产品层出不穷，导致原有产品的生命周期不断缩短。因此，要在竞争中保持优势，需要旅游企业不断推出符合市场需求、生命力旺盛的产品。

四、旅游产品生命周期各阶段的营销策略

（一）引入期的营销策略

在产品引入期，由于不为人们所认识，故旅游企业需在促销水平与价格间进行组合选择。根据旅游企业对产品定价和促销的力度不同，可采取4项基本营销策略，见图7-2。

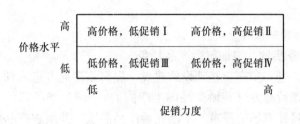

图 7-2　引入期旅游产品促销策略

1. 缓慢撇取策略——高价格水平低促销力度

以较高的价格树立产品形象，以此来弥补促销力度上的不足，从而把旅游产品投放到市场。高价格的目的在于获取更大的盈利。而低促销则是降低新产品的销售费用，旨在通过高价格来提高旅游产品的知名度。这种策略在短期内可获得巨大利润，以回收旅游产品的生产成本。采用此策略必须具备以下基本条件：① 潜在旅游消费者将愿意并有能力出高价；② 旅游产品高度垄断市场，产品规格档次高，服务质量好，基础设施齐全；③ 旅游市场规模相对有限；④ 市场已基本了解这类产品；⑤ 潜在的竞争对手少、威胁较弱，该类旅游产品具有很大的垄断性。如近年来的大陆居民赴台湾旅游等就属此类产品。

2. 迅速撇取策略——高价格水平高促销力度

以较高的价格树立旅游产品的市场形象，同时支付大量的促销费用，加大促销力度，在市场上树立良好的产品形象，以弥补高价格的不足，从而扩大对市场占有率。这种策略适应于以下类型市场：① 潜在市场的大部分消费者还不了解该产品；② 市场上有一批重质量轻价格的成熟消费者，消费者了解该产品后很希望购买，并有足够的支付能力；③ 旅游产品特色较为突出，与同类产品比较有明显优势；④ 旅游企业需要尽快培养消费者的"品牌偏好"。这类产品包括高端的异国游（太平洋岛国、欧洲等），邮轮游艇旅游，以及众多运动旅游项目如露营、潜水和帆船等。

3. 缓慢渗透策略——低价格水平低促销力度

企业以一种低姿态进入旅游市场，目的在于促使市场尽快接受这类产品，随着产品知名度的提高，慢慢提高产品的价格，回收企业投资。采取该种策略的条件是：① 旅游产品的价格弹性较大，消费者对价格比较敏感；② 市场开拓空间广大；③ 基础设施能稳步配套建设；④ 有相当数量的潜在竞争者存在；⑤ 产品的知名度较高。如滨海旅游、宗教旅游、乡村旅游等为广大消费者熟知的旅游产品在某地区发展伊始时，都可采取此种策略。

4. 迅速渗透策略——低价格水平高促销力度

以较低的价格搭配较高的促销，全力推出该产品。这种策略常使产品在最短的时间内进入市场，迅速提高产品的市场占有率。采取该策略出于以下原因：① 市场规模大，潜在旅游消费者众多；② 消费者对旅游产品特色还不了解；③ 大部分旅游消费者对产品价格敏感度高；④ 潜在竞争的威胁大；⑤ 旅游产品因规模生产或引起的新技术而使生产成本大大降低。如自驾车旅游、滑雪旅游、高尔夫旅游和一般的出境旅游，由于市场上同类产品数量的增加和产品生产成本的不断降低，过去曾经高不可攀的价位，如今一般百姓也可问津。

（二）成长期的营销策略

1. 提高产品服务质量，增加旅游产品特色

改进旅游产品，进一步完善基础设施建设，提高旅游地可进入性。做好各行各业之间的协调，增强企业接待能力（旅游产品的生产能力）。增加产品新的功能和品种，以系列化的产品满足不同目标市场的需求。不断完善产品品质，并跟进产品的服务，获得更好的市场信誉，以吸引更多的潜在旅游者。

2. 开拓并采用新的销售渠道

在巩固原有市场基础上，开拓新市场。通过加强销售渠道管理，搞好成员之间的协调，挖掘市场深度为主，将市场更加细化；采取多种销售形式，增加新的销售渠道。

3. 加强旅游宣传力度和增加促销方式

把产品宣传中心从介绍产品转移到建立产品形象上，树立产品品牌，培养忠实客户，吸引新客户上来。在适当时候开展促销活动，吸引对价格比较敏感的消费者购买产品。另一方面，借助媒体，对外宣传，重点由介绍旅游产品转为树立产品形象，宣传产品特色，提高产品知名度，走名牌产品的销售策略。

4. 培养产品品牌

旅游企业要努力在产品成长期，改进产品的生产设计，突出产品特色，形成鲜明的产品特色，在旅游消费者心目中建立良好的品牌形象。

5. 开拓新市场

在分析市场价格发展趋势和竞争者价格策略基础上，努力提高旅游产品的规模生产能力，以此降低单位产品成本，可适当降低原有价格，以吸引对价格敏感的潜在购买者，以此主动开拓新市场。

（三）成熟期的营销策略

1. 市场改进策略

为了寻找机会市场，争取新的消费者，企业应进行新的市场开发，进一步挖掘市场潜力，稳定和扩大产品的销售量。

2. 产品改进策略

旅游产品的改进主要集中在两个方面：一方面是产品量改进，增加产品的独特性、新颖性、技术的先进性、时代感等等，以吸引不同需求的旅游消费者。根据旅游者的反馈信息，哪些旅游活动较吸引人，哪些活动内容单调，现有的基础设施能否满足需要，给旅游地带来怎样的影响，如何改变这种影响，这些都是旅游产品质量改进的基本内容。另一方面服务数量改进，规范服务技巧，使旅游接待服务标准化，以此来稳定服务质量，同时，尽可能增多服务项目，以此吸引旅游消费者。

3. 营销组合改进策略

对原有的营销组合产品、定价、渠道、促销等因素的调整、变革，稳定市场、刺激销售量回升、继续提高市场占有率。如降价或增加销售过程中的服务内容，开辟多种销售渠道等。但这种策略如使用不当，容易为其他企业所效仿而加剧市场竞争，也可能因促销费用增大而导致利润的减少。

4. 新产品的研制和开发

产品的市场营销进入成熟期，即意味着市场营销工作开始下降。旅游消费者日益变化的旅游需求，使企业无法确知现有产品的衰退期何时到来。为使企业永远居于市场主动地位，旅游企业应着手研发新的旅游产品和项目。

（四）衰退期的营销策略

1. 立刻放弃策略

产品一旦在衰退期已无生命力，就意味着到了淘汰阶段。如果旅游产品市场售价、销售量急转直下，甚至连变动成本也无法补偿，那么企业应采用此策略，果断将产品撤出市场。如果旅游企业勉强坚持让产品继续存在于市场，企业的经济效益和社会效益都会受到损失，陷入被动局面。

2. 撤退和淘汰疲软产品

对于疲软产品，维持其生产成为企业发展的一个包袱，使企业的人、财、物得不到及时转移，同时，疲软产品也会影响到企业的市场声誉。因而对于此类产品，企业应果断撤退和予以淘汰。

3. 逐步放弃策略

滞销的旅游产品面对同类产品或其他替代产品的竞争，市场销售量有所下降，但在旅游市场上仍有一定潜力可挖。对于这类产品，企业不应盲目放弃，毕竟打开一块市场不是件容易的事情，企业应分析产品销售量下降的原因，改善和扩充滞销旅游产品，对症下药，扩充产品用途，提高产品质量，把企业资源集中在最有利的细分市场和分销渠道上，使产品销售量得以回升。

4. 自然淘汰策略

旅游企业不主动放弃某一产品，而是依据旅游产品的生命周期，继续使用过去的市场细分、销售渠道、价格策略和促销手段，直至旅游产品的完全衰竭。因为竞争者纷纷退出，市场上仍有一批"怀旧型"旅游者，可坚守一段时间后再退出，或等待新的复苏。

第三节 旅游产品品牌策略

一、旅游产品品牌及其构成要素

旅游产品品牌，是指用以识别某旅游产品（包括目的地、旅游线路、特种旅游项目、单项旅游服务等）的名称、标记、符号、图案或其组合，以便消费者能识别旅游企业或旅游地的产品和服务，将其与竞争对手区分开来，获得旅游者的购买与前往参与。对于旅游市场而言，品牌最持久的特性是旅游产品的价值、文化和个性。菲利普·科特勒（2001）指出一个优秀旅游品牌的构成要素包含 6 方面的内容。

1. 品牌属性

旅游品牌首先代表着特定产品的某种属性，能给旅游者带来特定的价值和体验。例如里兹·卡顿饭店以其"最完美的服务、最奢华的设施、最精美的饮食与最高档的价格"被誉为饭店中的梅赛德斯·奔驰，而不再单单是一个提供食宿的普通机构，而是身份、尊贵与奢华的代名词，这也就是里兹·卡顿的品牌属性。

2. 品牌利益

品牌不仅代表旅游产品的一整套属性，还意味着特定的利益。旅游者在选择特定的旅游目的地、购买特定的接待业产品时，不仅仅是为了购买相应的产品属性，更是为了得到某种独特的利益。例如饭店品牌属性只有转化为相关的利益，才能使顾客的食宿需求以及更高层次的意愿得到满足，"最高档的价格"属性可转化为"这顿晚餐表明我是成功人士"的情感利益。

3. 品牌价值

旅游产品品牌一定程度上展现了旅游目的地的政治经济文化状况和自然历史人文风貌，以及旅游企业特定的需要向客户表达的思想、情感和行事风格，这些都可以归结为旅游品牌的价值观。旅游产品的经营者和管理者必须根据自身品牌的价值观，识别对这些价值观感兴趣的消费群体，开展一系列有针对性的营销活动。

4. 品牌文化

品牌文化是企业文化的重要组成部分。品牌附加和象征着一定的企业文化，如香格里拉饭店一贯恪守为客人提供优质服务的承诺，并把其企业文化浓缩为一句话——由体贴入微的员工提供亚洲式接待，深入顾客内心，成为香格里拉饭店品牌的重要组成部分。

5. 品牌个性

品牌代表了一定的个性，形成了特定产品与其他产品相区别的重要因素。David. A. Aaker（1999）提到品牌有五大个性要素，分别是纯真、刺激、称职、教养、强壮。个性化的利益品牌更容易让消费者亲近和接受，成为沟通旅游地和具体接待产品与游客情感的纽带；品牌个性同时也容易使政府和业者苦心经营的旅游形象深入旅游者内心，提高旅游地的重游率和旅游产品的重复购买率。

6. 品牌使用者

不同的地域、年龄、性别、受教育程度、性格特征的客户，会选择不同的旅游地、不同的旅游企业服务、选择不同组合的旅游套装行程、参与不同类型的旅游活动项目，这些都体现了旅游产品品牌和旅游者特定的对应关系。这也再一次提醒旅游目的地和旅游企业在设计旅游产品、打造旅游品牌的过程中，要从品牌使用者的实际出发进行各种经营决策。

二、旅游产品品牌的作用及特点

（一）旅游产品品牌的作用

1. 体现核心价值

品牌是帮助消费者或用户牢记产品或服务的利器，品牌不仅要将产品销售给消费者，还要使消费者通过使用对产品产生好感，从而选择重复购买，不断口耳相传，形成品牌忠诚，使其重复购买。同时，消费者通过品牌和对品牌产品的使用，形成满意，就会围绕品牌形成消费经验，存贮在记忆中，为将来的消费决策形成依据。形象良好的品牌，被赋予了美好的情感，代表了企业的文化，使品牌及品牌产品在消费者心目中形成美好的记忆，最终体现企业和产品的核心价值。

2. 便于识别分辨

品牌的建立是由于竞争的需要，用来识别某个销售者的产品或服务的。品牌设计应具有鲜明的个性特征，品牌的图案、文字等都应与竞争对手区别，展现本企业的特点。同时，各种品牌代表了不同形式、质量和服务的产品，可为消费者的购买决策提供借鉴。选择知名品牌，对于消费者而言无疑是一种省事、可靠又减少风险的方法。

3. 保证竞争取胜

树品牌、创名牌是企业在市场竞争条件下逐渐形成的共识，人们习惯通过品牌对产品、企业加以识别进而做出购买决策。企业通过品牌形成品牌追随、扩展市场。品牌的创立、名牌的形成正好能帮助企业实现上述目的，使品牌成为企业有力的竞争武器。品牌，特别是名牌的出现，使用户形成一定程度的忠诚度、信任度、追随度，由此使企业在与对手竞争中拥有了坚强后盾。品牌还可以利用其市场扩展能力，带动企业进入新市场，带动新产品占领市场。企业可以利用品牌资本运营的能力，通过特许经营、合同管理等形式进行企业的扩张。

4. 赚取高额利润

品牌有一定的信任度、追随度，企业可以为一定的品牌制定相对较高的价格，获得较高的利润。品牌中的知名品牌在这方面表现的尤为突出。有调查表明，市场领袖品牌的平均利润率为第二品牌的4倍，而在英国更高达6倍。强势品牌的高利润空间在市场不景气或削价竞争的条件下表现的更为突出。这种优势来自于消费者对该品牌产品价值的认同。

5. 凝聚无形资产

由于需求的变更和竞争的推动，除了少数产品，绝大多数产品不会长久被消费者接受。一般而言，产品都有一个生命周期，会经历从投放市场到被淘汰退出市场的整个过程，包括投入、成长、成熟和衰退4个阶段。但是品牌却不同，它可以超越生命周期。只要品牌能顺应市场变化和消费进步，通过改进或创新产品以及始终如一的保持品牌个性，品牌就可长期延续下去。

（二）旅游产品品牌的特点

1. 专有性

品牌是用来识别特定产品或服务的生产者或销售者的。品牌拥有者经法律程序认定，享有品牌的专有权，有权要求其他企业或个人不能仿冒伪造。这一点也是指品牌的排他性，然而旅游景区产品的公共性和旅游线路产品模仿的低门槛，导致旅游产品品牌被仿冒和伪造的情况时有发生。

2. 无形性

由于品牌拥有者可凭借品牌的优势不断获取利益，可凭借品牌的市场开拓力、形象扩张力和资本内蓄力不断发展，品牌的价值也由此凸显。这种价值并不能像物质资产那样用实物的形式表述，但它能使企业的无形资产和市值迅速增大。品牌作为无形资产其价值可以有形量化，同时品牌作为商品交易，比如有以品牌入股形式组建企业，有以品牌的号召力发展特许经营，更有加盟到名牌门下，以图发展。

3. 表象性

品牌是企业的无形资产，不具有独立的实体，不占有空间，但它最原始的目的就是让人们通过一个比较容易记忆的形式来记住某一产品或企业，因此，品牌必须有物质载体，需要通过一系列的物质载体来表现自己，使品牌有形式化。品牌的直接载体主要是文字、图案和符号，间接载体主要有产品的质量，产品服务、知名度、美誉度、市场占有率。没有物质载体，品牌就无法表现出来，更不可能达到品牌的整体传播效果。

4. 扩张性

品牌具有识别功能，代表一种产品、一个企业，企业可以利用这一优点展示品牌对市场的开拓能力，还可以帮助企业利用品牌资本进行扩张。

5. 转化的风险性

品牌创立后，在其成长过程中，由于市场不断变化，需求层次不断提高，企业的品牌资本可能壮大，也可能缩小，甚至在竞争中退出市场，由此品牌的成长存在一定风险。对于品牌的风险，有时由于产品质量出现意外，有时由于服务不过关，有时由于品牌资本盲目扩张，运作不佳，这些都给企业品牌的维护带来难度，对企业品牌效益的评估也有不确定性。

相关链接

中国旅游品牌九大批判

批判之一：品牌认识模糊不清

当今社会已处在品牌经济时代，我国许多旅游景区和旅游企业已越来越重视品牌建设。但品牌这个非常时髦经常被人们挂在嘴边的词，事实上没有多少人真正理解其内涵，认识十分模糊。许多旅游经营者把旅游品牌视为旅游产品，而忽视品牌的创立，对品牌的核心价值不明确，对品牌的角色关系理不清，对品牌认同的设计不重视。因此，旅游景区和旅游企业必须在服务、质量、危机等方面重塑品牌意识，否则，我们只能被无情地淘汰，等待的将是悲惨的结局。

批判之二：品牌定位脱离实际

好的品牌定位是成功的一半，旅游品牌定位的目的就是创造鲜明的个性和树立独特的形象，最终赢得市场客源。然而我国旅游景区和旅游企业在品牌定位中往往脱离实际，常常忽视市场调研，不做调研就盲目做出品牌定位。为了显示决策的果断与英明，许多旅游区的行政官员和旅游企业的老总们习惯于一拍脑袋就做决定，他们总是怀疑为考证一句话而投入大量经费去做市场调研是否值得？脱离调研就是脱离实际、脱离市场、脱离消费者，没有市场调研的品牌定位就像空中楼阁，市场无法稳定。这已是中国旅游品牌建设中的致命伤。总之，定位不准、脱离实际的旅游品牌，必定是经不起市场考验的，即使一时异常火爆，但也无法长命百岁，这种品牌经济最终将成为泡沫经济。

批判之三：品牌策划毫无创意

创意是品牌的灵魂，良好的创意是品牌成功的关键。近几年来，中国旅游品牌的策划最缺的就是创意，有新意的策划可谓寥寥无几，更多的则是陈旧雷同，策划抄袭成风，甚至到了无以复加的地步。你飞长江，他飞黄河；你穿山洞，他穿桥洞；你策划一个文化节，他也策划一个文化节；你策划一个旅游节，他也策划一个旅游节。目前全国的文化节、旅游节多如牛毛、难以计数，千节一面，万节一腔，内容重复、单调乏味、毫无新意。

批判之四：品牌制造疯狂克隆

只要留意就会发现中国旅游景区、旅游城市越来越相像了：一样标志的旅游饭店、星级宾馆；一样的旅游商品、主题公园；一样的模式中不中、洋不洋、今不今、古不古……旅游品牌毫无个性可言，看到的是一张张似曾相识的脸庞，一个个相差无几的景点。所有这些，都是各地在旅游品牌制造过程中疯狂克隆而造成的恶果。正因为如此，从而导致克隆出来的旅游品牌毫无特色，缺乏竞争力，产生不了品牌效益，这在主题公园建设方面表现得尤为突出。

批判之五：品牌形象苍白无力

品牌形象是指消费者怎样看待你的品牌，反映的是当前品牌给人的感觉，它早已成为消费者消费时最重要的指标。坚持清晰易辨、鲜明有力的品牌形象，是国际知名品牌走向成功的不二法门。但纵观中国的旅游品牌形象，大多数显得苍白无力，主要表现在品牌核心价值不突出、形象定位不准确、形象口号不鲜明，有的旅游品牌形象甚至朝令夕改，月月新、年年变，简直成了信天游。其次是品牌的图案设计、广告传播力度等方面，均存在致命弱点。旅游品牌形象的设计尤其要注重视觉的冲击和心灵的震撼，品牌形象的冲击力和辐射力一旦塑造出，品牌就会鲜活地呈现在人们的眼前，消费者才会在众多的信息之中，时刻感觉到品牌的存在，这就是形象的使然。

批判之六：品牌营销手段单一

目前，我国的旅游区和旅游企业在旅游品牌营销中，仍然依靠降价、广告、推介会等单一的营销手段来参与市场竞争。大打价格战，成了各大旅行社和宾馆饭店营销的一张"王牌"，由于价格竞争的有限，无止境地降低价格，导致旅游行业利润越来越低，服务质量大打折扣。特别是旅行社成了名符其实的微利行业，处境愈来愈艰难。而旅游景区近几年来在品牌营销方面，动辄就开个大篷车队跨省兜风。这些单调的一窝蜂营销，究竟能收到多大效果，人们不得而知。

批判之七：品牌评选泛滥成灾

因为利益的驱动，近年来中国旅游行业中的品牌评选活动越来越多，评选形式是五花八门，评选内容是无所不包。只要肯花钱，便会有一个耀眼夺目的"头衔"。于是，"最佳饭店"遍地是，"最佳景区（点）"满天飞，"金钥匙"随处可见，"最佳导游"到处可寻，均有过多、过滥之嫌。"品牌"滥评现象，尽管国家采取过措施，制定过"政策"，但下面总有"对策"，"换汤不换药"照样地评选。这种泛滥成灾的品牌评选活动，并不能提高整个旅游行业的服务质量，只不过是满足了部分旅游区和旅游企业领导的虚荣心而已，其直接后果是造成旅游品牌大大贬值，"金钥匙"沦落到连"铁钥匙"都不如的境地。

批判之八：品牌延伸信马由缰

"东方不亮西方亮"，这一想法使得不少旅游企业认为多元化发展战略是防范风险和增加效益的制胜法宝。于是，他们在品牌没有形成核心的价值前，就迫不及待进行品牌延伸，盲目扩张，最终掉入多元化经营的泥潭，陷入品牌延伸的误区。当前某些大型饭店集团，除了不断兼并中小型饭店在本领域进行资本扩张外，还大办旅行社、组建旅游车队，甚至大搞房地产开发，全面实施多元化发展战略，结果是费力不讨好，拖累了整体的企业运转，损害母品牌的形象，严重的出现危机四伏、一蹶不振。这些旅游企业在多元化发展中，犯了一个通病，就是舍本逐末，忽视核心主业和核心竞争力，一味追求规模效益，在主业尚未真正做大、做强、做实时，就盲目涉足并不熟悉或者难以操作的行业，战线拉长加大，使人、财、物和管理各方面资源分散，结果顾此失彼。

批判之九：品牌建设缺乏规划

我国旅游景区和旅游企业在旅游品牌建设过程中作过很多努力，但往往是想到什么就做什么，没有全面系统的品牌规划，只是一些片面的、补漏式的努力，哪儿有问题就往哪儿去，不断为问题而奔命。看上去没完没了，忙个不停，但最后仍然没有建成一个成功的品牌，因为他们片面的理解品牌，忙忙碌碌，做的只是品牌的一个方面、一个局部，或广告，或包装，或渠道，都强调自认为重要的环节，很少把品牌的各个方面都做到位。因此，在旅游品牌的建设中必须合理规划，重视品牌的全面建设，在每一个细节上都竭尽全力。

（资料来源：刘汉清．中国旅游品牌九大批判．首届中国旅游品牌高峰论坛，2002.）

三、旅游产品品牌策略的具体措施

（一）品牌化决策策略

品牌化决策，是指旅游企业决定是否给产品起名、设计标识、图案、符号等形象识别系统，旅游地是否进行旅游形象设计、旅游口号创作、旅游形象代言人的征集或聘请、开展会展营销、整合营销等一系列活动的决策活动。

对于旅游业来说，饭店业的品牌化战略不管对于高星级饭店、经济型饭店还是中小型饭店，都是不可回避的必然趋势；对于其他旅游企业如旅行社、航空公司、邮轮公司、餐饮企业、旅游景区等来说，品牌化也是其增加产品在市场的辨识度、认可度，促使其购买，形成消费者对产品的忠诚度的必然选择；而对于旅游城市和乡村或古镇来说，采取各种形式的措施，塑造良好旅游形象，提高在市场上的知名度、美誉度，打造地区品牌，不仅是发展旅游业，也是经营城市、改善投资环境的必然选择。

尽管品牌化是旅游市场竞争的大势所趋，但对于小型旅游企业和一般不知名的旅游地和普通旅游景区来说，是否使用品牌，还必须考虑旅游产品项目和地区经济、旅游资源禀赋的实际情况。因为在获得品牌带来好处的同时，建立、维持、保护品牌也要付出巨大成本，如包装费、广告费、活动策划咨询费、活动举办费用和法律保护费（聘请法律顾问和诉讼费用）等，同时还有较大的风险。

（二）品牌使用者决策策略

品牌使用者决策，是指企业决定使用本企业（制造商）的品牌，还是使用经销商的品牌，或两种品牌同时兼用。对于旅游业来讲，制造商和经销商品牌使用博弈主要体现在旅游产品制造者和销售渠道之间，也就是在饭店、景区和旅游目的地等旅游产品生产者，和旅行社、旅游电子商务网站（如携程、艺龙）等旅游产品销售渠道之间进行。如一些有实力的旅行社和饭店在线销售网站控制了饭店、景区和旅游地套装行程产品的销售，使用经销商品牌，这样就使旅游产品供给者在议价和利润分配中处于不利位置，例如在旅游经销商降价的要求下被迫妥协；然而由于生产者自身的品牌影响力和营销能力较差，无法摆脱对旅游经销商依赖，自行包装和销售旅游产品。面对这种问题，一些旅游企业正在采取一些措施，如加大广告投入、建立企业网站和电子预订和营销系统、一些有实力的景区和旅游城市开始在主要客源地城市开设旅游产品直销专营店。这些举措都有利于旅游产品生产者在与销售渠道的品牌博弈中处于更加有利的位置。

（三）品牌名称决策策略

品牌名称决策，是指企业决定所有产品使用一个或几个品牌，还是不同产品分别使用不同的品牌，大致有以下4种决策模式：

1. 个别品牌名称

个别品牌名称，即企业决定每个产品使用不同品牌，采用个别品牌名称，为每种产品寻求不同的市场定位，有利于增加销售额和对抗竞争对手，还可分散风险，使企业整体声誉不致因某种产品表现不佳而受影响，目前大多数国际饭店管理集团都是采取此种策略，如法国雅高饭店集团（ACCOR）根据饭店产品档次和市场定位的不同，使用索菲特（Fofitel）、诺富特（Novotel）、美居（Mercure）、宜必思（Ibis）等饭店品牌。

2. 统一品牌名称

统一品牌名称，就是对所有产品使用共同的家族品牌名称，即企业所有产品都使用同一种品牌。对于那些享有高声誉的著名企业，全部产品采用统一品牌名称策略可充分利用其名牌效应，使企业所有产品畅销。同时企业宣传介绍新产品的费用开支也相对较低，有利于新产品进入市场，如香格里拉饭店集团，只使用 Shangri-la 这一品牌。

3. 大类品牌名称

大类品牌名称，就是各大类产品使用不同的家族品牌名称，一般是为了区分不同大类的产品，一个产品大类下的产品再使用共同的家族品牌，以便在不同大类产品领域中树立各自的品牌形象，例如：首旅集团的景区、饭店、会展场馆和旅行社等业务部门，拥有海南南山、宁夏沙湖、长春长影世纪城、民族饭店、京伦饭店、北京展览馆和神舟国旅等不同品牌。

4. 个别品牌名称与企业名称并用

个别品牌名称与企业名称并用即企业决定其不同类别产品分别采取不同的品牌名称，且在品牌名称之前都加上企业名称，此策略多用于新产品开发。在新产品品牌名称上加上企业名称，可以使新产品享受企业的声誉，而采用不同的品牌名称，又可使各种新产品显示出不同特色，运用这一策略的典型是一些旅游目的地整体上市的旅游集团，如峨眉山、黄山等，集团旗下的景区和饭店在整体旅游地名称基础上，采用不同产品或品牌名称。

（四）品牌战略决策策略

1. 产品线扩展策略

产品线扩展（Line Extension）指企业现有的产品线使用同一品牌，当增加该产品线的产品时，仍沿用原有的品牌。这种新产品往往出于都是现有产品的局部改进，如增加新的功能、包装、式样和风格等。产品线扩展的利益有，扩展产品的存活率高于新产品，而通常新产品的失败率在80%～90%之间；满足不同细分市场的需求；完整的产品线可以防御竞争者袭击。

2. 多品牌策略

多品牌策略，是在相同产品类别中引进多个品牌的策略称为多品牌（Multi Brands）策略。一个企业建立品牌组合，实施多品牌战略，往往出于回避和减少风险的考虑，并且这种品牌组合的各品牌形象间既有差别又有联系，组合的概念蕴含着整体大于个别的意义。

3. 新品牌策略

新品牌策略，是为新产品设计新品牌的策略称为新品牌（New Brand）策略。当企业在新产品类别中推出一个产品时，可能发现原有的品牌名不适合它，或是对新产品来说有更好更合适的品牌名称，促使企业设计新品牌。

4. 合作品牌策略

合作品牌，也称为双重品牌。合作品牌策略，是两个或更多的品牌在一个产品上联合起来。每个品牌都期望另一个品牌能强化整体的形象或购买意愿。合作品牌的形式有多种。一种是中间产品合作品牌，如饭店和旅行社、会展公司联合开发一个品牌；还有一种形式是合资合作品牌，在旅游业发展中，主要表现为旅游地之间的合作，共同打造整体旅游品牌，如丝绸之路旅游线路品牌，云南迪庆、西藏昌都、四川甘孜和青海玉树等联合打造的"大香格里拉"旅游品牌。

（五）品牌再定位决策策略

品牌再定位决策，是指一种品牌在市场上最初的定位也许是适宜、成功的，但到后来企业可能不得不对其重新定位。原因是多方面的，如竞争者可能推出其他品牌，削减了企业市场份额；顾客偏好的转移，使对企业品牌的需求减少；或者公司决定进入新的细分市场。进行品牌再定位决策时，首先，应考虑将品牌转移到另一细分市场所需的成本，包括产品品质改变费、包装费和广告费。一般来说，再定位的跨度越大，所需成本越高；其次，要考虑品牌定位于新位置后可能产生的收益。收益大小由某一目标市场的消费者人数、消费者平均购买率、在同一细分市场竞争者的数量和实力，以及在该细分市场中为品牌再定位要付出的代价等因素决定。品牌再定位主要发生在一些老牌旅游景区面对发展瓶颈时，所进行的转型和旅游形象的再设计，如湖南张家界景区的南天一柱山更名为好莱坞热播大片《阿凡达》中的哈利路亚山，其市场效果还有待实践的进一步检验。

（六）品牌延伸策略

品牌延伸策略，是将某一成熟品牌或某一具有较大市场影响力的成功品牌使用到其他的产品上。品牌延伸并非只借用表面上的品牌名称，而是对整个品牌资产的策略性使用。品牌延伸适用于同一旅游企业的新产品推出或者新产品生产企业与品牌所有企业合作，是新产品快速占有并扩大市场的有力手段，能够缩短产品引入期旅游消费者对产品认知过程，有效节省促销推广费用；保证新产品投资决策的快捷准确，降低新产品的市场风险；有助于强化品牌效应，增加品牌无形资产的经济价值；增强核心品牌的形象，提高整体品牌组合的投资效益。

（七）品牌更新策略

由于内外部原因，品牌在市场竞争中知名度、美誉度的下降，以及销量、市场占有率降低等品牌失落的现象，被称为品牌老化。

品牌更新策略，是指随着企业经营环境和消费者需求的变化，品牌的内涵和表现形式也要不断变化更新。品牌更新策略包括：第一，形象更新，品牌不断创新形象，适应消费者心理的变化，从而在消费者心目中形成新印象的过程；第二，定位的修正，企业在品牌建立之后，会因竞争形势而修正自己的目标市场，也会因时代变迁、社会文化变化而修正品牌定位；第三，产品更新换代，品牌想在竞争中处于不败之地，就必须保持技术创新，不断进行产品的更新换代；第四，管理创新，从企业生存的核心内容来指导品牌的维系与培养，含有多项内容，如与品牌有关的观念创新、技术创新、制度创新和管理过程创新等。

（八）品牌联盟策略

品牌联盟策略，是指若干家企业共同使用统一品牌，利用自身的资源优势生产同一产品或者系列产品，形成较大的品牌联合体。在品牌联合体之下，可以共享销售渠道、广告推销，极大降低成本，并使产品进入市场的周期缩短。

第四节　旅游新产品开发策略

一、旅游新产品的概念及类型

（一）旅游新产品的概念

从市场营销的角度看，凡是企业向市场提供的过去没有生产过的产品都叫新产品。具体地说，只要是产品整体概念中任何一部分的变革或创新，并给消费者带来新的利益、新的满足的产品，都可以认为是一种新产品。

旅游新产品的含义，可从产品与市场关系的 4 个层面来理解：第一，在现有市场中第一次出现的、添补空白的是新产品；第二，现有产品进入到一个对其全无了解的新市场，这个产品相对来讲也是新产品；第三，在结构、功能或形态上得到改进并与原有产品形成某些差异，同时能够为现有市场旅游者带来新利益的产品，也是新产品；第四，旅游企业对现有产品进行重新定位，确立新的目标市场，此类产品也属于新产品，如图 7-3。

产　品	市　场	
	现有市场	新市场
新产品	将新产品引进现有市场	将新产品引进新市场
现有产品	对现有产品进行调整以适应现有市场	对现有产品进行重新定位以吸引新市场

图 7-3　基于产品与市场关系的旅游新产品

（二）旅游新产品的类型

1. 创新型旅游新产品

创新型旅游新产品，是指在现代科技进步的背景下，采用新原理、新设计、新方法等，创造出来的具有新功能、新形式、新内容的产品。这类产品能够满足旅游者新的需求，无论对企业或市场来说都属绝对的旅游新产品。可以是新开发的旅游景点，也可以是新开辟的旅游线路或新推出的旅游项目。例如随着科学技术的进步，人类曾经遥不可及的上天下海变成可能，太空旅游和海底旅游也应运而生。相对而言，全新旅游线路的设计并不太难，一些服务项目创新也较容易做到，而实物形态的全新旅游产品设计往往难度较大。

2. 换代型旅游新产品

换代型旅游新产品，是指对现有产品进行较大革新，使产品结构向高级阶段发展，产品功能更适合目标市场的需求，并对原产品形成较大的压力和威胁，形成产品的更新换代，是相对新产品中创新程度最高的一种，如饭店星级和景区 A 级的提升，将原有的观光线路设计提升为休闲体验线路，中国优秀旅游城市和最佳旅游城市的创建等。

3. 改进型旅游新产品

改进型旅游新产品，是指旅游企业对原有旅游产品不进行重大革新，只进行局部形式上的改变，使其形象、性能、结构、功能、用途、配套设施及服务等方面有所优化。改进型产品是相对新产品中创新程度居中的一种，它和原有产品形成一定差异，各自针对的细分市场需求也是不同的。例如自助餐根据客人口味变化调整部分菜肴，对饭店的客房、餐厅等空间进行装修，原有旅游行程中景点和服务数量和种类的增删，对旅游目的地形象进行优化、基础设施进行改造等。

4. 仿制型旅游新产品

仿制型旅游新产品，是指对市场上已有的产品进行模仿，将其局部改进或加以革新的产品。开发这种类型的新产品不需要太多的研发资金和尖端技术，风险较小，是相对新产品中创新程度最低的一种。旅游企业应注意对原产品某些缺陷和不足加以改造，而不应全盘照抄。大部分旅游产品因科技含量不高或缺乏专利保护，很容易被别的企业仿制。随着国家对知识产权保护力度的加强，企业在仿制旅游新产品时应避免侵权。从长远考虑，仿制、特别是亦步亦趋式的仿制没有出路，一些学习型企业在实践中逐步认识到创新才是永葆活力的关键。

二、旅游新产品开发原则

1. 系统化原则

旅游企业要在市场上立足，不可能只生产一种旅游产品，而要有自己的产品组合系统，其中有主导旅游产品和辅助旅游产品。同时，某旅游目的地要想吸引游客前来和重游，也不能只开发单一的自然和历史文化观光产品，而要建立和完善从本地实际出发，适应市场需要的旅游产品体系；旅游目的地产品的开发也是一项系统工程，需要旅游目的地各行业、各部门和全体居民的共同努力。

2. 内涵特色化原则

目前旅游市场上很多产品表现出由于资源同质、开发思路陈旧、缺乏特色，产品之间抄袭、克隆和同质化，导致低层次低水平竞争不断重复。因此，在旅游新产品设计中要从产品的名称、内容、形式、形象、包装和服务等各方面突出特色，并着力从内涵中挖掘产品对消费者的内在吸引力。

3. 可持续发展原则

旅游发展要以可持续发展理念为指导，旅游新产品开发也不例外。在旅游新产品中，要充分考虑当地环境的容量；注意克服新产品开发对生态环境的负面影响；并从新产品开发的利润中，提出一部分作为旅游环境保护的专项基金，在游客对旅游产品的消费中，注意引导游客采取负责任的方式从事旅游活动；大力开发生态旅游新产品。

4. 功能多样原则

旅游产品生命周期长短在一定程度上取决于产品功能是否符合旅游消费者需求，而旅游者所希望的产品不再是单调的、缺乏人性化的、雷同的产品。新产品开发要注意对客源市场的需求进行调查和回应，真正从游客需求出发开发功能多样的旅游产品，提高旅游地重游率和旅游产品重购率。

5. 文化性原则

在资讯科技发达的今天，文化交流的范围之广、频率之快前所未有，人类几乎每时每刻都在进行观念的分化和融合。这种文化的变异性为旅游开发提供了丰富的文化型旅游资源。旅游的文化性是其产业特殊性的集中表现。文化既是旅游业的物质资源基础，又是它的精神动力支撑。现代社会里，旅游产品已不是一个纯粹意义上的经济概念，而是以文化性质为主的产品形式，构建出社会和文化的休闲趋向，来满足旅游者的个性化需求。

三、旅游新产品开发程序

（一）收集创意

在旅游新产品开发过程中，旅游经营者要集思广益，创造宽松的言论环境、构建必要的创意激励机制，激发员工丰富的想象力。激发创意的方法很多，有头脑风暴法、角色扮演法、逆式思维法、相似类推法、连接联想法和焦点法等。旅游企业应倡导员工创意，把员工创意运用到旅游新产品开发中去，把有用的建议收集起来。此外，旅游企业还可从旅游者、竞争者、旅游零售商、代理商，以及大专院校、科研机构、行业机构和协会、广告公司、咨询公司等处吸收创意。

（二）筛选创意

收集到足够的创意之后，要对这些创意加以评估，研究其可行性，并挑选出可行性较强的创意，这就是创意筛选。创意筛选的目的就是淘汰那些不可行或可行性较低的创意，使旅游企业有限的资源集中于成功机会较大的创意上。筛选创意一般要考虑两个因素，一是该创意是否与旅游企业的目标相适应，表现创意与企业利润目标、销售目标、销售增长目标、形象目标等几个方面的符合程度；二是旅游企业有无足够的能力开发这种创意，这些能力表现为资金能力、人力资源、销售能力等。

（三）概念形成

旅游企业对筛选后的创意进一步升华，发展成旅游新产品概念。其任务是把创意转变成旅游者喜闻乐见、愿意购买的现实产品，因而这项工作是新产品开发中的关键性环节之一。此时，首先应当明确旅游产品创意、旅游产品概念和旅游产品形象之间的区别。旅游产品创意是旅游企业从自己的角度考虑能够向市场提供的可能产品的构想；旅游产品概念是指旅游企业从消费者的角度对这种创意所作的详尽的描述；而旅游产品形象，则是旅游消费者对某种现实旅游产品或潜在旅游产品所形成的特定形象。旅游企业必须根据旅游消费者的要求把旅游产品创意发展为旅游产品概念。

（四）概念测试

确定最佳旅游产品概念，进行旅游产品和品牌的市场定位后，就应当对旅游产品概念进行测试。所谓旅游产品概念测试，就是用文字、图画描述或者用实物影像资料将旅游产品概念展示于一群目标顾客面前，观察他们的反应，了解他们的愿望。旅游新产品概念测试大都采用文字、图像、模型等形式进行，一些旅游企业采用多媒体来说明旅游新产品的特点、功能和结构等，特别是饭店设计、新旅游线路的说明等已较广泛地采用多媒体方式。通过这种方式展现概念产品，并向游客征询意见。通过"概念测试"，吸收旅游者对新产品功能、质量、结构、品牌、价格等方面的意见，可进一步完善新产品概念，争取使将要推出的旅游新产品更符合游客需要，被旅游者认为没有前途的构思和概念产品将被淘汰。

（五）拟订营销计划

为提高旅游新产品的市场成功率，旅游企业在形成新产品概念并经过测试后，就要制定相应的营销计划。旅游新产品营销计划包括新产品的目标市场、在旅游市场上的定位、目标市场规模与发展潜力、目标市场占有率、短期、中期和长期的价格、渠道、沟通与促销等营销策略。具体包括以下几方面：

（1）描述目标市场的规模、结构、行为，旅游新产品在目标市场上的定位，头几年的销售额、市场占有率、利润目标等；

（2）简述旅游新产品的计划价格，分销策略以及第一年的市场营销预算；

（3）阐述计划长期（一般3～5年）销售额和目标利润以及不同时间的市场营销组合等。

（六）商业分析

旅游企业推出新产品是商业行为，必须讲求经济效益。因此在旅游新产品研制出来之前，还必须进行商业分析。商业分析又称经济分析，是指对旅游新产品潜在盈利进行分析评估。在这一阶段，旅游企业市场营销管理者要预测该项产品的潜在销售量、预期购买该旅游产品的市场、旅游产品的潜在利润以及现金流量，便于管理层清楚地了解新产品多久才能实现盈利。在此阶段还应测试公众对该项产品概念的反应如何。如果反应良好，则旅游新产品开发可进行下一个阶段。

（七）新产品试制

在经过商业分析之后，如果不可行则应果断放弃以防止损失增加，如可行即进入新产品试制阶段。旅游企业在试制阶段的任务是把概念性旅游产品转化成现实旅游产品。由于旅游产品的特殊性，在本阶段旅游企业对实物产品和服务产品在试制方面的要求有较大差异。实物产品试制既要考虑需求水平又要考虑在技术上有一定先进性，服务产品更多地考虑服务技能所能达到的水平及旅游者兴趣变化的趋势。一些企业在新产品试制成功后，请各方面人士提出意见和建议，并据此进行改进。例如：某四星级饭店试营业之前，邀请饭店专家、同行企业代表、旅行社代表、游客代表等入住三天，共征询意见900多条，饭店根据这些意见进行整改，正式开业后客人较为满意。

（八）新产品试销

通过试销，旅游企业可进一步了解旅游者偏好，了解旅游者对产品在质量、样式及价格等方面的意见，发现旅游产品设计时所忽略的缺陷。旅游企业根据市场试销搜集来的信息，对旅游新产品加以改进和完善。生产成本不高或对市场很有把握的旅游新产品，也可直接拿到市场销售，以抢占市场先机，如旅游新线路的推出，由于设计研发成本低，一些企业在旅游新线路设计后即投放市场，越过试销这一环节。对于投入大、一时拿不准的旅游新产品，一般还需经过市场试销这一环节。如果试用率和重复购买率都高，便可停止试销，将旅游新产品正式投放市场；如果试用率高，重复购买率低，则说明旅游者对产品尚不满意，应研究改进，不断完善。如果使用率低，重复购买率高，则说明产品尚受欢迎，但旅游消费者对产品不够了解，需要加强促销；如果试用率和重复购买率都低，则说明旅游产品无发展前途，应立即停止开发。

（九）正式投放市场

旅游新产品经过试销阶段，得到市场肯定之后，旅游企业高层管理者应作以下决策：何时推出旅游新产品，何地推出旅游新产品，向谁推出旅游新产品，如何推出旅游新产品。只有这几方面问题得到解决，企业才能真正实现其批量上市的目的。在旅游新产品刚投放市场时，一般销售量较小，各种费用较高，往往会发生一定程度的亏损，这是正常现象，如新饭店一般在开业 3 至 6 个月内会出现亏损。旅游营销管理人员此时的任务是把亏损控制在一定的范围内。

四、旅游新产品开发策略

（一）资源重组策略

资源重组策略一般包括两种具体策略。

（1）依据市场需求组合资源。即将目标市场所需求的资源整合，对资源的特点给予最大限度发挥，使资源在吸引力、利用率上最大化，并使之具有更强的灵活性，易于新产品开发。

（2）以文化为纽带组合旅游资源。旅游新产品开发要以文化为纽带，将旅游资源进行更科学的组合，推动旅游者的购买力。文化组合既可以是以自然要素为对象的生态文化，也可以是以宗教与民俗为主题的传统文化；既可以是以高新科技和新文化为代表的现代文化，也可以是传统文化和现代文化相结合的多元素文化等多种类型的文化特色来组织开发旅游产品。

（二）产品升级策略

1. 提升产品主题形象

产品主题形象是旅游产品的生命，个性鲜明的主题可以形成较长时间的竞争优势，使旅游新产品在市场中能够快速获得市场认知，从而吸引更多的潜在旅游者。因此，越来越多的旅游新产品在开发过程中开始注重对产品主题的提炼和总结，并采用更形象化的表达方式进行有效传播。通过对旅游资源特色的充分挖掘，针对目标市场的需求特征，概括出旅游新产品最核心的卖点，即形象化的产品主题。

2. 提升旅游产品品质

旅游产品品质提高的一个重要途径是保持对旅游新产品设计生产和管理的不断完善与改进，对产品所依托的资源进行深度开发，丰富产品的功能和内容，同时以高质量服务增强产品的知名度和信誉度。优美的环境、免费的景点、便利的交通，尤其是完善的大型商务设施，都是提高旅游产品品质的重要因素。例如，海外公司的会议奖励团来中国的旅游目的地，以前多为北京和上海，但由于杭州旅游服务、旅游品质的提升，使杭州成为新起之秀。

3. 提高旅游产品科技水平

高科技可促进旅游资源的内涵不断延伸，使一些过去不能被开发的潜在旅游资源被利用起来，如深海、太空、动漫旅游资源等。在旅游新产品开发中也要促进高科技转化为现实的旅游生产力，重视高速铁路等新型交通技术，包括遥感（Remote Sensing，RS）、全球定位系统（Global Positioning System，GPS）、地理信息系统（Geographic Information System，GIS）的 3S 技术，防污染和污染处理技术，循环经济技术，以及 3G 通信技术等在旅游产品开发中的运用。

（三）主导产品策略

一个成熟的旅游企业或旅游地都应有自身的主导旅游产品。主导产品是指在资源条件与客源市场两方面均有较大优势，能够在旅游市场保持一定的占有率，能够持续获利的旅游产品。目前，在我国资源特征和市场竞争影响下，我国旅游业主导产品仍是高品位、垄断性的观光型旅游产品。

（四）高档与低档产品相结合策略

旅游新产品开发应满足市场不同消费层次需求，扩大企业经营的覆盖面。如一家旅行社开发的游览线路，为满足不同旅游者的消费水平，可在保留主要旅游景点的同时，设定不同的交通、住宿、餐饮水平，以不同的价格、服务标准吸引不同的旅游人群；滨海、冰雪和高尔夫等旅游开发中，也应兼顾各种不同档次的消费水平需求，力求让社会更多阶层的人享受到这些类型的旅游产品。

（五）系列式新产品开发策略

旅游企业围绕某一主导产品向上下左右前后延伸，开发出一系列类似但又各不相同的产品，形成不同类型、不同规格、不同档次的产品系列。采用该策略开发新产品，企业可以尽量利用已有资源，设计开发更多的相关产品，比如旅游饭店根据季节不同，适时推出各种主题餐饮；旅行社在开发海南国际旅游岛旅游的基础上，开发滨海度假、热带雨林、黎苗风情、佛教朝拜、高尔夫、温泉和海洋运动休闲等系列旅游产品。

（六）订制式新产品开发策略

旅游企业根据顾客个性化需求，设计研制满足特定顾客需要的新产品。显然这种策略能充分体现"以消费者需要为中心"的经营理念。传统上，我国习惯于团体旅游，旅游企业也习惯开发针对团队的旅游产品。但随着时代的发展，散客旅游、背包旅游和自驾游等已成为旅游市场主流趋势。这也就要求旅游企业能够更好地针对个别顾客需要，提供个性化的产品与服务。

（七）差异化新产品开发策略

旅游产品开发贵在创新。我国旅游产业已逐步进入充分竞争阶段，各家旅游企业要想顺利生存下去，就必须有自身特色。对于有实力的大企业，可以开发全新旅游产品占据竞争制高点；对于主要靠模仿生存的实力欠缺的中小企业，也不能纯粹模仿，而是要在模仿中有所创新，充分利用"船小好掉头"的特点，在服务等软实力上下足工夫。

综上，可供旅游企业选择的新产品开发策略有很多，每种策略都有其优缺点和适用范围。对于企业来讲，无论选择哪种策略，都要根据顾客的需要、企业的资源以及市场环境等条件进行周密计划方可采用和执行。

第五节 旅游产品组合策略

一、旅游产品组合的概念及类型

（一）旅游产品组合的概念

吕君、刘丽梅（2004）认为旅游产品组合是旅游经营者根据企业实力和市场需求状况，运用适当的资金、技术手段，通过科学的调查、评价、建设等程序，把各单项旅游产品组合起来，具有完整形象的整体旅游产品，能够满足旅游者的综合需求。旅游产品组合包括旅游者从开始旅行到结束时的全部内容。

（二）旅游产品组合的类型

1. 地域组合形式

地域组合是将跨越一定地域空间、特色鲜明突出、差异性较大的若干个旅游产品项目组合而成的。此类组合产品要求内容丰富、项目间差异性大。根据地域范围大小，可分为国际与国内组合形式。国际组合可细分为欧洲、亚洲、南亚和北美组合等；国内组合可细分为全国组合、地区组合、城市县域组合等。近几年国内主流旅行社推出的"欧洲假期8国12日梦幻城市之旅"，涉及国家包括南欧、西欧、荷兰、比利时、卢森堡、法国、德国、意大利；比较成熟的"新（加坡）、马（来西亚）、泰（国）"之旅、日韩之旅，都属于典型的地域组合旅游产品。

2. 时间组合形式

时间组合形式的维度包含两个层面。第一，在一次旅游行程中具体时间的安排，包括花在区外和区内交通上的时间、在景区的停留时间、在目的地的娱乐和休闲时间，以及在旅游过程中的其他时间安排；第二，在一年当中，根据季节的变化对旅游产品的组合，如春季的"油菜花节"、"桃花节"，夏季的"消夏避暑节"、"漂流节"和"泼水节"等，秋季的"水果品尝节"、"枫叶节"，冬季的"温泉＋滑雪＋看冰灯"等。但也有的旅游产品季节性变动较少，不需要以时间组合的形式。如海南岛的滨海旅游产品，由于地处热带，四季可游。

3. 内容组合形式

内容组合是根据旅游活动的主题，将若干旅游产品项目组合起来，可分为综合性组合产品和专题性组合产品。中国文化旅游属于综合型组合旅游，而具体的佛教文化旅游、茶文化旅游、少数民族服饰旅游和儒家文化旅游等则属于专题组合旅游；比如古代陆上丝绸之路主题旅游，内容上应包括西安、天水、兰州、嘉峪关、敦煌、吐鲁番、乌鲁木齐和喀什等城市及其历史遗迹与文化风貌。

二、旅游产品组合策略

（一）扩大产品组合策略

扩大产品组合策略是开拓旅游产品组合的广度和加强旅游产品组合的深度，如在某旅游地开发新的旅游产品类型，以及丰富原有旅游产品或服务的内涵。具体方式有：

（1）在维持原产品品质和价格的前提下，增加同一产品的规格、型号和款式；

（2）增加不同品质和不同价格的同一种产品；

（3）增加与原产品相类似的产品；

（4）增加与原产品毫不相关的产品。

扩大产品组合的优点是：① 满足不同偏好旅游消费者多方面需求，提高产品市场占有率；② 充分利用企业信誉和商标知名度，完善产品系列，扩大经营规模；③ 充分利用企业资源和剩余生产能力，提高经济效益；④ 减小市场需求变动性的影响，分散市场风险，降低损失程度。

（二）缩减产品组合策略

缩减产品组合策略是削减产品线或产品项目，特别是要取消那些获利小的旅游产品或线路，以便集中力量经营获利大的旅游产品线和产品项目。缩减产品组合的方式有：

（1）减少产品线数量，实现专业化生产经营；

（2）保留原产品线削减产品项目，停止生产某类产品，外购同类产品继续销售。

缩减产品组合的优点有：① 集中资源和技术力量改进保留产品的品质，提高产品商标的知名度；② 生产经营专业化，提高生产效率，降低生产成本；③ 有利于企业向市场的纵深发展，寻求合适的目标市场；④ 减少资金占用，加速资金周转。

（三）高档产品策略

即在原有的产品线内增加高档次、高价格的产品项目，这种策略目前在我国休闲度假旅游产品开发中使用的十分普遍，但要考虑高端市场的容量和接受程度，以免盲目投资带来损失。实行高档产品策略的优点有：

（1）高档产品生产经营容易为企业和目的地带来丰厚利润；

（2）可提高现有产品声望，提高旅游企业和旅游地的市场地位；

（3）有利于带动旅游企业生产技术水平和管理水平的提高，提升旅游地的基础设施建设水平。

实行高档产品策略的缺点是：采用这一策略的企业和目的地也要承担一定风险。因为，企业和旅游地惯以生产廉价产品的形象在消费者心目中不可能立即转变，使得高档产品不容易很快打开销路，从而影响新产品项目研制费用的收回。高端产品策略对非知名旅游地来讲一定要慎用。

（四）低档产品策略

在原有的产品线中增加低档次、低价格的旅游产品项目，如目前许多世界知名饭店集团在打造豪华品牌的同时，也发展经济型饭店产品，兼顾中低档市场。实行低档产品策略的优点是：

（1）借高档名牌产品的声誉，吸引消费水平较低的顾客慕名购买该产品线中的低档廉价产品；

（2）充分利用企业现有生产能力，补充产品项目空白，形成产品系列；

（3）增加销售总额，扩大市场占有率。与高档产品策略一样，低档产品策略的实行能够迅速为企业寻求新的市场机会。

实行低档产品策略的缺点是：

（1）采用低档产品策略的企业存在一定的风险。如处理不当，可能会影响企业原有产品的市场声誉和名牌产品的市场形象。

（2）这一策略的实施需要有一套相应的营销系统和促销手段与之配合，必然会加大企业营销费用的支出。

（五）合理的时间安排

设计旅游产品组合，首先要考虑时间安排的合理性。如：旅行社的包价旅游，从一日游到多日旅游线路的设计，就是以时间为序组合旅游产品。切实可行、有张有弛、衔接紧密的时间安排，给游客留出充分的休闲、欣赏、体验和拍照时间，将有利于旅游产品整体满意度的提高；而时间安排不当，导致误机、误车等事故往往会让旅游者十分反感。

（六）科学的空间安排

在旅游产品组合的空间设计方面，考虑旅游目的地类型（包括主要目的地，途经目的地、单目的地、途径目的地，国际门户、主要旅游地，次要旅游地，低级旅游地、过夜游目的地和途径目的地，门户型、出口型、途径型和中心集散型目的地等），旅游目的地之间的竞合关系，旅行模式（单目的地模式、往返模式、营区基地模式、区域游模式和旅行链模式），客源地与目的地的距离，旅行的可移动性，游客多样化利益的追求，游客的信息来源和旅行目的等因素，帮助旅游者在停留空间和消费空间的选择上做出理性的决策。

（七）有针对地适应需求

不同的社会、职业、文化背景和风俗习惯的旅游者对旅游产品的需求往往有较大差异，因此旅游企业在组合旅游产品时，要根据需求的差异性提供各种因需而异的旅游产品。如妈祖文化旅游线路对台港澳、东南亚华人游客有一定吸引力，欧美客人大都无多大兴趣；而欧美游客，对中国的传统民居、古建筑、自然风光和茶文化等旅游产品会更感兴趣。

（八）交通工具的选择

选择适当的交通工具既可节省旅途时间和交通费用支出，又能带给旅游者安全、便捷和舒适。旅行社在远程旅游线路设计时，在交通工具的选择上既考虑远距离景点的飞机，又考虑中距离的火车，还可以安排短距离的汽车，甚至在有条件时安排近距离的轮船，使游客在交通工具的变化中体验不同的旅行感受。选择交通工具时，应注意尽量不安排单日超过12小时以上的火车、汽车旅行，否则游客过于劳累，会影响体验质量。而一些特殊旅游交通工具本身对游客有很强吸引力，如冬季在白雪皑皑的北国，坐雪橇或骑马游林海雪原；台湾阿里山区的森林小火车；黄河中游的羊皮筏子；峨眉山的滑竿都给旅游者以与众不同的体验。

三、旅游产品组合评价

评价旅游产品组合的优劣可通过一些经济指标进行，以此评判各产品项目的发展潜力和趋势，开发新产品，淘汰疲软和衰败产品，调整旅游产品组合。在旅游市场营销学中，通常使用三维分析图，在三维空间坐标上，以 3 个坐标轴 X、Y、Z 分别表示旅游产品的市场占有率、销售成长率以及利润率，每一个坐标轴又为高、低两段，这样就能得到 8 种可能的位置，如图 7-4 所示。

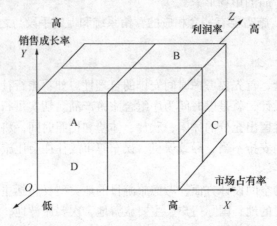

图 7-4 旅游产品组合的三维分析图

如果旅游企业的大多数产品项目或产品线处于 A、B、C 位置上，就可以认为产品组合已达到最佳状态。因为任何一个产品项目或产品线的利润率、成长率和占有率都有一个由低到高又转为低的变化过程，不能要求所有的产品项目同时达到最好的状态，即使同时达到也不能持久的。

因此企业所能要求的最佳产品组合，必然包括：① 目前虽不能获利但有良好发展前途、预期成为未来主要产品的新产品（A）；② 目前已达到高利润率、高成长率和高占有率的主要产品（B）；③ 目前虽仍有较高利润率而销售成长率已趋降低的维持性产品（C）；④ 已决定淘汰、逐步收缩其投资以减少企业损失的衰退产品（D）。

当然在现实的旅游营销过程中，任何旅游产品的市场占有率、销售成长率和利润率都是动态的变化过程，因此不能强求任何旅游产品组合都同时达到最优状态，即便暂时达到最优状态也不可能长久保持。因此，旅游企业要不断根据市场和资源的变化，不断调整旅游产品组合，发展新产品、淘汰疲软产品，实现旅游企业经济效益的最优。

本 章 小 结

本章对旅游产品的概念进行了系统介绍，阐明了旅游产品的主要特性，解析了整体旅游产品的构成；论述了旅游产品生命周期原理的概念、各阶段特点及影响因素，根据其特点，介绍了各阶段可能采取的营销策略；论述了旅游产品品牌的概念、内涵、作用与特点，介绍了旅游产品主要的品牌策略；阐述了旅游新产品的概念，介绍了旅游新产品的类型、开发原则、开发程序，叙述了旅游新产品的开发策略；在本章最后一节，叙述了旅游产品组合的概念和类型，介绍了旅游产品组合的主要策略，最后提出评价旅游产品组合的基本思路。

【思考题】

1. 论述旅游产品的基本特性，思考旅游产品特性对旅游产品营销的影响，并提出相应对策。

2. 阐述旅游产品生命周期的基本原理，结合不同类型旅游产品特点，探索旅游产品生命周期的影响因素，据此提出延长旅游产品生命周期的思路与对策。

3. 收集国内外旅游地和旅游企业品牌化运作成功与失败的案例，并对其经验与教训进行评述。

4. 根据国内外旅游产业现状，归纳总结旅游新产品的发展趋势。

5. 根据旅游产品组合的内涵与影响因素，尝试建构旅游产品组合评价的指标体系。

【单选题】

1. Cooper 等（1993）提出的旅游产品结构模型，包括旅游吸引物、（ ）、便利设施和服务、和辅助服务。
   A. 旅游服务质量　　　　　　　　　B. 旅游形象
   C. 旅游资源禀赋　　　　　　　　　D. 可进入性

2. Smith（1994）把旅游产品分解成 5 个同心环层次，从内到外依次是（ ）。
   A. 物质实体、服务、好客、直接的参与机会、选择自由
   B. 物质实体、服务、好客、选择自由、直接的参与机会
   C. 物质实体、好客、服务、直接的参与机会、选择自由
   D. 服务、物质实体、好客、选择自由、直接的参与机会

3. 品牌战略决策有 4 种，即（ ）、多品牌、新品牌和合作品牌策略。
   A. 品牌重组　　　　　　　　　　　B. 品牌优化
   C. 产品线扩展　　　　　　　　　　D. 品牌并购

4. 旅游产品品牌策略的具体措施包括：品牌化决策策略、（ ）、品牌名称决策策略、品牌战略决策策略、品牌再定位决策策略、品牌延伸策略、品牌更新策略、品牌联盟策略。
   A. 品牌策划者决策策略　　　　　　B. 品牌使用者决策策略
   C. 品牌设计者决策策略　　　　　　D. 品牌决策者决策策略

5. 旅游新产品开发一般经过 8 个程序，即（ ）。
   A. 收集创意、筛选创意、形成新产品概念并测试、拟订新产品营销计划、商业分析、试制、试销、正式投放市场
   B. 收集创意、筛选创意、商业分析、拟订新产品营销计划、形成新产品概念并测试、试制、试销、正式投放市场

C. 收集创意、筛选创意、形成新产品概念并测试、商业分析、拟订新产品营销计划、试制、试销、正式投放市场

D. 拟订新产品营销计划、商业分析、收集创意、筛选创意、形成新产品概念并测试、试制、试销、正式投放市场

答案：1. D　2. B　3. C　4. B　5. A

【多选题】

1. 菲利普·科特勒指出，整体旅游产品可分解为 5 个层次，包括：核心产品、（　　）、期望产品、（　　）和（　　）。

A. 形式产品　　　　　　　B. 服务产品　　　　　　　C. 延伸产品

D. 资源产品　　　　　　　E. 潜在产品　　　　　　　F. 目标产品

G. 整体产品　　　　　　　H. 有形产品

2. 旅游产品的特点包括无形性、（　　）、不可转移性、（　　）、综合性、脆弱性、季节性、（　　）、文化性等。

A. 生产与消费的同步性　　B. 不可储存性　　　　　C. 盈利性

D. 需求弹性大　　　　　　E. 需求弹性小　　　　　F. 无需求弹性

G. 消费性　　　　　　　　H. 资本密集性

3. 菲利普·科特勒（2001）指出一个优秀旅游品牌的构成要素包含：（　　）、品牌利益、（　　）、品牌文化、（　　）和（　　）6 方面的内容。

A. 品牌感知　　　　　　　B. 品牌属性　　　　　　C. 品牌联想

D. 品牌价值　　　　　　　E. 品牌美誉度　　　　　F. 品牌内涵

G. 品牌个性　　　　　　　H. 品牌关联　　　　　　I. 品牌使用者

J. 品牌所有者

4. 品牌策略的具体措施主要包括（　　）、品牌延伸、品牌更新和品牌联盟等。

A. 品牌使用者决策　　　　B. 品牌并购决策　　　　C. 品牌化决策

D. 品牌名称决策　　　　　E. 品牌战略决策　　　　F. 品牌定位决策

G. 品牌再定位决策　　　　H. 品牌重组决策

5. 下列哪些产品属于开发创新型旅游新产品的行为（　　）。

A. 开发太空旅游　　　　　　　B. 饭店由 4 星升格 5 星

C. 创建中国最佳旅游城市　　　D. 开发海底旅游

E. 3G 通信技术运用于旅游产业　F. 设计新旅游线路

答案：1. ACE　2. ABD　3. BDGI　4. ACDEG　5. AD

第八章　旅游产品的定价策略

【学习目标】

通过本章的学习掌握旅游产品价格的基本概念，了解其在旅游市场营销中的主要作用；重点掌握影响旅游产品定价的因素、旅游产品的定价方法及定价策略，了解旅游企业的定价目标；能熟练运用旅游产品定价的原则和方法为旅游产品制定合理的价格。重点讨论了旅游营销人员在定价时必须考虑的一些因素，包括旅游产品定价的方法、定价策略以及为满足顾客需要和应付环境而进行的价格调整。

案例导引

休布雷公司的故事

在美国伏特加酒的市场中，休布雷公司的营销是比较出色的，他生产的史密诺夫酒，在伏特加酒的市场占有率达23%。20世纪60年代，另一家公司推出一种新型伏特加酒，其质量不比史密诺夫酒差，每瓶定价却比它低一美元。

按照惯例，休布雷公司的面前有三条对策可用：

（1）降价一美元，以保住市场占有率；

（2）维持原价，通过增加广告和推销支出来与竞争对手竞争；

（3）维持原价，听任其市场占有率降低。

由此看出，不论该公司采取上述哪种策略，休布雷公司似乎输定了。

但是，该公司的市场营销人员经过深思熟虑后，却采取了对方意想不到的第四种策略：将史密诺夫酒的价格再提高一美元，同时再推出一种与竞争对手新伏特加酒价格一样的瑞色加酒和另一种价格更低的波波酒。

简要案例评述：这种产品价格策略，一方面提高了史密诺夫酒的地位，同时使竞争对手新产品沦为一种普通的品牌，结果，休布雷不仅渡过了难关，而且利润大增。实际上，休布雷公司的上述三种产品的味道和成本几乎相同，只是该公司懂得以不同的价格来销售相同产品的策略而已。

（资料来源：赵西萍《旅游市场营销学》高等教育出版社，2006年版）

第一节　旅游产品价格概述

一听可口可乐在王府饭店大堂酒吧定价为 18 元，在和平宾馆定价为 10 元，在大街小巷的商店里大多是 2.5 元，买主都能坦然承受，其原因是什么？

一、旅游产品价格的形式及作用

旅游产品的价格就是对所获得的有形产品和无形服务的货币衡量。作为旅游者出行，为满足自身食、住、行、游、购、娱等各项需求，必须要支付一定的费用以购买旅游产品，所支付的费用就形成了旅游产品的价格。

（一）旅游产品价格的形式

同其他有形产品一样，旅游产品也是人类劳动的成果，具有满足旅游者需求的使用价值。因而，在市场循环中，旅游产品也是通过货币交换来体现自身价值，简而言之，旅游产品价格就是旅游者为了满足旅游活动的需要而购买旅游服务项目及相关的实物产品组合所需要付出的货币价值形式。其表现形式是多样的，如客房的租金、各种交通工具的票价、旅行团的团费、景区的门票、购买旅游商品的费用等，同时也可以是多个旅游产品的组合价格。

（二）旅游产品价格的特点

旅游产品的特殊性决定了旅游产品价格具有与众不同的特点，主要表现在以下几个方面：

1. 综合性

旅游产品价格综合性是由旅游产品的综合性决定的。旅游产品的综合性主要表现在两个方面，一是旅游产品是由各种旅游资源、旅游设施和旅游服务构成的产品；二是旅游产品是由众多行业和部门共同生产的。所以产品的综合性必然使得价格也带有综合性的特点。

2. 垄断性

旅游资源是旅游产品开发的基础，旅游资源的历史、社会和自然因素具有很强的不可模仿性，导致了众多旅游吸引物既具有一定的稀缺性，又不易再生产和复制，致使旅游产品价格具有垄断性这一特点。

3. 季节性

旅游活动具有一定的季节性的特点，在淡季，旅游者人数减少，购买力下降，旅游产品供过于求；在旺季，旅游者人数增加，旅游产品供不应求，这必然会引起旅游产品价格的季节性波动。

（三）旅游产品价格的作用

旅游产品价格的制定是否合理将会对旅游产品的销售、利润及旅游企业的形象产生重大影响，其在旅游市场营销中的作用主要表现在以下几个方面：

1. 价格是直接获取利润的重要手段；

2. 价格体现旅游产品形象和质量，是进行产品市场定位的重要手段；

3. 价格是营销人员进行市场细分的主要依据之一；

4. 价格会影响新产品进入市场的速度；

5. 消费者的购买行为常常随着价格的变化而发生改变。

二、影响旅游产品定价的因素

旅游产品价格的影响因素较多，既有旅游企业的可控因素（即内部因素），又有不可控因素（即外部因素）。把握旅游产品价格的影响因素是制定价格的基本前提。

（一）内部因素

1. 营销目标

旅游产品定价目标要服从旅游企业营销战略，如实行市场渗透战略的企业在定价时很可能会采取低价策略。旅游营销管理人员要根据不同阶段营销目标的不同来制定不同的价格。企业的营销目标主要有：

（1）以扩大市场占有率为目标。一些企业把扩大旅游市场占有率作为营销目标，这一目标一旦实现后不仅可以占有更多的市场份额，而且会随销售量提高而带来规模效益，还可逼退竞争对手。当竞争对手被迫退出市场时或不再构成威胁时，可再调高价格，得到提高市场占有率和利润及赶走一部分竞争对手的结果。在旅游市场竞争激烈的情况下，一些企业怀着"宁让利润不让市场"心态，为提高或维持一定的市场占有率，大打价格战，有时甚至不考虑固定成本只以变动成本来定价。

（2）以取得最大利润为目标。以取得利润最大化为目标就是利用潜在竞争者从研发到产品投放旅游市场之间的时间差，尽可能多地赚取利润。以取得最大利润为目标不一定就是给旅游产品定高价，对于需求价格弹性较大的旅游产品定价高，需求会下降，单位成本会相对上升，总收入反而会下降，进而会影响总利润。

（3）以求生存为目标。当企业遇到经营困难时，为维持业务、等待市场转机，让企业度过生存危机，旅游企业管理人员一般会采取低价策略，以低价吸引游客，获得喘息机会。有时营销管理人员会把旅游产品价格定在成本线附近，这种做法看起来不赚钱但却有相对利益。比如旅游产品销不出去，固定成本将全部损失，以酒店客房为例，固定成本占相当大比重，即使一间客房销售不出去，也会发生这些费用：如果以成本价销售出去，企业虽不能赢利但却可以减少损失。旅游企业在市场低迷时，可以求生存为目标，待旅游市场情况好转后，再从求生存转变为谋发展。

2. 营销组合策略

定价只是旅游企业借以达到其营销目标组合工具当中的一种，价格一定要与产品设计、分销及促销等手段相互协调，构成一个统一而有效的营销计划，对营销变量的决策会影响到价格决策。在制定旅游产品价格的时候，必须全面考虑各种营销组合策略。

3. 成本因素

旅游产品的成本是制定价格的基础。一般情况下旅游产品成本越高，旅游产品的价格相应也会提高。旅游企业在制定价格时，不仅要考虑本企业旅游产品的个别成本，更重要的是要把个别成本和社会平均成本进行比较，如果个别成本比社会平均成本低，制定旅游产品价格时回旋余地就比较大。因此适当降低成本，争取使个别成本低于社会平均成本，争取成本领先是许多旅游企业谋求价格竞争优势的利器。

旅游产品成本由固定成本和变动成本两部分组成。固定成本是指不因产量或销售额变化而变化的成本，如固定资产折旧费、租金、办公费、固定工资等，这些成本只要企业存在就必须分摊到旅游产品中去。变动成本是随产量或销售额变化而变化的成本，如采购成本、奖金等。

4. 组织方面的因素

最高管理层必须决定由组织内部的哪些人来设定价格，各个企业对待产品定价的问题方式不同。在一些小企业中，设定价格通常是最高管理层而不是营销部或销售部，而在一些大企业中，价格通常由企业的相关部门来制定。价格制定是否合理，在很大程度上决定了企业产品销售的成败。

（二）外部因素

1. 旅游市场需求

决策一定要考虑市场需求因素。一般来讲，供给不变，需求上升会推动价格上涨；需求下降，价格有下调的压力。一定时期旅游产品供给是个既定的量，而旅游产品需求的季节性特点又很明显。当旺季来临时，一些旅游产品价格会随之上涨，如海南岛在每年 12 月到次年 2 月是旅游旺季，酒店客房价格往往会上涨 50% 左右；又如旅游黄金周期间，需求十分旺盛，一些包价旅游线路的价格上涨 20%～30%。一般来讲，旅游产品供不应求时价格可定高些，供过于求时价格可定低些。供求关系的变化，要求旅游产品价格要有一定的灵活性。

旅游者对旅游产品价值的认知对价格决策有重要影响，决策者在定价时也必须以旅游者为导向，如同样是用餐，在大排档就餐和去五星级酒店用餐，从生理上都是为了填饱肚子，而环境的不同、氛围的差异，吸引某些游客愿意付高价去五星级酒店用餐。决策者要了解旅游者所认知的价值，根据不同的价值认知找到最佳卖点，进而制定对不同细分市场有吸引力的价格。

2. 宏观经济状况

经济景气状况、物价因素、汇率因素等都对旅游产品价格有一定的影响。

（1）经济景气状况。在经济发展较快、宏观经济处于景气状况时，旅游产品较为旺销，价格也有上行的要求；当经济增长速度趋缓，宏观经济处于萧条时，旅游产品销路不畅，价格有下行的要求。如 1998 年亚洲金融危机期间，泰国、印尼等国民众财产大幅缩水，旅游人次大幅减少，当地一些旅游企业不得不降价促销。

（2）物价因素。物价对旅游产品价格也有较大影响。在通货膨胀、货币贬值时期，旅游产品价格有上调的趋势，这是通货膨胀牵动所导致的；当通货紧缩时，旅游产品价格又有下调的压力。

（3）汇率因素。一国的汇率常常因各种因素而变动，汇率变动对旅游产品价格有一定影响。通常本币升值，旅游企业要考虑提高外币定价；本币贬值，旅游企业要考虑适当降低外币定价如某五星级标准客房以美元计价为每天 100 元，假定美元与某国货币比价为1：5，本币定价应为每天 500 元，当本币升值，如假定本币与美元比价为1：4，该企业为保持原有收入不变，就会把标准客房房价定为每天 125 美元。相反，当本币贬值，如假定美元与本币比价为1:5.5时，标准房价就应定为：每天90美元。

3. 竞争者的价格和产品

竞争者的价格及竞争者针对本企业的定价策略所能做出的反应也是定价时需要考虑的一个外部因素，一旦企业了解了竞争者的价格和产品，就可以将这些信息作为制定自己产品价格的基点。

4. 法律法规因素

各国政府对价格都有一定的法律法规约束，如"价格法"等相关法律法规对旅游产品定价具有约束力。不论是通过价格欺诈行为获得暴利，还是低价倾销，都要受到法律法规的制裁。一些旅游企业在暴利心态驱使下的价格欺诈行为就受到了法律的惩处。

在旅游市场日益国际化时代，旅游产品定价还应遵守有关国际法和国际惯例。由此可见，有关法律、法规是影响旅游进行价格决策的重要因素。

三、旅游产品定价的目标

旅游产品定价目标是指旅游企业对其生产和经营的旅游产品预先设定期望达到的目标和标准。在对旅游产品定价之前，确定该产品的定价目标可以使旅游产品的定价更具有针对性，也使定价的过程更具有方向性和目的性。定价目标是旅游企业营销目标的基础，是企业选择定价方法和制定价格策略的基础。由于企业营销目标的多样性导致了旅游产品的定价目标具有多样性。

1. 生存导向的定价目标

生存导向就是指旅游企业制定的价格是以企业能够维持自身的经营和运转为前提。为达到这个目标，一般旅游企业会给自己的旅游产品制定一个比较低的价格，以吸引那些对价格比较敏感的消费者。旅游企业会在生产能力过剩或相对过剩，或市场竞争激烈的情况下采用这一目标。在这目标下，旅游企业会将重点集中在企业生产的变动成本而不是整体成本。

2. 利润导向的定价目标

利润是所有企业所追求的最终目标，因而是企业包括旅游企业制定价格需要重点考虑的因素。根据旅游企业经营目标的不同，这一目标在实践中可以有以下两种形式：

（1）以利润最大化为目标。利润最大化是指企业在一定时期内可获得的最高报酬率。以利润最大化为定价目标需要注意两点：一是最高利润并不意味着最高产品价值，利润最大化更多地是取决于合理的价格所推动的需求量和销售规模，即使产品在某一时期处于高价的位置，旅游者的抵触、竞争对手的加入和替代品的出现，也会使旅游产品的高价很快降到正常水平；二是利润最大化并不意味着局部利润最大化和短期利润最大化，因为局部利润和短期利润最大化所采取的高价格不能维持太久，否则会因为急功近利造成市场的不良反应，失去开拓更大市场的机会。因此，旅游企业在追求最大化目标的时，也要采取合适的产品价格，在考虑短期的理想利润时，更要着眼于长期的、整体的利润最大化，最大化利润目标高、难度大，往往只是一种理论和理想。

（2）以获取适度投资利润为目标。旅游企业通过定价，在一定的时间内使旅游产品的价格有利于企业的投资者获取一定的投资报酬。采用这种定价目标的旅游企业，一般是根据投资额规定的利润率，计算出各单位产品的利润额，加上产品的成本，构成产品的出售价格。采用这种定价目标的企业应具有比较强的实力，而且产品比较畅销，同时预期的利润率应该高于同期的银行存款利润率，但又不能太高，否则容易遭到同类产品的竞争和旅游消费者的拒绝，预期的投资利润也不可能实现。

3. 市场导向的定价目标

市场就像一只看不见得手，自发地调节市场上资源的配置。谁拥有的市场更大，谁就拥有产品价格的定价权。最大的市场占有率可能会使成本最小化，从而获得长期的利润。因此，旅游企业可能会将价格目标制定的比较低。

4. 应对竞争导向的定价目标

以应付和防止竞争为目标的定价目标，是指旅游企业通过服从竞争需求来制定旅游产品的价格。在市场竞争中，价格是最直接、最有效又是最方便的竞争手段之一。但是运用价格手段进行竞争，往往会导致企业之间相互报复，最终结局两败俱伤，而避免两败俱伤简单途径是以主要竞争者的价格为定价基础，该种定价目标的目的是为了尽量避免和减少价格竞争，以适应多变的市场竞争环境。该种定价目标，一般适应于实力比较弱的中小企业。

5. 品质导向的定价目标

该目标适用于旅游企业将自己的产品定位在高端产品之上，提供的是一些比较豪华的旅游产品。这类产品购买者对价格不是非常敏感，而是追求品质与享受。

在实际的市场环境中，面对瞬息万变的市场，任何一个旅游企业不可能单纯按照某一种定价目标对自己的产品进行定价，而是从多个角度进行审视和考虑，制定一个综合性的定价目标。

四、旅游产品定价的程序与步骤

旅游企业营销管理人员要使价格决策更具科学性，应建立一套行之有效的、科学决策机制，按规范的程序进行运作，既不能跳越也不能顺序颠倒。价格决策的程序依次有六个步骤：

（一）确定定价目标

旅游企业生产和经营最终是为了取得经济效益。在旅游市场营销实践中，一些旅游企业的目标是追求短期利润的最大化，指望通过某种产品很快取得丰厚的利润，而另有一些企业则谋求长期利润的稳定增长，追求可持续发展目标。为实现最终目标，旅游企业在进行价格决策时，在不同时期还要考虑阶段性目标，如危机时的求生存目标，平稳时的求扩张、求发展目标等等。旅游企业定价目标越明确，价格决策的目的性也就越清晰。在进行价格决策时忌目标不明确。

（二）测定需求量

旅游市场需求量决定了旅游产品销售量。不同价格水平通常会有不同的需求量，一般是价格上升需求量下降、价格下降需求量上升。对于需求弹性大的旅游产品，价格稍有变动需求量的波动就很明显,；而需求弹性小的旅游产品价格变动较大需求量变动却较小,；另外还有一些特殊情况，对于某些资源性垄断型旅游产品和名牌旅游产品，往往是价格上涨需求量上升，价格下降需求量也随之下降。

要测定不同价格下的需求水平，旅游企业营销人员首先应分析需求弹性。需求弹性可由需求弹性系数来衡量。

（三）量本利分析

经营者在科学测定旅游市场需求量之后，需要进一步分析市场需求量、旅游产品生产经营成本和经营利润之间的关系。任何企业在定价时，都希望取得较高利润，而利润与一定价格下的市场需求量大小、生产经营成本高低又有着密切关系。弄清量、本、利三者关系是价格决策的基本前提。

1. 保本点与保利分析

旅游企业经营者有时会运用盈亏均衡点分析来协助价格决策。盈亏均衡点又称为保本点。企业产品销售若达到均衡点则可实现盈亏平衡。在制定产品价格时，经营者要考虑所制定的价格能否使企业保本，在市场不景气或竞争激烈的情况下按保本点定价，可以使企业减少损失，而且有灵活回旋的余地。

除了考虑保本因素外，企业在进行价格决策时还可进行保利分析，也就是以所制定的价格是否可以实现企业的预期利润来衡量能否执行该价格决策。保利分析可以保证在某种价格水平上完成一定销售额的前提下，能给企业带来一定的利润。

2. 边际分析

旅游经营者除了利用保本点和保利分析来考虑如何制定价格外，还可以通过边际分析考虑价格的制定。由于很多旅游产品中所包含的固定成本比例高，只要边际贡献为正值就意味着能收回全部变动成本和部分固定成本，只要边际贡献大于固定成本，就意味着有利可图。

边际分析的公式为：边际贡献＝单位产品价格－单位变动成本。

（四）分析竞争者价格及产品

旅游产品成本往往是经营者制定价格的下限，除非在不得不打恶性价格战时，在短时间内以变动成本销售旅游产品，一般不应把售价定在成本以下。旅游市场需求是旅游产品价格上限，而竞争者的价格则是旅游企业制定价格的参照系。为此，旅游企业经营者应在调研同类竞争产品价格的基础上分析利弊，特别注意旅游者对竞争产品价格的态度，以此作为本企业价格决策的参考。

另外，旅游企业还要认真分析同类旅游产品的质量。现在的旅游者对价格性能比十分关注。只有价格性能比强于同类产品才更有市场竞争力，那些质次价高或质次价低的旅游产品在市场上生存空间越来越窄，如：客房内破破烂烂的地毯、污渍斑斑的床单，虽卖价极低却很少有客人问津。因此，经营者要争取使本企业产品价格性能比优于竞争对手。为此，经营者要了解竞争产品的质量，如本企业产品质量高于竞争产品，价格才可定得稍高；如本企业产品质量与竞争产品相近，则价格也应相近；如本企业产品质量不如竞争产品，则，价格也应稍低。

（五）选择定价方法

旅游企业经营者，应选择最有利于实现企业定价目标的定价方法。具体有三种方法，即成本导向法、需求导向法和竞争导向法。不论选择何种定价方法，一般来讲旅游产品成本是价格的下限，旅游产品特色与品牌形象所能引起的市场需求是价格的上限，在价格下限和上限之间，参照竞争产品的价格，营销管理人员可初步确定本企业产品的价格区间。

（六）确定最终价格

经营者在综合考虑旅游产品市场竞争力、旅游者的心理感受及供应商、分销商、推销员的态度、竞争对手可能做出的反应、政府有关价格法律法规的限制以及行业自律组织的约束后，就可运用适当的价格策略以确定旅游产品最终价格。

只有通过以上的程序步骤，才可能制定出既符合旅游企业经营总目标，又为旅游者所乐于接受的合理价格。

第二节　旅游产品定价方法

相关链接

"阿吉帕汽车旅馆"的价格政策

意大利特兰托市郊的高速公路旁，有一家"阿吉帕汽车旅馆"。起先，这家旅馆主要接待驾车路过的旅客和因公出差的人。后来，由于竞争激烈，生意萧条，年终常常出现亏损。因此，这家旅馆不得不寻求新的招数来吸引新客人。

不一视同仁价格政策，是这家旅馆成功的新招数之一。这家旅馆为了吸引各种类型的客人，针对不同类别的客人的特点，制定了不同的价格：

散客：这类客人多是因公出差和驾车过路的客人，是该旅馆原来的主要市场。由于出差人的支出由企业开销，而不是由个人支付，因此这部分人不在乎价格的高低，对价格不很敏感；而过路的客人一般在夜晚到达旅馆，急于住宿，也对价格的高低不大计较。针对这些特点，这家旅馆对这类客人收取全价，另加就餐费。

团体客人：这类客人主要是由旅行社组团而带来住宿的客人。由于旅行社对各旅馆竞争的情况比较了解，对设施、价格、服务十分清楚，他们总是希望选择价格优惠、设施齐全、服务优良的旅馆。并且，由于旅行社组团的客人量比较大，可以增大旅馆的规模效益，因此，优惠价格对团体客人应该具有很强的吸引力。这家旅馆对团体客人采用了两种优惠价格：对住宿带三餐饭的全包价，旅馆给客人折扣13.8%；对住宿带早餐和晚餐的半包价，旅馆对客人折扣9.4%。同时，在以上两种优惠价格中凡21人以上的团体可提供一人食宿免费。

家庭客人：这类客人主要是驾车出游的家庭。这家旅馆对3人以上的家庭提供优惠价，3人同住的客房，平均每人的房价只有单人价格的65%，不满12岁的小孩可以免费同父母同住。

长期租房客人：这类客人主要是包房一个月以上的客人，多为企业单位包租。这家旅馆根据客人租房的数量多少和时间长短给予不同的优惠，最低价可达散客价的50%。这家旅馆采用的不一视同仁的价格政策，很受不同类型的旅游者欢迎，出租率大大提高。尽管平均房价有所降低，但这家旅馆还是在激烈的竞争中靠大量销售生存了下来，并增加了盈利。

（资料来源：（英）维克多·密德尔敦著，《旅游营销学》，中国旅游出版社，2005）

一、成本导向定价

成本导向定价法是指以旅游产品的成本为主要依据定价的一种定价方法，常见的成本导向定价方法有以下 4 种具体方法。

（一）成本加成定价法

这一方法就是在旅游产品单位成本基础上加上一定的毛利确定出旅游产品的价格。毛利通常包括产品的营销费用、税金和预期利润等。该方法主要考虑产品生产总成本基础上，加上一定的毛利（包括预期利润和税金）来制定产品价格。该方法计算简便易行，但是当预测旅游者消费数量会下降的时候，产品的价格就必须要提高，以弥补固定成本，使得成本和收入保持平衡。对于大部分产品而言，价格提高意味着销售量的减少，特别是对价格很敏感的旅游产品。

例：某酒店餐厅某菜肴原材料成本为 20 元，餐饮部确定的成本加成比例为 50%，则该菜肴价格 = 20 × （1 + 50%） = 30 元

这种方法的优点是计算简便，特别是在市场环境基本稳定的情况下，可以保证旅游企业获得正常利润，缺点是只考虑旅游产品本身的成本及加成，忽略了市场需求和竞争等因素。

（二）盈亏平衡定价法

盈亏平衡定价法，又称保本定价法或收支平衡定价法，是指一定价格水平下，企业的销售收入刚好与发生的费用相等，收支相抵、不盈不亏时的销售量，或在一定销售量前提下，使收支相抵的价格。该方法的关键是确定盈亏平衡点，即企业收支相抵、利润为零的状态。

根据该方法确定的旅游企业产品的价格，是旅游企业的保本价格，低于此价格旅游企业就会亏本，高于此价格旅游企业就会盈利，实际价格高于保本价格越多，旅游企业盈利越多。

保本点价格 = （固定成本＋预期销售变动总成本）/预期销售量

（三）变动成本定价法

变动成本加成法的价格制定是基于变动成本上，而不是总成本，在变动成本的基础上加上预期的边际贡献构成产品成本。这种方法在旅游企业间竞争激励、生产能力过剩、变动成本较小时采用比较合适，只要产品价格高于产品变动成本，生产和销售就可以继续进行，可以补偿一部分固定成本。起计算原理与成本加成法相似。

（四）目标效益定价法

该方法是根据旅游企业的总成本和估计的总销售量，确定一个目标收益率，作为定价标准，公式表示为：

单位产品价格 = （固定成本＋变动成本总额＋目标利润）/产品数量

目标效益定价法在旅游企业中尤其饭店业中广为应用，制定客房产品价格时使用的千分之一法和赫伯特公式法，就是该方法的特殊形式和具体应用。

1. 千分之一法

由于饭店总投资中占绝大部分比例的是饭店建筑投资，约占70%，因此，许多饭店经营者认为，饭店的造价与房价有直接联系，并认为饭店要盈利，其房价应占造价的千分之一，即从造价的每千元中提取一元作为制定房价的基础。具体计算公式：

平均每间客房的售价 ＝ （建造成本总额 ÷ 客房间数） /1 000

例：一座饭店有100间客房，总造价1 000万元，按照千分之一法，可得：

平均客房的售价 ＝ （10 000 000 ÷ 100） /1 000 ＝ 100 元

2. 赫伯特公式法

该方法是美国饭店协会创造的一种用于确定饭店客房价格的定价方法，是以目标收益率作为定价的出发点，预测饭店经营的各项收入和费用，测算出客房的平均价格。

二、需求导向定价

该方法是以旅游产品的市场需求状态为依据进行定价。虽然采用这种方法依旧要考虑产品成本，但是成本已经不是定价的主要依据，定价的主要依据是市场的供需情况和消费者对产品价值的理解程度。主要有以下常见的集中方法：

（一）习惯定价法

习惯定价法是旅游产品生产者按照消费者的习惯心理制定价格。某些旅游产品，在长期生产和销售过程中一直保持了相对稳定的价格水平，使得消费者也产生了一种习惯的心理价格。所以无论哪种类型的企业在进入这个市场后，开发的产品只要其性能和功能同原来的产品基本保持一致，就会采用市场原有的价格，而不宜对价格进行过大的调整。因为高于消费者原有的习惯心理价格，会使其产生抵抗心理，从而拒绝购买，反之会使消费者对新产品的品质或功能产生质疑而拒绝购买。

（二）理解价值定价法

理解价值定价法认为，一种产品的价格、质量和服务水平在消费者心目中都有一个特定的位置。当产品的价格与消费者的认知水平大致相同时，消费者才会接受这种价格。运用这种定价方法，要求旅游企业必须准确测定旅游产品在消费者心目中的价值水平。因此，旅游企业需要利用市场营销组合中的非价格因素，如产品质量、服务水准、广告宣传等因素影响旅游者，使他们对旅游产品的功能、质量、档次有大致的"定位"，然后进行定价，使消费者主动向生产者制定的价格靠拢。

（三）差别定价法

差别定价法是旅游产品生产者根据不同地区、不同旅游消费群体不同时间等对旅游产品制定不同的价格，以适应不同的需求，但这种差别并不反应成本变化。具体有以下几种：

顾客细分定价：将同一种产品或服务，以不同的价格销售给不同的消费者；

产品形式定价：不同的花色、样式定不同的价格；

环节定价：对不同的销售环节定不同的价格，如批发与零售；

地点定价：不同的销售地点确定不同的价格，如豪华酒店与普通饭店；、

时间定价：不同时间定价不同，如旅游淡季与旅游旺季。

三、竞争导向定价法

竞争导向法是以市场上同类产品的定价为依据进行综合考虑，从而为本企业的同类产品进行定价的方法。该方法是以竞争为考虑的中心，竞争对手的价格是定价的出发点，而市场需求、成本等要素则处于相对次之位置。主要有以下两种具体方式：

（一）率先定价法

率先定价法是一种比较主动的竞争定价方式。一般为实力比较雄厚、生产规模较大，在市场中占有领导优势的企业所采用。在制定价格过程中，企业要对竞争对手的价格和本企业产品的估算价格进行比较和分析，然后对产品的性能、质量、成本、产量等要素再进行一一对比，分析价格差异的原因，再对估算的价格进行评估，考虑本企业产品的特色、有利条件、营销目标和市场定位等要素，对估算价格再次进行调整，考察其可行性。这种方式所制定的价格如果能够符合市场的需求，为消费者所接受，便能在激烈的市场竞争中获得较大的收益并居于主动地地位。

（二）追随核心定价法

同率先定价法相比，追随定价法比较被动。这种方法是根据旅游市场中现行的同类旅游产品的平均价格水平或竞争对手的价格为依据的定价。在有许多同行相互竞争的环境中，很多企业会提供基本类似的产品，如果制定的价格同平均价格相比过高或过低，都可能会影响产品的销量和利润。而且一般对非创新性的产品，市场上竞争对手的价格已接受过市场的检验，一定程度上也得到了消费者的认可，具有一定的合理性。以竞争对手的产品价格为定价依据，可以节省很多前期调查和测评费用。所以，很多小企业为了避免竞争、大企业为避免价格战、节省不必要的费用，采用追随核心定价法。

第三节　旅游产品定价策略

旅游产品定价策略是指旅游企业为达到总体经营目标，根据旅游产品的特点、市场供求及竞争状况、产品、成品变动状况和旅游者行为倾向等所采取的各种定价措施与技巧。常见的策略有以下几种：

一、旅游新产品定价策略

一种产品能否成功、能否得到消费者的青睐，在很大程度上取决于它作为新产品在进入市场时的表现。旅游企业为了能使自己的产品能够顺利进入市场，或能够圆满完成营销目标，会为新产品制定合适的定价策略。一般情况下，旅游企业会采用以下的定价策略：

（一）撇脂定价策略

1. 含义

撇脂定价策略，又称高价法，即将产品的价格定得较高，尽可能在产品生命初期、在竞争者研制出相似的产品以前，尽快地收回投资，并且取得相当的利润。然后随着时间的推移，再逐步降低价格使新产品进入弹性大的市场。这种策略原意是指，取牛奶上的那层奶油，捞取精华的意思。

2. 适用条件

采用该策略要有特定的条件，否则会因高价而吓跑购买者，还可能被竞争者作为"靶子"来攻击企业，使企业给旅游者以"贪婪"的印象。如"××酒店同样产品价格比我们高出几倍"等就是一例。撇脂定价策略的适用条件主要有：

（1）旅游产品新颖独特。旅游产品既新又别具一格，尽管定价较高，也能吸引"先锋型"游客。

（2）生产技术或资源具有垄断性。生产技术或资源具有垄断性的旅游产品，供给弹性小。对那些市场吸引力强、生产技术具有垄断性的旅游产品，经营者可把产品定高价。对那些旅游资源具有垄断性的产品，经营者也可把产品定高价，如黄山风景区是中国 41 处、世界 23 处"自然和文化"双遗产之一，2002 年 5 月开始门票价格大幅提高，而游客量却不降反升，究其原因，主要是资源垄断性强、被替代的可能性小。

还有一些旅游产品生产原料有限，企业又控制了原料来源，供给弹性小，这种情况也可定高价。旅游市场需求十分旺盛而旅游企业生产能力有限时，也可定高价。

（3）流行时间短，竞争压力小。一些旅游产品在一个时期内十分时兴，引领潮流，而其他供给者加入竞争尚须时日。在那段稍纵即逝的时间内，经营者可把产品定高价，等竞争者纷纷加入或游客兴趣转移时，企业已获利颇丰。一些旅游企业通过市场预测，始终走在时间前列，抢占市场先机，向各类市场提供的旅游产品都是时新产品，分别从各细分市场撇取了厚利。

3. 优缺点

优点：把握得好，短期可获得厚利；先定高价为今后调低价格留下了空间，因为在供大于求时代，价格由高向低走，市场较能接受，相反，市场则不容易认同。高价有利于映衬产品高品质形象。

缺点：如果因高价导致销售量较小时，高价不一定能带来厚利。高价难以保证企业长期利润的稳定增长。因为，高价厚利会刺激竞争者大量涌入，一方面会使产品市场寿命周期缩短，另一方面市场份额会被竞争者挤占。高价也可能给旅游者带来企业"太黑"的印象，会损害旅游企业形象。定价过高会抑制市场需求，往往会影响市场开拓，甚至因少人问津而导致旅游产品在投入期夭折。

（二）渗透定价策略

1. 含义

渗透定价策略，又称薄利多销策略，是指企业在产品上市初期，利用消费者求廉的消费心理，有意将价格定得很低，使新产品以物美价廉的形象吸引顾客，占领市场，以谋取长期的稳定利润。

2. 适用条件

低价策略希望实现四重目标，即既能提高销售额又能提高市场占有率，能获得规模效益，同时还能把同行竞争者挤出市场或使潜在竞争者望而却步不敢轻易加入竞争。采用渗透价格策略需要有一定的条件，这些条件包括：

（1）潜在市场规模大。这是实施低价竞争的前提，如果潜在市场规模过小，分摊到单位旅游产品中的固定成本往往很高，低价策略的基础不牢，长期实施低价策略，会收窄企业的盈利空间，进而削弱旅游企业竞争力。一些旅行社，酒店已饱尝低价竞销的苦果。如果潜在市场规模大，则可能通过低价实现多销，进而达到薄利多销的目的。潜在市场规模是"多销"的市场空间，也是潜在的利润空间。

（2）需求弹性大的大众化产品。当旅游产品特色不突出、市场识别低时，可考虑以低价赢得游客。对于需求弹性大的旅游产品，低价会吸引大批旅游者。对于面向普通旅游者所推出的大众化旅游产品，大都宜采取渗透价格策略，适当的低价位将有效激活市场，激发需求，扩大销售。

（3）企业供给能力强。庞大的潜在市场被激活、大批旅游者被吸引过来后，旅游企业应有足够的供给能力去保证。一些旅游项目以低价吸引了客流，而却因供给不足使许多游客分流到竞争企业，购买本企业产品的游客因消费环境恶化或服务质量下降而不满。如有家酒店推出每位28元海鲜自助午餐，其低价位吸引了大量客人，但因就餐者过多而餐厅场地容纳不下，一部分客人不得不排队等候，不愿等候的客人纷纷离去，就餐的客人也因就餐场所过于拥挤、喧嚣而烦恼，红红火火一段时间后，餐厅又趋于沉寂。

（4）潜在竞争者多。旅游市场除经营出入境旅游外，准入门槛较低，竞争者较易进入，一旦某种旅游产品在市场上走俏或有走俏的预期，大量潜在竞争者会趋之若鹜。为维护和扩大市场份额，经营者时常采取低价策略以阻止或延缓潜在竞争者加入，故此一些学者又通俗地称其为"别进来定价策略"。

3. 优缺点

优点：满足旅游者求廉要求，使他们获得超值价值；阻止或减缓竞争者加入，以保持和扩大市场份额；以低价吸引竞争对手的购买者转向本企业；低价较容易被市场接受，因而市场跟进者时常在进入市场初期采用这一策略，有利于打开市场。

缺点：实行定低价策略，如旅游产品市场销路不畅，就没有降低价格的空间；如旅游产品十分畅销，又不容易把价格提上去，同行竞争者可能会跟进，易引发恶性价格战，造成市场混乱；采用这一策略定价，易使旅游者形成低价低质的错觉，从而影响产品和企业在旅游市场上的形象。

实行渗透价格策略就其终极目标而言仍是为了盈利，一些企业把价格定得过低，表面看来虽然生意兴隆，实际上是只赚吆喝不赚钱甚至在做亏本买卖，这是经营者所应避免的误区。渗透价格的底线不宜低于成本。

（三）满意定价策略

1. 含义

满意定价策略，是指旅游企业为旅游产品制定一个适中的价格，既对旅游者产生一定的吸引力，又能使旅游企业弥补成本后还有盈利，以使旅游企业和旅游者双方都满意的策略。采用该策略的优点是适中的价格被认为是合情合理的，能较快被市场接受，避免不必要的竞争；其缺点是旅游企业将旅游产品消极地推向市场，属于安逸策略，往往使旅游企业不能灵活地适应熟悉万变的市场状况。

2. 适用条件

一是需求弹性适中。对需求弹性适中的旅游产品定高价会失去很多顾客，定低价又会降低盈利，定适中价格为宜。

二是不愿引发价格战。定低价，同行竞争者有时会跟进，由此易引发价格战，经营者把价格定在中等水平则可避免引发恶性价格竞争。需求水平大致平衡，高价或低价都不会带来盈利或扩大市场份额，经营者把价格定中为宜。

3. 优缺点

优点：在价格上与人为善，令各方都较为满意，也有利于减轻价格竞争压力。

缺点：对各方面兼顾过多，价格上无特色，既可能失去潜在市场，又可能失去高额利润，结果可能是以满意价格策略开始，以各方都不满意告终。

二、心理定价策略

心理定价策略所考虑的不仅仅是经济因素，更多的是考虑消费者的心理因素。该策略就是运用心理学的原理，根据不同类型旅游者购买旅游产品的动机及心理影响因素来制定价格，刺激其购买行为的发生，心理定价策略主要有以下几种：

（一）尾数定价策略

该策略是利用整数与尾数的位数差异，或尾数的心理象征意义制定旅游产品价格的策略。一般消费者会认为整数定价时概括性定价，定价不够准确，而尾数定价可以使消费者产生"精确定价"、"对消费者负责"的心理。该策略一般适用于价值不太高的产品或服务，并且产品在市场上有比较大的弹性，消费者对该产品的价格变化比较敏感。例如，同样产品价格标为 9.95 或 9.5 元就比价格标为 10 元的销路好。但是利用尾数定价策略，要尽量使价格保持在一定的范围之中，代表一个档次。例如从 0.86 到 1.39 元都基本被消费者看做是 1 元，而从 1.4 到 1.79 元则会被消费者看做是 1.5 元。所以在定价时要把价格控制在一定范围之中，否则不但不会使消费者感觉价格合理，反而会使消费者感觉价格过高。

（二）习惯定价策略

有些旅游产品在长期的市场竞争中，一直保持了基本稳定的价格，在消费者心目中该产品的价格已经固化，很难接受具有同样功能的产品与原产品的价格差异较大的情况。例如酒店提供某档次的客房产品，在消费者心目中已经有一个既定的长期心理价格，如果酒店提供类似的产品高于这种习惯性价格便会遭到消费者的抵触和质疑。面对这样的产品，旅游企业会采用习惯定价策略，这样能够比较容易进入市场。

（三）声望定价策略

消费水平和社会经济地位较高的旅游者往往以价格来判断旅游产品的质量，他们不计较花钱多少，反而认为花钱越多，购买高档旅游产品可以提高自己的声望。声望定价策略是指针对消费者"价高质必优"的心理，对在消费者心目中有信誉的产品制定较高的价格。这是利用品牌等效应把旅游产品定价在距离市场可以接受的最高价格较近，但又不超过最高价某个点上。例如：中国景德镇陶瓷享誉世界，曾经在一次巴黎世界博览会期间，最初把一套成套瓷器标价为300法郎，有些法国人想购买，结果一看价格不高，觉得价值低，打消了购买念头，后来根据景德镇陶瓷的国际声誉，工作人员将价格提高到了2 000法郎，一些富人和收藏家蜂拥购买。该策略适用于有一定知名度的旅游产品，产品本身能反映购买者自身的价值和地位，并且产品在市场上的需求弹性应该很小。该定价策略可以为产品和旅游企业树立明确的形象，并且能够获得比较丰厚的利润，但是这种定价只适用于比较小的范围，如果控制不好还可能给消费者"暴利企业"的形象。

（四）整数定价策略

该策略是指旅游企业在定价时，采用合零凑整的方法，制定整数价格。一些旅游商品或高档旅游产品宜采用此方法，把产品价格定为整数，不要零头。例如：500元的豪华套房价格不宜定为498元。把产品价格定为整数。能使人产生"档次高"的印象，提高旅游产品的身价，有利于销售。

三、折扣价格策略

该策略是在企业的交易过程中，对基本价格做出一定的让步，直接或间接降低价格，以争取顾客，扩大销量。主要有以下几种方式：

（一）数量折扣

数量折扣是旅游产品供给者为了鼓励旅游者大量购买旅游产品而按购买数量给予不同的折扣，即购买数量越多折扣越大，具体有以下两种形式：

（1）非累计折扣，即一次性折扣。应用于一次购买行为，购买数量越大折扣越大。

（2）累计折扣，主要应用于批发业务。旅游产品供给者规定在一定时期内，旅游批发商或零售商购买到一定数量的旅游产品时，就给予折扣优待，数量越大折扣越大。这种策略的目的是鼓励旅游者大量购买，以扩大产品销量。常见的形式有公司价、团体价、会议价、常客价等。

（二）季节折扣

大多数旅游产品季节性都很强，在一年中呈现出差异很大的淡季和旺季，在旺季时会出现供不应求的现象，旅游企业可能会采取提高价格的方式来平衡供求；而在淡季，由于客源不足，很多产品可能会出现滞销，甚至某些企业会暂时歇业。为了调节这种季节矛盾，很多旅游企业在淡季采取季节折扣，以较低的价格吸引一部分购买者，从而保证企业淡季的正常运转。

（三）现金折扣

现金折扣，又称付款期限折扣，是一种鼓励购买者在付款期限内迅速付清款项的定价策略。例如付款期为3个月，如果立即付清可享受10%的折扣，如果1个月内付清可享受8%折扣，如果2个月内付清则可享受5%的折扣等。现金折扣通常在旅游企业与旅游购买者的交易条款中注明。

（四）同业折扣

同业折扣是旅游产品供给者给予同行业者实行的优惠。在现代社会激烈的竞争环境中，旅游企业之间的关系极为密切，为了顺利合作并保证各自的基本利益，相互之间予以一定程度或比例的优惠，这种优惠既可以是自行规定的，也有互相约定的。

四、差异定价策略

1. 地理差价策略

为了调剂不同地区的旅游供求关系，就要采用地区差别价格来吸引游客。例如在经济比较发达的沿海地区旅游产品的定价相对就要高于经济欠发达地区。

2. 时间差价策略

即对相同的产品，按需求的时间不同而制订不同的价格。在旅游旺季，对旅游产品的需求会大幅度提高，因此旅游产品价格会高于旅游需求下降的旅游淡季。

3. 质量差价策略

高质量的产品，包含着较多的社会必要劳动量，应该实行优质优价。所以目前在相同旅游产品中会存在旅游高端和旅游低档产品，就是因为采用质量差价策略，旅游产品中所包含的质量水平存在差异。

4. 批零差价

即同种旅游产品，由于销售方式不同所引起的价格差别。这与商品销售相似，批发商与零售商的产品价格会存在一定的差异。

五、旅游产品价格决策的误区及矫正

旅游企业在产品价格决策中，存在着这样或那样的误区，原因是多方面的，尽管其表现形式各异，但最根本的误区在于价格决策的非理性，旅游企业经营者应正视它、矫正它，使价格决策回归理性。

(一) 原因分析

在旅游市场竞争十分激烈的情况下，许多企业在旅游营销活动中都十分重视价格竞争，以此作为制胜市场的利器。旅游产品不是所谓的"国计民生"产品，价格决策是企业行为，企业拥有充分的自主权，旅游产品价格可在法律允许的范围内"自由发挥"；当前中国旅游市场的竞争主体，以小型企业为主，除国际旅行社是"特许"经营外其他旅游业务进入门槛都不高，加上旅游业对外开放度高，因此竞争主体繁多；从事旅游业务特别是经营酒店、景点等，收益高，不仅会带来即期效益，而且还会带来地价上升、物业升值、无形资产增值等方面的利益；旅游产品价值具有不可贮存性，今天是今天的价值，明天是明天的价值，各企业生产和经营的旅游产品成本往往也有较大差异，一旦进入再退出旅游市场的成本很高。这些都是旅游市场竞争十分激烈的主要原因。

(二) 表现形式

旅游产品价格决策风险很大，而在经营实践中不少经营者又缺乏理性，更加大了价格决策的风险。价格决策的误区表现形式各异，归纳起来主要表现在如下两个方面：

1. 超低价倾销

一些旅游企业为维持或扩大市场占有率，不惜以低于同行平均成本、低于企业成本甚至低于变动成本的价格倾销。一些实力雄厚的经营者希望以此清理市场，把弱小竞争对手赶出市场，使本企业成为市场龙头，有的经营者因本企业市场不断被竞争对手吞食，希望凭低价、超低价夺回市场；还有一些旅游企业，希望以超低价吸引原本购买其他品牌产品的游客。

2. 价格欺诈

一些旅游企业不惜违法违规，对旅游者进行价格欺诈叫人防不胜防，归纳起来主要有四种表现形式：高价低质；不明码标价；削价降质；虚假折扣。

（三）非理性价格决策的矫正

矫正非理性价格决策，有利于旅游企业搞好市场经营、扩大产品销售量。价格决策回归理性是企业不被市场淘汰出局的基本前提。矫正非理性价格既需要国家完善有关价格方面的法律法规，以规范旅游秩序，还需要行业自律，更需要旅游企业树立理性价格竞争意识，进而采取理性价格决策。

1. 创造公平价格竞争环境

国家有关部门除继续建立、健全规范价格竞争行为的有关法规外，对价格歧视、价格欺诈等违法行为要依法严罚，为旅游企业创造公平竞争环境，大力倡导守法经营、维护旅游消费者合法权益。建立诚信体系，把价格诚信作为诚信体系的重要内容，让价格欺诈者得不偿失。搞好行业自律，加强舆论监督，使价格欺诈行为人人喊打。

2. 树立理性价格竞争意识

理性价格竞争意识是旅游企业长远发展的重要观念，旅游企业只有树立起理性价格竞争的意识，才可能摆脱价格恶性竞争的怪圈，才能使企业健康持续地发展。

3. 重视非价格竞争

非价格竞争在日趋激烈市场竞争中越来越受到企业的青睐，在价格竞争的模式已经越来越凸显其弊端的同时，企业的竞争重点已经开始转向非价格竞争。

第四节 旅游产品价格的调整

X饭店是某著名旅游城市的一家四星级饭店，设备设施均达到一流的水平。由于市场竞争越来越激烈，各饭店为了抢客源，开始推行一系列的竞争手段，X饭店是挑起这场竞争的重要成员。X饭店率先推出了"淡季五折酬宾"的活动，同时，又通过降低团队价的方式进一步将价格下拉，由此掀开了该市饭店业降价大战的序幕。此状况愈演愈烈，在不到半年的时间里，该市饭店行业的价格水平下降了2/3。由于价格下滑，导致成本率上扬，各饭店纷纷采取措施降低成本，其中包括大量使用临时工、降低客用品和食品原材料质量，导致客人投诉激增，致使旅行社因客人投诉不得不在设计其旅游行程中放弃该市而选择其他城市。由于团队客源的不足，X饭店便在散客上做文章，因此他们向出租汽车司机推出"拉客费"，这笔费用由最初每位20元攀升到客房价格的一半，致使饭店苦不堪言。面对愈演愈烈的"杀价、打折和回扣风"等，X饭店一筹莫展，其他饭店也叫苦不迭。

价格策略一旦形成后，应该具有一定的稳定性。但是随着市场上相关因素的变化，会使旅游企业对自己的产品价格策略进行调整，以实现企业的目标。

一、旅游产品价格调整的原因

1. 市场供求变化

市场的供求变化是影响价格的一个重要因素，当供过于求时，企业就会降低价格以增加销售量；当供不应求时，企业就会适当提高价格以获取单位产品更高利润。

2. 产品的需求价格弹性大

这是由于消费者对某些产品价格敏感性较强所决定的。旅游产品价格的变化，多数会引起旅游产品销量更大的变化，即如果在一定范围内对旅游产品价格进行很小的价格调整，便会使产品销量发生较大的增加，这样企业可以通过增加销量获得更多的利润，因而会进行主动地价格调整。

3. 成本原因

成本是影响价格形成的重要因素，旅游产品生产企业成本的变化必然造成对价格的调整。如果企业成本升高或降低，企业为了生存，或为了达到既定的营销目标，也会对价格进行适当的调整。另外如果旅游企业有一定的价格领先优势，而且又有足够的供给能力，在主动下调价格后能满足市场的需求，仍然有可能获得规模效益。

4. 企业或产品形象的转变

随着旅游企业的成长，其生产的产品或营销目标也会发生变化，从而价格也需要调整。企业为了提升自己的形象，塑造自身旅游产品优质的印象或显示本企业生产的产品与众不同的特色，往往借价格调整来实现。

5. 经济大环境和相关政策的变化

旅游产品的特点和其主要满足消费者精神需求的性质，使旅游产品的销售很大程度上受经济大环境的影响，因而价格也会随着经济环境的变化而相应的调整。同时国家或地方政府制定的相关政策也会造成旅游产品价格的调整。

6. 竞争对手价格的变化

当竞争对手价格调整时，企业应该做出详细的分析判断，否则就有可能面临失去市场份额的危险，是否进行相应的价格调整和调整的幅度如何确定都需要慎重。

二、旅游产品价格调整策略

（一）主动调整价格

在很多情况下，旅游企业会依据市场环境的变化和营销策略的调整而主动调整价格。

主动调整价格是旅游企业在市场经营中为适应市场变化而主动进行的价格调整。主动调价包括主动降价和主动提价。

1. 主动降价

经营者为实现特定的目的有时会选择主动降价。在什么情况下降低旅游产品价格最有效，这是经营者首先要考虑的问题。以下原因都可能引发主动降价。

（1）需求弹性大。当旅游产品需求弹性大时，旅游企业通过降价可激活需求，引发旅游市场兴起购买热潮，从而达到扩大销售额、提高市场占有率的目的。

（2）清理市场。旅游企业通过降低旅游产品价格，使弱小的竞争者无利可图，迫使他们退出旅游市场，逼退竞争对手后，再恢复原价。降低旅游产品价格还可让潜在竞争者知难而退。

（3）供过于求。当旅游产品供过于求、旅游企业资源闲置较严重时可考虑降价，通过降价来吸引游客，如在淡季某酒店开房率仅 20%～30% 左右，该酒店把门市价降低 60%以吸引客人入住。

（4）有成本领先优势。旅游企业有足够的供给能力，在降价后能满足转旺的需求，降价后随销售量的扩大，单位成本进一步下降，成本领先优势凸显，仍可获得规模效益。

（5）外币贬值。当外币贬值时，为吸引外国游客，以本币定价的企业有时会考虑降价。

（6）通货紧缩。物价指数为负数时，旅游企业有时会考虑降价。

旅游企业降低价格后，会有来自旅游者、中间商、同行竞争者的各种反应可能会引发一系列问题：

（1）认知错位。降价时常会给旅游者、中间商以"错觉"，他们往往会认为旅游产品卖不掉时才降价，产品过时、质量下降、经营困难、偿债压力大被迫降价，竞争对手会顺势加以夸张扭曲宣传；旅游者还有买涨不买落的心理，以观望等待进一步降价。

（2）销售量增加不理想。当需求弹性小或无时，尽管降价，销售量增加却不明显，有时销售量不升反降。

（3）成本上升导致利润减少。当价格下降而销售量增加较少时，单位产品的成本在售价中所占比例提高，单位产品利润率下降，进而很可能会导致总利润下降，有时甚至会出现亏损。

（4）经销商经营积极性下降。由于价格下调，单位产品利润空间缩小，经销商经营积极性下降，有时还会转而经营其他竞争性产品，使降价企业的产品销售渠道面临挑战。

（5）易引发价格战。当一家企业率先降价后，就打破了现有市场格局，竞争者不会坐视本企业的市场被蚕食、客人被夺走，往往会以更低的价格跟进，进而形成连锁反应，最终引发以低价竞销为特征的价格战。如有一段时间泰国游等旅游线路市场竞争激烈，旅行社纷纷降价，大打价格战，报价从近 3 000 元降到不到 2 000 元，甚至出现零团费、负团费现象，并引发其他出境游线路的价格战，一时间出境游市场价格混乱无序，最后在行业主管部门的干预下才有所好转。

（6）恢复原价有难度。降价后，旅游市场对新价格逐步了解并接受，再恢复原价，市场又有重新认知问题。

2. 主动提价

旅游企业常常会主动提高产品价格，主要原因有五项。

（1）需求拉动。当旅游产品需求转旺、产品供不应求而企业扩张规模受限时，旅游企业会为需求关系、增加盈利而提价。从现实看，旅游市场总体上已形成买方市场，但会存在结构性供求矛盾，如在旅游黄金周期间、大型会议期间等旅游产品会出现供不应求现象营者可以考虑适当调高价格。

（2）成本推动。由于原材料涨价，生产成本上升，经营费用提高等原因，按现有价格出售旅游产品，盈利会大幅减少甚至越卖越亏。此时，经营者往往会考虑提高售价以减少亏损或增加盈利。

（3）通货膨胀牵引。通货膨胀是经营者考虑提价的重要因素之一。由于物价上涨、货币贬值，在现有售价中所包含的利润被侵蚀很大一块。为使利润增长快于通货膨胀速度，至少与物价上涨水平同步，经营者往往会提价，如中国在20世纪80年代中后期，通货膨胀较为严重，不少酒店经常调高房价。为应对通胀，有的企业在合约中还规定了定期调价条款，如酒店餐厅的菜单上一些品种不标价，而是以"时价"出现。

（4）提升形象。经营者为塑造旅游产品优质形象或显示本企业产品与众不同的特色，往往借提高价格来实现，给游客"好货不便宜"、"价高质也高"的印象。有时经营者还通过拉大各档次产品的价位差，以带动中档产品的销售。

（5）外币升值。在其他情况不变的前提下，外币升值时以本币定价的旅游产品会同幅度提价。这在外商投资的旅游企业经常被采用。

旅游企业提高价格，同样面临有来自旅游者、中间商、同行竞争者的各种反应，对这些反应经营者要慎重对待。

（1）认知扭曲。提价按正常情况理解，市场上的旅游者、中间商和竞争者应认为是旅游产品生产经营成本上升、供不应求等原因，但实际情况却可能是：旅游者和中间商认为是企业过分看重利润，把物价上涨损失转嫁给买方。加上被竞争者添油加醋地加以曲解，买方往往转而购买其他替代产品，这不仅会使本企业客源进一步分流，还会损害企业形象。也可能会形成经营者所求之不得的另一种认知：产品质量提高，是流行产品、是名牌产品、是特色产品，故而提价。一部分游客通常有"买涨不买落"的心理预期，"提价了，不买还会再涨"，因而竞相加入购买队伍，从而带动产品热销，销售量不降反升。这种认知对企业最为有利。

（2）销售量下降。对需求弹性较大、替代强的旅游产品，稍稍提高价格、销售量就会下降，提价幅度越高、销售量下降越快，销售量下降大于价格上升的幅度，提价会使销售收入减少，市场占有率下降；中间商因市场销售困难而不愿继续经销或代理；当竞争者采取降价措施应对时，提价企业的产品销量会锐减。

（3）利润减少。经营者提价的最终目的是为了获得更高的利润，当提价使产品销售收入大幅下降致使总收入大降、总成本下降较慢（因为销售量减少使总的变动成本减少，而总固定成本是个常量）时，利润会大幅下降甚至亏损。由此可见提高价往往不见得会带来高利润，有时反而会造成利润下降甚至招致亏损。

（4）市场供给量提高。旅游产品销售价格提高后，一方面会刺激现有竞争者增加供给量，另一方面会吸引潜在竞争者加入，这都会增加市场的供给量，如受少数几个人造景观开发获得成功的影响，各地纷纷大上人造景观项目，各种"园"、"村"之类的人造景观在一些地区泛滥成灾；在某个时期酒店房价一涨再涨，吸引各方投资者大建酒店，很快出现相对过剩局面。

（5）可能会引起法律干预。如果把价格提得过高，就有可能违背"价格法"。暴利形式的高价又称掠夺式定价，是对旅游者的掠夺，这是法律所不能容忍的。经营者在价格上的违法行为会受到法律的惩处，严重时还可能被"罚"下场。

（二）对竞争对手价格调整的应对问题

1. 应对时应注意的问题

在旅游市场上，企业往往要应对同行竞争对手的价格调整。经营者在审时度势后，通常有三种选择：提价、降价或维持原价而以非价格竞争应对，不论作何选择，首先要研究竞争对手实力。此外还要关注以下四项问题。

（1）竞争者调价目的与原因：

调价目的：要透过调价现象看清竞争对手尤其是主要竞争对手的调价目的，通常竞争对手为达到如下目的而调价：争夺市场份额；树立品牌形象；增加利润；提高现金流量、缓解资金困难。

调价原因：经营者还要弄清竞争对手调价的原因，调价通常有如下原因：资源闲置或短缺；销售困难或旺销；通货膨胀或紧缩；汇率变动；成本变化。

（2）竞争者调价对各方的影响

要注意竞争者调价对以下各方面的影响：对旅游者的影响；对旅游中间商的影响；对本企业的影响；对同行其他企业的影响；对社会有关方面的影响。

（3）各方对竞争者调价的反应

为有效应对竞争者的调价，应弄清以下各方对竞争者调价的反应：旅游者的反应；旅游中间商的反应；同行其他企业的反应；社会有关方面的反应。

（4）本企业调价后各方可能的反应

要判断自己的应对是否恰当，应密切关注市场的反应：目标市场旅游者的反应；旅游中间商的反应；率先调价企业的反应；同行其他企业的反应；社会有关方面的反应。

2. 应对措施

旅游企业在权衡市场情况后，可以采取多种应对竞争对手价格调整的措施，主动适应市场竞争。

（1）同向跟进。当竞争对手率先调价后，可以同方向跟进，即随竞争者降价而降价，随其提价而提价。又分为几种形式：

同步跟进。提价或降价幅度与其同幅度，或把价格就定在竞争者的价格水平上；

不同步跟进。也调整价格，但调价幅度、售价水平与竞争者保持一定距离。

（2）逆向调整

当竞争对手率先调价后，经营者对价格也作相应调整，只不过调整方向与竞争对手恰恰相反。即竞争对手降价，本企业提价；竞争对手提价，本企业降价。其目的是拉开差距，映衬与众不同的产品形象和企业形象。逆向价格调整决策最难，因为至少是在一段时间，价格变动会冒逆旅游市场大势而行的风险。采用这一策略一般是处于转变关头的前夕，市场即将发生趋势性转变之际。

（3）维持现价。

旅游企业对竞争者调价以"不作为"的方式应对，在价格上不做调整。经营者发现调高价格会导致销售量下降、市场份额减少，或发现调低价格而销售量增加不明显而导致利润减少，往往会采取观望态度。

（4）实施非价格竞争策略

提高旅游产品和服务质量，形成特色，塑造品牌，拓宽渠道，建立营销网络，针对性开展广告、公关等沟通与促销方式争取客源，这就是非价格竞争策略。非价格竞争策略既可单独运用，也可与上述三种方式协调使用，如在经营者决定同向跟进率先提价的竞争对手，准备提价时，还可通过提高产品质量和服务质量，使旅游者感到物有所值。

在实际的市场环境中，绝不仅仅只有以上所提到的价格策略，企业为了更好地完成营销目标，还会制定很多特殊的定价策略。而且在实践中面对复杂多变的市场环境，单纯的一种价格策略也难以应付多变的情况，所以需要营销人员综合考虑多方因素制定出更为合适本企业产品的价格。

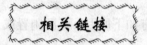

旅游景点公益性定价策略可行性探析

旅游景点的价格是旅游者最敏感的问题，景点如何定价直接影响到旅游者的消费选择。旅游景点的公益性特点决定了旅游景点类的旅游资源的门票定价最终将会采用公益性定价方法，国内外的成功案例证实公益性定价法是可行的，并且是将来旅游景点类旅游产品定价方法的趋势。

一、公益性定价法的含义

公益性定价是指产品的定价应该考虑到大多数社会公众的利益，以一种较为合理的价格销售产品的定价方法。公益性定价不以盈利为目的，是以社会效益为重的一种定价方法。旅游景点的公益性定价的重要依据是旅游资源的公益性特点，公正合理的价格更容易发挥旅游景点的公益性，最终实现资源共享、还景与民、让利于民。

二、公益性定价的可行性分析

1. 旅游景点的公益性特点决定了旅游景点类的旅游资源的门票定价最终将会采用公益性定价方法

从根本上说，旅游景点属于公共资源，所有权本属于国家，使用权属于全民共有，是人类共同的财富，人人都有权利欣赏自己土地上的美景。我们答应景点收门票，但收费只是为了维持景区的正常运转，景点的真正价值是成为大众化的休闲场所，而不是成为部分人牟利的工具。旅游景点是一种公益性的旅游资源，正是这种属性决定公益性定价方法是这类产品的科学的定价方法。

2. 公益性定价有利于旅游企业及其所在地的宣传和促销

从营销学的角度分析，低价策略可以实现薄利多销，可以吸引更多的消费者前来消费，并且可以带动其他商品的销售。旅游业是一种综合性较强的行业，景点的门票收入只是旅游收入的极小的一部分。旅游业对国民经济和地方经济的重要贡献不在于门票经济，而在于它的联动效应和拉动作用，它可以带动其他产业形式的共同发展。

门票如门槛，过高的票价成为景区及其所在地与外界沟通的障碍或阻力。高票价在短时间内，也许会给景区带来较好的经济收益，但在长时间内会制约其可持续发展能力，更会降低它的辐射和带动作用，会对所在地区整个经济的发展带来负面影响。而公益性定价也许会牺牲景区的暂时利益，但对所在地经济的综合平衡、长期发展产生积极作用。

某些专家认为，景点的效用应定位于"招牌"、"广告"，扮演"梧桐树"的角色，其作用在于吸引。通过营造良好的环境，吸引更多的人流、物流和资金流，从而推动经济的全面发展。随着社会的发展，在旅游六要素中，"游"应该成为其他五要素的"促销员"，即通过满足游客"游"的需求，带动旅游者在旅游目的地的"吃"、"住"、"行"、"购"、"娱"方面的消费。

众所周知，西湖也经历了从收门票，到免门票的发展过程，但是西湖的免票并没有拉杭州旅游收入的"后腿"，反而吸引来广大游客，给餐饮、住宿、商贸、交通等相关行业带来了巨大的商机。根据杭州市统计局和杭州市旅委联合统计，实施免费的头一年，即2004年，杭州市的旅游总收入比去年增加了120亿元！而且，2004年杭州接待的入境旅游者人数、国内旅游者人数以及日本游客人数，均超过了历史上的年度最高水平。免费西湖策略使游客量及消费水平都大大增长。

一位研究旅游业持续发展的专家也表示赞同："景点是旅游产业的吸引点，吃住行游购娱是综合收入的扩大面。门票价格持续攀高，想做大旅游市场的难度会更大。"事实证实，旅游经济不是门票经济，实行免费或低票价未必就赔钱。

3. 公益性定价是顺应民生的需要

公益性定价，可以实现还景于民，有利于社会的和谐发展，可以促进和谐社会的建设。博物馆、科技馆、展览馆、公园、花园、世界遗产等类景点具有公共属性，属于全民所有，这类景区的经营应该以公益性经营为主，应该以社会效益为主。凡是世界文化遗产类的旅游景点，它是人类的稀缺的、具有垄断性的资源，而很多资源包括山、水、文化遗产等都是属于全体国人，并不隶属于某企业或个人。其次，由于景区开发中有很多启动资金、宣传资金来自当地政府财政，而财政的钱是纳税人的钱，可以说，景区具有公益化的色彩，这也决定了景区门票不可能是纯市场行为。旅游景区具有教育的功能，对这类景点实行公益性定价有利于发挥景点的教育功能。

4. 可以调节市场供求关系，利于缓解旅游的季节性和不稳定性

众所周知，旅游的季节性是制约旅游业发展的一个重要因素，也是许多旅游企业收入不稳定的重要原因。景点的公益性定价可以大大缓解这个问题，可以实现"淡季不淡，旺季更旺"持续稳定的发展。国务院发展研究中心旅游专家刘锋认为，在景区景点确保游客承载量的前提下，适当降低或取消门票价格是启动旅游人气的一种有效手段，也是企业恢复市场不可避免的措施。也是应付一些如"非典"类的突发性事件对旅游业的创伤的一种有效手段。

5. 可以促进旅游企业的合作，利于旅游市场治理

旅游景点的门票太高，一方面会阻碍旅游者的步伐（国内旅游者，国际旅游者），另一方面也提高了旅游景点与其他相关旅游企业的合作难度。就旅行社企业而言，景点门票太高，对游客报价就会高，会受到旅游者的抵制，不利于旅行社产品的销售和客源的组织。假如价格不断提高，旅游收费标准却不能水涨船高。考虑到市场的接受程度，不少旅行社只能展开低价竞争，抢夺客源，结果导致旅行社的利润空间越来越小，服务质量下降，生存更加困难。旅行社行业的"零团费"、"负团费"现象就是一种反应。这种现象的结果将会激起旅行社对旅游景点的不满甚至抛弃。旅游业是一种综合性较强的行业，行

业内部的各个部门彼此依靠性较强，门票价格太高不利于旅游业自身的发展，而公益性定价，可以降低门槛，实现旅游业各个要素部门的和谐共荣。

6. 公益性定价是旅游景点定价的发展趋势

据统计，景区门票在旅游者的消费支出中的比重不大，门票收入在旅游经济收入（六要素）中的比重并不高。实际上，国内外很多景点都有成功的例子。在国外，很多景区景点都实行低价策略。意大利最贵的景点门票价格也不到意大利人均月收入的1%；世界闻名的法国卢浮宫，门票价格只有8.5欧元；美国则规定所有国家公园门票价格不得超过20美元。与我国同为发展中国家的埃及和印度，他们的景点门票价格也定得很低。可以说，低价或者免票是一个国际性的大趋势。

三、旅游景区公益性定价的具体实施方法

1. 政府财政的支持

对于那些公益性较强的旅游景区单位可以采用多种渠道吸纳社会资金的方法来弥补因低价或免费带来的经济损失，一方面争取国家财政拨款，另一方面景区经营治理者必须广开源路、多方融资，如积极寻求企业的赞助和社会捐赠，同时，国家在税收政策上给予捐赠的企业和个人以一定形式的优惠。建立完善资源保护基金会制度，充分利用公共资金和个人资金，发挥基金运作的优势，等等。旅游景区的正常运转所需的费用（收入可以保证治理人员的工资、景点的维护和发展）有了保障后，景区就可以采用公益性定价的方法、采用薄利的方法对游人开放。

2. 按旅游景点的类别分别进行

公益性定价法可以因景点性质而宜，如，博物馆、科技馆、展览馆、公园、花园类景点、世界文化遗产类景点、古代遗址、名人故居、古建筑、乡村公园、森林和红色旅游景点，可以实行免费；对于那些已经收回成本的旅游景点可以采用低票价或象征性收费方式；发挥教育、为社区居民提供和增加闲暇时的去处，发挥其社会功能，促进旅游业发展；对于那些多种所有制的旅游景点则可以采用灵活的季节性折扣价等。

3. 结合旅游企业的发展阶段分步进行

在旅游景区建成运营后，成本回收之前，在遵循质价相符和不违反国家有关政策的前提下，以盈利为主；在投资成本回收后，就可以采用公益性定价方法，转变成为微利单位，以社会效益为重。

4. 公益性定价的方式

主要有免费；低价策略；常见的低价策略有"旅游年票"、"一卡游"、折扣策略等。对于旅游景点类的旅游产品，其定价方法应该以公益性定价为主。对于这类旅游企业公益也应成为它们的社会责任。先有人气，才有财气，不聚人气，难得财气，这些应该是市场经济中的公理。

（资料来源：中华管理学习网 http://www.zh09.com/lunwen/managementscience/tour/200909/344368.html）

本　章　小　结

　　旅游产品定价策略是旅游市场营销策略的重要内容。任何产品在投放市场之前都要确定一个价格，旅游产品也不例外。本章主要论述以下几个问题：旅游产品价格的形式与作用、影响产品定价的因素及定价目标、程序和步骤等基本问题；介绍了目前实践中应用比较广泛的成本导向定价、需求导向定价和竞争导向定价三种方法；四种常见的定价策略，即旅游新产品价格策略、心理定价策略、折扣价格策略及差异定价策略；论述了旅游产品价格调整的原因及调整策略。通过本章的学习，主要掌握旅游产品定价的方法与定价策略。

【思考题】

1. 影响旅游产品定价的因素有哪些？
2. 旅游产品定价的程序和步骤有哪些？
3. 比较各种不同定价方法的优缺点？
4. 常见的旅游产品定价策略有哪些？
5. 简述旅游产品价格调整的原因。

【单选题】

1. 香港迪斯尼乐园已经正式开园，开园时的门票价定为 250 港元，与深圳四大主题公园门票价格基本相当。该种定价策略为：（　　）。
   A. 撇脂定价策略　　　　　　　　B. 渗透定价策略
   C. 折扣定价策略　　　　　　　　D. 心理定价策略
2. 以当期利润最大化为目标进行定价，宜为（　　）的企业所采用。
   A. 有较强大竞争对手　　　　　　B. 在市场竞争中处于有利地位、享有较高声誉
   C. 刚刚进入市场　　　　　　　　D. 生产规模较大
3. 在企业定价方法中，目标收益率定价属于（　　）。
   A. 成本导向定价　　　　　　　　B. 需求导向定价
   C. 竞争导向定价　　　　　　　　D. 市场导向定价
4. 通常说来，旅游者采取购买行为的前提是旅游产品的定价与旅游者理解价值（　　）。
   A. 相一致　　　　　　　　　　　B. 不一致
   C. 差不多　　　　　　　　　　　D. 相似
5. 旅游产品定价方法的千分之一法，是以（　　）为中心的一种传统的客房定价方法。
   A. 机会成本　　　　　　　　　　B. 沉淀成本
   C. 固定成本　　　　　　　　　　D. 变动成本

答案：1. D　2. C　3. A　4. A　5. C

【多选题】

1. 旅游企业主动提价的原因是(　　　)。
    A. 产品成本上升　　　　　B. 市场需求增加　　　　　C. 防止竞争者加入
    D. 产品进入成熟期　　　　E. 产品质量下降

2. 下列选项中属于旅游产品的定价方法的有(　　　)。
    A. ABC 分析法　　　　　　B. 成本导向定价法　　　　C. 公式分析法
    D. 需求导向定价法　　　　E. 竞争导向定价法

3. 影响旅游企业定价的主要原因有(　　　)。
    A. 定价目标　　　　　　　B. 产品成本　　　　　　　C. 市场需求
    D. 经营者意志　　　　　　E. 竞争者的产品和价格

4. 折扣定价策略包括：(　　　)。
    A. 数量折扣　　　　　　　B. 累计折扣　　　　　　　C. 现金折扣
    D. 季节折扣　　　　　　　E. 同行业折扣

答案：1. AB　2. BDE　3. ABCE　4. ACDE

【练习题】

某宾馆有客房 500 间，全部客房年度固定成本总额为 400 万美元，单位变动成本为 15 美元/（天·间），预计客房出租率为 80%，成本利润率为 30%，营业税率为 5%，试确定客房的价格。并分析该种定价方法的优缺点。

第九章 旅游产品销售渠道策略

【学习目标】

掌握旅游产品销售渠道的概念；理解旅游产品销售渠道的作用以及影响旅游产品销售渠道选择的因素；掌握旅游产品销售渠道的类型和特点；了解旅游中间商的类型与功能以及如何选择旅游中间商；掌握旅游产品销售渠道策略与管理。

案例导引

三位日本游客通过不同的旅游销售渠道圆梦中国

2002年5月6日武陵源黄龙洞的游客群中传来一阵笑声。只见三位日本游客紧紧地拥抱在一起。广州大学中法旅游学院的一位留日学者与他们交谈得知，佐滕正男、田中广太郎和田中信一三位先生曾经是日本东京大学篮球队的主力队员，自大学毕业后已有多年没有谋面了。然而，对中国世界自然遗产的热爱和向往，使他们不约而同地来此旅游，虽然在九寨沟和黄龙失之交臂，却意外惊喜地欢聚于黄龙洞。那么，他们是怎样购得我们的旅游景区、景点产品，梦想成真的呢？佐滕正男先生是作为工作业绩突出而受到公司奖励，与同仁们一起来中国观光的；田中广太郎及其妻子是参加由日本观光旅游社组织的全包价团队来旅游的；而田中信一先生则是背包旅游爱好者，通过互联网预订机票和旅馆，孤身一人来华旅游的。

简要案例评述：选择恰当的销售渠道将旅游产品销售给旅游消费者是旅游企业的重要任务。请试着分析上述案例中三位日本游客各自购得我国旅游景区、景点产品的途径，并绘出示意图。他们购买该产品的渠道有何不同呢？各有什么特点？

(资料来源：http://wenku.baidu.com/view/7acbab3383c4bb4cf7ecd163.html)

第一节 旅游产品销售渠道概述

在现代市场经济条件下，旅游产品从旅游企业到旅游消费者的过程，是通过一定的渠道来实现的，渠道是旅游市场营销组合4P中的最后一个。在行业中，传统的观点认为由于服务不能存放到货架上和仓库里，因此渠道在服务业中不在其他产业中重要。实际上恰好相反，旅游产品的不可贮存性的特点增加了而非减少了渠道的重要性。如何选择高效的销售渠道将旅游产品送达旅游消费者手中并对其进行管理是旅游产品生产企业必须面对的问题。

一、旅游产品销售渠道的概念及作用

（一）旅游产品销售渠道的概念

销售渠道也称作"通道"或"销售点"。美国市场营销学权威菲利普·科特勒认为"销售渠道是指某种货物或劳务从生产者向消费者移动时，取得这种货物或劳务所有权或帮助转移其所有权的所有企业或个人。"而旅游产品销售渠道就是指旅游产品从旅游生产企业向旅游者转移过程中所经过的一切取得使用权或协助使用权转移的中介组织或个人，是旅游产品使用权转移过程中所经过的各个环节连接起来而形成的通道。旅游产品销售渠道的起点是旅游生产企业，终点是旅游消费者，而中介组织或个人形成的中间环节则包括各类旅游批发商、零售商、代理商等。

可以从以下三方面理解旅游渠道的内涵：

1. 从内容上看，旅游产品销售渠道实现了旅游产品所有权的转移。由于大多数旅游产品的无形性，其销售渠道只是转移产品的使用权而非所有权。如在一定时间范围内乘坐景区索道，在一定空间范围内观赏风景。

2. 从组织结构上看，旅游产品销售渠道包括了旅游产品从生产企业到旅游消费者所经过的一切组织机构和个人。只有所有环节通力合作，才能实现旅游产品的高效转移，确保旅游消费者购买到满意的旅游产品。

3. 旅游产品销售渠道也体现了旅游产品的流通过程。该过程的起点是旅游产品的生产者，终点是消费者。各旅游中间商构成了它的中间环节，包括旅游零售商、旅游代理商和旅游批发商。渠道各成员之间相互联系、相互制约、相互依存。

（二）旅游销售渠道的作用

旅游销售渠道是由多个组织机构或个人构成的整体，对旅游产品的流通起着极大的促进或制约作用。

1. 旅游销售渠道是旅游企业再生产过程顺利进行的前提条件。

旅游企业是旅游产品生产、经营的基本单位。旅游企业生产的产品不仅要符合社会需要，而且由于多数旅游产品不可储存性和不可转移性，必须及时地销售出去。旅游销售渠道是实现此目标的必然途径。这样，旅游企业的再生产过程才能顺利进行。如果旅游销售渠道流通不畅，即使企业生产出优质对路的产品，也不能顺利到达顾客手中，这必然使旅游企业再生产过程受阻。

2. 合理的旅游销售渠道是提高旅游经营效益的重要手段

旅游销售渠道的数量、环节多少以及成本费用，对旅游产品的销售有着直接的影响。合理选择销售渠道、加强渠道的管理以及适时营造新的销售渠道，就能加快旅游产品的流通速度，加速资金周转提高旅游企业的经济效益。

3. 旅游销售渠道策略直接影响旅游企业其他市场营销策略的实施效果

旅游销售渠道策略与产品其他营销策略密切相关，而且建立销售渠道需要较长的时间和资金，需要各成员间长期的合作和信任。所以，旅游销售渠道一经建立，一般不轻易变更。随着旅游销售渠道的确定，旅游企业的定价、促销等策略也就相对固定下来。例如，旅游产品的广告宣传活动主要由旅游企业进行还是由中间商进行，或是双方联合进行；旅游企业的价格策略与中间商的价格策略如何相互配合等等。

4. 旅游销售渠道是旅游企业获取重要信息反馈、有效接近顾客的关键途径

由于旅游销售渠道的成员直接与旅游者接触，因而能够及时地了解旅游者的消费需求，把握旅游者需求变化的趋势。旅游企业可以根据渠道成员的信息反馈，及时地调整产品结构，提供符合旅游者需要的产品，从而提高旅游企业的经营效益，促进旅游经济健康、有序的发展。

5. 旅游销售渠道也是各旅游企业的促销伙伴与风险分担者

旅游企业的销售渠道不仅承担着旅游产品的销售，由于利益关联，各销售渠道也会积极投入各种促销宣传，努力说服消费者购买该旅游产品。而且，各中间商在进行促销时，可以充分利用其网络优势。这是不使用销售渠道的销售策略所无可比拟的。

此外，利用渠道进行销售时，意味着旅游产品的所有权提前转移，旅游企业与渠道之间建立起相互连带的损益关系。在这种情况下，企业的经营风险得到了一定程度的分担。

二、影响旅游产品销售渠道选择的因素

旅游企业选择何种产品销售渠道受到企业内外环境多种因素的影响，企业必须充分考虑这些影响因素，对所选择的渠道进行科学的评估与决策。

（一）旅游产品

影响旅游产品销售产品因素主要有两个。一是旅游产品的性质和种类。不同类型的旅游产品在选择销售渠道时应有所不同，一般情况下，旅游景点、旅游汽车租赁公司、餐厅、汽车旅馆等类型的旅游企业多采用直接销售渠道；而规模较大的旅行社、旅游饭店等类型的旅游企业则多以间接销售渠道为主渠道。二是旅游产品的档次和等级。高档旅游产品成本高、价格高，市场范围相对较小，消费者对价格不敏感，更加关注旅游产品质量，适宜采用直接销售渠道，即使选用间接销售渠道也应尽可能缩短销售长度。而大众化、较低档次的旅游产品，由于购买者多、市场覆盖面广、产品的标准化程度较高，以间接销售渠道为主，直接销售渠道为辅，这样才能在较大范围内招徕更广大的客源。

（二）旅游市场

影响旅游产品销售渠道选择的市场因素很多，主要包括旅游市场规模、旅游产品生产者与目标市场的空间距离、旅游市场的集中程度、旅游者购买习惯等。

一般来说，旅游目标市场规模越大，为方便旅游者的购买所需设立的销售网点就越多，就越有必要借助中间商的力量进行销售。在遵循经济效益原则的基础上，尽可能多地选择不同的销售渠道。相反，如果目标市场规模较小，就比较适合采用直接销售渠道和长度较短的间接销售渠道。

目标客源市场的空间距离也影响选择何种销售渠道。旅游生产企业与主要客源市场距离较远，适宜采用间接销售渠道。直接销售渠道的成本过高，而中间商对目标市场可能更为熟悉，如无语言障碍、价值观和消费行为习惯相同等，更加有利于营销工作的开展。如果目标客源市场距离旅游产品生产者较近，例如旅游企业所在的区域内旅游客源市场，旅游者能够比较方便地直接向旅游生产者或产品的供给者咨询、购买旅游产品，而且生产者也较容易向目标市场的旅游者施加影响，则采用直接销售渠道比较适宜。

　　旅游市场的集中程度是指旅游消费者的密集程度。旅游市场的集中程度高的区域，一般适合采用直接销售渠道或单层次的销售渠道，不必设立过多的销售网点。如果在一定区域内的客源市场较为分散，就需要建立较多的销售网点，这时采用间接销售渠道就较为适宜。

　　旅游消费者的消费习惯也可以影响旅游产品销售渠道的选择。如果目标市场旅游者喜欢直接购买，旅游企业应充分利用现代信息技术，以直接销售渠道为主；如果旅游者非常信赖当地的旅游零售商，那就应该发挥旅游零售商的作用。如果旅游者购买频次较高，企业交易工作量就会增加，就适宜使用中间商来开展销售活动。但如果购买频次低，每次购买量大，就可以采用较短的销售渠道，减少中间商。

（三）企业因素

　　在旅游产品销售渠道的选择过程中，旅游产品生产者或供给者自身规模与实力如何，也会对销售渠道产生重大影响。首先应考虑旅游企业的规模、行业地位与组织接待能力等因素。一般来说，企业规模较大时，可采用间接销售渠道，而小型旅游企业则以直接销售渠道为主。大型旅游企业的产品类型丰富，客源市场广，客源量较大，直接销售渠道无法满足企业正常销售的需要。如果企业在行业中地位高，声誉形象较好，品牌吸引力强，往往就具有较强的调拨控制力，愿意与之合作的中间商就会增多，企业可以选择的中间商也就越多。其次，应考虑旅游企业的营销实力，包括企业的资金、人员水平和管理经验。资金实力雄厚，在营销队伍和营销管理方面具备较好条件的旅游企业，可自行设立较多的销售网点，即建立直接销售渠道，即使采用间接销售渠道，也能够更多的从自己的意愿出发选择中间商。反之，则需要尽量依靠旅游中间商帮助销售。

（四）中间商与竞争者

　　旅游中间商的实力大小、目标市场、经营目标、营业状况、声誉、合作意愿等都会影响销售渠道选择。如需以高质量服务为保障的旅游局产品，就必须由具备高水平服务或设备的中间商进行销售。零售商的实力较强，经营规模较大，旅游企业就可直接通过零售商经销产品。零售商实力普遍较弱，经营规模较小，旅游企业就只能通过批发商进行销售。

　　旅游企业还要研究竞争对手的销售渠道选择，结合自身实力与营销总体战略选择自身的销售渠道。一方面，企业可以借鉴竞争对手的销售渠道模式，但这意味着激烈的竞争。另一方面企业如果想避免竞争，则需要研究市场，创新销售渠道，避免与竞争对手针锋相对。

（五）宏观外部环境

　　国家政策、政治、经济、自然环境等诸多宏观外部环境对某些旅游销售渠道选择有着直接的影响。如客源国和目的地的政策法规，特别是有关旅游的政策法规是旅游企业选择其产品销售必须考虑的因素。例如根据我国《旅行社管理条例》的规定，境外旅行商不能在我国设立经营性分支机构（具有宣传、联络功能的办事处除外），无权组织公民自费出国旅游。因此，现阶段境外旅游批发商无法在我国建立直接的销售渠道，即使要建立间接销售渠道，也必须从有资格的出国游组团社中选择合作者，受到的限制是很明显的。

　　旅游市场的规模与世界、国家及地区的经济状况相关。经济越发达，客源市场越广阔。同时经济的回升与起伏，会引起客源市场相应的变化。在经济繁荣和经济景气的情况下，旅游客源市场就会扩展，反之，在经济不景气或经济危机时，旅游客源市场就会萎缩。作为旅游产品生产者或提供者，必须根据经济发展形式和旅游和客源市场变化灵活调整销售渠道。

第二节　旅游产品销售渠道的类型

在旅游产品营销中，由于旅游企业、旅游中间商和旅游者等诸多因素的变化，旅游产品营销就形成了各种不同的状态。即使是同一种旅游产品，在不同的市场下也可能使用不同的渠道销售。一般来说，旅游产品的销售渠道有直接、间接、长、短、宽、窄等多种类型。

一、直接销售渠道与间接销售渠道

根据企业是否使用中间商销售旅游产品，可将旅游产品销售渠道分为直接销售渠道和间接销售渠道。

（一）直接销售渠道

直接销售渠道也称为零层次渠道，是指旅游企业不通过任何中间商而直接把旅游产品销售给旅游者的销售渠道。如航空公司直接将机票销售给旅游者。直接销售渠道的主要模式有：

1. 旅游产品生产者或供给者→旅游消费者

这一模式有两种情况。一种情况发生在旅游目的地旅游产品的生产现场，旅游者自己前往生产现场购买旅游产品。此时，旅游产品生产者在其生产现场扮演了零售商的角色。如消费者自己到旅游景点游玩，到餐馆吃饭等。这一销售模式常见于旅游景点、餐馆、饭店、汽车租赁等旅游接待企业。

另一种情况发生在旅游客源地甚至旅游者家中，消费者利用电话、电传、互联网等现代化通信工具直接向旅游企业预定产品。近年来，随着现代科学技术的发展和广泛应用，这一模式逐步得到推广，很多旅游企业利用计算机预订系统直接向消费者出售产品，这对一些旅游中间商产生了极大的挑战。这一销售模式常见于饭店集团、航空公司和经营包价旅游的大型旅游公司。

2. 旅游产品生产者→自营网点→旅游消费者（在销售点现场）

这一模式是指旅游产品生产者在目标市场设立自己的销售网点。包括饭店连锁集团通过其成员饭店之间互相代理预订来方便消费者购买；航空公司和铁路公司在客流量大的地区自设售票处或订票处；汽车租赁公司在其经营区域内设立租车服务处；一些大型旅游公司在目标区域内自设零售网络等。

直接销售渠道可以省去支付给中间商的费用，降低产品成本，获得价格竞争优势。同时，直接销售渠道使得旅游企业有机会直接和顾客打交道，能够及时获取消费者的第一手需求信息，有助于企业及时调整或改进营销策略。但是，采用直接销售渠道，企业可能因为缺乏销售经验或其他原因，销售成本反而增加。此外，由于任何一个企业的资源都是有限的，直接销售渠道意味着有限的销售网点，也就很难较大程度地满足更大的市场需求。

（二）间接销售渠道

间接销售渠道是指旅游产品生产者借助中间商销售其产品，由中间商负责旅游产品使用权的转移。按中间环节的多少可以划分为以下三种模式：

1. 旅游产品生产者→旅游零售商→旅游消费者（在旅游零售商经营现场）

这种模式被称作单层次或一级销售渠道，即旅游产品生产者向旅游零售商支付佣金，由旅游零售商把旅游产品销售给旅游者。这一模式在西方国家旅游业中应用得非常广泛，除了旅游批发商完全是通过这一渠道组织客源外，其他众多的旅游企业如饭店、航空公司、游船公司等也将这一渠道作为自己销售旅游产品的主渠道。在我国这一模式目前主要体现在旅行社代客订购交通票、代订饭店客房等。但这些中间商在代理这类业务时，是向顾客收取佣金，而不是像西方国家一样由旅游生产企业支付佣金。这种销售渠道具有降低成本、减少开支从而提高旅游企业经济效益的优点，但仅适宜于营销批量不大、地区狭窄或单一的旅游产品。

2. 旅游产品生产者→旅游批发商→旅游零售商→旅游消费者

这种模式被称作双层次或两层次销售渠道，即旅游批发商以批发价大量采购单项旅游产品生产者的产品，并根据各自目标顾客群的不同需求将其组合成整体旅游产品，然后通过旅游零售商出售给旅游者。这种销售是西方国家旅游业中较为流行的销售方式之一，常为度假饭店、假日营地、包机公司等旅游企业所采用，在我国旅游业尚不普遍。

3. 旅游产品生产者→本国旅游批发商→外国旅游批发商→外国旅游零售商→外国旅游者

这种模式被称作三层次或多层次销售渠道，是目前我国国际旅游业中应用最广的渠道模式。我国具有涉外旅游接待职能的旅游生产企业在价格谈判的基础上将各单项旅游产品批量发售或预订给我国的国际旅行社。然后国际旅行社将这些单项旅游产品组合成包价旅游产品，销售给外国旅游批发商或旅游经营商。这些旅游批发商在对这些包价旅游产品重新定价后，作为自己的产品，委托客源市场的旅行代理商或其他零售代理机构向旅游消费者出售。

间接销售渠道通过庞大的销售网络占领市场，有助于提高企业的营业额；同时也可以凭借该网络系统向旅游消费者传播企业的品牌形象、企业文化及其他各种信息，有利于树立企业形象。但是，由于中间环节增加，间接销售渠道也增加了旅游产品的成本，导致企业利润降低或旅游产品价格上涨，一定程度上影响了企业的市场竞争力。此外，间接渠道增加了企业与最终消费者的距离，旅游企业对目标市场的控制权下降，并需要与中间商协作，如果管理不当，企业有可能损失目标市场。

二、长渠道和短渠道

旅游产品从生产者到最终消费者所经过的中间机构的环节数即为旅游销售渠道的长度。根据销售渠道中间商层次数的多少可将其分为长渠道和短渠道。中间商层次越多，销售渠道越长。反之则越短。直接销售渠道是最短的一种渠道。例如：一位游客直接前往某景区旅游，中间不经过任何旅行社或其他旅游公司，这样的销售渠道就短。再如，一位游客在某旅游景区的旅游商店购买了某旅游纪念品，而该旅游纪念品是由当地某旅游公司从另一代理商处购进，而该代理商又从旅游纪念品的生产企业买入，这样的销售渠道就相对较长。

旅游销售渠道越长，表明销售网点越多，企业可以有效地覆盖目标市场，扩大产品的销量。但是，由于环节增多，销售费用也会随之上涨，不利于生产者及时获得市场情报，迅速占领市场。

一般情况下，短渠道由于中间环节少，自然就可减少中间环节所发生的营销费用，旅游消费者购买的旅游产品的价格就有可能较为便宜。同时，短渠道加快了商品流通的速度，提高产品竞争力。还加快了旅游企业与旅游消费者之间的信息沟通速度，尤其是有可能减少或避免过多的中间环节导致的信息失真。但是短渠道销售需要生产商投入大量的人力财力到直销中去，同样可能增加费用，不利于生产企业大批量组织生产。

三、宽渠道和窄渠道

旅游产品销售渠道的宽度，取决于销售渠道内每个层次上使用同种类型中间商数目的多少。使用同种类型中间商数目越多，销售渠道越宽，反之渠道就比较窄。通常所说的要多设营业网点，就是指要加宽销售渠道的宽度，因一般化、大众化的景区旅游产品主要是通过宽渠道进行销售，通过多家旅游批发商或代理商批发给更多的零售商去进行销售，从而能大量地接触旅游消费者，大批销售旅游产品。一些国际大型旅行社，如美国的运通、太平洋企业公司，在美国本土东部、西部、中西部各州都有分公司，还有几千个零售代理商，这样的销售渠道就相当地宽。所谓窄渠道，就是同类中间商较少，旅游产品在市场上的销售面较窄的景区销售渠道，窄渠道对旅游企业而言，比较容易控制，但市场销售面会受到限制。因此，窄渠道一般只适用于专业性较强的或费用较高的旅游产品的销售。如探险旅游、环球旅游。

四、单渠道和多渠道

根据旅游企业采用销售渠道类型的多少，旅游销售渠道又可分为单渠道和多渠道。有些旅游企业采用的渠道类型比较单一，如所有产品全部由自己直接销售或全部交给批发商经销，这就是单渠道。有的旅游企业则根据不同层次或地区消费者的不同情况而采用不同的销售渠道。若在本地区采用直接渠道，对外地采用间接渠道，或同时采用长渠道和短渠道，这就称为多渠道。一般情况下，旅游企业生产规模较小或经营能力较强，可采用单渠道销售旅游产品，反之，则采用多渠道，以便扩大产品的覆盖面，灵活地大量销售自己的旅游产品。

五、网络销售渠道

旅游网络销售渠道是指借助互联网络、电脑通讯和数字交换等现代信息技术将旅游产品从旅游生产者转移到旅游者的新型销售渠道。现代旅游业采用的信息技术种类繁多：主要包括计算机预订系统、电视会议、可视图文、电子小册子、计算机管理信息系统、航空电子信息系统、电子货币交易系统、数字化电子网络、移动通讯等。涉及的业务范围包括网上的广告、订货、付款、客户服务和实物递交等售前、售中、售后服务，以及市场调查分析、财务核算及日程安排等利用互联网开发的商务。网络销售渠道突破时空限制，成本低廉，变单一的信息传播为多向传播，旅游产品生产者和消费者在网上直接沟通和交易成为可能，有助于促成交易的实现。因此，旅游企业要积极迎合信息科技的发展，对传统的营销模式进行创新与重组，建立自己的网络销售渠道。

（一）旅游网络销售渠道的主要类型

旅游网络销售渠道也可分为直接销售渠道与间接销售渠道。直接销售渠道与传统直接渠道都是零级分销渠道，这方面没有多大的区别。这种网上直销使传统中间商的职能发生了改变，由过去的中间力量变成为直销渠道提供服务的中介机构，如提供旅游产品运输配送服务的专业配送公司，提供贷款网上结算服务的网上银行，以及提供旅游产品信息发布和网站建设的 ISP 和电子商务服务商。网络销售也可能淘汰一些实力较弱的旅游中间商。网上直销渠道的建立，使得旅游生产者和最终旅游产品消费者直接连接和沟通。网络间接销售渠道是通过融入互联网技术后的中间商机构提供形成的。传统中间商由于融合了互联网技术，大大提高了中间商的交易效率、专业化程度和更大规模经济，相比较而言，比某些企业通过网上直销渠道更有效。基于互联网的新型网络间接销售渠道与传统间接分销渠道有着很大的不同，传统间接销售渠道可能有多个中间环节，如一级批发商、二级批发商、零售商，而网络间接销售渠道只需要有一个中间环节，不存在多个批发商和零售商的情况。

（二）旅游网络销售渠道的主要功能

一个完善的旅游网络销售渠道应有三大功能：订货功能、结算功能和配送功能。电子订货系统是为旅游者提供旅游产品信息，同时方便旅游企业获取旅游者的需求信息，以求达到供求平衡。一个完善的订货系统，可以最大限度地促进交易实现并减少销售费用。电子支付是采取先进的技术通过数字流转来完成信息传输，其各种支付都采取数字化方式进行。电子支付方便、快捷、高效、经济的优势使任何一个 PC 用户或旅游企业足不出户便可以完成整个支付过程。随着旅游网络营销的发展，电子支付的形式越来越多。目前国外流行的几种方式有信用卡、电子货币、网上划款等几种方式。从产品形态上看，旅游产品和服务由于其较少涉及实物运输，对企业的物流配送系统要求不高。对其要求不高不代表旅游企业可以忽视它。就配送系统而言，消费者只有看到购买的旅游产品到家后，才能真正感到踏实，因此建设快速有效的配送服务系统，保证货物尽快到达消费者手中也是非常重要的。

（三）旅游网络销售渠道的主要方式

1. 旅游企业网站

旅游产品生产或供应企业、旅游中间商可以通过建立自己的网站或网页向公众展示自己的旅游产品和服务，也可以开发网上预订业务；旅游者则可以通过网络获得所需的旅游信息，也可以进行网上预订或网上"在线旅游"。旅游企业通过委托专业网站建设与运营公司或组织专业技术人员开发设计均可实现。

目前全国大小各种旅游类网站已发展到 600 多个，成为旅游业内发展最快、资本最密集、科技含量最高的新兴产业群。这些旅游网可分为六大类别：

（1）全国性的旅游网。如华夏旅游网、中国旅游资讯网、携程旅游网、意高旅游网、

中化旅游网、灵趣中华旅游网;

（2）一些订房、订票、订团为主的网站。如中国电子商务网、信天网、中国旅行顾问网、中华旅游报价网;

（3）地区性、区域性旅游网。如西部旅游信息网、云南旅游信息网;

（4）一些综合性门户网站的旅游频道，如新浪网、搜狐、网易、e龙等的旅游频道;

（5）旅游机构和企业为宣传自身形象而制作的网页，如国家旅游局的神州风采——中国旅游综合信息网（www.cnta.com）、北京旅游信息网（www.bjta.cn）和各地旅游局网站，以及各大旅游企业的网页，如青海在线（www.cytsonlone.com）;

（6）一些专题性的个人旅游网站。

2. 旅游专业销售网络信息系统

近年来较为流行的专业性旅游销售网络系统主要有两种：一是旅游中心预订系统（central reservation system，简称 CRS），二是全球分销系统（Global distribution system，简称 GDS）。这两种系统的建立和维护都需要较高费用。

中央预订系统主要是指酒店集团所采用的，由集团成员共享的预订网络。它使酒店集团利用中央数据库管理旗下酒店的房源、房价、促销等信息，并通过同其他各旅游分销系统，如：GDS（全球分销系统）、IDS（互联网分销商）与 PDS（酒店官方网站预定引擎）连接，使成员酒店能在全球范围实现实时预订。一套完整的 CRS 系统同时还应具备与酒店的 PMS（前台预订接口）实时更新的房间库存数据，使酒店的所有销售需求统一在集团的销售数据库内作管理，真正实施三网合一（internet 互联网、intranet 企业内部网络、extranet 企业外部网络）的中央数据库统一库存。CRS 同时为酒店集团其他营销及管理活动提供数据平台，如：常客计划，动态促销，企业销售，电子营销等。

全球分销系统（GDS，Global Distribution System），是随着世界经济全球化和旅客需求多样化，由航空公司、旅游产品供应商形成联盟，集运输、旅游相关服务于一体，从航空公司航班控制系统（ICS，Inventory Control System）、计算机订座系统（CRS，Computer Reservation System）演变而来的全球范围内的分销系统。它通过庞大的计算机系统将航空、旅游产品与代理商连接起来，使代理商可以实时销售各类组合产品，从而使最终消费者（旅客）拥有最透明的信息、最广泛的选择范围、最强的议价能力和最低的购买成本。

目前，世界上主要有 GDS 四巨头——北美的 Sabre 和 Worldspan，欧洲的 Amadeus 和 Cendant-Galileo，以及一些服务于特定国家或地区的中小 GDS，如我国的 Travelsky（中航信）、东南亚的 Abacus、韩国的 Topas、日本的 Axess 和 Infini、南太平洋的 Fantasia 以及 SITA 的 Sahara 等。GDS 实质上是 CRS 在分销广度、分销深度、信息质量及分销形式等方面的一次飞跃。从分销广度来看，GDS 能够在世界范围内，提供交通、住宿、餐饮、娱乐以及支付等"一站式"旅行分销服务；从分销深度来看，GDS 给旅客提供专业的旅行建议，给供应商提供信息管理咨询服务，这些增值服务为客户和 GDS 自身都带来了巨大利益；从信息质量来看，IT 技术的飞速发展，客户服务理念的不断增强，促使 GDS 提供的信息更加及时、准确、全面和透明，系统响应更为迅速，增加了客户的时间价值；从分销形式来看，GDS 可以通过电话、互联网、电子客票、自动售货亭、电子商务等多种方式为客户提供服务。

第三节　旅游中间商

一、旅游中间商的概念

旅游中间商是指可以作为旅游间接销售渠道成员的组织和机构。中间商不自己生产产品，其主要功能是向旅游企业与旅游消费者提供中介服务，他们创造时间、地点把旅游产品买进来，再把它销售出去并最后销售给最终消费者。通过买卖，这些中间商从中获得利润。旅游中间商的介入，可使旅游产品销售大大简化流通过程，降低流通费用，提高流通效率。

二、旅游中间商的功能

旅游中间商是旅游产品渠道功能的重要承担者，对旅游生产企业、旅游消费者及整个旅游业都有重要作用。

（一）提高旅游产品的销售效率

旅游经济迅速发展，如果没有中间商，旅游产品由生产企业直接销售给旅游者，那将是一个庞大而复杂的工作。对于跨国旅游业务而言，其工作量将特别大，没有中间商的旅游产品销售几乎是不可能。对于旅游者而言，没有中间商也会大大增加购买难度。一个旅游代理商可以同时销售很多旅游企业的产品，旅游者可以只选择一个中间商就能比较不同旅游企业的产品，如果没有中间商，旅游者则需要到各个旅游企业去了解产品，这将耗费大量的时间和精力，甚至是不可能的。

（二）组合加工旅游产品

没有一个旅游企业可以提供旅游者在完整的旅游活动中所需的食、住、行、游、购、娱等环节的各种旅游产品。旅游中间商尤其是旅游批发商运用自身与多家旅游企业联系、具有对多种旅游产品加工、组合的能力，将单项旅游产品组合成整体性的包价旅游产品，从而满足众多旅游者对一次全程旅游活动中各种旅游服务的需要。

（三）市场调研与开拓

旅游中间商利用自己直接面各旅游消费者的有利地位，可以真实、客观、全面地调查、掌握旅游消费者的意见和需要，从而成为获取市场信息的重要阵地，帮助旅游企业对市场的变化做出及时的反应，使旅游产品和服务的供应能不断适应旅游消费者的需求。同时，旅游中间商专门进行旅游产品的购销工作，对市场的变化及走向有着强烈的敏感性，能对市场的未来发展有较为准确的判断，并善于寻找市场机会。旅游企业若能与中间商通力协作，就能将旅游产品的生产优势与市场开拓的营销优势结合在一起，使旅游生产企业与旅游中间商得以顺利地成长。

（四）促销旅游产品

旅游中间商往往是旅游促销的专门人才，尤其是旅游零售商，他们实际上扮演着旅游消费者决策顾问与旅游产品推销员的双重角色，拥有自己的目标群体，与市场各个环节都可能形成良好的公共关系，它们依靠自身所持有的宣传、广告、咨询服务和其他多种形式的促销活动，来激发旅游消费者的购买欲望。旅游零售商熟悉多种旅游新产品的优劣、价格和日程安排，了解和掌握旅游者的支付水平、生活消费方式等情况，可以帮助旅游者挑选适宜的旅游产品。有助于将潜在的市场需求转化为现实的旅游需求，沟通旅游生产企业与旅游消费者。

三、旅游中间商的类型

旅游中间商的类型多样化。按其业务方式，大体上分为旅游批发商和旅游零售商两大类。旅游批发商是指从事批发业务的旅游中间商，他们一般不直接服务于最终消费者。旅游零售商是指那些直接面向广大旅游者从事旅游产品零售业务的旅游中间商。根据不同旅游中间商的经营性质，人们又可以将其划分为经销商和代理商。所谓经销商是指将产品买进后再卖出（即拥有产品所有权）的旅游中间商，他们的利润来自旅游产品购进价与销出价之间的差价。旅游批发行业中的旅游批发商和旅游经营商大都属于这类经销商。所谓代理商则是指那些只接受旅游产品生产者或供应者的委托，在一定区域内代理销售其产品的旅游中间商，他们的收入来自被代理企业所支付的佣金。

（一）旅游经销商

旅游经销商是指从事旅游产品流通业务的旅游中间商。旅游经销商的收入来自旅游产品购进与卖出之间的差价，一次业务收入的主要取决于差价的大小。旅游经销商与旅游产品生产者或供应者共同承担旅游市场的风险，他们的成功和旅游产品生产者或供应者有着直接的影响。旅游经营商可以分为批发商和旅游零售商。

1. 旅游批发商

旅游批发商通常是一些实力非常雄厚的大型旅游公司或旅行社，通过与交通部门、饭店、旅游景点以及其他餐饮娱乐服务机构等直接签订合同，购买一定数量的座位、门票和房间，将这些单项旅游产品组合成多种价格、多种时间和多种旅游目的地的包价旅游线路后，再带入自己的服务内容，使之能满足旅游者的整体的需要。并将其批发给旅游零售商。旅游批发商往往是一些从事批发业务的旅行社或旅游公司，是连接生产者与零售商或最终消费者的桥梁，大多拥有较强的人、财、物及采购优势，采用集团化经营，也拥有自己的零售网络，抗风险能力强等。批发商的经营范围可宽可窄，经营业务可专业。比如，有的旅游批发商不仅在国内设立分公司，而且在国外也设分公司或建立合资企业，从事大众化旅游产品转售业务。有的旅游批发商则在特定的目标市场经营特定的旅游产品，如专项节日活动、专项庆典活动、探险旅游。

2. 旅游零售商

旅游零售商是指直接面向广大旅游消费者从事旅游产品零售业务的旅游中间商，它与旅游消费者联系最为紧密。为适应旅游消费者的多种需求，旅游零售商要熟悉多种旅游产品的优劣、价格和日程安排，要了解和掌握旅游消费者的经济支付水平、生活消费需要和方式等情况，以帮助旅游消费者挑选适宜于其要求的旅游产品。同时，旅游零售商在市场营销活动中应具有较强的沟通能力和应变能力，要与旅游目的地的饭店、餐馆、风景点以及车船公司、航空公司等接待旅游企业保持良好的联系，能根据旅游市场及旅游消费者的需要变化而相应调整服务。

　　由于旅游零售商从一定意义来说，是代表旅游消费者向旅游批发商以及旅游产品供给的企业购买产品，为保护旅游消费者的应得利益，促进旅游零售商业务的顺利开展，旅游零售商在与旅游批发商以及旅游产品的生产企业发生联系、签署有关购销协议时，一般要关心、注意以下问题。首先是对方的质量、信誉，也就是旅游批发商等企业提供的旅游活动是否可靠，各项活动的开展是否准时衔接，处理业务工作的效率如何，出现意外事故的抢救、处理制度和措施有无保障等。其次要关心、注意对方提供的旅游产品的价格，其原因在于市场竞争中若与同类产品的价格相比，报价过高，对旅游者的吸引力就会降低，推销难度增大，旅游零售商的经济效益就不明显，但若报价偏低，则会使旅游消费者产生对旅游产品质量的怀疑，客观上也不利于产品推销。旅游零售商一般为旅行社，旅游发达国家的超级市场、航空公司等往往也为旅游零售商。

　　与一般的生产企业不同，旅游企业不一定只是批发商或零售商。对于同一个旅游企业来说，在不同的销售渠道中，它可能担任不同的角色。如 A 旅行社为一个来自美国的旅行团组织了一次包价旅游活动，它是以旅游批发商的身份进行销售活动的；同时，它又为 B 旅行社的一个团队提供了当地导游的服务，在这里它又是旅游零售商。

　　（二）旅游代理商

　　旅游代理商，是指那些只接受旅游产品生产者或供应者的委托，在一定区域内代理销售其产品的旅游中间商，它通过与买卖双方的洽谈，促使产品的买卖活动得以实现，但从中并不取得产品的所有权。旅游代理商的收入来自被代理企业支付的佣金。其主要职能是在其所在地区代理旅游批发商或提供行、宿、游等旅游服务的旅游企业向旅游消费者销售其产品。

　　旅游产品生产企业在自己推销能力不能达到的地区，或是无法找到合适的销售对象的情况下，利用旅游代理商的营销资源而寻求营销机会。因而，对代理商的利用是对利用经销商的一种补充，尽管利用代理商的风险转移程度比利用经销商要低得多。一般而言，在旅游产品比较好销的情况下，利用旅游批发商中介组织的机会比较多，而在新产品上市初期或产品销路不太好的情况下，则利用代理商的机会比较多。

　　在实际工作中，旅游代理商由于直接面对广大的旅游者，或以为旅游者服务为主，同时经营少量的旅游产品的批发业务，因而旅游代理商往往又是旅游零售商，但其收入主要以收取佣金为主。

四、选择旅游中间商的原则

　　（一）经济的原则

　　追求良好的经济效益是旅游产品销售渠道选择的基本原则，对旅游中间商的选择也应遵循这一原则。也就是说选择中间商时应预测和比较由于采用中间商可能带来的销售收入增长与成本支出的关系，只有收入增长大于成本支出，才符合企业追求经济效益的原则。

　　（二）控制的原则

　　旅游企业对所选择的中间商要能够实行有效的控制。因为旅游中间商是否稳定、销售业绩是否良好，对于旅游企业能否保有其市场份额、获得良好的经济效益是至关重要的。一般，在同一地区，选用唯一中间商即独家营销策略较适合，但同时风险也较大。选用多个中间商，风险相对较小，但旅游企业对中间商的控制力会降低。旅游企业应根据具体情况，按照有效控制的原则确定中间商的数目。

（三）适应的原则

旅游中间商对企业而言是不完全可控的因素，所以选择中间商要遵循适应的原则。所谓旅游中间商选择适应的原则应包括三个方面，一是地区的适应性，即所选中间商的销售适应该地区旅游者的消费水平、购买习惯、市场环境等；二是时间的适应性，在产品导入期，旅游企业应选择较多的中间商，而旅游产品的成熟期，旅游企业可以减少中间商的数量；三是旅游企业对中间商的适应性，即旅游企业与中间商有着良好的合作关系。

第四节　旅游产品销售渠道策略

一、旅游产品销售渠道策略

旅游销售渠道模式是受多种因素的影响而形成的，因此，在制定旅游销售渠道选择策略时，首先必须认真分析、研究对销售渠道产生影响的那些因素，然后根据分析、研究的情况，结合选择销售渠道的基本原则，进行渠道选择的决策，主要包括直接销售渠道或间接销售渠道、销售渠道的长度、宽度的决策，以及渠道的联合决策。

（一）理想销售渠道的特征

1. 连续性明显

旅游企业所选择的销售渠道应能保证其产品连续不断地从生产领域、流通领域转移至消费领域，旅游中间商应尽可能不发生脱节、阻塞和不必要的停滞现象。这就要求旅游企业在选择和营造自己的销售渠道时，应注意到所选的渠道是否环环相扣，与最终旅游消费者紧密联系。

2. 辐射性突出

旅游企业的销售渠道实际上是以企业为起始点向旅游中间商进行辐射，然后再由各旅游中间商为始点进一步向外辐射而形成的多层次扇面网络。销售渠道的辐射性直接影响着旅游企业产品的市场覆盖面和渗透程度。渠道的扇面越大，旅游企业产品的市场覆盖面就越广，市场渗透力也就越强，而且所形成的市场营销机会明显增多，旅游企业的市场风险也就相应下降。当然，在旅游实践中，由于旅游企业的性质不同、规模不一、营销目标不等，即便是同一种旅游产品，对市场的覆盖也不可能完全一样。

3. 配套性全面

旅游产品的营销活动，不仅是物质产品的转移过程，也是相关信息等方面的流动过程，因而旅游销售渠道若能同时兼有营销活动所需要的各种配套功能，就能更有效地保证旅游企业的产品顺利地完成由生产领域、流通领域向消费领域的转移。旅游企业所选择的旅游中间商，除具有买卖交易的能力外，最好还同时具有促销、运输、开发市场等配套功能。这样，旅游中间商在交易活动中，不仅能保证实体性的旅游产品能顺利地进行流转，而且所具备的市场调研、信息收集反馈、运输等辅助功能，也将会更有效地促使旅游企业的产品在目标市场中营销，更有针对性地满足多种旅游消费者的需要。

4. 良好的经济效益

旅游产品销售渠道的选择必须考虑其交易成本，交易成本的降低主要取决于交易环节的减少、交易成功率的提高和旅游产品生产者与中间商之间利益划分的合理性。理想的销售渠道能够为企业带来良好的经济效益。

（二）销售渠道长度策略

销售渠道长度选择分为两个层次，一是决定采用直接销售渠道还是间接销售渠道进行销售，直接销售渠道可以直接了解旅游者的有关需求和意见，方便供求双方信息沟通等，间接营销可以加快旅游产品的流通。二是选择间接营销中间环节或层次多少。一般来说，在实际的营销活动中，旅游企业会同时采用这两种销售渠道。对于近距离市场，企业自身营销能力可以达到的，多采用直接渠道；对于比较庞杂、分散，且有生产与消费异地特点目标市场，可借助各种类型中间商的力量，使营销活动的辐射空间更为广阔。

旅游销售渠道越长，表明销售网点越多，企业可以有效地覆盖目标市场，扩大产品的销量。但是，由于环节增多，销售费用也会随之上涨，不利于生产者及时获得市场情报，迅速占领市场。

一般情况下，短渠道由于中间环节少，自然就可减少中间环节所发生的营销费用，旅游消费者购买的旅游产品的价格就有可能较为便宜。同时，短渠道加快了商品流通的速度，提高产品竞争力。还加快了旅游企业与旅游消费者之间的信息沟通速度，尤其是有可能减少或避免过多的中间环节导致的信息失真。但是短渠道销售需要生产商投入大量的人力财力到直销中去，同样可能增加费用，不利于生产企业大批量组织生产。

（三）销售渠道宽度策略

销售渠道长度设定之后，旅游企业还应对每个环节中间商的数量，即渠道覆盖能力进行选择，一般有密集型营销、选择型营销和独家营销三种策略。

1. 密集型营销

密集型营销是指广泛而不受任何限制地选用旅游中间商加入分销本企业旅游产品的行列。密集型营销的优点在于：市场覆盖面广，灵活性强，旅游者购买旅游产品较为方便，而且一般不会受到某一个旅游中间商经营失利的严重影响，因此，密集型营销比较适合大众化的旅游产品。在主要目标市场采取密集型营销，效果往往更为明显。如许多海外旅游公司常通过中旅、国旅等大型批发商在我国开展促销。另外，旅游企业也要充分考虑这种策略的不足之处，如营销控制力弱、信息反馈缓慢等。

2. 选择型营销

选择型营销是指旅游企业只选择那些素质高、营销能力强的中间商销售其产品。这种策略介于独家营销和密集型营销之间，比较适用于价格较高或数量有限的旅游产品。因为它要求中间商有较强的销售能力，并具备相应的专业知识，能给消费者提供针对性服务。旅游中间商如果选择得当，经营得好，选择性营销完全可以兼得密集型营销和独家营销的优点。我国国际旅行社在经营国际旅游市场业务中大都采用选择性营销策略。

3. 独家营销

独家营销是指旅游企业在一定时间、一定市场区域内只选择某一家中间商销售其产品，授予该中间商独家经营权。这是最窄的一种销售形式。旅游产品生产者或供应者选择独家营销这一策略，其成功与否同所选择的中间商有着密切的。独家营销的优点在于这种销售渠道决策有助于调动中间商的积极性，而且企业对中间商的控制能力较强，在价格、促销、信用和服务等方面也更便于双方合作，其缺点是灵活性较小，不利于大众消费者分散购买。另外，它的市场覆盖面狭窄，风险较大，一旦旅游中间商不能胜任独家分销的重担，就会严重影响企业在该市场的整个营销计划。所以，如果选择了独家营销，务必持相当慎重的态度去选用旅游中间商，力求万无一失。

二、旅游产品销售渠道的管理

（一）旅游中间商的选择

中间商的选择是指根据旅游企业的渠道结构决策，选择合适的中间商的过程。选择好的旅游中间商对于建立高效畅通、经济合理的旅游销售渠道网络系统是至关重要的。一般来说，选择时主要考虑以下几个方面：

1. 要选择目标市场一致的中间商作为合作伙伴

有的中间商长期从事某类产品的市场销售，熟悉该类产品市场特点和营销要点，但是对其他产品，则可能缺乏市场知识和营销经验。旅游企业应根据自身产品的实际情况选择和产品性质相符的中间商作为合作伙伴

2. 要考察中间商渠道网络的规模

旅游中间商应该根据本公司的规模和商业客户的具体情况权衡，分析中间商对网络的控制能力和管理能力是否和企业的经营状况相符合。选择规模匹配的旅游中间商。

3. 要了解中间商在同行中的信誉

中间商信誉的好坏是旅游企业选择中间商重点考虑的因素，可以从两个方面入手以了解旅游中间商在行业中的信誉，一是通过正面接触来判断企业的相关人员的许诺是否可信；二是通过与业内人员的交流来了解中间商的资信情况。

4. 中间商的经营实力

包括中间商的资金实力、销售网络实力、人员实力、固定资产实力、客户控制能力、市场拓展能力、企业司令部管理能力、信息反馈能力、促销配合能力及企业内部管理能力。

（二）旅游中间商的合作与激励

选择了合适的中间商后，还应加强与中间商的合作，解决与中间商的矛盾，是销售渠道管理的重要任务。同时，现代旅游市场中，由于销售环节增多，旅游生产企业与中间商所构成的销售渠道是一个动态变化、相对松散的体系，各成员虽然有共同的目标市场与利益，但也分别代表不同的利益集团。旅游生产企业希望所有的中间商都重视自己的产品，努力扩大产品的销售量，但同时又希望尽量减少营销费用。旅游批发商更加关心既能使自己获得高利润又有减少风险并且旅游零售商愿意接受代理的产品。而旅游零售商大都希望得到更多的产品类型以供旅游者挑选并能带来高额利润。旅游中间商与旅游企业是相互独立的，中间商可以是这家企业的代理，也可以是其他企业的代理，它可以推销中国业务，也可以推销欧洲业务，有的中间商甚至同时销售两个竞争对手的同类产品。但中间商一般对旅游企业不承担义务。

中间商应以适度激励为基本原则，尽量避免过分激励和激励不足，前者可能导致销售

量提高而利润却下降，后者会影响中间商的销售积极性。一般说来，激励方法可以分为两种，即正激励和负激励。放宽信用条件、提高销售佣金等为正刺激，惩罚中间商甚至终止合作关系等为负刺激。使用负刺激时应注意可能会对其他成员造成消极影响。对旅游中间商进行激励主要表现在以下五个方面

1. 产品支持。根据互利原则和合约规定，尽可能保证向旅游中间商提供质量高、利润大的热销产品，特别在是旅游旺季期间。因为，在旅游中间商看来，获得这样的产品是供应者对他们工作、能力的重视和支持，这就在客观上激励中间商进一步努力工作，加强与供应者全面长期的友好合作。同时还要经常向中间商征询有关产品的意见和建议，不断对产品进行改进。

2. 利润激励。经销或代理某种旅游产品所能获取的利润的大小是中间商最关心的问题。在产品定价时旅游企业必须充分考虑中间商的利益，向他们提供增加收入的机会和条件。比如，针对其财力、信用及订货数量等情况给予相应折扣，以保证中间商能获取理想的利润，还可考虑奖励超额销售、优惠大批量购买、及时传递获利信息等措施。

3. 营销活动支持。帮助旅游中间商增强营销能力。比如培训旅游中间商销售人员，提供人财物方面的有偿支援。甚至可以为其分担部分广告宣传费用，或根据中间商的销售业绩给予不同形式的奖励，以激发中间商对本企业产品的促销热情。

4. 资金支持。生产企业为中间商提供一定的资金支持，能缓解中间商的资金紧张问题，并增强他们大批量购买、销售本企业产品的信心和决心。旅游企业所提供的资金支持主要有售后付款、分期付款、直接销售补偿等几种形式。

5. 信息支持。旅游企业有必要定期或不定期地与中间商联系，及时和中间商沟通生产、市场等方面的信息，帮助其制定相应策略，使其能有效地安排销售。

另外，对重要中间商给予特殊政策。重要的中间商指旅游产品生产者的主要分销商，他们的分销积极性至关重要。对于这些分销商应采取必要的政策倾斜：其一，互相投资、控股。企业和中间商通过相互投资，成为紧密利益统一体，从经济利益机制上保证双方合作得更一致、更愉快。其二，给予独家经销权和独家代理权。在某一时段、某一地区只选择一家重要中间商来分销商品，有利于充分调动其积极性。其三，建立分销委员会。吸收重要中间商参加分销委员会，共同商量决定商品分销的政策，协调行动，统一思想。

（三）旅游中间商的评估

为确保中间商及时有效地完成任务，旅游产品生产者还应随时监督中间商的行为，检查其履行职责的情况，并按一定标准对其进行评估，评价出每个旅游中间商的销售业绩。

对中间商的工作业绩进行科学评价是销售渠道管理的一项重要功能。中间商评估的作用主要有三点：一是对各中间商逾期销售指标的完成情况进行考查，以控制企业营销计划的执行。二是发现销售渠道存在的问题，并采取相应对策。三是通过渠道评价，寻找理想的旅游中间商，并与之建立长期的合作关系。

旅游中间商评估的内容主要有以下几方面：

1. 旅游中间商的营销能力。营销能力包括营销量的大小、销售额的多少、成长性和赢利速度以及偿付能力等。对营销能力的评估相对比较容易，因为这些指标大都是定量而不是定性的，但在实施中需要旅游产品提供商和旅游中间商紧密合作，做到信息共享。

2. 旅游中间商的信誉度。这也是评估旅游中间商不可忽视的重要内容。因为旅游中

间商信誉度的高低不仅关系到旅游产品生产者或旅游产品供应者与其合作的效率与心情，而且对销售的效果有直接的影响。信誉度的评价指标，包括付款的及时性、顾客满意率、配合程度等

3. 旅游中间商的参与热情。有的中间商有实力，但不积极推销、宣传生产者或供应者的旅游产品，他们参与销售的效果往往极有可能不如实力稍弱、但积极配合的旅游中间商参与销售的效果。相比之下，选择参与热情高昂的旅游中间商要优于没有热情或热情不足的旅游中间商。其评价指标包括成员之间的关系、市场信息反馈的及时性、销售产品的积极性、积极的建议等。

4. 旅游中间商的销售量占本企业销售量的百分比。这一标准可以用来衡量旅游中间商对旅游产品提供商的重要程度，如果这一比值很大，则其重要程度就大，反之其重要程度就小。

通过以上评估活动，可以及时发现问题，掌控旅游中间商的情况，为改进和完善旅游中间商政策提供依据。

（四）旅游销售渠道的调整

在分销渠道管理中，根据每个中间商的具体表现、市场变化和企业营销目标的改变，旅游生产者对分销渠道需要进行调整。调整的主要方式有：

1. 增减分销渠道中的中间商

即在某一销售渠道中增加或减少一个甚至几个旅游中间商，如果旅游中间商存在营销不积极、参与热情低、合作意识差、信誉欠佳、严重影响企业销售等问题，应将其淘汰，另选合适的中间商加入。也可能由于企业经营战略的调整或经济环境变化而增减中间商。如企业规模扩张就需要增加中间商，或者竞争对手的渠道宽度扩大，企业为了提高自己的市场占有率也不得不增加中间商。旅游中间商的增减，一方面会影响企业的销售量和销售收入，另一方面也会影响到其他中间商和竞争对手。减少中间商，可以导致该旅游中间商转向其他旅游企业，加剧本企业的竞争对手的竞争，同时也可能影响其他中间商的忠诚度。

2. 增减某一种分销渠道

当旅游生产者通过某种分销渠道销售某种产品所获取的销售额一直不够理想时，即要么出现亏损，要么投资收益率偏低时，企业可以考虑在全部目标市场或某个区域内撤销这种渠道类型，而另外增设一种其他的渠道类型。企业为满足消费者的需求变化而开发新产品，若利用原有渠道难以迅速打开销路和提高竞争能力，则可增加新的分销渠道，以实现企业营销目标。

3. 改变整个销售渠道系统。

指旅游企业取消原来的销售渠道使用新的销售渠道。如直接渠道改为间接渠道，单一渠道改为多渠道。当旅游市场营销环境发生重大变化，旅游企业重新制定战略目标、旅游产品性质已有根本改变或现有的销售渠道已经无法解决旅游产品销售中的矛盾时，旅游企业往往需要调整整个销售渠道。旅游产品生产者实施这类调整的难度很大，且需要特别小心谨慎，以尽量减少对销售的不利影响。

（五）旅游销售渠道的冲突管理

因为旅游产品销售渠道是由各个独立的旅游中介组织和机构组成，他们的经营目标不

同，追求利益差异，因此，在合作过程中难免出现冲突。旅游产品销售渠道的冲突即指渠道中的一个企业认为另一个企业的活动妨碍或阻止了其目标的实现，因此二者发生矛盾。这些冲突既存在于销售渠道同一层次的成员之间，也存在于同一渠道的不同层次之间。适度的渠道冲突是一种积极的力量，而过度的渠道冲突则会影响整个渠道系统的和谐发展。因此必须对冲突进行有效的、合理的管理。

1. 冲突的主要表现形式

旅游销售渠道冲突有三种主要表现形式，即水平渠道冲突、垂直渠道冲突和多渠道冲突。水平渠道冲突指同一渠道模式中，同一层次的旅游中间商之间的冲突。例如，某一地区经营 A 企业旅游产品的中间商，认为同一地区经营 A 企业旅游产品的另一家中间商在定价、促销和售后服务等方面过于进取，抢了他们的生意。垂直渠道冲突指同一渠道中不同层次企业之间的冲突。这种冲突较之水平渠道冲突更常见。例如，某些旅游批发商可能会抱怨旅游生产企业在产品价格方面控制太紧，留给自己的利润空间太小；或旅游零售商对旅游批发商或生产企业也存在类似不满。多渠道冲突又称交叉冲突，是指旅游生产企业建立多个销售渠道后，不同渠道形式的成员之间的冲突。例如，某旅游景区既向旅游者直接销售旅游门票，同时又请旅行社代理销售其门票。当二者的销售对象相同时，就会发生多渠道冲突。

2. 旅游产品销售渠道冲突的原因分析

为了能够更加清晰的分析出旅游产品销售渠道冲突的原因，将其分成两大类，即直接原因和根本原因。直接原因是指引起旅游销售渠道冲突的直接因素，即导致冲突的"导火索"。根本原因则是指渠道成员之间冲突的内在原因。

（1）旅游产品销售渠道冲突的直接原因

引起旅游产品销售渠道冲突的直接原因非常多样化。其中价格、争夺目标、付款等原因较为普遍。

价格冲突。旅游产品是一种典型的季节性产品，在淡、旺季，旅游需求差别很大。对于旅游生产企业来说，为了保持其品牌形象，旅游企业希望旅游产品的价格保持相对的稳定。但是旅游中间商出于自身利益的考虑，会在旅游淡季时，大幅度的降低销售的旅游产品价格，这样就引起了价格上的冲突。

争占同一目标市场的冲突。旅游生产企业在开发同一旅游市场时，会选择几家旅游中间商，这样就形成了几家中间商抢占同一目标市场的局面。特别是面对旅游大客户时，旅游生产企业和各个旅游中间商都希望能够直接为他们服务，形成稳定的联系，此时，冲突形式更为复杂。

咨询、服务与促销的冲突。旅游产品是以服务为主的无形产品。在销售旅游产品时，要配合很多的旅游服务。旅游生产企业和旅游中间商出于自身利益的考虑，都希望对方能够投入更多的服务人员，提供更多的旅游服务，这样形成了咨询、服务冲突。在开展促销活动时，也存在有类似的冲突。

交易或付款方式冲突。旅游生产企业在与旅游中间商进行交易时，生产企业希望中间商在预定旅游客房或门票等产品时，能够支付预付款。而旅游中间商则希望得到从旅游者那里的产品付款之后再向旅游生产企业付款，这样就产生了交易或付款方式冲突。

分销竞争对手的产品。旅游生产企业为了树立旅游品牌形象，加强与旅游市场的联系，希望旅游分销商能够独家分销自己的旅游产品。而旅游中间商从自身的利益考虑，则是希望更多的分销各个企业的旅游产品，以降低分销风险。这样就形成了分销竞争对手产品的冲突。

环境因素变化引发的冲突。在互联网出现之前，大多数的旅游生产企业都利用各种旅游中间商帮助销售自己的旅游产品。互联网出现之后，旅游生产企业可以通过网络直接和旅游者联系。而且有一个有趣的现象，对旅游产品经常产生需求的人，是那些对新鲜事物感兴趣的人，而这些人大部分恰好也正是互联网的用户。这样，对于旅游企业来说，直接接洽旅游者变的更加的方便。因此，现在很多的旅游生产企业都纷纷在网上建立旅游产品的直接销售渠道，这样的行为损害了其固有的分销商的利益，因此二者产生冲突。

（2）旅游产品销售渠道冲突的根本原因

无论是何种直接原因导致旅游产品销售渠道冲突。其深层原因可以归纳为以下四个方面，即旅游产品销售渠道冲突的根本原因。

第一，渠道企业之间的利益差异。以上种种冲突形式之所以会产生，其根本原因就是各个类型的旅游渠道企业都有自己的经营利益，都从自身的利益考虑，希望自己能够获得最大的收益，而不顾其他渠道成员的利益，而产生了冲突。

第二，渠道企业之间经营目标上的差异。各类型的旅游渠道企业之间经营目标上的差异也是产生渠道冲突的根本原因。比如，旅游生产企业希望树立自身品牌形象，增强渠道的竞争力，因此，希望分销商独家分销自己的产品。而旅游中间商的经营目标是增加企业的分销收入，降低分销风险，因此就要分销多个企业的产品。这种目标上的差异，引起了企业之间的各种矛盾。

第三，渠道企业之间任务分工的不明确。旅游产品销售渠道成员之间之所以会产生咨询、服务的冲突；促销的冲突；争占同一目标市场的冲突；大客户的冲突等，究其根本原因是渠道成员之间的市场区域划分不明确，各自的分工、责任和权利划分的不明确。

第四，渠道企业信息不对称，市场知觉的差异。旅游生产企业主要掌握旅游产品开发生产的信息，而旅游销售商则更加了解旅游者的需求信息。由于二者掌握信息的差异，导致二者对市场状况的理解不同。旅游生产企业可能认为某种旅游新产品会具有很大的市场潜力，因此，希望旅游分销商积极分销这个产品。

3. 解决旅游产品销售渠道冲突的方法

（1）建立合理的利益分配机制。种种冲突的表现形式都说明了，旅游渠道成员之间的利益不一致是渠道成员之间冲突的最根本原因。因此，为了解决这些冲突，就要在渠道成员之间建立合理的利益分配机制，用机制促成渠道成员的利益共同化，这是解决冲突的根本出路。

（2）进行渠道企业之间的目标管理。渠道成员之间的经营目标上的分歧也是导致旅游销售渠道成员之间冲突的根本原因。因此就要在渠道成员之间进行目标管理。目标管理的主要方法就是建立超级目标。一个良好的超级目标应该具有两方面的特点：第一，应该是各个渠道企业为之努力的共同目标；第二，应该是各个渠道企业共同努力的长期目标。满足以上两方面的目标才能够真正地将旅游渠道成员团结在一起，解决矛盾冲突。

（3）细化各个渠道成员的责任和权利。明确渠道成员之间的责任、权利也是解决渠道冲突的一个有效方法。通过明确权利，可以明确不同分销商的市场范围，明确大客户的归属。明确责任则可以明确各个渠道企业在广告、促销、服务等方面的责任，从而解决上述冲突。

（4）加强渠道企业之间的信息交流，进行人员互换。信息的不对称导致了渠道企业之间对市场理解的差异，从而引起一些渠道冲突。因此，加强渠道成员之间的信息交流，是解决信息不对称引起的冲突的主要方法。而渠道成员之间的交流，一个有效方法就是人员互换，特别是企业中层管理人员的互换。人员互换让不同企业领导者进入到合作企业中，有利于他们更加理解对方的处境，更容易站在对方的角度考虑问题，因此更有益于彼此交流和解决冲突。

（5）协商、协调或仲裁解决。以上措施主要着眼于冲突的预防。当冲突发生时，我们必须采取有效措施及时解决，使其得到有效控制。其方法主要有协商、协调和仲裁。协商是双方正面交涉，面对面磋商以避免激化矛盾；调解是指由第三方出面，根据双方的利益进行调停；仲裁是双方同意把纠纷交给第三方，并接受他的仲裁决定。

相关链接

"半天讨论会"的启示

近年来旅游代理商在为旅游业带来更多的收入方面发挥着越来越大的作用。最近的一些统计数据表明，饭店28%的客房是通过旅游代理商预订的，度假村通过旅游代理商预定的客房在总客房预订中所占比率比上述数字还要高些。

饭店市场推销员在对旅游代理商推销旅游服务的潜力方面作了一番调查之后，发现越来越多的联号饭店对旅游代理商的作用评价颇高。希尔顿和东部航空公司为那些寻找饭店最大的客源市场——团体游客的旅游代理商，联合举办了一系列的"半天讨论会"，旅行代理机构、航空公司及旅游经营公司的代表也出席了这次会议。会上，宇宙国际饭店的销售部张经理说道："现在我们饭店有85%的团体客人是通过旅游代理商的推销宣传而来的。而这还仅仅是账面上的统计资料。可以肯定地说，要吸引团体旅客，必须依靠旅游代理商"。"半天讨论会"系统地教会了旅游代理商如何打进团体客源市场，以及如何预订和推销团体游客。东部航空公司为何要参加并举办这些讨论会呢？这是易于理解的，因为通过旅游代理商而预订出的机票大约占其国内预订的一半。

悦凯饭店最近宣布了一项计划，该计划提出要通过旅游代理商使饭店的预订数增加1倍。去年该联号饭店通过旅游代理商得到的预订只占总预订数的一半。为了提高旅游代理商的积极性，该饭店推出了客房和使用汽车的半包价旅游项目。

如同环球航空公司、边境航空公司联合推出的飞机＋汽车＋住宿的包价旅游项目，旅游者只需打一个号码为800的电话，就可以预订好汽车、飞机和客房。该包价旅游项目在价格上是不打折扣的，也就是说，游客或会议旅游者不通过旅游代理商直接向饭店预订，在价钱上也不能获得优惠。这一包价旅游项目通过旅游代理商预订并确认预订后，饭店将付给他们一笔佣金。

加佳旅行社旅行代理机构总裁张燕女士说，饭店应该及时向旅游代理商通报饭店的有关情况，这样饭店就能给旅游代理商留下一个深刻的印象。她还强调，如果旅游代理商了解饭店的各种服务和设施并对饭店印象极佳的话，那么他就能更好地为饭店推销。该机构总裁建议，饭店在准备推出特殊的一揽子活动项目时，应同旅游代理商协商，这样就可以做包括尽可能多的有趣的活动，从而使一揽子项目对游客更富有吸引力。饭店应给旅游代理商提供足够数量的介绍饭店情况的小册子。她还指出：如果某家饭店不这样做，旅游代理商就会转向给他们提供小册子的饭店。

康奈尔饭店正从事一项新的旅游代理商项目。该项目为参加该项目的旅游代理商提供事先安排好的、快速免费的全国性预订服务的电话号码。旅游代理商只要拨一下该联号饭店免费预订的电话号码，报出"超级代理人"身份证号码，计算机系统就会在屏幕上显示出有关该代理人的情况。这一系统大大简化了预订手续，旅游代理商不必像以前那样，向该联号饭店的分支机构寄发预订信了。预订中心会自动将上述有关信息传递给每个联号饭店。现在，已有400多家康奈尔饭店成员加入了"超级代理人"促销项目。

案例思考题：

1. 举办"半天讨论会"能够解决旅游代理商的哪些问题？它能给我们什么启示？

2. 比较和评价悦凯饭店、加佳旅行社、康奈尔饭店在发挥旅游代理商作用方面的措施。

（资料来源：http://wenku.baidu.com/view/7acbab3383c4bb4cf7ecd163.html）

本 章 小 结

旅游产品销售渠道是旅游产品从旅游生产企业向旅游者转移过程中所经过的一切取得使用权或协助使用权转移的中介组织或个人，对旅游生产企业产品销售与市场开拓具有举足轻重的作用。旅游产品销售渠道有直接与间接、长与短、宽与窄、单与多等多种类型。旅游中间商是旅游销售渠道的重要环节。旅游生产企业应科学决策、管理旅游产品销售渠道。

【思考题】

1. 试举出几种旅游销售渠道的类型并说出它们各自的优缺点和适用范围。

2. 比较旅游传统销售渠道和旅游网络销售渠道。

3. 旅游零售商应怎样处理与旅游批发商和旅游者之间的关系。

4. 引起旅游产品销售渠道冲突的原因有哪些，举例说明如何预防与解决渠道冲突。

5. 模拟一个旅游企业，试制定一份销售渠道选择决策报告。分析说明该企业为什么要选择某种销售渠道。

【单选题】

1. 旅游产品销售渠道是旅游产品(　　)转移过程中所经过的各个环节连接起来而形成的通道。
   A. 品牌　　　　　　　　　　　　B. 所有权
   C. 使用权　　　　　　　　　　　D. 经营场所

2. 从距离上说，如果目标客源市场与旅游产品生产者(　　)，则有必要采用间接销售渠道。
   A. 较近　　　　　　　　　　　　B. 较远
   C. 在同一城市　　　　　　　　　D. 在同一区域

3. 如消费者自己到旅游景点游玩，到餐馆吃饭，这种销售渠道模式是
   A. 间接销售渠道　　　　　　　　B. 宽渠道
   C. 多层次销售渠道　　　　　　　D. 直接销售渠道

4. 一个完善的旅游网络销售渠道应有三大功能，是(　　)。
   A. 订货、营销、配送　　　　　　B. 生产、结算、配送
   C. 订货、结算、配送　　　　　　D. 生产、营销、培训

5. 旅游经销商的利润来源于(　　)。
   A. 佣金　　　　　　　　　　　　B. 旅游产品购进价与销出价的差价
   C. 产品售价与生产成本的差价　　D. 旅游产品购进价与生产成本的差价

6. 密集型营销比较适合(　　)旅游产品。
   A. 高档　　　　　　　　　　　　B. 大众化
   C. 观光　　　　　　　　　　　　D. 度假

答案：1. B　2. B　3. D　4. C　5. B　6. B

【多选题】

1. 旅游销售渠道的作用有(　　)。
   A. 旅游销售渠道是旅游企业再生产过程顺利进行的前提条件。
   B. 旅游销售渠道选择是提高旅游经营效益、分散风险的重要手段
   C. 旅游销售渠道策略直接影响其他市场营销策略的实施效果
   D. 旅游销售渠道是旅游企业获取重要信息反馈、有效接近顾客的关键途径

2. 以下哪些因素会影响旅游产品销售渠道选择(　　)。
   A. 企业产品　　　　　　　　　　B. 市场环境
   C. 企业自身因素　　　　　　　　D. 中间商和竞争者

3. 旅游产品的销售渠道类型通常有(　　)。
   A. 直接销售渠道与间接销售渠道　　B. 长渠道与短渠道
   C. 宽渠道与窄渠道　　　　　　　　D. 单渠道与多渠道

4. 选择中间商应遵循的原则有(　　)。

    A. 高知名度原则　　　　　　　　B. 经济原则

    C. 控制原则　　　　　　　　　　D. 适应原则

5. 理想的销售渠道具有何种特征(　　)?

    A. 连续性明显　　　　　　　　　B. 辐射性突出

    C. 配套性明显　　　　　　　　　D. 经济效益明显

6. 选择型营销对中间商有哪些要求(　　)?

    A. 销售能力强　　　　　　　　　B. 跨国企业

    C. 规模大　　　　　　　　　　　D. 具备相应的专业知识

7. 选择中间商要考虑哪些因素(　　)?

    A. 目标市场一致　　　　　　　　B. 在同行中的信誉较高

    C. 经营高档旅游产品　　　　　　D. 多元化经营

8. 如何激励中间商(　　)?

    A. 免费提供产品　　　　　　　　B. 产品支持

    C. 利润激励　　　　　　　　　　D. 营销活动支持

答案：1. ABCD　2. ABCD　3. ABCD　4. BCD　5. ABCD　6. AD　7. AB　8. BCD

第十章 旅游促销策略

【学习目标】

　　旅游产品的促销策略对于旅游企业营销活动是必不可少的，是将旅游产品推向旅游市场的重要环节。通过本章的学习，了解旅游业的基本促销手段以及各种促销手段在旅游目的地或旅游企业促销中的运用，能熟练掌握各种促销手段的特点，能为旅游目的地或旅游企业设计促销方案。

案例导引

青岛旅游促销将推动青岛冬季旅游勃兴

　　通过举办丰富多彩的节庆活动增加吸引力，已成为青岛冬季旅游的"法宝"之一。记者昨日从市旅游局获悉，根据省旅游局的统一安排，2011 年元月 1 日至元宵节，我市将继续举办"好客山东贺年会"，通过整合全市年节文化、旅游、餐饮、娱乐、商贸、体育等涉旅资源和产品，拉动冬季旅游经济发展，在传统的淡季招徕更多的游客。

　　据介绍，通过去年"好客山东贺年会"活动的成功举办，今年青岛旅游企业参与活动的积极性明显提高，主动设计推出特色鲜明、价格优惠的产品。各主要景区推出团队门票半价优惠措施；航空公司推出团队、散客特惠机票；住宿、餐饮、购物、娱乐等企业推出折扣优惠措施。

　　贺年会期间，崂山、极地海洋世界、青啤博物馆、红酒博物馆等主要景区点实行"门票团队价格基础上半价优惠"。山航、东航等航空公司专门推出"天天特惠机票"。港中旅山东公司、中旅总社青岛公司等主要旅行社以"心动 99"系列产品为主体，推出面向京津冀、长三角和珠三角客源市场的团队旅游线路产品。同时以特惠机票为主体，综合住宿、餐饮、娱乐等内容，推出面向散客市场的自由行产品。

　　2011 年"好客山东贺年会"期间，我市 12 区市还将依托各自的旅游资源，将旅游、餐饮、购物、娱乐等产业融为一体，自 11 月 31 日至 2011 年 3 月 31 日期间，将推出若干大型节庆活动和贺年乐、贺年游相关旅游产品。包括"市南 2011 欢乐旅游季"活动、"市北旅游购物节暨'全城大乐购'旅游购物促销"活动、"城阳民俗文化节及元宵节灯谜会"、"韩国文化嘉年华，豪礼倾城大放价"主题节庆活动、"过新年，游庄园，品美酒"活动等 5 大重点节会活动。

　　贺年会期间，各区市还将打造特色区域载体——贺年会主题街区，展示城市魅力，营造贺年气氛。如以劈柴院为中心的"欢乐今宵火锅节"街区；以台东步行街为中心的"欢乐今宵大乐购"街区；以中联广场酒吧群为基地打造欢乐酒吧街；整合奥帆中心周边高档购物资源，打造奥帆文化旅游商圈优惠季等。

简要案例评述：青岛全方位的旅游促销活动使原本淡季的旅游市场升温，短期内推动了青岛冬季旅游市场的发展。正确制定并合理运用促销策略是旅游目的地或旅游企业在市场竞争中取得有利的产销条件和取得较大经济效益的必要保证，但如何才能制定合理的、有效的、多样化的旅游促销策略来满足旅游者不断变化的个性化需求呢？通过本章的学习，希望能给大家些启示。

（资料来源：青岛日报/2010 年/11 月/22 日/第 002 版要闻·综合）

第一节　旅游促销概述

一、旅游促销的概念和作用

（一）旅游促销的概念及实质

1. 旅游促销的概念

促销（Promotion）即促进销售，这个词来源于拉丁语，原意是"向前行动"。旅游促销，是指旅游营销者将有关旅游企业、旅游地及旅游产品的信息，通过各种宣传、吸引和说服的方式，传递给旅游产品的潜在购买者，促使其了解、信赖并购买自己的旅游产品，以达到扩大销售的目的。

2. 旅游促销的实质

旅游促销的实质，就是要实现旅游营销者与旅游产品潜在购买者之间的信息沟通。旅游营销者为了有效地与购买者沟通信息，可以借助多种媒介和各种营业推广活动传递短期刺激购买的有关信息，也可以通过派遣推销员面对面地说服潜在购买者，还可以通过公共关系手段树立或改善自身在公众心目中的形象。广告、营业推广、人员推销和公共关系等四种因素的组合和综合运用就称为促销组合。

（二）旅游促销的作用

旅游企业通过促销组合所起到的具体作用：

1. 提供旅游信息，促进旅游企业与旅游者的沟通

旅游企业以旅游促销的方式向旅游者传递在何时、何地和何种条件下，提供何种旅游产品信息等信息，旅游者通过这些信息，了解和熟悉旅游企业和产品，对旅游产品发生兴趣，产生旅游欲望和需求，最终形成旅游动机和购买行为。

2. 突出旅游产品的特点，强化竞争优势

相互竞争的同类旅游产品的差别不是太明显，不易被旅游者所察觉。如中国的四大佛教名山，在建筑风格上大同小异。旅游促销就是通过对同类旅游产品某些差别信息进行强化传递，对不同的产品或服务的特色起到聚焦、扩大和突出的作用，从而使旅游者对何种

旅游产品的效用更适合于自己的实际需求有更多的了解，并形成对该旅游产品的购买偏好。

3. 树立良好的形象，确立和巩固市场地位

生动而有说服力的旅游促销活动有利于塑造友好、热情、人格化、服务周到的良好旅游形象，为旅游产品赢得更多潜在旅游者的喜爱。一旦出现有碍旅游目的地或旅游企业发展的市场因素时，也可以利用促销活动改变人们的消极印象，重塑对企业有利的社会形象，对恢复、稳定甚至扩大市场份额有积极作用。如新疆乌鲁木齐 2009 年"7·5"事件之后，有关部门采取了一系列有针对性的宣传促销措施，消除旅游者对新疆旅游安全方面的顾虑，稳定了市场。

4. 刺激旅游需求，引导旅游消费

旅游产品的需求弹性较大，波动幅度也较大，形式多样、生动活泼的旅游促销可以唤起人们的潜在旅游需求，甚至创造和引导对特定旅游产品的消费需求。如 2009 年金融危机下，可以在有三间卧室的豪华海景房观赏广袤太平洋瑰丽的日出和夕阳，在全世界最洁净的海域划船喂鱼、畅游潜水，在大堡礁的碧海蓝天里通过博客、照片和视频记录护岛生活的点点滴滴，并在半年后获得近 70 万元人民币的酬劳。这是澳大利亚昆士兰旅游局提供的"世界最好工作"。最终，通过全球参与的三万多人中选中一名人员。昆士兰旅游局的这个策划是一个成功的营销案例，此后这一充满魅力的地方吸引着无数游客前往。

二、旅游促销的信息沟通

沟通是旅游企业与顾客之间的互动对话，这种对话发生在销售之前、消费过程当中以及消费后的各个阶段。

沟通的起点是对公司所面临的各种可能的潜在目标顾客市场进行一番审视。在制定有效的沟通策略时，通常需要经历以下六个步骤：

（一）识别目标受众

促销沟通人员从一开始就要在头脑中对目标受众有清楚的认识。这一群体可以是潜在的顾客，也可以是常客，他们或者是购买行为的决定者，或者是这一行为的影响者。这一群体可以是单一的群体，可以是特殊的公众，也可以是全体大众。目标受众极大地影响着沟通人员的决定：应该表达什么？怎样表达？何时表达？在哪儿表达？由谁来表达？

为了使沟通富有成效，促销人员必须了解目标受众，其手段就是使通过某一种能为受众所理解的媒体所传达的信息对目标受众有意义。

（二）确定沟通的目标

目标受众一旦确定，营销沟通人员必须明确自己所期望的反应。当然，在多数情况下，他们所期望的最终反应就是产生购买行为。但购买只是消费者决策这个长期过程的结果。营销沟通人员需要明确目标受众对产品采取的是一种什么样的态度，还需要做哪方面的鼓动。按照反应层次理论，潜在旅游者在付诸购买行动前，通常要经过知晓、认识、喜爱、偏好、确信和购买这些过程，见图 10-1。

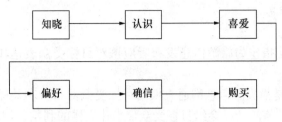

图 10-1　旅游消费者准备阶段

1. 知晓

知晓，是指受众对旅游信息发送者的产品、服务等营销组合知道的情形。沟通人员必须能够评估目标受众对产品和组织的知晓程度，目标受众可能对产品一无所知，可能只知道名称，也可能知道得多一点。如果目标受众中的大多数对产品一无所知，沟通人员就要努力让其形成知晓，先建立对名称的知晓。一些旅游企业受众知晓面很广，如香格里拉、假日、希尔顿等酒店。

2. 认识

目标受众对旅游企业或旅游产品有所知晓但了解程度十分有限，对企业信誉、旅游产品质量、特征、价格等知之甚少。在目标受众对旅游信息有所了解的前提下，旅游信息发送者应加深、巩固目标受众的印象，提供他们所需要的更多的信息，以提高其认识程度。

3. 喜爱

受众对旅游企业和旅游产品有一定的知晓和认识后，就会有一个整体感觉。可以用李科特量表指标，衡量顾客的偏好程度，如"非常不喜爱"，"不喜爱"，"一般"，"比较喜爱"，"非常喜爱"。旅游企业经营者应注意目标受众的喜爱状况，调整和改进沟通方案，使目标受众更为喜爱或改变反感态度。

4. 偏好

目标受众可能喜爱产品，但没有将其列为首选。在这种情况下，沟通人员必须试图促成消费者对本产品的偏好。沟通人员应该去宣传产品的质量、价值、使用情况和其他特征。沟通人员可以通过事后目标受众对产品的优先选择程度来评估沟通的效果。如果当一家餐馆发现消费者喜欢它的名字和经营理念，但却选择到其他餐馆进餐，餐馆就应该明确自己可以在哪些方面比竞争对手做得更好。

5. 确信

目标受众可能对产品形成了偏好，但并没有确定立刻就进行交易。此时，沟通者应因势利导，进一步增强顾客对某种旅游产品的信息，使他们相信企业、相信某种旅游产品，确信这种旅游产品是其"最爱"，消除对该产品存在的疑虑。这一时刻是关键点，不少旅游企业在这一阶段功亏一篑。

6. 购买

最后，目标受众中的一部分人可能已经确定了产品，但是否开始购买还犹豫不决。他们可能会等待进一步的信息或计划。沟通人员要引导消费者采取最后的行动。这些引导可以是以低价位提供产品，给予奖励或是让消费者有条件地试用产品。

（三）设计沟通信息

1. 旅游信息内容

旅游信息内容，是指作为旅游信息发布者应该对目标受众表达什么，也称之为诉求。诉求又分为三种类型。

（1）理性诉求。是指旅游信息沟通人根据目标受众对自身利益的关注而进行的诉求。理性诉求主要说明某项旅游产品会给目标受众带来什么样的利益，如产品品质优良、物有所值等。某旅行社为消除游客对购物"宰客"的疑虑，推出"纯旅游（即没有安排购物）"旅游线路并把这一信息向旅游市场进行传播，一段时间后颇受旅游者欢迎。

（2）情感诉求。是指旅游信息沟通人激发目标受众某种内心情感以促其购买。如某旅行社推出一条新旅游线路，以体验"沧桑、刺激"为沟通的主题，很受青年人的欢迎。情感诉求通常是利用人们的新奇感、荣耀感、欢愉感、同情感、羞耻感、罪恶感、恐惧感以达到对受众的正面或负面的情绪诉求。有的旅游企业对于情感诉求的重要性认识不足，诉求主题过于标新立异，往往令游客反感。

（3）道义诉求。是指旅游信息沟通人以社会规范为诉求，劝导旅游者宜做什么，不宜做什么，针对的是受众对是非的评价。这种诉求通常被用来倡导人们去支持环保、改善种族关系、寻求平等权利和资助贫困者。道义诉求显然更适用于与宗教露营和静修等市场相关的住宿企业，这种旅馆规格不一，从只提供几间客房供孩子作为夏令营地的寺院，到豪华的度假型饭店。这种诉求常用来诱发信徒们在优美的环境中接受精神洗礼的需要。

2. 旅游信息结构

旅游信息结构会影响沟通的效果，旅游信息的拟订者应尽可能设计出适宜的旅游信息结构。旅游信息的结构设计一般有如下几种方式：

（1）导论式。沟通者只把客观现象描述清楚，但自己不作结论，而由受众自己去判断并得出沟通者所希望的结论。导论式避免了说教式的宣传，因而较容易被受众所认同。

（2）正面论证式。沟通者以正面方式介绍和宣传旅游产品优点与特点。由于存在信息不对称，虚假旅游信息充斥旅游市场，诚信缺失问题较为严重，不少旅游者对正面宣传持怀疑态度。

（3）正反面对比式。沟通者既宣传旅游产品的优点，也不掩盖其缺点。如某乡村小酒店推出一个主题："没有电话、没有高尔夫球场、没有游泳池……只有乡村间清新的空气、没有污染的果蔬……"正反对比十分强烈，使城里人十分向往。

（4）选择表达顺序。沟通者经过精心安排，把最强有力的论点安排在旅游信息的适当位置。表达顺序有三种选择方式，具体选择什么表达顺序应审时度势。

渐升式。即把最强有力的论点安排在旅游信息的最后；

渐减式。即把最强有力的论点安排在旅游信息的最前端；

中间突出式。即把最强有力的论点安排在旅游信息的中间。

3. 信息形式

沟通人员还需要利用富有感染力的信息形式。在印刷品广告中，沟通人员必须在标题、副本、说明和色彩方面做决定；如果信息是通过广播来传递，沟通人员就要选择词语、声调和力度；如果信息是通过电视或人员沟通，要为形象代言人设计他们的面部表情、手势、服装、姿态和发式；如果信息是通过产品和包装来传递，沟通人员就要注意质地、气味、颜色、尺寸和外形。

例如，安琪儿餐馆连锁店，把菜单作为传递信息的形式，上面不光有产品和价格信息，在每个菜单的背面还有 15 条"黄金法则"和一幅礼品的图片。餐馆还鼓励客人们将其微缩菜单带回家。

4. 信息源

由吸引力强的信息源来传递信息，可以产生较高的注意力和记忆率。许多广告用某人的名言作为信息的来源。但广告代言人本人的声誉，也是至关重要的。用某人作为企业或产品的代言人要注意潜在的问题：语言很难把握，在某些重要媒体或某种特定情况下这种做法是不可取的。代言人有时自身也会遇到公共关系的麻烦。动物和卡通角色都可以作为信息源，同时不易造成负面的公众影响。

（四）选择媒介

1. 人员沟通渠道

在人员沟通渠道中，有两个或更多的人进行直接的交流。这种交流可以是面对面的，个人对群体的，通过电话的或者是利用邮件来沟通。人员沟通渠道让人们可以表达自己的意见并可以获得反馈，因而是有效的形式。

沟通人员可以直接控制某些人员沟通渠道，例如，公司销售人员与目标市场顾客的接触。但是，有些人员沟通却可能并不在公司的沟通控制能力之下，这其中可能包括某些独立的专家给目标市场提出的建议。

对于一些价格昂贵、风险大、非常重要的产品来说，个人的影响会起到很大的作用。因而，在某人购买一个旅游组合产品、选择一家餐馆或住进一家饭店之前，他通常要收集一些来自他人的信息。企业可以采取一些措施来改善人员沟通渠道的效果、还可以在某些具有吸引力的条件下为一定的客人提供产品，以培养他们成为观念的领导者，用他们的观点影响其他人。最后，企业还可以通过向客人提供满意的产品、解决自身问题和帮助消费者获取公司和产品的信息来控制他们对其他人的口头影响。

2. 非人员沟通渠道

非人员沟通渠道，是指那些没有个人接触和反馈的信息媒介。其中包括：媒介、氛围和事件。主要的媒介有印刷品、广播和展示媒介。氛围是人为设计的为诱发和驱动消费者购买倾向的环境。事件是为了给消费者传递信息而专门组织的活动。

非人员沟通直接影响购买者。除此之外，使用大众媒体还可以产生更多的非人员沟通从而间接地影响购买者。大众沟通形式对人们的购买态度和行为的影响过程基于两个环节：首先，电视、杂志等大众媒介与那些"观念领导者"之间的沟通；其次，"观念领导者"与那些在信息接受方面较为被动的人群的沟通。这两个环节的存在，向另一种观念提出了挑战，这种观念原来认为，人们的购买行为来自于社会上层的观念和信息所形成的潜移默化的影响。实际上，人们通常是与本阶层的人打交道，所以，他们的行为与思想更多的是受到同阶层中"观念领导者"的影响。因此，大众媒介应该直接瞄准那些"观念领导者"，由他们把信息传递给其他人。

（五）选择信息源

受众对信息发送者的看法也会影响信息的效果。

声誉好的信息源发出的信息比较有说服力。例如，制药厂应该选择医生来介绍它的产品；有些城市选择杰出人士来宣传该城市可以作为会议地点，就制作了光盘，其中展示了会议组织者、旅游批发商、社团的官员，他们都宣传该城市是理想的会议地点。

哪些因素决定了信息源是可信的呢？

一般来说，有三方面因素：专业性、可信度和亲近感。专业性是信息源用以支持其观点所应具备的权威；可信度是与信息来源的客观程度相关的；亲近感是信息来源对目标群体的吸引程度。

（六）评估沟通效果

在发出信息后，沟通人员必须评价信息对目标市场的影响。其中包括他们是否记住了信息，他们浏览信息的频率，他们能回忆起哪些要点，他们对信息评价如何，他们过去和现在对公司和产品的看法。沟通人员也应该去评价这些信息所引致的行为，如多少人购买产品，多少人向他人传递了信息或是光顾了本企业等。

三、旅游促销组合策略的制定

旅游促销组合策略是旅游企业制定促销战略的基础。所谓"旅游促销组合策略"，就是指企业为了满足市场营销战略目标的需要，综合运用各种可能的促销策略和手段，组合成一个系统化的整体，使企业得以获取最佳营销效益，实现营销战略目标，谋求旅游企业的长期稳定发展。促销策略主要由促销目标与促销策略组合的各因素协调组成，制定促销组合策略，要求我们在充分进行市场调研的基础上，选择好本企业目标市场，以此确定促销组合各要素的综合运用，并视企业实力及市场变化，在某一、两个重点要素上制定相应促销策略。

制定旅游企业促销组合策略，要求既要有科学性，又要讲艺术性，既要使每一个组合要素发挥作用，又要使其整体力量得以展现。旅游企业欲求经济而有效的促销组合，首先必须对不同促销方式的运用特点加以了解。

（一）四种促销方式的特点

1. 广告

广告是一种高度大众化的信息传递方式，主要特点是：

传播面广而效率高，广告一经发布便能迅速铺开，利于实现快速销售。

（2）可反复出现同一信息，利于提高被传播对象的知名度。

（3）形式多样，表现力强，通过对文字、音响及色彩的艺术化运用，利于树立被传播对象的形象。

（4）对于低于广阔而分散的消费者而言，平均广告成本费用较低，但电视这样的媒体一次性收费较高。

（5）说服力较弱，不能因人而异，难以形成及时购买。

2. 营业推广

营业推广是一种短期内刺激销售的活动，如展销会、优惠酬宾活动等，其主要特点是：

（1）在点上的吸引力大，能把顾客直接引向产品。

（2）刺激性强，激发需求快，能临时改变顾客的购买习惯。

（3）有效期短，如持续长期运用，则不利于塑造产品形象。

（4）组织工作量大，耗费较大，而影响面较窄。

3. 公共关系

公共关系是一种促进与公众良好关系的方式，如新闻报道、公益活动等，其主要特点是：

（1）有第三者说话，可信度高，有情节性、趣味性、可接受性强。

（2）最可能赢得公众对企业的好感。

（3）影响面广、影响力大，利于迅速塑造被传播对象的良好形象。

（4）活动设计有难度，且组织工作量大。

（5）不能直接追求销售效果，运用限制性大。旅游接待业的营销人员并没有充分使用公共关系，有的仅仅把它作为事后的补救措施。精心策划的公共关系活动与其他促销工具的结合使用会非常经济有效。

4. 人员推销

人员推销是一种与顾客面对面促销的方式，主要特点是：

（1）个人行动，方式灵活，针对性强。

（2）易强化购买动机，及时促成交易。

（3）易培养与顾客感情，建立长期稳定的联系。

（4）易搜集顾客对产品（服务）的反馈信息。

（5）费时费钱，传播效率低，往往成为平均代价最高的促销手段。需要为形象代言人设计他们的面部表情、手势、服装、姿态和发式。

促销组合是一个新成员的商业信息片，它所体现的是四者的集合力量。

（二）旅游促销组合策略

旅游促销组合策略最基本的策略就是推拉策略，见图 10-2。推式策略着眼于积极地上门把本地或本企业产品直接推向目标市场，表现为在销售渠道中，每一个环节都对下一个环节主动出击，强化顾客的购买动机，借助销售渠道努力说服旅游者迅速采取购买行为。这种策略显然是以人员推销为主，辅之以上门营业推广活动，公共活动等。拉式策略是立足于直接激发最终消费者对被购买旅游产品的兴趣和热望，促使其主动向旅行社或其他中间环节寻求指明服务，最终达到把消费者逆向拉引到本旅游地和旅游企业身边来的目的。这种策略则是以广告宣传和营业推广为主，辅之以公共活动等。上述两种策略都不失为旅游营销者应兼顾的策略。虽然在总体上，从长期看，旅游促销组合应以拉式策略为主，但由于旅游市场的竞争性与异地性，为了打通异地销售渠道，取得市场快速突破，特别是在对市场进行重点推销和推出拳头产品时，完全适合采取推式策略。

（三）确定促销组合时应考虑的因素

1. 产品和市场类型

不同促销工具的重要性在消费者和企业团体市场上是不同的。当饭店对消费者市场进行营销时往往在广告和营业推广方面投入较多，而在人员推销方面投入较少。而以企业团体为目标市场的饭店则会在人员推销方面投入较多。

总的来说，人员推销更多地用于价格和风险较高的产品和那些只有少数几家大供应商的市场。会议市场就是这样一个市场，它要求资深的推销者来协调运用种种因素，要以适当的价格满足客户的需要，又要让企业从中获利。

2. 消费者准备状况

在消费者准备的不同阶段，促销工具的效果是不同的。广告与公共关系一起在认知和熟悉阶段扮演着重要角色，而这一阶段，推销人员打给消费者的毫无铺垫的电话沟通就显得不重要了。在消费者的喜爱、偏好和信赖阶段，以广告相辅助的人员推销效果显著。最后，消费者决定购买主要归功于推销人员的沟通和营业推广。

3. 产品生命周期的阶段

各种促销工具的效果也会因产品生命周期的不同阶段而有所变化。在导入期，广告和公共关系能够建立消费者良好的认知，而营业推广对于促进购买者尝试该产品往往非常有效；在产品成熟阶段，与广告相比，营业推广再度扮演了重要角色；进入衰退阶段，广告可以维持在唤醒消费者记忆的水平，公共关系的作用降低，人员推销的力度也有所下降。由于沟通工具多重多样，信息丰富多彩，受众千奇百怪，所以，企业必须采取一种整合营销传播方式。

正如美国广告商联合会所下的定义那样，整合营销传播："是一个营销沟通计划中所使用的概念，它强调那种综合性计划所具有的超常价值，因为这种计划能够对各种各样的沟通工具的战略意义给予明确的评价。

一项针对大型消费品经营企业的高层管理人员和营销经理所进行的研究发现，有70%以上的人赞成整合营销传播。不过，令他们失望的是，大多数客户都并不购买这些广告商的整合营销传播组合服务，而是更喜欢自己将这些专业代理商整合到一起。

整合营销传播确实能产生更一致的信息效应和更明显的促销效果。它赋予了某个人以特殊的职责——这种职责在此前还不存在——去设计统一的企业形象和促销信息。它可以帮助企业在适当的时候和地点以适当的信息与适当的顾客进行沟通。那些倡导整合营销传播的人甚至把它描述成一种整体性看待营销过程的方式，而不是仅仅针对营销过程的某个部分或环节。

相关链接

福建省旅游形象推广

重塑福建旅游形象，是全省旅游宣传促销的中心环节，必须充分利用各种形象传播方式，广泛开辟公共关系途径，精心策划旅游形象推广活动，有效运用市场促销手段。旅游形象推广的重点是通过调查研究，适时寻找公众利益的切入点及时加以引导，造成声势。

（一）旅游宣传促销方针

1. 旅游宣传应与全省总体形象和各部门的宣传相结合，形成全省旅游宣传的整体合力。在省委宣传部门和政府有关部门的统一部署下，政治宣传、经贸宣传、文化宣传、外事宣传、交通宣传、环保宣传等各部门互相配合和有机结合，以形成全方位、多侧面的福建旅游宣传攻势。

2. 政府旅游主管部门的整体旅游形象宣传应与各类旅游企业、旅游景区的旅游产品营销实现合理分工，以形成多层次、多渠道的旅游宣传促销合力。

3. 与江浙沪、粤港澳等周边地区实现资源共享、产品互补、客源互流，开展联合促销，形成区域旅游宣传合力。每年常规宣传与分期专题促销、重点突破相结合，形成持续性与轰动性相结合的连续宣传效应。面对旅游者的直销与面向旅行商的营销相结合，形成立体宣传促销的复合效应。

（二）大众媒体宣传

目前国际、国内的大众传播媒体很多，应选择相关的、有权威的主要媒体组织形象传播攻势。在方法上，注意文字媒体与声像媒体的结合，形成立体效果；在手段上，注意硬性商业广告与软性新闻宣传的结合，产生整体形象传播效应。

1. 有效利用中央权威媒体

中央新闻媒体的运用一直是福建旅游宣传的薄弱环节。近期应组织专人与北京有关重要新闻单位建立联系，为实施"十五"旅游形象推广计划打下基础。

一是邀请中央电视台一、四频道拍摄播出5套旅游专题节目；二是与中国国际广播电台联合开办福建旅游宣传专题；三是与《人民日报》及海外版、《中国日报》、《经济日报》联系组织旅游专版；四是邀请中央各大新闻媒体赴闽采访。

2. 充分利用《中国旅游报》

充分发挥中国旅游报社福建记者站的作用，利用《中国旅游报》宣传福建。一是随时掌握中国旅游报的宣传报道选题和动向，及时报送相关稿件，有效占领各个宣传版面；二是投入一定资金，向报社申请每月刊印一期（4个版）福建旅游整体形象宣传及广告；三是加强队伍建设，聘请专人从事记者站工作；四是组织通讯员培训，建立全省旅游宣传网络。

3. 充分利用省内主要新闻媒体

（1）借助《福建日报》宣传旅游产业形象，每月发一至两篇头版新闻、局长专访、市县长旅游访谈或深度报道文章；利用《福建日报》、《海峡都市报》等报纸开办旅游专版，介绍旅游信息，面向公众展开宣传。

（2）借助东南电视台扩大宣传。主要抓新闻部、专题部和双休部。利用新闻部每月采访、播发30条以上新闻，"新闻视点"专题就一些热点问题组织5次以上的深度报道；配合专题部组织5次旅游方面的"焦点透视"，在"八闽情缘"情感节目中每月播发5次分别以5个景区为背景的节目；每年协助双休部组织20个以上的"双休日跟我走"、"休闲策划"等旅游专题节目。

（3）借助福建电台的新闻和专题节目开展宣传

（4）由省委宣传部、省旅游局组织，在福建窗口行业联合开展旅游宣传活动，重点在机场、港口等游客集中地展示福建旅游风采。

（三）旅游节庆活动

在区域旅游形象的塑造中，旅游主题节庆活动往往和形象塑造紧密结合，这是因为一个鲜明、统一的主题往往能在人们心目中构造一个积极的形象。福建应充分利用节庆活动来实现以下三个目标：

1. 把福建宣传成一个充满各种吸引物的地方，或树立本地区友好热情、文化多样化或激动人心的形象主题。

2. 通过闽台直航、两岸实现"小三通"等大型焦点事件来吸引公众传播媒介，产生某种光环效应，把福建宣传成一个令人向往的地方。

3. 每年举办好六大旅游节庆活动，使这些活动成为旅游目的地永久性、制度化的旅游识别标志，同时配以一系列小的事件来吸引各种志趣的游客。

（四）公共关系传播

1. "五一"、"十一"、"春节"前连续在福州和国内主要客源地组织面向公众的旅游形象推广活动。

2. 选择一批特殊公众，不定期地向他们寄送宣传资料和最新信息，充分发挥他们的口头宣传作用，以树立福建旅游业的良好口碑。

3. 每年组织一次福建旅游知识大奖赛活动，加深社会公众对福建旅游业的认识和了解；与有关媒体合作，不定期地组织旅游栏目的热心观众、读者座谈、联谊，听取意见。

4. 借助各行业协会的力量，每季度或每半年组织旅行社、饭店、车船公司、景区、旅游商品生产厂家等专业门类，分别召开市场分析通报会，加强业内交流。

（五）市场促销活动

市场促销是推广福建旅游整体形象的重要手段，与媒体的宣传密不可分。为了有效地开展福建旅游形象的市场促销活动，需要从以下几个方面开展工作：

1. 根据不同客源市场的消费取向，重点宣传推广单个旅游产品的分体形象，以分体形象充实提升整体形象。

2. 组织赴国外、省外的大型联合促销活动，突出整体优势和旅游形象；有针对性地参加国外、国内及区域性的旅游展销会、博览会，整体展示福建旅游形象。

3. 制作多品种、多语种的旅游声像制品，以不同的媒介传递各种形象信息；完善已有的福建旅游网站，充分利用 Internet 宣传旅游整体形象，不断更新、充实、扩大覆盖面。

4. 请文艺界著名人士担任福建旅游形象大使，借助他们的人格魅力和艺术才华宣传与传播福建旅游形象。

5. 采取旅游专列、专车巡回散发旅游宣传品、演出和展览等方式宣传福建旅游形象。

（资料来源：《营销案例——旅游市场营销与策划案例集》下载自 http://www.glzy8.com 管理资源吧）

第二节　旅　游　广　告

一、旅游广告的类型和作用

广告是广告主以促进销售为目的，付出一定的费用，通过特定的媒体传播商品或劳务等有关经济信息的大众传播活动。旅游广告是旅游企业（广告主）借助一定的宣传媒体将有关旅游商品和服务的信息传递给目标受众的一种有偿宣传方式。

（一）旅游广告的类型

1. 根据使用媒体划分。根据使用媒体的不同，旅游广告可以划分为：电波广告（利用广播和电视媒体）、印刷广告（包括报纸、杂志等媒体）、户外广告、邮政广告、销售现场广告、人员广告、礼品广告、其他媒体广告等。

2. 根据传播范围划分。根据传播范围的不同，旅游广告可以划分为：国际性广告、全国性广告、区域性广告、地方性广告等。

3. 根据诉求对象划分。根据诉求对象的不同，旅游广告可以划分为：旅游者广告、旅游中间商广告、社会集团广告等。

4. 根据直接目的划分。根据直接目的的不同，旅游广告可以划分为三种类型：告知型广告、说服型广告、提醒型广告等。

（二）旅游广告的作用

1. 传递信息，沟通需求

把有关旅游信息、资料提供给旅游者，以便于旅游者对各种旅游产品、旅游线路的了解。

2. 创造需求，指导消费。通过广告，使潜在消费者了解旅游产品的特点，提高他们的购买兴趣和欲望，以利旅游企业建立良好的形象，促进竞争，开拓市场，增加销售。

人们对所欲购买的旅游产品或服务知道得越少，广告推荐介绍、提供信息的功能就越大，旅游者将更多地依赖旅游广告决策。

二、旅游广告决策

旅游广告是一种面向目标旅游市场，以付费形式所进行的沟通。在受众每天都要被大量广告信息围绕的今天，要指望旅游广告产生轰动效应则比较困难，如何使旅游广告以最少的投入产生最佳的沟通效果是旅游广告决策所面临的中心问题。要使旅游广告取得预期的成功，旅游企业需要精心组织与策划。旅游企业在进行广告策划时一般要经过以下几个过程：

（一）确定目标

制定广告计划的第一步是确定广告目标。各种目标应该以目标市场、市场定位和营销组合的有关信息为基础加以确定。营销定位和组合策略决定了广告在整个营销计划当中所应该扮演的角色。

广告目标是在某个特定时期需要完成的与某些特定受众进行的一项特殊沟通任务。根据广告的目的，可以将广告目标划分为三种：告知、劝说或提示。

告知性广告在一种新产品刚刚上市以及为了构建基本的需求市场时用得最多。当竞争激化而公司又想培育特殊的目标市场需求时，劝说性广告就变得很重要了。有些劝说性广告采取的是对比广告的形式，即把一种品牌直接或间接地与另一种或几种品牌进行比较。提示性广告对于成熟期产品十分重要，因为它可以使消费者一直想着该产品而不至于遗忘。如果你所拥有的产品、服务与宣传的不一致，那么你在广告及其他附加项目上所花的钱将一点作用也不起，只会增加不满意顾客的数量。即使对非常满意的顾客，也还是需要经常性地提醒他，从而缩短其重复购买的时间。

（二）编制广告预算

随着旅游市场竞争的加剧，国际、国内旅游企业广告费用投入有不断增加的趋势，旅游广告预算决策难度加大。主要考虑的因素有以下几个方面：

1. 产品所处的生命周期阶段。新产品通常需要大量的广告预算来唤起消费者的注意和购买。成熟期产品的广告预算通常占销售额很小一个比例。

2. 竞争与干扰。在一个竞争者如林、广告如海的市场上，要想让产品能在嘈杂的市场上脱颖而出，就必须更频繁地打广告。

3. 市场份额。占市场份额高的品牌的广告支出（占销售额的比率）比市场份额低的品牌要高。新建一个市场或从竞争对手那里夺取市场份额比保持现有份额通常要支出更多的广告费用。

4. 广告频率。当需要频繁地传递有关产品的信息时，广告预算就要多一些。

5. 产品差异。如果一种产品在所属产品类别中与其他产品非常接近，就需要靠大量做广告以便突出自己；而当一种产品与竞争者差异很大时，广告就可以用来同消费者沟通这些差异。

总体来说，编制广告预算要考虑一下几个方面：

1. 战略性与战术性预算

前述有关广告的问题主要是广告战略问题、培育品牌意识和建立品牌形象三个领域。还有一项预算决策则在于确定花多少钱做战略性广告，花多少钱做战术性广告。战术性广告涉及的主要是包括价格折扣在内的营业推广活动。

英国最大的旅游经营商汤姆森公司将每年总额为 700 万英镑的广告费等额分配在战略性广告和战术性广告上。该公司将其战略性广告界定为旨在建立有关汤姆森公司和度假目的地的品牌意识的广告。这些广告在 2002 年夏天启动，而促销的是 2003 年的度假季节。在 2003 年初的预订期内，该广告将转换为更加具有战术性的广告，而且核心将集中在价格上。

2. 总体促销预算

在编制广告预算时还有一个要考虑的因素是总体促销预算。为在促销组合的各个不同要素间加以平衡，必须保证有关新促销活动的人员培训、印发内部营业推广材料、相关材料以及公共关系等领域也有钱可用。

3. 一致性

翟·康拉德·莱文森在其著作《游击广告》一书中认为：对待广告预算要像对待租金一样，是一种必须按月支付的开支。遇到手头拮据的时候，人们往往首先削减的就是广告预算。租金、工资、债券和备品等都是刚性开支项目，而下个月的广告却常常被看做可随意定夺的。这种看待广告的观点可能会带来旷日持久的低销售水平，最终会使生意萧条。

4. 增加预算的各种机会

接待业企业常常会有一些机会来增加广告预算。一个途径就是交换。交换是用媒体企业可能会使用的一些产品来换取广告。交换可能是一种不需动用现金就能做广告的一种很好的方式。要想使这种交换成为一次合适的交易，通过交换而得来的媒体能够覆盖的目标市场必须与餐馆、饭店或旅行企业的目标市场吻合。其次，广告的播出时间一定要在市场恰好能够收听收看得到的时间。另一种增加预算的方法是联合广告，也就是两家或多家公司共同支付广告费用。

5. 最终预算

广告预算是营销预算的一部分，它取决于营销计划和促销计划所确定的目标。必须在广告计划的目标与公司可能给予的资金之间求得一种平衡。

编制预算最有效的方法是目标任务法：确定我们需要做的事情，然后，编制一个预算来实现这个任务，前提是这笔支出会产生积极的回报。不过，通常情况下预算都是由公司的办公室来编制的。在这种情况下，营销经理必须设法谋取一个比较高的预算额度，否则，就只好忍受削减预算的难堪了。如果不得不削减预算，就必须对预算重新考虑，并选择出优先项目，将那些次要的开支项目剔除掉。

最终广告预算将使所配给的广告资金得到最有效的使用。它会把促销组合中其他领域所需要的资金一并考虑在内。最后，它会提供全年用于促销活动的资金。

（三）广告信息决策

1. 广告信息的产生

饭店、度假地、B&B 旅馆（"Bed and Breakfast"，家庭旅馆）和游船公司都会面临一种与顾客进行有效沟通的内部障碍，这就是产品的无形性。服务的这种一般性特点对于广告信息的创意确实是一个挑战。

那些有创新意识的人具有各种不同的广告策划方法。许多人的策划工作始于与消费者、经销商、专家以及竞争者之间的交谈。还有些人靠对使用产品的消费者的某种想象，借此决定消费者所寻求的利益。尽管广告商开发了很多信息，但被使用的却很少。营销经理们担负着对广告代理商所提供的这些信息、媒体和表现方式以及创意进行评价的责任。

通常，人们认为企业的营销经理们对其产品、顾客和员工的了解比别人都多。所以，在对广告的最终分析过程中，他们必须对那些不能激励顾客或引起员工不满的广告信息承担责任。从乐观的一面来说，他们也能够通过那些有创意的、广为传播的广告而赢得赞誉。

2. 广告信息的评价与选择

广告主必须根据三方面的标准来评价广告的吸引力。

首先，广告信息应该是有意义的，能够向消费者说明产品所提供的利益是他们所期待和感兴趣的东西；其次，广告信息要有特色，能反映产品与竞争产品之间的区别；最后，广告信息要具有可信性。

3. 广告信息的实现

广告的效果取决于它在信息中说些什么和怎样说——这就是广告信息的实现。广告主的最终目的是通过某种方式来赢得目标市场的注意和兴趣。有些广告主通常都先提出预期的广告目标和方法。

广告代理商的策划人员必须寻找一种适当的实现广告信息的风格、音调、文字和形式。任何一种信息都可以通过不同的风格来予以体现。例如，生活片段：表现一个或几个人在日常生活环境中使用该产品的情景；生活方式：表现一种产品如何适应某一种生活方式；幻境：这种风格围绕产品或者产品的用途创造一个奇幻的世界；音乐：在这种广告片中通常展示一个或几个人或一些卡通形象正在演唱一首有关产品的歌曲；形象代言人：这种广告塑造一个代表产品的人物形象；技术专长。这种广告重在表现公司产品所具有的技术优势；科学证据：这种广告注重提出调查结果和科学证据，以证明本产品优于某个或某些别的品牌。

广告制作人还必须选择一种适当的广告基调。凯悦酒店总是用一种正面的基调，在广告中总是描述产品所具有的积极作用。相反，塔克·贝尔的广告却总是一种诙谐的语调，有点儿古怪，有点儿尖刻，用的是一个会说话的吉娃娃狗的形象。最后，广告的格式对广告的效果和成本会有不同的影响。在设计上的微小变动可能造成很大的广告效果差异。图画是首先引起读者注意的东西，它应该有足够的视觉冲击力来引起读者注意。然后，标题必须能有效地引导人们阅读广告的文字。最后，广告的行文——广告的主体内容——必须简明、有力、令人信服。

（四）媒体决策

1. 确定广告的覆盖面、频率和效应

为了选择媒体，广告主必须决定，用什么样的广告覆盖面和广告播出频率来达到广告的目标。

覆盖面是指在特定时间内目标市场人口中接触到该广告宣传的人口的相对比率。频率是一个测定目标市场中普通一个人接触到该广告信息的次数的指标。

广告主还必须对广告的预期效应做出决策，这是指一种媒体所传播的信息在质量上所具有的价值。对于那些必须加以有形展示的产品，利用视听感官的电视信息就更为有效。假设一个广告主的产品能吸引的潜在市场是 100 万消费者。广告的目标是覆盖其中的 70 万（100 万的 70%）。由于一般的消费者会有三次接触广告的机会，所以，要买的展露次数就是 210 万人次（70 万 × 3 次）。如果广告主希望广告展露的效应是 1.5（假设一般的展露效应是 1.0），需要付费购买的展露次数就是 315 万人次（210 万人次 × 效应系数 1.5）。如果以这样的效应系数计算的展露次数的价格是每 1000 人次 10 美元的话，该广告预算就将达到 31 500 美元（3 150 × 10 美元）。

通常，覆盖面越广、频率越高、效应越大，广告费用也越多。总诉求百分点一词描述了一则广告宣传的总覆盖面或重复覆盖面。总诉求百分点的计算是用覆盖面乘以频率。在上面的例子中，一则覆盖面 70 万人、展露频率 3 次的广告，其诉求百分点为 210（假设市场为 100 万人）。每个诉求百分点等于 1% 的市场人数。

2. 在主要媒体类型中做出选择

媒体策划人员必须了解每一种主要广告媒体的覆盖面、频率和效应的大小。根据广告量的大小排列，主要的广告媒体是报纸、电视、直邮、广播、杂志和户外广告。每一种媒体都有各自的优势和局限。

媒体策划人员在选择媒体时会考虑很多因素，包括目标消费者对媒体的习惯。例如，广播与电视是接近青年人的最好的媒体。产品的性质也影响对媒体的选择。度假地饭店用彩色图片在杂志中做广告效果最好，而以少年儿童为目标市场的快餐广告最好是在电视上做。

不同类型的信息要求通过不同的媒体来传达。一条有关母亲节自助餐的广告信息通过广播或报纸予以传达可能会很有效。一条包含很多技术数据（例如，解释组合旅游产品的细节）的信息，通过杂志或直邮的渠道发布，可能更为有效。在媒体选择过程中，成本也是一个重要的因素。电视非常昂贵，报纸却相对便宜。

媒体策划人员既要考虑利用某一种媒体的总费用，又要考虑每1000人次展露的成本，及广告每覆盖1000人次的成本。必须经常性地对媒体的效应和成本进行评估。许多年来，国内广告商一直以电视与杂志媒体为主，而其他媒体却被忽略了。最近，电视媒体的成本上升，信息干扰激化，同时，观众的人数却在下降。其结果导致许多营销人员调整其战略，将目标市场限定在更窄的范围上，电视和杂志广告收入由此也开始稳定下来甚至有所降低。广告主越来越关注其他各种广告媒体，从有线电视到户外广告。了解了各种媒体的优缺点，媒体策划人员必须决定花多少钱购买某一种媒体。

3. 选择具体的媒介工具

媒体策划人员现在还需要在每一类一般性的广告媒体当中选择具体的最佳媒介工具。如果在杂志中做广告，广告策划人必须注意杂志的发行量以及不同版面、色彩、位置的广告的价格，还要注意各种不同杂志的发行周期。然后，广告策划人员再根据杂志的信誉度、地位、制作质量、编辑重点和广告截稿期限等因素对杂志进行评估，从而确定哪一种广告工具在覆盖面、频率和效应方面最合算。

媒体策划人员还必须考虑不同的广告媒体的成本。报纸的广告成本很低，而精致的电视广告却可能耗费数百万美元。仅仅30秒的简单电视广告就要花费18万美元。有些具有特殊效果的电视广告可能每30秒要耗资100万美元。媒体策划人员正在开发一些更加复杂而有效的媒体测量手段，并把它们用在一些数学模型当中，以便实现最佳的媒体组合。

4. 确定媒体的利用时间

媒体策划人员还需要对一年当中的广告时间进行决策。对于一个饭店或度假地来说，有效的广告取决于你对客人所在地和客人提前多长时间做预订的充分了解。最后，广告策划人员还必须选择广告的播出模式。持续播出是指在一定时间内均衡地安排广告播出时间；而脉冲播出是指在一定时间内不均衡地安排广告支出。这样，52次广告可以在一年中每星期播放一次，也可以集中几次播完。那些主张脉冲播出的人认为，这样播出可以使受众更全面地掌握广告信息，也比较省钱。一旦脉冲播出完成，他们便撤离广告市场。广告主有时可以采用一种所谓"设置路障"的办法来保证让目标受众收到广告信息。

（五）广告评估

1. 传播效果的衡量

衡量广告的传播效果旨在揭示广告是否发挥了作用。这个被称为"拷贝测试"的过程可以在广告印制或播发之前或之后进行。在播出之前测试的方法主要有三种：

第一种方法叫做"直接定级法"，利用这种方法，广告主向若干消费者提供几种不同的广告方案，让消费者予以品评。这种方法能揭示广告的吸引力有多大以及它们对消费者的影响有多大。虽然它在测定广告的实际效应方面还不完善，但如果获得的评价很好，也能预示该广告的潜在效果是好的。

第二种方法是"综合测试法"。在这种方法中，消费者将观看或聆听一个广告组合，需要多长时间就用多长时间，然后，测试者请被测试者回忆所有的广告及其内容。这种回忆既可以得到测试者的协助，也可以独立完成。回忆的水平就表明广告的信息被理解和被识记的程度。

第三种方法是"实验室测试法"。这种方法利用仪器来测定消费者对广告的生理反应：脉搏、血压、瞳孔变化以及排汗情况等。这种测试能衡量广告引起注意的程度，但很难测量广告对信念、态度和意图的影响。

在广告播出之后进行测量的方法有两种比较流行：

一种是"回忆测试法"，广告主请一些看过某些杂志或电视节目的人尽可能回忆他们所看到的任何有关广告和产品方面的信息。另一种叫做"认知测试"，由研究人员请受众（例如某一期杂志的读者）指出他们所看到的东西。认知的分值就可以用来评估广告在不同的细分市场上的影响，并将本企业的广告与竞争者的广告相比较。

2. 销售效果的衡量

通常，广告的销售效果要比衡量传播效果困难。除广告之外，销售量还受很多别的因素的影响，比如，产品的特征、价格以及可得性等。

衡量销售效果的一种方法是将过去的销售量与过去的广告支出相比较，另一种方法是通过实验加以测试。

为了能明智地使用大笔的广告预算，广告主必须先界定其广告目标，制定出切实可行的预算方案，设计出好的广告信息，做好媒体决策，并善于对广告效果进行评估。

第三节 旅游营业推广

一、旅游营业推广的概念和作用

（一）旅游营业推广的概念

旅游营业推广是指旅游企业在某一特定时期与空间范围内通过刺激和鼓励交易双方，并促使旅游者尽快购买和大量购买旅游产品活服务而采取的一系列促销措施和手段。从这一定义中不难看出，旅游营业推广强调的是在特定的时间、空间范围内，采用一系列的促销工具，对供需双方的刺激与激励，其直接的效果是使旅游者产生立即大量消费购买行为。

（二）旅游营业推广的作用

旅游营业推广以其自身的特有优势和不可替代的作用，成为众多企业经营者乐于选用的重要促销手段。

1. 旅游营业推广可以有效地加速新的旅游产品进入旅游市场的进程。新开发出来的旅游产品，投入旅游市场的初期，尚未得到多数的潜在旅游者或目标消费者的认识和了解，因此他们缺乏强烈的消费购买兴趣。这时通过一些必要的促销措施可以在短期内迅速地为旅游新产品开辟道路。

2. 旅游营业推广可以有效地抵御和击败竞争者的营业推广促销活动。有效地抵御和参与竞争的旅游企业求生存、谋发展的必由之路。当竞争对手大规模地发起营业推广促销活动时，企业若不及时采取有效的促销措施，常常会大面积地损失已享有的市场份额，坐以待毙。因此，营业推广是旅游市场竞争中对抗和反击竞争对手的有效武器。

3. 旅游营业推广有利于增加旅游产品的消费，提高销售额，并带动关联产品的销售，通常旅游企业运用旅游企业营业推广促销手段，既可向经销商提供交易折让，又可向旅游消费者提供刺激与激励，提高旅游者对该产品的注意与兴趣，从而增加对旅游产品的消费，提高整体产品的销售额。同时，对于一定区域而言，不仅能促进某种品牌的销售，也能带动和提升相关联产品的销售量。

二、旅游营业推广的特征和方式

（一）旅游营业推广的特征

1. 旅游营业推广的非常规性。由于旅游营业推广主要用于短期和额外的旅游促销工作，其着眼点往往在于解决一些更为具体的促销问题，承担短时间内具有特定目的和任务的促销工作，以促使旅游产品购买者和消费者产生够买或消费行为，因此，不像广告、人员推销和公共关系那样作为一种常规性的旅游促销活动出现，通常是针对旅游广告、人员推销的一种补充措施，以非常规性的和非周期性的使用形式而出现。

2. 旅游营业推广的灵活多样性。旅游营业推广方式多种多样，能从不同角度吸引有不同要求的旅游产品购买者和消费者。例如，以赠送纪念品、旅游地特产、风情画册、各种价格折扣、消费信用、特殊服务等方式针对旅游者的营业推广；以批量折扣、现金折扣、特许经营、业务会议、联营促销、提供招贴画、小册子、录像带、推广津贴等方式对旅游中间商的营业推广；以红利提成、推销竞赛、特别推销会、销售集会等方式针对推销人员的营业推广；以租赁促销、类别旅游折扣、订货会、配套服务等方式针对旅游生产经营者的营业推广。上述各类营业推广方式均有其自身的长处和特点，旅游企业可以根据经营的旅游产品特征，以及面临的不同市场营销环境加以科学的选择和有机的组合运用，从而大大增加旅游营业推广的灵活多样性。

3. 旅游营业推广的强刺激性。旅游营业推广是为寻求销售额的立即反应而设计的，并且常常在限定时间内进行，其追求目标就是在使用营业推广手段之后，能达成即时销售，使本企业的旅游产品在特定的时间和地点与其他产品有所差别，增加实质价值。因此必须从多种渠道和多种角度加强和加快旅游产品购买者、消费者对促销信息的理解，促进消费者购买需求和行为的迅速产生，这也就决定了旅游营业推广必须具有强烈的刺激性，给旅游产品购买者以不同寻常的刺激，以诱使旅游消费者购买某一特定旅游产品，易于取得明显的短期效果，较快地增加旅游企业的销售额，巩固和提高旅游企业应有的市场占有率，实现企业短期的具体目标。

4. 旅游营业推广的短程高效性。旅游营业推广不是战略性的营销工具，而是一种战术性营销手段。它注意的是实际的行为，在限定的时间和空间范围内，要求旅游消费者或旅游经营商亲自参与，行为导向的目标是即时销售，通过激励、刺激，或为金钱，或为商品，或为一项附加的服务，构成旅游消费者购买行为的直接诱因，因而短期效益明显。

旅游营业推广的上述特征，体现了旅游营业推广手段的明显优势，有利于促进旅游产品的短期销售，激励更多的旅游消费需求和开拓旅游市场。

（二）旅游营业推广的方式

根据旅游营业推广的对象的不同，可以分为三类，每一类营业推广都有一些不同的方式。

1. 针对旅游者的营业推广

对旅游者进行营业推广，目的在于短期内劝诱新的旅游者积极尝试购买，鼓励老的客人经常和重复购买。其方式可以采用价格优惠、免费赠送礼品和旅游纪念品，甚至免费旅游等。

2. 针对旅游中间商的营业推广

对旅游中间商的营业推广，目的在于提高中间商的销售积极性，争取中间商的支持与合作，有三种方式可以采用。

（1）价格折扣。例如旅游饭店给予有业务往来的旅行社一定比例的价格折扣。

（2）提供旅游宣传品和给予推广津贴。目的是激励中间商推广和销售某一产品，如在旅游新产品的宣传推广时，可以向中间商提供用于陈列和展示的广告招贴画、宣传小册子、音像资料等。

（3）举办旅游交易会。这是为旅游中间商提供宣传促销的一种常用方法。

3. 针对旅游销售人员的营业推广

对旅游销售人员的营业推广，目的在于激励其销售行为，特别是淡季的销售和寻找潜在购买者。其方式可以采用奖励（包括物质和精神的），竞赛（利用人们的好胜、竞争的心理）等。

相关链接

人民广场：佛顶骨舍利盛世重光成关注焦点

本月 18 日上午 9 点 30 分，上海人民广场已经非常热闹。

"畅享城际新十线，博爱之都南京欢迎你"、"乘动车·游南京·品美食"大幅标语十分醒目。

众多旅游展台已搭建完毕，相关工作人员忙着在展台上打标识、放资料。广场中间的红色舞台上，4 名婀娜多姿的模特身着各式云锦礼服在走秀，吸引了大量来往行人的目光。

10 点 30 分，广场促销活动正式开始。南京众旅游企业推介人员一边派专人与上海旅游同行积极对接，一边现场向游客派发旅游资料，解答游客疑问。同时，还在南京形象导游员的引领下，轮流走到广场中央，宣传推介自己的旅游产品。时间在流逝，人流在迅速聚集。随着推介活动的深入，人们的兴趣越来越浓。上海媒体人员"捕捉"着各自的采访对象；上海旅游从业人员与南京众景点、旅行社推介人员开始深度交流合作事宜；大量上海市民向南京推介人员咨询起一个又一个的来宁旅游细节……

仅仅到下午 3 点，南京市旅游园林局所带数千份中、英、日多语种的《体验世博，畅游南京》手册和南京旅游地图，就分发一空。

促销活动现场，上海市民对南京集中展示的南京旅游新资讯，表现出极大热情。其中，最吸引他们的要数《体验世博，畅游南京》手册上标注的 5 条各具特色的主题旅游线路。不少上海市民按照线路，搜集旅游景点的信息。

这些特色游线路分别是世博体验之旅、宗教文化之旅、休闲美食之旅、乡村体验之旅、温泉养生之旅。其中，又以宗教文化之旅最受关注。不久前，阿育王塔佛顶骨舍利在宁盛世重光，许多上海市民有意前来瞻礼。市旅游部门因此将栖霞寺、灵谷寺、毗卢寺串点成线，推出了宗教文化之旅线路。

上海市民：10 天后去南京就像从浦东到浦西了。"沪宁城际铁路开通后，从上海到南京只需 1 小时 10 分钟车程。对上海人来说，去南京旅游几乎成了'同城之旅'。而且，南京具有很多上海人喜爱的休闲性旅游产品和历史文化旅游产品。"上海市民吴先生说，他和家人将因此大大增加游览南京的次数。

（资料来源：南京日报/2010 年//6 月/21 日/第 A02 版要闻）

三、旅游营业推广的策划

营业推广包含着各种短期的用于鼓励购买或销售产品和服务的激励手段。人们设计了各种能刺激市场做出快速和强烈反应的促销工具。通常，精心组织的营业推广能够起到很好的宣传作用。

（一）制定营业推广目标

具体情况不同，营业推广的目标就各不相同。针对消费者的营业推广可能会使短期内的销售额增加，也可能会有助于培育长期的市场份额。营业推广目标可能是引诱消费者尝试新产品，从竞争者那里拉拢消费者，或者维持和酬谢忠诚的老顾客。对于销售人员而言，营业推广的目标就包括建立更为牢固的顾客关系以及赢得新的顾客。

营业推广应该能够建立顾客的品牌忠诚，换言之，营业推广应该重视对产品定位的促销，并提供一定的销售信息。理想的情况是，营业推广的目标是培育顾客的长期需求而不是加速顾客的品牌转换频率。经过精心设计的每一种营业推广工具都具有培育顾客品牌忠诚的潜力。

（二）选择营业推广工具

面向消费者的营业推广工具：主要有样品、赠券、赠品、顾客酬谢、售点陈列、竞赛、彩票和游戏等。

1. 样品

样品是提供给顾客试用的商品。有些样品是免费的，另一些则由公司收取少量的费用以抵补生产费用。

例如：休士敦的公园客栈邀请潜在的顾客以及相关的社区成员免费入住这家豪华饭店。这项推广达到了两个目标：一是由于推销员的很多潜在客户都得以在饭店亲身体验其服务，因此，这些推销员在销售公司性订单方面受益匪浅；二是人们对饭店的口碑大大改善。所以，试用是一种最有效但同时也是最昂贵的引入新产品的方式。

目前，由接待业企业所雇佣的员工来试用产品是一个很有意义的教育过程，也是一种有用的推广方式，对产品的全面了解对于高价品推销尤其有利。

员工如何才能亲身体验公司的产品或服务呢？

下面是一些成功的做法：

（1）提供连续的培训计划。

（2）提供企业内部销售和业绩奖励，如奖励一次就餐经历、一个月的健身俱乐部服务或一次周末豪华套房服务。

（3）设立员工日，在这一天，员工可以使用各种设施。

（4）通过各种内部通讯或产品宣传册来与员工交流有关产品的信息。

（5）总是以某种积极的、自信的方式谈论公司的产品。

2. 赠券

赠券是提供给购买某种特殊产品的顾客的一种优惠凭证。每年，在美国分发的赠券就不下 2 200 亿张，总价值在 550 亿美元以上。在旅游业，赠券十分流行，在饭店、出租车公司、旅游目的地以及游船公司也都使用赠券。但是，也有些餐馆因为过多地使用赠券而蒙受损失。除了能刺激成熟期产品的销售量之外，赠券对新产品引入阶段的推广也很有效。另外，运用赠券做联合推广能够改善那些分发赠券和回收赠券的企业之间的关系，那些拥有众多产品的酒店及度假地普遍采用组合产品这一工具，围绕着当地的事件活动进行开发。

3. 赠品

赠品是以较低的价格或免费提供的物品，用以刺激人们购买某一种产品。

4. 顾客酬谢

顾客酬谢是指对经常购买公司产品或服务的顾客给予现金或其他形式的酬报。另一种类型的顾客酬谢方式是对回头客给予特价优惠。

5. 售点陈列

售点推广是指在买卖现场所进行的各种陈列和演示。它可以用来宣传公司产品或服务信息，或者销售别的产品和服务，从而增加总收入。

6. 竞赛、抽奖和游戏

竞赛、抽奖和游戏可以给消费者一个赢得某种东西的机会。竞赛要求消费者向评审团提供一个竞赛项目以便由评审团加以评判。抽奖是将消费者的名字写在纸条上，然后抓阄。游戏是在消费者每次购买商品时都赠送给他们某种东西，这些有可能中奖，也可能不中。对最佳表现者予以奖励的销售竞赛可激励经销商和推销员加倍努力。

（三）制定营业推广计划

在这一步当中，要求营销人员做出各种其他决策。

首先，他们必须确定激励的规模有多大。要想使推广获得成功，必须有一个最低的激励限度。激励程度越高，反响越大。接着，营销人员必须确定如何贯彻和实施这项推广计划。另外，推广的持续时间的长短也很重要。最后，营销人员必须做出营业推广的预算。这可以通过两种方式来实现：营销人员可以先选择推广的方式再估计推广成本。不过，更常见的方式是确定营业推广占整个营销预算的百分比。

（四）营业推广计划的测试与实施

在可能的情况下，企业都应该对营业推广的各种工具进行测试，以便弄清楚它们是否合适，所确定的激励程度是否适中。为了测试营业推广计划，研究人员可以请消费者对各种营业推广方式进行打分排序。营业推广也可以在某个较小的地理范围内进行测试。

同时，各个公司都应该为每一项营业推广计划制订实施方案，所涉及的时间要涵盖前置时间和出清时间。前置时间是指实施计划之前的必要准备时间；出清时间是指自计划实施时开始到推广结束时止所持续的时间。

（五）评估营业推广的效果

评估的方法也很多，其中最常见的是对推广前、推广中和推广后的销售额进行比较。

假设某公司在推广前的市场份额为6%，在推广过程中跃升为10%，到推广之后马上降低到5%，后来又爬升到7%。这项推广看似已经吸引了一些新的顾客，并促成了当前顾客的更多购买。在推广之后，销售额随着消费者使用了产品或提前购买而有所降低。例如，一位计划在六月份前往纽约探亲的人，可能会提前在四月份出行，原因是某项航空公司的营业推广计划只持续到四月三十日。推广所产生的7%的长期增长意味着该航空公司赢得了一些新顾客，但如果其市场份额回归到推广前的水平，那么，就意味着推广只是改变了需求的时间模式，并没有改变总需求的大小。

消费者研究的结果将表明对推广做出反应的人的类型以及他们的在营业推广之后购买行为模式。有些调查可以提供诸如有多少消费者对推广有所反应，他们有什么想法，有多少人接受了这种推广，以及营业推广对他们的购买行为模式有什么影响等方面的信息。还可以通过实验的方法来评估营业推广的效果，这种实验往往纳入很多变量，包括激励值、激励时间以及分配方法等。

显然，营业推广在整个促销组合中扮演着重要的角色。为了用好这种工具，营销人员必须清晰界定营业推广的目标，选择最适当的工具，制定营业推广计划，提前进行测试，有效地予以实施，并对结果进行评估。

第四节　旅游人员推销

一、旅游人员推销的概念和特点

（一）旅游人员推销的概念

人员推销又称人员销售，是企业通过派出推销人员或委托推销人员亲自向顾客介绍、推广、宣传，以促进产品的销售。可以是面对面交谈，也可以通过电话、信函交流。推销人员的任务除了完成一定的销售量以外，还必须及时发现顾客的需求，并开拓新的市场，创造新需求。

（二）旅游人员推销的特点

1. 人员推销具有很大的灵活性

在推销过程中，买卖双方当面洽谈，易于形成一种直接而友好的相互关系。通过交谈和观察，推销员可以掌握顾客的购买动机，有针对性地从某个侧面介绍商品特点和功能，抓住有利时机促成交易；可以根据顾客的态度和特点，有针对性地采取必要的协调行动，满足顾客需要；还可以及时发现问题，进行解释，解除顾客疑虑，使之产生信任感。

2. 人员推销具有选择性和针对性

在每次推销之前，可以选好具有较大购买可能的顾客进行推销，并有针对性地对目标推销对象作一番研究，拟订具体的推销方案、策略、技巧等，以提高推销成功率。这是广告所不及的，广告促销往往包括许多非可能顾客在内。

3. 人员推销具有完整性

推销人员的工作从寻找顾客开始，到接触、洽谈，最后达成交易，除此以外，推销员还可以担负其他附带营销任务。

4. 人员推销具有公共关系的作用

一个有经验的推销员为了达到促进销售的目的，可以使买卖双方从单纯的买卖关系发展到建立深厚的友谊，彼此信任，彼此谅解，这种感情增进有助于推销工作的开展，实际上起到了公共关系的作用。

二、旅游人员推销的形式

旅游人员推销属于直接促销，推销人员不通过任何中间环节，同旅游消费购买者面对面洽谈，直接介绍和宣传旅游产品或服务，充分展示旅游产品或服务的有用性，解答顾客的询问，说服消费购买者采取购买行为。旅游人员推销主要包括以下形式：

（一）派员推销

旅游企业指派专职推销人员携带旅游产品或服务的说明书、宣传材料及相关材料走访客户进行推销的方式。这是一种古老的、存在时间最长的推销形式。特别适用于推销员在不太熟悉或完全不熟悉推销对象的情况下，即时开展推销工作。这种方式的特点主要体现在，推销人员主动向顾客靠拢，推销员同顾客之间的感情联系尤为重要，并要求推销人员既要有百折不挠的毅力，还要掌握寻找推销对象、把握恰当的推销时机、学会交谈艺术等推销技巧。

（二）营业推销

旅游产品或服务的各个环节的从业人员接待每位旅游消费购买者，销售自身产品的推销形式。从广义上讲，在吃、住、行、游、购、娱六个方面从事接待服务的所有人员都是推销员，包括营业员、服务生、导游等。他们同样要与顾客直接接触，以谈话方式及行为方式向顾客介绍和展示产品和服务，回答询问，完成交易，担负着同专职推销员一样的职能。只不过形式独特，顾客主动向推销员靠拢，推销人员依靠良好的销售环境和接待技巧，完成推销，满足顾客需求。

（三）会议推销

旅游企业利用各种会议介绍和宣传本企业旅游产品或服务，开展推销活动的方式。如订货会、交易会、洽谈会、交流会、展览会、推销会、新闻发布会等。会议推销也是较为常见的人员推销形式。这种方式突出特点是群体集中，接触面广，省时省钱，交易量大，推销阻力也相应减弱，但对顾客产生的影响力却很大。

除以上介绍的三种基本推销形式外，还有小组推销、电话推销、书面推销、导购推销等多种人员推销形式。

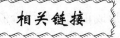

哈密旅游促销团走进郑州

为进一步促进豫哈两地旅游业的交流与合作，迎接南航郑州—（经停哈密）—乌鲁木齐航线的顺利开通，8 月 23 日～24 日，由哈密地委委员、宣传部部长陈锋带队，地区旅游局和部分旅游企业参加的哈密旅游促销团，在郑州开展了"甜蜜之都·活力哈密"旅游推介活动。

地区旅游局党组书记李秋瑾推介了哈密"六大游"旅游产品（白石头风情游、哈密贡瓜园农业观光和民俗游、哈密回王历史文化游、哈密魔鬼城观光探险游、巴里坤古城文化草原风光游、伊吾河谷休闲度假游），以及吃、住、行等方面的情况，并向河南人民介绍了哈密旅游的优惠政策：针对组团社景区（点）门票 10 免 5 优惠；凡年内累计组织 500 名以上 1000 名以内游客来哈旅游，将一次性给予组团社每人每天 10 元的奖励；年内累计组织 1000 名以上游客来哈密旅游，给予组团社每人每天 15 元的奖励。凡组织乘坐南航郑州—（经停哈密）—乌鲁木齐航线旅游的飞机团队（往返至少一程乘坐此航线航班），满 20 人并住宿两晚以上的，补助旅行社每人 100 元（2010 年 9 月至 2011 年 3 月试行）；对长期宣传推介哈密旅游产品效果显著的将给予一定奖励。

最后，在推介会上，地区旅游局还与河南省青年旅行社等 6 家旅行社签订了合作协议，就共同设计推出旅游线路（包括飞机团队旅游线路）、实现客源互送和执行政策优惠等达成一致，并启动了"万名河南人游哈密"活动。

（资料来源：哈密日报（汉）/2010 年/8 月/31 日/第 002 版　时政要闻）

三、旅游人员推销的基本原则和过程

（一）旅游人员推销的基本原则

在应用人员推销形式进行旅游产品促销中，有许多取得显著成功的推销人员。尽管他们是在不同的地点和时间，以不同的方式和技巧，推销不同的旅游产品，但他们都遵循一些共同的原则，这些原则是他们取得成功的法宝。

1. 互惠原则

惠，即好处；利，即利益。互惠互利意指交易双方彼此为对方提供利益和好处。互惠互利是双方达成交易的基础，是推销人员自信心的来源，是良好交易气氛形成的重要条件，也是赢得回头客，获得竞争地位的重要筹码。因此，搞清交易能给双方带来的利益，用能给旅游消费购买者带来的利益说服顾客，找出双方利益分配的最佳点，决不做只对一方有利的交易。

2. 推销使用价值观念原则

使用价值观念，就是旅游消费购买者对旅游产品有用性的认识。推销使用价值观念原则，即在推销旅游产品时，要利用或改变消费购买者原有的观念体系，想方设法使他们形

成对旅游产品使用价值的正确认识，以达到说服和帮助顾客购买旅游产品的目的。推销人员必须找出旅游产品使用价值与消费购买者需要的结合点，使顾客形成正确的使用价值观念，最终决定购买，并产生良好的购后评价。

3. 人际关系原则

旅游推销人员推销旅游产品时，必须建立真诚、坦白的，富于感情的和谐人际关系。因为和谐的人际关系容易形成相互信任，导致彼此理解，产生信息的沟通，推销人员树立人际关系开路的观念，善于利用各种交际方式，扩大其交际范围，使自己成为一个受欢迎的人，是取得旅游产品推销成功的重要法宝。

4. 尊重顾客原则

尊重顾客就是要尊重顾客的人格，尊重他们的利益。其实质是对旅游消费购买者价值的承认，包括顾客的人格、身份、地位、能力、权利、兴趣、爱好、成就等。推销人员善于换位思考，注意顾客所关心的事情，对消费购买者适时赞美，体现自己应有的胸怀和涵养，以获得旅游消费购买者最大限度的回报，如购买或重复购买你的产品，向别人宣传、推荐你的产品等。

(二) 旅游人员推销的模式

常见的推销过程模式有多种，这里主要介绍程序化模式。程序化模式又称公式化模式。它是一种已经被大多数旅游推销人员所接受的、比较流行的、具有代表性的推销过程模式。它将推销过程划分为七个阶段：

1. 寻找顾客

旅游推销人员必须利用各种渠道和方法为所推销的旅游产品或服务寻找消费购买者，包括现有的和潜在的消费购买者。了解潜在消费购买者的需求、支付能力和购买权利，通过购买资格评价，筛选出有接近价值和接近可能的目标顾客，以便集中精力进行推销，提供成交比例和推销工作效率。

2. 接近前准备

旅游推销人员在推销之前，必须进行充分的准备。包括：尽可能地了解目标顾客的情况和要求，确立具体的工作目标，选择接近的方式，拟订推销时间和线路安排，预测推销中可能产生的一切问题，准备好推销材料，如景区景点及设施的图片、照片、模型、说明材料、价目表、包价旅游产品介绍材料等。在准备就绪后，推销人员需要与准顾客进行事先约见，用电话、信函等形式向访问对象讲明访问的事由、时间、地点等约见内容。

3. 接近目标顾客

旅游推销人员经过充分准备和约见，就要与目标顾客进行接洽。接近顾客过程往往是短暂的，在这极短的时间里，推销人员要依靠自己的才智，根据掌握的顾客材料和接近时的实际情况，灵活运用各种接近技巧引起购买者对所介绍旅游产品的注意，引发或维持他们对访问的兴趣，达到接近顾客的最终目的。

4. 推销面谈

接近与面谈时同顾客接触过程中的不同阶段，两者之间没有明显的绝对界限，两者的本质区别在于谈话的主题不同。接近阶段多侧重于让顾客了解自己，有利于沟通双方感情和创造良好的推销气氛，而面谈阶段往往集中在推销旅游产品，建立和发展双方的业务关系，促使顾客产生购买欲望。一般来说，推销面谈需要推销人员利用各种面谈方法和技巧，向消费者传递旅游企业及产品信息，展示顾客利益，消除顾客疑虑，强化购买欲望，让顾客认识并喜欢所推销的旅游产品，进而产生强烈的购买欲望。

5. 处理异议

面谈过程中，消费购买者往往会提出各种各样的购买异议，诸如：需求异议、价格异议、产品异议、服务异议、购买时间异议、竞争者异议、对推销人员及其所代表的企业的异议等等，这些异议都是消费购买者的必然反应，它贯穿于整个推销过程之中，销售人员只有针对不同类型的顾客异议，采取不同的策略、方法和技巧，有效的加以处理与转化，才能最终说服顾客，促成交易。

6. 成交

成交是面谈的继续，也是整个推销工作的最终目标。一个优秀的推销员，要密切注意成交信号，善于培养正确的成交态度，消除成交的心理障碍，谨慎对待顾客的否定回答，把握最后的成交机会，灵活机动，采取有效的措施和技术，帮助消费购买者做出最后选择，促成交易，并完成交易手续。

7. 后续工作

要让顾客满意，并使他们继续购买，后续工作是必不可少的。达成交易后，推销员就应着手履约的各种具体工作，做好服务，妥善处理可能出现的问题。着眼于旅游企业的长远利益，与顾客建立和保持良好的关系，树立消费者对旅游产品的安全感和信任感，重复购买，利用顾客的间接宣传和辐射性传导，争取更多的新顾客。

四、旅游人员推销的技巧

（一）上门推销技巧

1. 找好上门对象。可以通过商业性资料手册或公共广告媒体寻找重要线索，也可以到商场、门市部等商业网点寻找顾客名称、地址、电话、产品和商标。

2. 做好上门推销前的准备工作，尤其要对重点研究发展状况和产品、服务的内容材料要十分熟悉，充分了解并牢记，以便推销时有问必答；同时对客户的基本情况和要求有一定的了解。

3. 掌握"开门"的方法，即要选好上门时间，以免吃"闭门羹"，可以采用电话、传真、电子邮件等手段事先交谈或传递文字资料给对方并预约面谈的时间、地点。也可以采用经熟人引见、名片开道、与对方有关人员交朋友等策略，赢得顾客的欢迎。

4. 把握适当的成交时机。应善于体察顾客的情绪，在给顾客留下好感和信任时，抓住时机发起"进攻"，争取签约成交。

5. 学会推销的谈话艺术。

（二）洽谈艺术

1. 注意自己的仪表和服饰打扮，给顾客一个良好的印象。

2. 言行举止要文明、懂礼貌、有修养，做到稳重而不呆板、活泼而不轻浮、谦逊而不自卑、直率而不鲁莽、敏捷而不冒失。

3. 在开始洽谈时，推销人员应巧妙地把谈话内容转入正题，做到自然、轻松、适时。可采取以关心、赞誉、请教、炫耀、探讨等方式入题，顺利地提出洽谈的内容，以引起客户的注意和兴趣。

4. 在洽谈过程中，推销人员应谦虚谨言，注意让客户多说话，认真倾听，表示关注与兴趣，并做出积极的反应。遇到障碍时，要细心分析，耐心说服，排除疑虑，争取推销成功。

5. 在交谈中，语言要客观、全面，既要说明优点所在，也要如实反映缺点，切记高谈阔论、"王婆卖瓜"，让顾客反感或不信任。

6. 洽谈成功后，推销人员切忌匆忙离去，这样做，会让顾客误以为上当受骗了，从而使客户反悔违约。应该用友好的态度和巧妙的方法祝贺客户做了笔好生意，并指导对方做好合约中的重要细节和其他一些注意事项。

（三）排除推销障碍的技巧

1. 排除客户异议障碍。若发现客户欲言又止，应主动少说话，直截了当地请对方充分发表意见，以自由问答的方式真诚地与客户交换意见。对于一时难以纠正的偏见，可将话题转移。对恶意的反对意见，可以"装聋作哑"。

2. 排除价格障碍。当客户认为价格偏高时，应充分介绍和展示产品、服务的特色和价值，使客户感到"一分钱一分货"；对低价的看法，应介绍定价低的原因，让顾客感到物美价廉。

3. 排除习惯势力障碍。实事求是地介绍客户不熟悉的产品或服务，并将其与他们已熟悉的产品或服务相比较，让客户乐于接受新的消费观念。

第五节　旅游公共关系

一、旅游公共关系的概念和作用

旅游公共关系，是指以社会公众为对象，以信息沟通为手段，树立、维护、改善或改变旅游企业或旅游产品的形象，发展旅游企业与社会公众之间良好的关系，营造有利于旅游企业的经营环境而采取的一系列措施和行动。

（一）旅游公共关系的特点

旅游公共关系是一种促进与公众良好关系的方式，如通过新闻报道宣传企业；通过参与社会公益活动展示企业奉献社会的良好形象等，其主要特点包括：

1. 通过第三者发布信息，可信度高，往往有一定情节或趣味性，可接受性强。

2. 有效的公关活动有利于赢得公众对旅游企业的好感，建立企业与社会公众的良好关系，对于企业的发展也是十分有利的。

3. 活动设计的难度较大，需要充分利用一些机会，并把握好时机。

4. 公关活动的影响很大，有利于迅速树立被传播对象的良好形象。

5. 公关活动不追求直接的销售效果，其运用受外部条件的限制较多。

（二）旅游公共关系的作用

旅游作为一种高层次的消费活动和审美活动，使得旅游业很容易因此成为一个国家或一个地区的"形象"产业，而备受异地和本地公众的关注。同时，旅游产品的综合性与整体性，使得其"生产"需要全社会各方配合。由此，决定了旅游公共关系对旅游行业发展的重要意义。

旅游公共关系的主要作用：

一是在公众中建立旅游企业和产品的形象，促进企业的经营销售。旅游企业形象的树立不是一朝一夕能够完成的，要持续、连贯和有计划地工作，从不同的侧面在游客中树立自己的完整形象。这些侧面包括产品的质量、价格和服务，包括客户关系、职工关系、地区公众关系、零售代销商关系以及其他社会影响，可以说以真实为基础，以符合社会公共利益为准则，是树立企业形象，建立良好公共关系的两条根本原则。

二是沟通内外信息，追求"人和"的经营环境。要随时关注内外环境的变化及时做出反应，致力于创造和谐人际关系的最佳的社会舆论，以赢得社会各界对本企业的了解、好感和合作。

中国古代讲究事业成功有赖于天时、地利、人和，开展公关就是要创造一个"人和"的经营环境。然而，一个旅游组织和企业的公关不同于一般的人际关系，旅游组织与企业的公共对象，均是对本组织和企业的目标与发展有一定利益关系，有一定影响或制约力的个人、群体或组织，这种以一定利益关系为纽带的双方关系，主要建立在平等相待、互惠互利的基础上。

二、旅游公共关系活动的类型

（一）宣传型公共关系

利用各种传播媒体和手段，向社会公众宣传展示自己的发展成就与公益形象，以形成有利于本组织发展的社会印象与舆论环境的活动模式。这类旅游公共关系活动能够及时通过媒体进行正面宣传，主导性、时效性强，影响面宽，推广旅游地、旅游企业及其旅游产品的形象快。

（二）交际型公共关系

这种公共关系是要通过人与人之间的直接交往接触，进行联络感情，协调关系和化解矛盾的活动，以达到为本组织建立良好人际关系的目的。通过这类活动非常有助于包括顾客在内的有关各类公众对本旅游企业的了解和信赖，这对于增强顾客的购买决心和扩大企业的业务具有显著作用。据统计，旅游业中有一半以上的顾客是通过朋友、熟人介绍而来的，由此决定了加强这类公共关系活动对旅游促销的重要意义。

（三）服务型公共关系

这是以为公众提供热情、周到和方便的服务，赢得公众的好感，从而提高组织形象的一种公共关系活动模式。在为顾客服务中充分为顾客着想，由此既能在不显露商业痕迹的直接服务中起到即时刺激旅游消费的作用，又能在先期旅游者的口碑效应中达到扩大旅游销售的目的。

（四）社会型公共关系

这是指组织利用举办各种具有社会性、文化性的赞助或公益活动来开展公共关系的模式，其目的是塑造组织的文化形象、社区公民形象，提高组织的社会知名度和信誉度。对于旅游公关活动来说，应特别强调和旅游有关的文化与体育活动。

（五）征询型公共关系

这是通过采集信息、舆论调查、民意测验等方式，为企业的经营管理决策提供客观依据，以不断完善企业形象的公共关系模式。搜集顾客的好评和不满意见，以及了解影响潜在顾客购买的障碍性因素，然后加以利用和改进，也有利于旅游促销，但这类活动影响促销的间接性更强。

上述五种公关关系中，前三种活动与旅游促销的关系相对更为紧密。由于第二、第三种公关活动对旅游促销的作用分别与旅游人员推销和旅游服务过程有关，因而使旅游公共宣传成为最主要的公关促销手段。

根据组织与环境的适应态势关系，公共关系活动还可以分为建设型、维系型、防御型、矫正型和进攻型等五种。基于旅游市场的巨大潜力和风云变化，从旅游促销的角度特别重视矫正型和进攻型的旅游公关活动。

三、旅游公共关系决策

（一）明确公关决策目标

这是决策的起点。决策目标，就是通过决策和决策的实施所达到的目的。

1. 确定决策目标的依据

决策总是针对什么问题，解决什么问题的。发现和提出问题是决策的开始。决策目标是根据所要解决的问题来确定的。问题就是差距，就是矛盾。职业经理面临的现状和理想境界之间存在着差距。要缩小这个差距，解决这样的矛盾，就是决策所要达到的目标。这样，要保证决策的正确，就要把问题的环境、性质、范围、程度、价值、影响等搞清楚，抓住问题的症结所在及其产生的原因，决策目标才好确定。

2. 确定目标的层次

确定目标要注意需要性、可行性、合理性和保持一定的弹性。目标要明确、具体、在内容、数量、质量、规格、时间、地点和责任等方面要有明确规定。同时必须认识，决策目标是多层次的。要有总体目标，也要有具体目标。上有大目标、下有小目标，形成多层次的目标体系。哪一层的职业经理做哪一层次的决策。决策时注意与上面的更大的目标和下面分解出的更具体的小目标相衔接，从而使决策更准确，更符合实际

3. 从公关角度确定目标

发现问题和确定目标，都要注重考虑公共关系。要站在广大公众的立场，想公众之所想，急公众之所急，与公众同呼吸，共命运，设身处地考虑问题，发现差距。目标要反映公众的心愿，体现公众的需求，表达公众的利益。否则，只凭个人良好愿望做出的决策要遭受失败的。必须牢记的是，目标，首先是信誉、形象目标。实行优质服务，树立良好形象，这是企业乃至一切组织机构的生命线。确立目标，最重要的是确立名优产品目标、名优企业目标、优质服务目标。从公关角度明确目标，总体目标才得以实现。

4. 从人的角度确立目标

公关决策实质上还是一种处理人际关系的决策。公关决策就是处理好一个组织机构内部的员工和某些公众的关系，取得公众的了解、信任、好感和支持，这就必须从人的角度考虑问题。还有，公关决策的目标高低、大小，要从公关人员的实际素质出发，要与公关

人员的思想品德、文化学识、智慧能力、甚至性格脾气等状况相适应。

（二）草拟公关决策方案

对公关目标的途径和办法进行比较，做出实现目标的方案。公关决策方案要注意如下几点：

1. 公众思维

拟订方案要先想到公众，这是必不可少的。因为方案的拟订是以目标为依据的。它是围绕目标而设定的措施和途径。目标之中已有公众的一切因素，方案的拟订自然离不开公众。方案一定要立足公众，详细制定优质服务、建立良好信誉和形象的方法、步骤。这就必须了解公众、熟悉公众需求心理及其变化趋势，并拟出对应措施，尤其要有提高内部职工素质的措施。这是非常重要的。良好信誉和形象的建立，关键是有过硬的员工。人过硬，产品才过硬。人的形象好，产品形象、企业形象才好。所以，教育人，提高人的素质是根本。

2. 加强调研

决策目标确定以后，决策者就要围绕决策目标，积极进行有关情况的调查研究。要收集大量的信息，研究有关的背景资料、统计数字、文献综述、专题报告等。经过对大量情报和资料的严格论证，反复计算和细致推敲，明确实现目标的未来环境和条件，认清有利因素和不利因素，预测可能出现的问题，从不同角度，设想出各种各样的可行方案来。研究资料，引出方案，都不能离开决策目标，要估计方案的执行结果对目标的实现情况。每个方案都是有利有弊的，要对方案执行后果可能出现的正反两方面都做出充分估计和确切评价，这样才便于对方案做出取舍。同时，除研究情报资料外，还要估计人的因素，以及物质基础，拟出多种方案。

3. 提出新办法

拟订方案应当遵守一些原则，比如约束原则，即考虑各方面的条件约束；时间原则，即考虑事物发展的阶段性和对决策的时间要求；相互排斥原则，即各方案在内容上相互排斥，不相互重复，不相互包含等。但首要的原则是创新原则。因为事物是发展的，情况是变化的，任何决策目标的实施，都面临许多新问题、新情况。特别是公关决策，面对公众，人们的需求、情绪、愿望经常发生变化，拟订方案决不能抱残守缺，只凭经验，而要勇于创新，用新思维、新格局、新路数来拟订方案。

4. 充分准备

拟订方案必须多元化。最低应有一般方案、应变方案和临时方案。一般方案是从积极角度保证决策目标实现的方案。它可分为实现最理想指标方案、实现中等指标方案和实现最低指标方案。不同层次的方案，成效不同，在组织人力、物力、财力去实施方面也是不同的，付出的代价也是不一样的。除一般方案，还应有应变方案。就是情况发生变化时，有适应这种变化的各种措施。不管情况向好的方面变化还是向坏的方面变化，都要有应变方案，而且不等情况发生变化，就要事先拟订好预防情况变化的方案。有了应变措施，才能争取主动。还有一种应变方案是临时性的。内部或外部的情况突变，事故瞬间发生，对这种中途性的变异，要有临时措施。

（三）确定决策方案

选择好方案，必须对方案进行充分分析，要有合理的标准和科学的方法。

1. 分析方案

分析方案是选择最佳方案的前提。只要把各种方案分析透彻了，比较详尽了，可行方案便出来了。要对方案进行多角度、多方面的分析。比如，要分析一个生产方案的经济效益、社会效益，看它投入产出情况，给社会进步与发展带来的成效，给公众带来的利益，给单位带来的信誉等情况。还要分析可能出现的问题，带来的不良后果，最坏最差可到什么程度等。又要分析方案在实施过程中对外来情况袭击的承受能力，遇到强烈的反常情况时，是一击即垮，摇摇欲坠，还是稳如泰山，能自我适应，自我调节，正常运转。

2. 方案决策的依据

看方案的优劣，是否可取，不以个人的好恶，而要有一定的标准。这些标准主要是：

目标标准。就是选择方案首先从实现目标出发。越是接近实现目标的方案越是可行的。目标是多层次的，不能只看方案对某一层次目标或单一目标的实施程度，而要看对总体目标和各层次目标的实施程度，全面地衡量、比较各个方案对实现目标的情况，从而决定取舍。

优化标准。就是在现有条件下，选择最好的方案。选择方案就是选优。但优化不一定是收益值最大。在既定条件下能取得理想结果的方案就是优化方案。有时由于主客观条件的限制，取得中等甚至小的收益已经是很了不起了，那么，这个方案也是优化方案。优与劣、好与坏都是相对的。

利益标准。就是考虑利害得失，以利大、害小为标准，取小害以图大利，即按利益和危害的大小、风险程度的高低进行选择。代价少、效益高、危害小、时间短的方案为可行的。

形象标准。就是看方案是否有利于建立本单位的良好声誉和形象，是否有利于公众的意愿和需求、维护他们的利益，建立良好的人际关系。不能"一切向钱看"，唯一目标就是追求利润。企业的宗旨有三方面：获取利润，为社会创造财富，促进社会进步与发展；为公众服务，满足人们生活需要；造就"四有"员工，提高人的素质。因此，选择方案时这些方面都应作为重要标准。

灵活性标准。就是看方案的适应性强不强，有没有一定的弹性，受到环境的变化和意外情况的干扰，是否承受得了，经受得住，是一触即溃，还是坚韧不拔。这一点很重要。方案分析的再透彻，方案选择的再合理，在实施过程中也会遇到不测风云。没有一定适应性、弹性、韧性的方案是注定要失败的。

（四）公关决策回归

决策回归是指在决策方案实施执行过程中，把遇到的新问题、出现的新情况及时回送到决策系统，以便进一步调整决策、完善决策、重新修改决策。决策中的主客观情况也是在不断变化的，因此，决策的正确，方案的优化，都是相对的。在方案实施过程中，必然会出现新情况、新问题、新矛盾。没有这些问题和情况的回归，出现的变化常常危及决策目标的实现，盲目继续实施，就要失败。在决策的全过程中，不但通过实施执行方案得到情况回归，从而形成一个大的回归环，把原决策和执行中的矛盾信息输送给决策人，而且在几个阶段和步骤之间，也形成小回归环，逐一回归。比如，方案的执行回归到方案的选择，方案的选择回归到方案的拟订，方案的拟订回归到目标的确定，以及各阶段前后的步骤之间都有回归。这样，情况的回归迅速、全面、直接，就可以把问题解决于萌芽状态之中或开始阶段，减少更大的偏差。

决策执行情况的回归，一靠健全的制度，二靠完善的信息反馈系统，三靠及时的回归情况总结。

决策过程中的每一阶段，实施中的每一步骤，都会有情况回归。回归的内容不一定都是矛盾和问题，正常情况的回归有利于从正面总结经验，增强对执行方案的决心和信心。但职业经理常常最关注的是回归的问题方面，以便及时纠正失误和偏差，这些问题有多种回归途径。

1. 决策前提的回归

决策都是针对解决一定的问题而制定的。首先看一下问题是否找的准，对有关问题的信息资料是否充分，对问题的性质、范围、原因等判断是否正确。如果找错了方向，找错了问题，那就要重新确定决策的前提。

2. 目标的回归

通过决策执行情况看总体目标和各分目标定的是高是低，还是正好。只要目标方向对头就好办，如果目标的方向发生了错误，那就不是调整完善目标的问题，而要放弃原有目标，重新确立新的目标。

3. 方案的回归

根据执行方案的情况，做出是否合理可行的分析。如果发现原有方案完全不能实现目标的要求，或者没有实行条件，就应重新拟订新方案，更换原有方案。如果原有方案整体可行，只是有些不足之处，那就做出相应的调整，适当地修正方案，使它更加完善就可以了。

4. 实施的回归

对决策实施本身也要进行情况反馈，看实施计划是否周全，舆论宣传是否有利，公众发动是否充分，物力财力技术等力量投放是否充足，对实施的监督控制是否健全等。常常是目标准确，方案可行，条件具备，而组织实施的不好，结果条件不能充分运用，方案被扭曲，目标不能实现。

5. 公关的回归

根据方案的实施执行情况，分析是否提高了组织机构的知名度和美誉度，是否体现了优质服务，维护了公众的利益。如果没有实现良好形象的建立和信誉的提高，没有更好地处理好人际关系，那么要从决策方案或决策目标上寻找问题，并加以改善。如果是执行中的问题，也必须改变。没有这些情况的回归，那只是一般决策的反馈。有了依靠信息回归而进行的追踪决策，整个决策过程才算真正结束。

四、旅游公共关系促销活动的实施

旅游公共关系促销活动的实施大体经过以下几个步骤：

（一）调研

公司在制定公关方案之前，必须理解本公司的使命、目标、战略和文化。它还应当了解哪些工具能有效地把信息传递给目标受众。公关经理最好是能够参与营销计划的制订过程，他需要的许多信息都必须包括在一份制定得很完善的营销计划书中。公司的环境分析系统是公关经理的另一个重要信息来源，对这些信息进行分析后应能看出发展趋势，并使公司理解如何对这一发展趋势做出反应。例如，现在许多饭店和餐馆都在展示他们拯救和保护自然环境的工作。

（二）建立沟通目标

营销性公关活动可以促成以下目标：

1. 培育知晓度。公关活动可以通过媒体的新闻报道引起人们对产品、服务、个人、组织或创意的关注。

2. 建立信誉。通过媒体报道来传播信息，公关活动可以增进企业信誉。

3. 激励推销队伍和渠道中间商。公关活动能有助于提高推销队伍、特许经营者的热情。对新产品、服务的积极的新闻报道会给顾客、雇员、餐馆连锁店特许经营商等留下深刻的印象。

4. 降低促销成本。公关活动比直接邮递和媒体广告花费更少。

2007年末，肯尼亚国内因总统大选引发两党之争，国内发生骚乱，使其支柱产业旅游业严重受损，这样的打击对于肯尼亚来说是非常致命的。次年，为了挽救肯尼亚的旅游业，肯尼亚旅游局非常重视在中国市场的危机公关，特别委托了中国内地的专业的营销机构——迈思国际传播为其策划。因为他们相信这样的专业公关机构更加了解中国的市场，更懂得中国消费者的心理。在策划中，迈思国际传播融入了中国人非常强调的"和"理念，以消除人们因动乱产生的不安。

肯尼亚旅游局能够看到问题的所在，并能够选择合适的时候进行危机公关，采取有效的手段。在对中国消费市场不是很了解或者缺少途径的情况下，他花点小成本将此艰巨的任务交给了迈思国际传播，当地的专业营销机构。小成本，大回报。

（三）选定目标受众

利用合适的工具把相关信息传播给目标受众，这对于公共关系的成功非常关键。有效的公关活动者会非常仔细地识别他们希望影响到的群体，然后研究这一群体，并找到可以用来传播公关信息的媒体。他们找出该群体所关注的问题，形成相关的公关主题，并使得这一主题对于目标受众来说是自然的和符合逻辑的。

（四）选择公关信息和工具

如今，公关人员随时都准备着为产品或服务制造有趣的新闻报道。如果新闻性消息数量不足的话，公关人员就应提出一些公司能予以资助的有新闻价值的活动事项。公关人员此时所面临的挑战不是发现新闻而是制造新闻。公关创意包括主办重大学术会议、邀请知名演讲人士、组织新闻发布会等。每一项活动都会有大量的事情可以报道，它们分别受到不同群体的关注。

创造事件是为非盈利组织进行筹资宣传所应具备的特别重要的技能。

筹资者已经开发出大量常备的特别事件，例如：周年庆典，艺术展览，拍卖会，义演晚会，博彩游戏，图书销售，糕饼销售，竞赛，舞会，晚宴，商品交易会，时装表演，特别场合的社交集会，旧物义卖，参观旅游，电话募捐等。竞争对手刚刚想出新的花样，如读书募捐、骑自行车募捐和慢跑募捐，人们就制造出其他事件，如步行募捐。

（五）实施公共公关计划

宣传活动要求谨慎地进行。通过媒体传播信息，激动人心的消息很容易得到报道。公关人员的一个主要财富就是他们与媒体记者们的私人交情。从事公关活动的人常常都是一些刊物的外稿记者，他们认识许多媒体的编辑并了解其需要。公关人员把媒体编辑们看作一个必须满足需要的市场，以便于他们不断地采用公司发布的新闻。

当涉及举办特别的活动时，如纪念性晚宴、记者招待会和全国性比赛等，公关人员更需要格外注意。公关人员需要善于捕捉细节问题并在出错时迅速找到解决办法。大多数饭店公司在他们公关计划书中都包括有危机应对计划的内容。计划书里明确指出谁可以对媒体发言以及谁不能。这类计划通常规定普通职工不能回答媒体的提问，而应把问题交给公关活动主管。

（六）评价公关效果

评价公关效果有以下几种常用方法：

1. 曝光率

最容易衡量公关活动效果的方法是在媒体上的曝光率，即：曝光次数。曝光次数越多，看过、听过并且记住公关信息的目标群体也就越多。宣传要覆盖到目标受众，这是很重要的。宣传的一个通病是其所覆盖的群体并非公司目标市场的组成部分。

2. 知晓度、理解度、态度的变化

一种更好的衡量方法是公关活动所引起的产品知晓度、理解度和态度的变化。比如，有多少人记得新闻内容？有多少人把它告知别人？有多少人在听说这一消息后改变想法？

3. 销售——利润贡献

如果能衡量公关活动对销售和利润的影响程度的话，这将是最理想的评价方法。由于一次计划周全的公关活动常常构成综合的促销活动的一部分，因此就很难评估公关活动的单独影响力。

相关链接

"先搞清这些问题"

有一家宾馆新设了一个公共关系部，开办伊始，该部就配备了豪华的办公室，漂亮迷人的公关小姐，现代化的通讯设备……但该部部长却发现无事可做。后来，这个部长请来了一位公共关系顾问，向他请教"怎么办"，于是这位顾问一连问了以下几个问题：

"本地共有多少宾馆？总铺位有多少？"

"旅游旺季时，本地的外国游客每月有多少，港澳游客有多少？国内的外地游客有多少？"

"贵宾馆的'知名度'如何？在过去三年中，花在宣传上的经费共多少？"

"贵宾馆最大的竞争对手是谁？贵宾馆潜在的竞争对手将是谁？"

"去年一年中因服务不周引起房客不满的事件有多少起，服务不周的症结何在？"

对这样一些极其普通而又极为重要的问题，这位公共关系部部长竟张口结舌，无以对答。于是，那位被请来的公共关系顾问这样说道："先搞清这些问题，然后开始你们的公共关系工作。"

分析：

公共关系不是一种盲目的、随意性的活动，而是有意识、有计划的行为，公关部的设置是搞好公关工作的组织保证。

公共关系工作不仅具有较高的艺术性，而且还有较强的科学性。俗话说，"无规矩不成方圆"，按照公共关系原理，公共关系工作程序分为四个步骤，即调查、策划、实施、评估，亦称"四步工作法"。调查研究是公共关系工作的第一步，是做好公共关系工作的基础和前提。公关部的经常性任务就是利用自身与各类社会公众之间的广泛联系，开展调查，获取信息，为组织的最高决策层提供信息保障。显然，本案例中的该宾馆公关人员对公共关系的内涵缺乏了解，甚至存在误区。公关部长被公关顾问的一系列问题问得张口结舌，自然在所难免。

（资料来源：张岩松，王艳洁，郭兆平．公共关系案例精选精析．北京：经济管理出版社，2001．）

本 章 小 结

旅游促销，实质上是实现旅游营销者与潜在购买者之间的信息沟通，促销过程就是信息沟通过程。旅游促销策略与信息沟通包括广告、营业推广、人员推销、公共关系等具体策略，根据这些策略的具体指向，又可以分为推拉式策略，大部分企业在旅游市场营销实践中，都会把两种策略结合运用，即在吸引潜在的旅游购买的同时又努力调动旅游中间商经销或代理的积极性，通过双管齐下，进而打开旅游产品市场。各种方法有其特点，对不同的旅游产品和处于不同生命周期阶段的旅游产品要采用不同的促销组合。

【思考题】

1. 有人说"促销其实就是做广告"，你同意这种观点吗？为什么？

2. 比较几种常用旅游广告媒体的优缺点，并结合某一具体的旅游产品，分析和选择广告媒体。

3. 旅游营业推广具有哪些特征和作用？

4. 你认为旅游推销人员应该具备哪些素质？

5. 假设一家饭店突发意外不利事件，饭店应如何减少不利影响，维护自身的形象？

【单选题】

1. 下列哪些不是促销组合的内容(　　　)。

　　A．人员促销　　　　　　　　　B．产品服务

　　C．营业推广　　　　　　　　　D．公共关系

2. 在特定的时间、空间范围内，促销策略往往更多地选择使用(　　　)。

　　A．广告　　　　　　　　　　　B．营业推广

　　C．公共关系　　　　　　　　　D．人员推销

3. 通过人与人之间的直接交往接触，进行联络感情，协调关系和化解矛盾的活动，以达到为本组织建立良好人际关系的目的，这种公共关系的类型是(　　)。

    A. 宣传型公共关系　　　　　　　B. 社会型公共关系

    C. 服务型公共关系　　　　　　　D. 交际型公共关系

4. 某旅行社为消除游客对购物"宰客"的疑虑，推出"纯旅游（即没有安排购物）"旅游线路，并把这一信息向旅游市场进行传播。这是旅游企业作为旅游信息发布者应该对目标受众表达哪种旅游信息(　　)？

    A. 理性诉求　　　　　　　　　　B. 情感诉求

    C. 道义诉求　　　　　　　　　　D. 感性诉求

5. 下面哪一种是与顾客面对面促销的方式(　　)。

    A. 广告　　　　　　　　　　　　B. 营业推广

    C. 公共关系　　　　　　　　　　D. 人员推销

答案：1. B　2. B　3. D　4. A　5. D

【多选题】

1. 旅游企业在确定促销组合时要考虑的因素有(　　)。

    A. 产品类型　　　　　　　　　　B. 领导因素

    C. 市场类型　　　　　　　　　　D. 消费者准备情况

    E. 产品生命周期的阶段

2. 与广告相比，人员推销的特点是(　　)。

    A. 单向传递信息　　　　　　　　B. 双向沟通信息

    C. 兼做部分市场调研工作　　　　D. 具有公共关系的性质

    E. 不具有公共关系的性质

3. 以下哪些属于营业推广的工具？(　　)

    A. 赠券　　　　　　　　　　　　B. 赠品

    C. 顾客酬谢　　　　　　　　　　D. 红利

    E. 竞赛、抽奖和游戏

4. 广告策划者在选择媒介类型时要考虑的因素有哪些？(　　)

    A. 产品特点　　　　　　　　　　B. 费用高低

    C. 干扰　　　　　　　　　　　　D. 目标视听群众的媒介习惯

    E. 广告信息的特点

5. 确定公共关系方案决策时要依据下列哪些标准？(　　)

    A. 目标标准　　　　　　　　　　B. 优化标准

    C. 利益标准　　　　　　　　　　D. 形象标准

    E. 灵活性标准

答案：1. ACDE　2. BCD　3. ABCDE　4. ABCD　5. ABCDE

第十一章 旅游服务市场营销

【学习目标】

通过本章的学习，了解旅游服务市场的概念、特征和营销组合；掌握旅游市场营销组合的概念、构成；掌握旅游服务质量的概念、构成、形成过程、旅游服务质量的概念；认识旅游服务质量对旅游营销的意义、旅游服务质量的内容；了解旅游服务质量的评估的方法，熟练运用于提高旅游企业服务质量；熟练运用旅游服务质量营销技术、了解管理顾客期望、服务承诺、服务补救的内容。

案例导引

香格里拉饭店个性化服务

香格里拉饭店以其标准化的管理及个性化的服务赢得国际社会的认同，在亚洲的主要城市得以迅速发展。香格里拉饭店始终如一地把游客满意当成旅游企业经营思想的核心，并围绕它把其经营哲学浓缩成一句话："由体贴入微的员工提供的亚洲式接待"。香格里拉饭店在游客服务与住房承诺方面，则体现了旅游企业在承诺、信任原则上的坚持。饭店鼓励员工同客人交朋友，员工可自由地同客人进行私人的交流。饭店为客人设立个人档案，长期保存，作为为客人提供个性化服务的依据。客人只需打一个电话到游客服务中心，一切问题均可解决，饭店因此也可更好地掌握游客信息，协调部门工作，及时满足游客。在对待客人投诉时，绝不说"不"，全体员工达成共识，即"我们不必分清谁对谁错，只需分清什么是对，什么是错。"让客人在心理上感觉他"赢"了，而"我们"在事实上作对了，这是最圆满的结局。每个员工时刻提醒自己多为客人着想，不仅在服务的具体功能上，而且在服务的心理效果上满足游客。因此，香格里拉饭店回头客非常多。世界经济正在发生着深刻的结构性变化，服务在经济生活中的重要作用日益凸现。

简要案例评述：旅游业作为服务业中的一个传统而又富有活力的产业，近十几年来取得了突飞猛进的发展。随着人们生活水平的不断提高，消费需求层次越来越高，日益多样化、个性化，传统的服务质量管理与过程控制已不能全面适应宾客愈来愈复杂的新需求，服务营销在旅游业中的重要性越来越强。

（资料来源：http://jpkc.gdut.edu.cn/08xjsb/scyx/CONTENT/resourcesfile/Case/2.html）

服务是一种复杂的现象，它不同于一般的物质产品。服务产品的特性决定了服务营销具有与传统的市场营销不同的特点。服务营销以服务作为主要竞争杠杆，以服务作为维系

顾客关系的重要手段。因此，如何在传统服务内涵的基础上，正确创新理解"服务"及"服务质量"成为企业实践服务营销的关键。

第一节　旅游服务市场营销概述

一、旅游服务市场营销的概念

（一）旅游服务市场营销的含义

旅游服务市场营销，是指旅游企业在充分认识旅游消费者的旅游消费需求的前提下，为充分满足旅游者的消费需求在旅游市场营销过程中所采取的一系列活动。

服务作为一种营销组合要素，真正引起人们重视的是在本世纪80年代后期，这时期，由于科学技术的进步和社会生产力的显著提高，产业升级和生产的专业化发展日益加速，一方面使产品的服务含量，即产品的服务密集度日益增大；另一方面，随着劳动生产率的提高，市场转向买方市场，消费者随着收入水平提高，他们的消费需求也逐渐发生变化，需求层次也相应提高，并向多样化方向拓展。

随着服务经济的兴起、市场环境的剧变、营销理论的发展，服务的内涵和外延也在不断变化，服务营销成为学界和业界关注的焦点。服务营销以"研究如何利用服务这一工具促进企业产品和服务的销售并建立顾客忠诚"为己任，其核心理念是顾客满意和忠诚，通过取得顾客的满意和忠诚来促进企业和顾客之间的交换，最终获取适当的利润和企业的长远发展。尤其是在产品日趋同质化，竞争日趋尖锐化的现代旅游市场中，服务营销更是凸显竞争优势。

（二）旅游服务营销体系的构成

1. 销售代表

销售代表是最重要的构成部分之一，其任务是"引进顾客"。因此，一方面销售代表应受过市场营销、产品知识等方面的培训、熟悉市场营销工作、有地区销售网络和销售关系；通晓各种推销技巧，包括寻找顾客技巧、接待顾客技巧、处理疑义技巧、灵活报价技巧、讨价还价技巧等。另一方面，销售代表要坦诚自信，乐观进取，有高度的工作热情；有良好的团队合作精神，有敬业精神；具有独立的分析和解决问题的能力；良好的沟通技巧和说服能力，能承受较大的工作压力。在市场竞争激烈的情况下，销售代表的工作可谓不轻。

因此，旅游企业对那些做出显著成绩的销售代表要加大奖励、激励制度，提高他们的积极性和荣誉感，使销售工作成为最羡慕的工作之一。实践证明最优秀的销售代表是那些态度最好、产品知识最丰富、服务最周到的销售代表。

2. 内部服务人员

旅游企业服务人员在旅游企业中的角色是多样化的，他们既是旅游信息的传播者、旅游服务产品的生产者和传递者，又是旅游企业形象的代表者、旅游营销活动的推广者。基于他们在旅游企业生产、营销中的地位，如何对服务人员进行有效管理成为旅游企业的重要任务之一。内部服务人员的主要任务是接过营销人员的"接力棒""留住顾客"。因此，对服务人员而言，最关键的是树立服务营销意识，有效提升服务工作质量，在此前提下，适度进行岗位推销。

3. 服务设施和设备

包括顾客看到、摸到、体验到的硬件设施，比如旅游景区或酒店的建筑物外观、停车场、内部装饰和陈设、设施等。服务设施是服务的基础，也是服务质量的最基本的外显构成部分，它们直接作用于顾客的感觉器官，决定顾客的满意程度。在经营过程中重点考核设施、设备的舒适程度、完好程度、损坏程度等。

4. 非人员沟通

非人员沟通渠道也称大众媒体沟通，是指不经人员接触和交流而进行的一种信息沟通方式，是一种单向沟通方式。非人员沟通可以直接影响购买者。此外，采用大众传播媒体还可以激发人员沟通而非直接地影响购买者。主要包括：媒体，包括印刷媒体、电子媒体以及陈列媒体；气氛，指特意制造的一种环境，以刺激和强化购买者购买产品的倾向；特殊活动，即对目标受众传递特定信息的活动，公共关系部门常以召开记者招待会、公开展示或隆重开张等方式，来达到特定的沟通效果。其效用是传递相关旅游企业信息，提醒顾客注意，刺激购买行为。非人员沟通所传递的信息对建立顾客期望起到十分重要的作用。

二、旅游服务的特征

（一）旅游服务产品的特征

旅游服务属于典型的服务产品范畴，综合现有的研究，一般认为旅游服务产品具有五大典型特征：

1. 不可感知性

这是旅游服务最为显著的一个特征，它可以从三个不同的层次来理解。

首先，旅游服务的很多元素看不见，摸不着，无形无质。例如：导游对顾客的关心和照顾，导游给顾客带来的欢乐等。

其次，顾客在购买服务之前，往往不能肯定他能得到什么样的服务。因为大多数服务都非常抽象，很难描述。

第三，顾客在接受服务后，通常很难察觉或立即感受到服务的利益，也难以对服务的质量做出客观的评价。

当然，旅游服务的不可感知性也不是绝对的。它也有某种有形的特点。随着旅游业服务水平的日益提高，旅行社为顾客提供的交通工具、食物等是与附加的顾客服务一块出售的。而且在大多数情况下，顾客之所以选择某个旅行社，是因为他所承载的服务。此外，"不可感知性"亦非所有的旅游服务产品都完完全全是不可感知的，它的意义在于提供了一个视角将旅游服务产品同有形的消费品或工业品区分开来。萧斯塔克曾提出"可感知性与不可感知性差异序列图"，举例说明有形产品同无形产品的区别，并强调服务产品越是接近"不可感知性"的一极，越需要营销人员运用"4p"之外的技巧，才能有效地在市场竞争中确保顾客获得最大的满足感。

2. 不可分离性

旅游服务与工业产品或有形产品的不同，在于它具有不可分离性的特点。旅游服务不可分离性，是指旅游服务的生产过程与消费过程是同时进行的，也就是说服务人员向顾客提供服务时，也正是顾客享受消费服务的时刻，二者在时间上不可分离。服务的这一特性表明，顾客只有而且必须加入到服务的生产过程才能最终享受到服务。

顾客对生产过程的直接参与及其在这一过程同服务人员的沟通和互动行为无疑为传统的产品质量管理及营销理论提出了挑战。

首先，传统的产品生产管理完全排除了顾客在生产过程中的角色，管理的对象是企业的员工而非顾客。而在服务行业内，顾客参与生产过程的事实则迫使服务企业的管理人员正视如何有效地引导顾客正确扮演他们的角色，如何鼓励和支持他们参与生产过程，如何确保他们获得足够的服务知识达成生产和消费过程的和谐进行。如若企业管理人员忽略这些问题，则可能导致因顾客不懂其自身的职责而使服务产品的质量无法达到他们的要求。而在这种情况下，顾客通常并不会责怪自己的失误，反而将之归咎于企业，认为该企业的服务水平低下，进而丧失日后与之打交道的兴趣和信心。

其次，服务员工与顾客的互动行为也严重影响着服务的质量及企业和顾客的关系。由于服务产品要按顾客要求即时生产出来，这就使过去在生产车间进行质量管理的方法变得过时。既然不同顾客的要求存在很大的差异性，负责提供服务的第一线员工是否具有足够的应变能力以确保服务能达到每一个顾客所期望的质量水平就颇成疑问！何况，顾客与服务员工在沟通中的任何误会，都可能直接使顾客感到整个企业的服务水平不佳，甚至拂袖而去，服务过程中断，企业也就失去了顾客。所以，服务产品的质量管理应当扩展至包含在服务过程中对顾客行为的管理。

3. 差异性

差异性，是指旅游服务无法像有形产品那样实现标准化，每次服务带给顾客的效用、顾客感知的服务质量都可能存在差异。这主要体现在三个方面：

首先，由于服务人员的原因，如心理状态、服务技能、努力程度等，即使同一服务人员提供的服务在质量上也可能会有差异。

其次，由于顾客的原因，如知识水平、爱好等，也直接影响服务的质量和效果。同是去旅游，有人乐而忘返，有人败兴而归；这正如福克斯所言："消费者的知识、经验、诚实和动机，影响着服务业的生产力"。

第三，由于服务人员与顾客间相互作用的原因，在服务的不同次数的购买和消费过程中，即使是同一服务人员向同一顾客提供的服务也可能会存在差异。

4. 不可贮存性

旅游服务产品的第四个重要特征是不可贮存性。基于服务产品的不可感知形态以及服务的生产与消费同时进行，使得服务产品不可能像有形的消费品和工业品一样被贮存起来，以备未来出售；而且消费者在大多数情况下，亦不能将服务携带回家安放。当然，提供服务的各种设备可能会提前准备好，但生产出来的服务，如果当时不消费掉，就会造成损失（如车船的空位等），不过，这种损失不像有形产品损失那样明显，它仅表现为机会的丧失和折旧的发生。

因此，不可贮存性的特征，要求服务企业必须解决由缺乏库存所引致的产品供求不平衡问题、如何制定分销策略来选择分销渠道和分销商以及如何设计生产过程和有效地弹性处理被动的服务需求等。旅游服务的生产过程和消费过程是同时产生的。顾客消费停止时，便是旅游服务结束时。

5. 缺乏所有权

缺乏所有权，是指在旅游服务的生产和消费过程中不涉及任何东西的所有权转移。既然旅游服务是无形的又不可贮存，那么，旅游服务产品在交易完成后便消失了，消费者并没有实质性地拥有服务产品。例如：乘坐飞机之后旅客从一个地方被运送到另一个地方，而此时旅客手里除了握着机票和登机牌（而这些物品，是顾客登机前就买到的）之外，他们没再拥有任何东西，同时航空公司也没有把任何东西的所有权转让给旅客。旅客入住酒店也只是暂时拥有房间的使用权，而没有所有权。缺乏所有权会使消费者在购买服务时感受到较大的风险，如何克服此种消费心理，促进服务销售，是营销管理人员所要面对的问题。目前，服务产业发达的国家，很多服务企业逐渐采用"会员制度"的方法维持企业与顾客的关系。当顾客成为企业的会员后，他们可享受某些特殊优惠，让他们从心理上感觉到就某种意义而言他们确实拥有企业提供的服务。

综上所述，"不可感知性"大体上可被认为是旅游服务产品的最基本特征，其他特征都是从这一特征派生出来的。事实上，正是因为旅游服务的不可感知性，它才不可分离。而"差异性"、"不可贮存性"、"缺乏所有权"在很大程度上是受"不可感知性"和"不可分离性"两大特征所决定的；同时，就对旅游服务市场的营销行为及顾客行为的影响而言，前两种也不如后两种特征那么深远。

（二）旅游服务营销的特征

围绕服务产品而展开的服务营销则相应的具有明显区别于有形产品营销的以下特征：

1. 产品外延的扩充同有形产品相比，服务产品更多表现为努力、行为和绩效等内涵，因此顾客对服务产品的感知和效果判断需广泛地依赖于服务的项目设计、人员态度、设施及环境等相关因素。

2. 以人为核心。服务过程即顾客同服务者接触的互动过程，顾客对服务过程的参与，使得服务的效果不仅取决于服务者素质，还与顾客个人行为密切相关，所以人成为服务产品的核心。服务营销由此附上了强烈的人性化色彩，服务者和顾客群体便成为旅游服务营销的两个主要的管理目标。

3. 服务产品质量的整体控制。服务产品的人性化色彩所带来的个人主观性，使得服务产品质量难以用类似于有形产品的统一客观标准来衡量，因此全面意义上的服务产品质量需从两方面来描述：

（1）技术质量，以服务操作规程来描述和控制。

（2）功能质量，以顾客感受和获得的满意度来描述。由于服务过程中，顾客与服务者之间广泛接触和互动影响，现代旅游服务营销的管理由此扩展到内部营销、外部营销以及顾客管理的整体控制。

4. 时间的附加价值，服务产品不可储存。服务设备、劳动力虽能以实体形态存在，但只能代表服务供应能力而非服务产品本身。服务的供过于求造成服务供应力的浪费，供不应求则又使顾客失望，因此，使波动的市场需求与旅游服务供应能力相匹配，并在时间上一致，便成为旅游服务营销管理的一项课题。另外，在面对顾客服务的过程中，服务产品的推广必须及时、快速，在这里时间因素对提高服务效率、提高顾客对服务的评价起着重要的杠杆作用。

5. 分销渠道的特定化。服务产品的不可分离特性，使得旅游企业不可能像有形产品的生产企业那样通过批发、零售等物流渠道，把产品从生产地送到顾客手中，而只能借助特定的分销渠道推广服务产品。

（1）服务生产与消费地点结合在一起的形式：如餐厅、旅游交通、旅游景点等。

（2）服务人员外卖展示的形式：只适宜于小批量的服务，主要起有形展示形象促销的作用。

（3）电子传媒渠道：如国际旅馆联号的遍布全球的中央预订系统，实现了顾客与酒店客房服务的初级接触。

三、旅游服务市场营销组合

（一）营销组合的含义

营销组合是企业市场营销战略的重要组成部分。当企业选择好目标市场并准备为之服务时，下一个工作就是设计营销组合。所谓市场营销组合就是企业为了赢得目标市场，满足顾客需求，加以整合、协调使用的可控营销变量的组合搭配，具有营销工具的性质。营销策略的基础是营销组合，营销组合框架的构建便利了营销管理者控制变数条件并使之系统化。

（二）旅游服务营销组合（7PS）

传统营销理论的核心就是 4Ps 组合，即（product，price，place. promotion）。4Ps 组合理论对企业界产生了巨大的影响，全世界将营销努力放在 4Ps 组合上，并以提高市场占有率为其最大目标，在过去的几十年的市场环境下，为公司赚取了巨大的利润。北欧的营销学家布姆斯和彼特纳对服务营销组合提出了修正和补充，在 4Ps 的基础上加入针对服务产品特征的另外三个要素：人员要素（People）、有形展示要素（Physaical Evidence）、过程要素（Process），从而构成了以 4Ps 为核心的新型服务营销组合体系，即 7PS。旅游企业提供给旅游消费者的产品，本质上是一种服务，旅游服务营销组合是 7PS 组合，即同样包括产品、价格、分销渠道、促销、人员、有形展示以及过程 7 要素。

1. 产品（product）

产品的开发要注意拓展产品的广度和深度、注意产品的改良和树立品牌。产品的定价要既可以让顾客承受，又要为公司盈利。

尽管有不少人为标准化的服务产品策略进行辩护，但到目前为止，最成功的仍然是那些根据其目标市场的需求调整其供给品的服务企业。如旅游服务业就通常需要实行差异化策略。随着日本人出国旅游人数的增多，且旅游支出的增大，不少国家的旅游业针对日本旅游者的偏好做出了积极的反应。例如，日本人习惯于 7 到 10 天的短假，而且一般不在假期安排很多活动。日内瓦、罗马、巴黎和伦敦成了理想的度假之地。"四季旅馆"为了吸引日本游客而专门提供日本人所习惯的枕头、拖鞋和茶水等。

目前，我国旅行社销售的旅游产品品种数量少，单一性明显，不仅不能满足旅游者多样化的需求，而且也会加剧彼此间的竞争。因此，各旅行社企业应认真研究市场需求，做好市场调研，根据旅游者消费行为的变化趋势设计新的主题线路。但丰富旅游产品的品种并不意味着任何旅行社，不管规模大小都经营所有的旅游产品，搞大而全、小而全，而是指应做好市场细分和产品定位，最后形成差别化，搞特色营销，即旅行社应研发出一种特色，利用这种特色与竞争者区别开来，进而吸引和锁定顾客的一种非价格竞争策略，包括质量、品牌和售后服务等。市场中的产品就是从差别化被模仿到同质化，由同质化引起价格战等恶性竞争，少数企业不堪忍受而进行产品创新或定点超越（即基准营销，既不是全新的创造，也不是不创造，而是比、学、赶、超），于是又形成差别化，给市场带来生机，如此往复循环。

2. 分销与促销策略（place. Promotion）

随着旅游业的发展，旅游服务分销与前几年相比有了很大的不同，在 20 世纪 90 年代，internet 就已经作为一种分销渠道伴随着复杂的网上数据操作系统出现，旅游电子商务、在线旅行社（为只通过 internet 购物的顾客进行服务的旅行社）是当今旅游行业的最新趋势，全球分销系统（GDS）对旅游业产生了相当大的影响。促销就是通过广告、人员推销、促销、材料促销、公共关系和宣传等方法说服顾客所发生的钱物互换交易。针对目标市场对服务的特殊需求和偏好，服务企业往往需要采用不同的分销与促销策略。据研究，德国人与日本人在对航空公司服务的评价上存在很大的差异。德国乘客对飞机能否准时到达预定地点最感兴趣；而日本乘客认为飞行中的舒适与否最重要。因此，航空公司的服务和广告需要反映这种差异。

旅行社的销售渠道包括自设直销点、通过其他旅行零售代理商和通过网络进行旅游电子商务活动。我国旅行社大部分采取直销方式，少数建立了旅游电子商务网站（如青旅在线），而在欧美被广泛采用的批发零售代理机制在我国却极少出现。这种垂直分工体系由于能在一定程度上避免激烈竞争而显得更加合理。中国旅行社业要形成这种行业分类制度，除了要在产业政策上降低旅行代理商的进入门槛外，还要进行旅行社内部的产权改革，加快旅行社行业的市场化进程。网络的优势在于其触角可以延伸到世界的每一个角落，能以更低的营业成本带来更多的利润。旅游业与信息技术的结合，将能更好地适应人们个性化的旅游需要。据笔者估计未来中国旅行社行业中三种销售渠道将共同存在，互为补充。需要强调的是，三种销售渠道的成本明显有区别，这可能是旅行社企业在选择过程中考虑的主要因素。

3. 价格策略（price）

与有形产品相比，服务特征对于服务定价可能具有更重要的影响。例如，由于服务的不可贮存性，对于其服务产品的需求波动较大的企业来说，当需求处于低谷时，服务企业往往需要通过使用优惠价或降价的方式，以充分利用剩余的生产能力，因而边际定价策略在服务企业中得到了普遍的应用。例如，航空公司就经常采用这种定价策略。就基本的定价策略而言，服务产品的定价也可以采用需求导向定价、竞争导向定价和成本导向定价。

服务企业除了可能需要考虑在需求波动的不同时期采用不同的价格外，可能还需要考虑是否应该在不同的地理细分市场采用不同的价格策略。一般来说，在全球市场中执行统一的服务价格策略是不现实的。

在定价方法上，我国旅行社普遍采用成本加成法和竞争导向法。但正如前面所说，由于旅游产品同质化，降价成为竞争的唯一手段，从而导致竞争表层化，竞争空间狭小。事实上，虽然价格对旅游产品的销售非常重要，但由于大家普遍采用成本加成法和竞争导向法，价格也趋于雷同，甚至都降无可降。其实，定价除了可以采用数量折扣、季节折扣、地区折扣和现金折扣外，还可与促销方式相结合，采用积分卡和贵宾卡的形式，变相折扣，既可以争取潜在顾客，又有助于留住老顾客，培养顾客忠诚。这样的促销活动比单纯的降价竞争更能吸引消费者。

4. 人员要素（prople）

所谓人员要素，包括参与服务工作的服务人员与顾客。服务人员是否经过良好的培训，其言行举止、工作态度和效率将直接影响服务营销的效果，而服务企业加强对顾客的引导。使顾客在接受服务过程中能够与服务人员配合默契，则无疑会提高顾客的满意度。顾客满意和顾客忠诚取决于服务企业为顾客创造的价值，而服务企业为顾客创造的价值能否让顾客满意，又取决于员工的满意与忠诚。只有满意和忠诚的员工才可能提高他（或她）的服务效率和服务质量。

旅游服务人员主要分为：

（1）接触者。即一线的服务生产和销售人员，他们直接参与营销活动的程度和接触顾客的程度都比较高。因此，接触者需要很好的领会企业对外营销战略并承担日常的服务职责。同时，服务企业应根据他们适应游客需要的能力对他们进行招聘、考核和奖励。

（2）改善者，即一线的辅助服务人员，如接待或登记人员、信贷人员、电话总机话务员等。他们直接参与营销活动的程度比较低，但直接接触游客的程度比较高。

（3）影响者，即一线的营销策划人员，如服务产品开发、市场研究人员等。他们直接参与营销活动的程度比较高，但直接接触游客的程度比较低。旅游服务企业应安排给他们更多的机会接触游客，在对他们招聘、考核和奖励时，应考虑到他们对游客导向的业绩以及他们对游客需要的反映能力。

（4）隔离者，即二线的非营销策划人员，如采购部门、人事部门和数据处理部门等的人员。作为隔离者的服务人员直接参与营销活动的程度和接触游客的程度都比较低，他们主要是对一线服务人员起到协助作用，也就是服务于"内部顾客"。他们对"内部顾客"的服务质量、对企业的业绩影响较大。

拥有良好的人力资源、政策和实践操作的公司往往能够成功或者幸存。从事旅游服务的员工（尤其是与顾客接触的一线员工）要有较好的人际交往能力和服务水平。服务营销是对人的营销。服务营销要获得成功必须为顾客提供量身订制的服务。虽然旅游服务业所提供的产品大多涉及设施及装备，但成功的关键还是在于其提供的服务质量，也就是营销组合中以人为本的因素。

新加坡航空公司、里兹-卡顿酒店（The Ritz-Carlton Hotel Company, L. L. C.）以及四季酒店都是因良好的人力资源、政策和实践操作而作为成功营销的例子。里兹-卡顿酒店公司采用许多全面质量管理（TQM-Total Quality Management）的原则（如酒店章程里规定的微笑服务、发现和记住顾客偏好，每个雇员被授权花费低于2 000美元的金额使不满意的顾客变得满意等），并与1992年、1999年两次获得马尔科姆·博德里奇国家优质奖。通常情况下，服务质量是影响顾客购买决策的决定性因素。

5. 旅游有形展示（physical evidence）

所谓有形展示，是指旅游企业为了使旅游消费者更容易把握和感知服务产品而将服务的物质或实体要素中一切可传达服务特色的有形部分向顾客进行展示。对于有形产品来说，由于产品本身就是实物，所以产品本身就起到展示作用，其"有形展示策略"就是"产品策略"。有形化、实物化的信息包括旅游消费者在了解、购买、消费和反馈中所能接触到的所有与旅游产品服务相关的有形物品，它可以来自服务场所、服务员、服务方式，如企业名称、店堂的陈设、员工的制服、员工的态度、服务硬件设施等；也可以来自旅游目的地，如目的地宣传片、目的地图片、纪念品等；还可以是与企业承诺相关的有形信息，如服务流程图、服务承诺书、合同书等。而服务产品的无形性使消费者无法把握服务的质量，只能通过有形展示来了解服务的特色，因此良好的有形展示将提升服务营销的效果。但是，通常情况下，旅游消费者会把实物信息作为一个有形线索与无形产品联系起来，因此管理好这些有形线索，对于帮助旅游消费者了解服务产品，评估旅游服务质量，激发购买欲望，进而做出购买决策具有十分重要的作用。

旅游服务产品的无形性特征决定了有形展示策略在旅游服务营销中的重要地位。无论旅游服务企业产品设计得如何诱人，促销方式如何丰富，价格如何吸引人，但是，如果顾客不能确切地回答"我们买的是什么产品？""我们为什么买它？""它的质量怎样？"的问题时，旅游消费者是不会做出购买决策的。旅游消费者可以通过观察服务场所，感受服务设施等有形场景来把握服务产品的内容和质量，但是这需要旅游消费者身临其境。如何使旅游消费者在亲自前往之前就可以评价旅游服务的吸引力，涉及旅游企业对信息的有形化管理问题。

旅游有形展示的内容丰富、表现方式多种多样。旅游企业在进行有形展示管理时，首先，应该建立一套完整的管理制度，包括详细规定有形展示的主体、如何管理旅游消费者的第一印象等，而且，该制度还必须涉及对有形展示进行效果分析、内容更新、反馈调查的具体步骤。其次，对旅游有形展示的管理应当与其他营销组合策略结合。在进行服务场景设计时，不能单纯从美学、环境心理学的角度进行思考，还应该注意它与定价、人员等策略的配合和支持度。例如：不同星级酒店的大堂装修标准、装修风格各有不同，它是和酒店的档次、价格水平、服务人员标准等营销策略相匹配的。再次，无论是什么样的市场营销策略都是以发展和维护企业和消费者的关系为根本的，旅游有形展示策略也不例外。旅游服务过程中，旅游消费者与服务员工高度接触，作为企业的代言人，旅游企业员工的衣着打扮、言谈举止、专业表现成为旅游消费者评价企业的基本依据。因此，在对有形展示的管理过程中要特别注重对服务人员的指导和培训。旅游企业与旅游消费者的联系，主要是通过旅游消费者与企业中的某个服务员的联系来实现的。向旅游消费者或潜在旅游消费者发送旅游服务的服务资讯、赠送小礼品等，也是通过有形展示管理发展企业与旅游消费者的重要方式。

6. 旅游服务过程设计（Process）

旅游服务过程是直接与旅游消费者接触的一线服务作业过程，其与后台支持活动相结合成为一个整体。一般，所有的工作活动都是过程。过程包括一个产品或服务交付给旅游消费者的程序、任务、日程、结构、活动和日常工作。旅游服务过程展示了旅游企业中各部门采取何种合作方式，利用怎样的信息和技术手段，投入哪些必要的要素，按照怎样的程序、时间安排和方式将旅游服务产品交付给旅游消费者的服务生产过程。

旅游企业对服务过程进行设计，实际上是对业务流程、服务任务、服务标准、服务方式进行全面梳理，管理人员可以借此发现提高旅游消费者满意度的服务关键点以及服务盲点，为制定相应的管理制度提供依据。比如通过服务过程设计可以测算企业对旅游消费者需求的反应速度，还可以发现员工自发的服务行为等。可见，旅游服务过程设计可以防止和纠正服务失误的发生，有利于管理人员了解部门工作流程和制定管理制度。

旅游消费者与旅游企业发生接触，他们评价的不是某一个环节，而是他们与旅游企业接触的全过程。服务过程设计着眼于旅游消费者与企业的整个接触过程，是以旅游消费者满意为出发点的。旅游企业中，无论是前台服务人员、后台服务人员，还是支持部门的员工，所有人员的工作都应该以有效满足旅游消费者的需求为前提。

第二节　旅游服务质量管理

一、旅游服务质量的概念

（一）旅游服务质量的概念

旅游服务质量，是指服务给旅游消费者带来的效益及其对消费者需求的满足程度的综合表现。

（二）旅游服务质量的构成

旅游服务质量是旅游企业所提供服务的特性和特征的总和。旅游产品的过程性，决定了旅游服务质量是在旅游企业与旅游者之间的行为接触和情感交流中生成的。旅游服务质量包括结果质量和过程质量。

（1）结果质量

结果质量是旅游者在消费结束之后的"所得"，具体地说，是指旅游企业提供的服务项目、服务时间、设施设备、环境气氛等满足旅游者需求的程度。如：酒店顾客在规定的时间内得到一间客房和酒店设施设备的使用权；黄山三日游会给旅游者带来一种登山体验；旅行社的客车会把旅游者从一个地方运到另一个地方，所有这些都是旅游服务的结果，旅游者对服务结果的满意程度形成结果质量。结果质量与旅游企业的"硬件"有关，比如酒店客房的宽敞程度、旅游景点的设施特征、旅行车的豪华程度等都取决于旅游企业的技术能力，因此，结果质量又称为技术质量，旅游者对技术性质量的评价相对比较客观。

（2）过程质量

过程质量衡量旅游者对获得服务结果的满意程度。旅游服务的生产和消费具有同步性，服务的生产过程就是旅游者的消费过程，服务人员的行为举止必然影响到旅游者对服务质量的感知。过程质量不仅与服务人员的仪容仪表、服务态度、服务程序、服务方法以及工作效率等因素有关，还受到旅游者心理特征、知识水平、行为偏好的影响。如：正走出酒店大门的王先生，对门童的问候语"王先生，请慢走"感到惊喜；旅游者感觉在投诉处理过程中，服务态度恶劣、手续烦琐、费时费力；同一个旅游团中，旅游者对服务质量的评价会干扰其他旅游者对服务质量的感知，所有这些都和旅游者感知的过程质量有关，过程质量是旅游企业的"软件"，它说明旅游企业是如何提供服务的，因此旅游过程质量又称功能性质量。与技术质量不同，功能性质量一般不能用客观标准来衡量，旅游者通常会采取主观的方式来感知功能性服务质量。需要说明的是，旅游企业的形象也是旅游者评价服务质量所关注的因素。旅游企业的形象是信誉、质量的象征，是企业在长期的经营过程中积累起来的无形资产。企业形象即是过去服务质量的积累，也是现在服务质量的体现，更是对未来服务质量的承诺。

（三）旅游服务质量的形成过程

如上所述，旅游服务质量不是仅仅产出质量，旅游者还将亲自参与服务质量的形成，他们对服务质量的全面感受是一个复杂的过程。简言之，旅游者通过比较预期服务质量与体验服务质量的差距，形成对旅游服务质量的感知。正如服务营销学家格罗斯所说：对于服务企业来说，重要的是顾客对质量如何感知，而不是企业对质量如何诠释。可见，旅游服务质量是旅游者感知出来的质量，是旅游者在整个旅游过程中对其接受的旅游服务水平的评价和总结。

旅游者在出行前一般都会通过各种渠道收集大量的有关出游的信息，并结合自己朋友的相关经验以及心理偏好，形成对旅游服务的期望。影响旅游者期望形成的因素包括：

1. 旅游企业的市场沟通

旅游企业运用广告宣传、人员推销、公关关系等促销方式与旅游者沟通，使旅游者对企业、对旅游服务有所了解，从而形成对其服务质量的期望。

2. 旅游企业的形象

形象好的旅游企业，旅游者对其服务质量的期望也比较高，比如人们普遍认为五星级酒店的服务质量一定高于四星级酒店。

3. 其他旅游者的口碑宣传

一些有过类似旅游经历的旅游者向他的亲朋好友或是其他人进行正面或是反面的口头宣传，都会影响到旅游者对服务质量的期望。

4. 旅游者自身的状况

高级商务客人由于经常出入高档次的场合，对酒店服务质量的期望会很高。

旅游者体验的质量是旅游者在实际消费过程中，对所获得的技术性质量和功能性质量的认知。如果体验的服务质量与预期的质量相吻合或者更高，旅游者就表现为满意，如果体验质量比预期质量差，旅游者则会产生不满。

（四）旅游服务质量的特点及评估标准

通过对旅游服务质量的构成要素及形成过程的分析，可以总结出旅游服务质量的特点：

1. 过程性

旅游服务质量的过程性，是指旅游服务质量的重点是过程质量而不是结果质量。

2. 主观性

旅游服务质量的主观性，是指旅游服务质量是感知质量而不是产出质量。

3. 整体性

旅游服务质量的整体性，是指旅游服务质量不是某个部门的职责而是企业整体的责任。

旅游服务质量的特点决定其评估标准的复杂性。旅游者通常从服务的结果质量、过程质量、形象质量出发，综合评估所感受到的旅游服务。因此，旅游服务质量的评估标准必须兼顾所有质量要素。以下给出 7 个评估标准中，前两个涉及旅游服务的结果质量，最后一个标准影响旅游者对服务形象质量的评价，其余的评估标准则与旅游服务的过程质量密切有关。

1. 规范化和技能化

旅游企业及其服务人员拥有与业务相关的必要知识和技能，作业规范、作业程序标准，能为旅游者提供标准化、规范化的优质服务。

2. 安全性

旅游企业向旅游者提供的服务能够使他们感到人身和财产的安全。例如，酒店客房的安全性，旅游景点设施设备的安全性等。

3. 态度和行为

一线服务人员能用友好的方式、可信的态度、主动的关心和照顾服务于旅游者，并以实际行动为旅游者排忧解难。该项标准是服务人员的业务素质、服务效率、应变能力、职业道德等素质的综合体现。

4. 可接近性和灵活性

旅游服务的地理位置、营运时间和营运系统的设计与操作要方便于旅游者，并能灵活地根据旅游者的要求随时加以调整。这体现了旅游企业服务传递系统效率，并反映了服务传递系统的设计是否以旅游者的需求为导向。

5. 可靠性和忠诚性

这是指旅游企业能够可靠地、准确无误地完成所承诺的服务，无论发生什么情况，旅游者都可以依赖旅游企业，旅游企业能够尽心尽力地满足旅游者的最大利益。例如旅游者希望旅行社所订的航班能够准时地将他们送到目的地，而不存在晚点起飞，航班延误等情况。可靠性和忠诚性是旅游服务管理的核心内容和关键部分。

6. 服务补救能力

无论是何时出现何种意外，旅游企业将会迅速有效地采取行动，控制局势，寻找新的可行的补救措施。服务补救可以提高旅游者的满意度，避免旅游者的负面宣传，并尽可能地与旅游者建立良好关系。

7. 名誉和可信性

旅游者相信旅游企业的经营活动可以依赖，物有所值，相信它的优良业绩和超凡价值。

（五）旅游服务质量对旅游营销的意义

旅游服务质量问题，不仅是旅游企业的内部管理问题，更是旅游市场营销所要研究的重要问题。旅游服务产品的过程性特征，决定了旅游服务质量的形成过程就是旅游营销过程，旅游服务人员自动成为兼职的营销人员，他们的行为举止、态度效率将直接影响到旅游企业的营销效果。旅游服务质量对旅游企业的营销管理具有重大意义。

1. 旅游服务质量是决定旅游企业市场营销成败的关键

旅游市场营销是旅游企业外部营销、内部营销以及互动营销的综合体。纵观旅游营销的各个阶段，服务质量贯穿整个旅游营销管理过程。外部营销需要在规划服务质量的基础上给予旅游者有关服务质量的承诺，旅游者由此而产生服务质量预期；内部营销管理要求服务质量观念深入人心，并使每个部门的每个员工都能正确理解服务质量的特点和评价标准；在互动营销过程中，旅游企业通过提高质量的服务，兑现有关服务质量的承诺，使旅游者在体验中感知高质量的旅游服务。服务质量对旅游营销的影响是多角度、全方位的，旅游服务质量的评价标准就是旅游营销努力的方向，旅游服务质量决定旅游企业市场营销的成败。

2. 提高旅游服务质量可以降低旅游企业的营销成本

在买方市场占主导地位的旅游企业，市场营销的目标是吸引顾客保持良好的关系，通过创造旅游者满意，实现企业的利润。旅游消费是服务消费，关系特性是服务的内生特性。服务企业争取一个新顾客的成本是保留一个老顾客成本的 5～6 倍，而说服一个不满意的顾客至少要花费高达 25 倍的成本。

因此，创造顾客的忠诚度是服务企业管理与营销的核心内容。市场营销理论认为：顾客忠诚的前提是满意，旅游者满意源自他们对优质服务质量的感受，只有优质的服务质量才能使旅游者对企业产生好感和信任，他们才会考虑是否继续和企业保持联系。而且，企业良好的服务质量还会带来旅游者的正面口碑宣传，从而为企业带来新的旅游客源。因此旅游服务质量是企业保留顾客、进行营销宣传的重要手段，提高旅游服务质量可以降低旅游企业的营销成本。

3. 服务质量管理是旅游企业实施差异化营销的重要手段

旅游企业可以利用现代化的设施设备创造优美的环境空间，可以运用高新技术提高服务效率，但是这些"硬件"的可模仿性较强，技术性质量虽然可以形成差异，但是竞争对手可以通过模仿、甚至创新消除这种短期的比较优势，因此技术性质量不利于企业核心竞争能力的培养。而旅游服务的功能性质量则强调以人为核心的人本主义服务，虽然这些服务方法、程序、态度在某种程度上也可以模仿，但这只能停留在表面，深层次的企业服务文化和价值观是难以仿效的，服务的过程质量容易形成旅游企业的经营特色，有利于旅游企业竞争优势的建立，从而为旅游企业实施差异化营销提供保证。

二、旅游服务质量的内容

鉴于服务交易过程的顾客参与性和生产与消费的不可分离性，服务质量必须经顾客认可，并被顾客所识别。服务质量的内涵应包括以下内容：

服务质量是顾客感知的对象；

服务质量既要有客观方法加以制定和衡量，更多地要按顾客主观的认识加以衡量和检验；

服务质量发生在服务生产和交易过程之中；

服务质量是在服务企业与顾客交易的真实瞬间实现的；

服务质量的提高需要内部形成有效管理和支持系统。

三、旅游服务质量的评估

旅游服务质量评估一般采取评分量化的方式进行，其具体程序如下：

第一步，测定顾客的预期服务质量；

第二步，测定顾客的感知服务质量；

第三步，确定服务质量，即：服务质量＝预期服务质量－感知服务质量。

对服务质量的评分量化方法的大致步骤如下：

第一步，选取服务质量的评价标准；

第二步，根据各条标准在所调查的服务行业的地位确定权数；

第三步，对每条标准设计4～5道具体问题；

第四步，制作问卷；

第五步，发放问卷，请顾客逐条评分；

第六步，对问卷进行综合统计；

第七步，采用第三章叙及的消费者期望值模型分别测算出预期质量和感知质量；

第八步。根据上述公式，求得差距值，其总值越大，表明感知质量离预期质量差距大，服务质量差，相反，则服务质量好。

四、旅游企业提高服务质量的策略

旅游服务质量管理是一个复杂的管理系统，在管理实践中，旅游企业可以从以下方面入手制定缩小旅游服务质量差距的对策。

（一）旅游服务质量的事前管理对策

旅游企业在提供旅游服务之前，需要对整个旅游服务系统进行精心的规划，以保证旅游服务质量能够满足甚至超过旅游者的期望。旅游服务质量的事前管理对策包括切实制定旅游服务质量标准、加强员工的服务素质。

1. 切实制定旅游服务质量标准

旅游服务质量标准既要反映目标旅游者的需求，又要符合企业内部实际工作的需要，服务质量标准是旅游企业提供优质服务的"指南针"。因此，旅游服务质量标准必须具备以下特征：

（1）能够正确反映旅游者的期望。旅游企业可以通过面谈、小组访谈、发放调查问卷等形式全面了解旅游者的期望。同时，还应该认识到旅游者的期望是动态变化的，旅游企业需要随时根据旅游者需求的变动对质量标准进行调整。

（2）服务标准必须是精细化和量化的标准。服务质量标准既是员工的行动指南，又是管理层考核员工的直接依据。因此服务质量标准应该避免使用含混不清的词语，只有精细化和量化的服务标准才具备指导作用和可操作性。例如"尽快、尽量、大致"等词应该细化和量化。

（3）旅游服务标准必须得到自上而下的认可。一方面，服务标准的制定要与服务人员的能力和企业的资源状况相一致。如果质量标准超过了企业的能力，容易使服务人员在具体操作中产生挫折感，企业的服务质量目标也无法实现。另一方面，管理人员应该鼓励一线员工参与质量标准的制定，这不仅是因为他们直接面对旅游者，最了解他们的期望，更由于他们亲自参与制定标准，有利于标准的贯彻和实施。

2. 加强员工的服务素质

旅游服务质量具有整体性，企业的所有员工都对服务质量负有责任。企业的决策人员、管理人员、服务支持人员以及一线服务人员，将通过不同的途径影响服务质量，旅游企业的各类员工必须加强自身的服务素质，在出现服务质量问题时恪守职责。

（1）决策层对服务质量的影响。提高服务质量应该成为旅游企业文化中的核心内容。在重大决策上，决策层应该坚持以服务质量为重，必须认识到服务质量是旅游企业塑造核心竞争力的关键。

（2）管理层对服务质量的影响。管理层在企业中起到承上启下的作用，一方面应该积极地与决策层沟通，充分理解企业对提高服务质量的要求；另一方面，管理层应该增强服务质量管理意识，将企业对提高服务质量的要求通过具体的方式逐步传递给员工。

（3）员工对服务质量的影响。旅游企业的员工都要参与服务的全过程，他们的言行举止、工作态度、团队意识将直接影响服务质量的形成。旅游企业的员工，应该充分认识到自身角色的重要性，严格遵守服务质量标准，积极参加各种旨在提高服务质量的培训活动，在实践中不断提高自身的服务素质。

（二）旅游服务质量的事中管理对策

旅游服务过程是生产和消费同时进行的过程，服务的过程质量直接影响到顾客的感知质量，是旅游企业塑造核心竞争力的关键。旅游服务质量的事中管理对策包括服务过程的标准化和外部质量监控机制。

1. 提供标准化服务

旅游企业是以提供服务为盈利手段的经济实体。旅游服务过程中存在大量的重复性劳动，对它们进行标准化设计可以提高服务质量的稳定性。科学化、规范化、制度化、程序化是标准化服务的核心。服务标准化的方法包括贯彻 ISO9000 质量标准、采用 Poke-yoke 法。

ISO9000 质量认证体系是国际普遍使用的质量衡量标准，其中与旅游企业直接相关的ISO9004-2 质量标准，它适用于对一项新服务的开发或是改进服务，也可直接用于现有服务质量体系的实施。贯彻 ISO9004-2 质量标准可以规范旅游组织的服务过程一级管理职责，使服务质量保持稳定和一致。

而 Poke-yoke 法是指通过对服务过程的设计和标准化程序来规范服务行动，最大限度地减少员工犯错误的几率，从而在无形中提高顾客感知的服务质量。该策略实施的关键在于建立一套服务接触的提示清单（检查表），用标准化作业来限制服务员工的主观判断，以减少员工的服务失误，如酒店的洗发液、沐浴液使用标准的容器既美观，又减少了员工的随意性。

2. 建立外部质量监控机制

旅游企业的服务工程质量形成于服务过程之中，内部质量监控程序要求内部检查人员"身临其境"。从旁观察服务的整个过程。这种旁观式检查方法只能观察到服务人员在检查过程中是否严格遵守服务质量标准，而无法衡量所有服务工程的质量情况。因此缺乏整体性和真实性，而且旅游者在检查过程中可能会无所适从，反而破坏服务工程质量。因此旅游企业的质量监控程序不能单一采用内部监控方法，而应该建立外部质量监控机制，检查旅游服务人员的过程服务质量。

（三）旅游服务质量的事后管理对策

要使旅游企业的每一个服务过程都完美无缺，是一种最理想的状态。旅游服务人员会犯错误，系统可能出现故障，而且需要指出的是，服务失误并不总是旅游企业的责任，一些旅游者的行为也会影响到另外一些游客对服务质量的感知。

因此，服务质量无瑕疵几乎是不可能的。关键的问题是旅游企业面对失误如何进行事后管理，如何采取有效的善后措施立即纠正错误，否则无论服务失误的始作俑者是谁，旅游企业都要承担顾客流失、产生负面口碑的风险。研究表明，服务失误是服务者提高顾客感知服务质量的第二次机遇。企业处理服务失误的方式成为强化或弱化顾客关系的基础。服务失误处理得当，有助于顾客与企业良好信任关系的建立，也会提高顾客对企业的忠诚度。在服务实践中，服务补救管理被证明是事后管理中行之有效的对策。

第三节　旅游服务质量营销技术

营销学的宗旨是使顾客满意从而实现企业的目标。顾客满意是产品给顾客带来的绩效与顾客的期望比较后的一种感觉状态。如果绩效与期望相符，顾客就会满意，如果绩效小于期望，顾客就不满意。在企业的产品或服务给顾客带来的绩效一定的情况下，降低顾客期望就能使顾客满意。因此对顾客期望进行管理具有非常重要的意义。

一、管理顾客期望

（一）合理细分并"定义你的顾客"

不同细分市场的顾客对产品或服务的期望不尽相同。因此，企业对顾客要区别对待，不要把太多的精力及人力投入到一些对自己根本没有利润的顾客身上。强调顾客对企业贡献的"帕累托"原理曾指出：企业的80%利润来自20%的顾客。因此。企业要想有效地了解和管理顾客的期望，就必须首先"定义你的顾客"，使顾客期望管理更具针对性。

（二）要利用各种渠道了解目标顾客的合理期望

很多期望是企业无法控制的。因此企业要利用各种渠道尽量了解顾客的合理期望，并迅速给以满足。比如，一位女士打电话到美国宝丽来相机制造公司，说她有个残疾妹妹没有了右手，残疾妹妹热爱摄影艺术，但世界上所有的相机快门控制键都在右边，她用起来很不方便。所以她打电话来询问宝丽来公司能否制造这种快门控制键在左边而非右边的相机。一个月以后，这位女士在家里意外地收到了宝丽来公司派专员送来的左键相机，并附有一封信："感谢您向我们提出这个建议。我们已按您的构想设计出了一种左键相机，免费送给您妹妹。看它能否方便您妹妹使用，祝您妹妹早日康复。"这位女士当下感动不已。

（三）设定顾客期望

如果企业提供的产品或服务的价值距离顾客的期望太远，那么就没有成交的可能。企业把顾客的期望值明确一下，告诉他哪些可以满足，哪些不可以满足，目的是能与用户达成协议。

1. 正确处理不合理的顾客期望

界定期望值是否合理，应该以行业标准来确定。如果整个行业都没有满足顾客某种需求的先例，那顾客的这个期望值是不合理的。比如住酒店。如果顾客要求在房间里加床但不加钱，由于所有的酒店都没有这种规定，就可以认为顾客的这个要求是不合理的。超过行业标准的期望值都是不合理的期望值。对不合理的期望我们不能表现出不耐烦的神态，因为"顾客永远是对的"，耐心的说服和沟通是必要的。

例如：某顾客去药店买药时发现一条横幅："购药200元以上，买200送40"。他买了100多元的药，问服务人员能不能也打8折。服务员告诉他不打折。见顾客不满意，服务人员又说："我一个员工也做不了主，我给您问问我们经理吧，您稍等。"一会儿，服务员回来了："我们这个药店是专卖性的，这个决定经理也不能改变，真对不起"。虽然服务人员也没有采取什么措施来弥补，但考虑到她已经尽力了，顾客还是很感激她，不满的情绪也随之烟消云散。顾客的期望不能满足时，服务人员只有表现出一种很积极的愿望，给顾客一种已经尽力的感觉，才能获得顾客的同情。即使服务员根本没问经理，而是转一圈又回来了，顾客也不会责怪她，因为这个服务员已经给顾客一种感觉：她已经尽力帮助我了。

2. 适当降低顾客期望值

降低顾客过高的预期将顾客期望控制在一个相对较低的水平，企业营销活动余地就会大一些，可以更容易地使顾客的感知达到或超过顾客期望。降低顾客期望值可以从影响顾客期望的可控制因素着手，适当降低公开和暗示承诺。比如在奥运会上乒乓球比赛获得亚军国人就会不满，而一些弱势项目能进前八名我们就非常高兴。造成这种情况的原因很简单，前者由于承诺和以往的经验致使期望值高，而后者的宣传使人们的期望值降得很低。

3. 提供信息与选择

当不能满足顾客提出的期望时，企业应给顾客提供另外的信息与选择方案。比如，顾客选好了手机后，问服务人员："别的手机店都赠券，你这儿能送吗？""不能送。""要不把充电器打折卖给我吧。"但服务员还是说不行。顾客会觉得不太满意。这时店长说："这样吧，这款手机可以换壳，如果你买了充电器的话，我们可以送你一个彩壳。这种彩壳要是另卖的话要30元钱。您看行吗？"顾客就买了充电器，店长随之送顾客一个彩壳，双方都挺高兴的。顾客提出的一些期望值，比如赠券、充电器打折，实际上都被拒绝了，但后来他还是比较满意。原因是什么呢？就是后来服务人员又给他提供了一种补偿，采用了另外一个解决方案。可以设想，如果两个要求统统被拒绝了，而且没有任何补偿，顾客还会满意吗？

4. 对顾客的期望进行有效的排序

顾客对一次服务会有不同的期望值，这些期望值都是他想得到的，但是其中一定会存在一些矛盾的地方。期望值会因人而异，对同样的服务可能每个人的期望值都会不同，并非每一种服务对每个人都有价值。比如顾客与售楼员的谈判中，顾客说："这房子太偏了。"售楼员说："我们这边距离市中心是稍微远一点。不过以后一定会改善的。我们的价格是市区房价平均的三分之一！"顾客说："房子是不错，可是也太贵了，旁边那房子才卖4 000元一平米。"售楼员说："您如果在我们这儿买房子的话，将来您的孩子可以选择就读于3所本市重点小学，孩子上学是很重要的。那边的房子是比我们的便宜一些，可是您看，他们那边配套的学校跟我们相比可是要差得多。"这里，售楼员引导顾客把重要的期望属性放在房价和周边学校的配套上。

再如，顾客买机票，期望值是：1. 晚上6点之前到达广州；2. 机票6折；3. 大飞机。但售票员发现没有哪一次方案是可以完全满足他的期望值的，提供了四个方案供他选择：一、南航大飞机，晚上6点之前到，原价；二、国航小飞机，晚上6点之前到，6折；三、南航大飞机，晚上11点到6折；四、国航大飞机，晚上6点之前到，7折。服务人员应帮助顾客分析究竟哪一个期望值对顾客来说最重要，提供能满足顾客最重要的期望的方案或强调你能满足的东西对顾客而言是非常重要的。

总之，企业首先要告诉顾客，什么是他可以得到的，什么是他不可以得到的，去设定顾客的期望值。当你要明确地拒绝顾客时，你要对顾客的期望值表示认可，然后告诉顾客你不能答应他的理由，你还应该尽可能提供另外的解决方案。如果另外的方案仍然不被接受，就要强调你能满足的东西对顾客而言是非常重要的。无论什么时候，服务代表要让顾客感受到，你一直想帮助他，你也认同他的想法的合理性。

（四）创造能够兑现的顾客期望

企业的承诺给顾客的期望过低，难以吸引足够的购买者。企业的承诺给顾客的期望过高，顾客难以满意。企业必须在这两者之间寻求一个平衡点，既吸引顾客又让他们满意。一方面，可以通过营销沟通提升或创造顾客的期望，使他们产生购买欲望；另一方面企业一定要保证能够兑现自己的承诺。既不夸海口也不要隐藏有关信息。国际化标准组织认证要求：说你所做的，做你所说的。许多企业错误地将顾客的期望值创造得过高。他们的失误之处在于提供的只不过是中等水平的产品或服务。不能兑现的承诺也许能招来顾客，但决不会有回头客。比如：有一位知名的糖果制造商，他的糖果棒包装纸上印有一种"保证满意"的字样。如果顾客并不满意，只要将此五毛钱的未吃完的糖果棒及一张解释你为何不满意的原因寄回，就可以得到退款。而该公司还会代以另一支不一样的糖果棒送给你。如果顾客还是不满意，他们会再送一支，直到顾客明确表示不想要为止。总之，不管是明示的承诺或是暗示的承诺，企业都是可以控制的，对之进行管理是管理期望的直接的可靠的方法。

（五）努力超越顾客期望

企业仅仅满足顾客期望是不够的，必须超越顾客期望才能保留顾客。只有做到"承诺好的，提供更妙的"，才能使顾客欣喜、兴奋、惊喜。这里应从以下几点做起：一是要明白超越顾客期望并不是对所有顾客而言的，而是针对目标顾客，让他们感到惊喜，并勇敢地炒掉那些不能带来利润的顾客。二是要做到低承诺和高传递。一个持续地使顾客欣喜的方法是审慎地对服务提供低承诺，以提高超越顾客期望的可能性。三是将不寻常的服务定位于特别服务而非标准服务。有时改进服务的结果是升高了顾客期望，使得一些企业怀疑超越顾客期望是否明智。他们认为，今天超越顾客期望明天顾客的期望就会提高，使未来的顾客满意变得更难。因此，使顾客惊喜而又避免这种期望升级的一个办法是将不寻常的服务定位于特别服务而非标准服务。四是服务补救。任何企业的服务都不能保证100%完美。当第一次服务出现失误的时候，一流服务的重现显得十分重要。服务补救是一个超出顾客期望的绝好机会，也能为企业提供重新获得顾客信任的机会。

二、超出顾客的期望

（一）服务质量差距的管理

经过长期营销实践，20世纪80年代中期到90年代初，美国营销学家帕拉休拉曼（A. Parasuraman），赞瑟姆（Valarie A Zeithamal）和贝利（Leonard L. Berry）等人提出的5GAP模型是专门用来分析质量问题的根源。顾客差距（差距5）即顾客期望与顾客感知的服务之间的差距——这是差距模型的核心。要弥合这一差距，就要对以下四个差距进行弥合：差距1—不了解顾客的期望；差距2—未选择正确的服务设计和标准；差距3—未按标准提供服务；差距4—服务传递与对外承诺不相匹配，见图11-1。

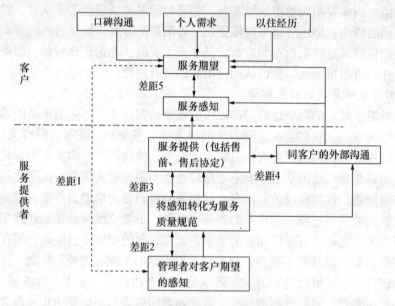

图 11-1　服务质量差距模型图

服务质量差距：首先，模型说明了服务质量是如何形成的。模型的上半部涉及与顾客有关的现象。期望的服务是顾客的实际经历、个人需求以及口碑沟通的函数。另外，也受到企业营销沟通活动的影响。实际经历的服务，在模型中称为感知的服务，它是一系列内部决策和内部活动的结果。在服务交易发生时，管理者对顾客期望的认识，对确定组织所遵循的服务质量标准起到指导作用。当然，顾客亲身经历的服务交易和生产过程是作为一个与服务生产过程有关的质量因素，生产过程实施的技术措施是一个与服务生产的产出有关的质量因素。

分析和设计服务质量时，这个基本框架说明了必须考虑哪些步骤，然后查出问题的根源。要素之间有五种差异，也就是所谓的质量差距。质量差距是由质量管理前后不一致造成的。最主要的差距是期望服务和感知（实际经历）服务差距。

（二）服务差距分析

1. 管理者认识的差距（差距1）这个差距指管理者对期望质量的感觉不明确。产生的原因有：对市场研究和需求分析的信息不准确；对期望的解释信息不准确；没有需求分析；从企业与顾客联系的层次向管理者传递的信息失真或丧失；臃肿的组织层次阻碍或改变了在顾客联系中所产生的信息。

2. 质量标准差距（差距2）

这一差距指服务质量标准与管理者对质量期望的认识不一致。原因如下：

计划失误或计划过程不够充分；

计划管理混乱；

组织无明确目标；

服务质量的计划得不到最高管理层的支持。

第一个差距的大小决定计划的成功与否。但是，即使在顾客期望的信息充分和正确的情况下，质量标准的实施计划也会失败。出现这种情况的原因是，最高管理层没有保证服务质量的实现。质量没有被赋予最高优先权。治疗的措施自然是改变优先权的排列。今天，在服务竞争中，顾客感知的服务质量是成功的关键因素，因此在管理清单上把质量排在前列是非常必要的。

总之，服务生产者和管理者对服务质量达成共识，缩小质量标准差距，远要比任何严格的目标和计划过程重要得多。

3. 服务交易差距（差距3）

这一差距指在服务生产和交易过程中员工的行为不符合质量标准，它是因为：标准太复杂或太苛刻；

员工对标准有不同意见，例如一流服务质量可以有不同的行为；

标准与现有的企业文化发生冲突；

服务生产管理混乱；

内部营销不充分或根本不开展内部营销；

技术和系统没有按照标准为工作提供便利。

可能出现的问题是多种多样的，通常引起服务交易差距的原因是错综复杂的，很少只有一个原因在单独起作用，因此治疗措施不是那么简单。差距原因粗略分为三类：管理和监督；职员对标准规则的认识和对顾客需要的认识；缺少生产系统和技术的支持。

4. 营销沟通的差距（差距4）

这一差距指营销沟通行为所做出的承诺与实际提供的服务不一致。产生的原因是：

营销沟通计划与服务生产没统一；

传统的市场营销和服务生产之间缺乏协作；

营销沟通活动提出一些标准，但组织却不能按照这些标准完成工作；

有故意夸大其词，承诺太多的倾向。

引起这一差距的原因可分为两类：

一是外部营销沟通的计划与执行没有和服务生产统一起来；

二是在广告等营销沟通过程中往往存在承诺过多的倾向。

在第一种情况下，治疗措施是建立一种使外部营销沟通活动的计划和执行与服务生产统一起来的制度。例如，至少每个重大活动应该与服务生产行为协调起来，达到两个目标：

第一，市场沟通中的承诺要更加准确和符合实际；

第二，外部营销活动中做出的承诺能够做到言出必行，避免夸夸其谈所产生的副作用。在第二种情况下，由于营销沟通存在滥用"最高级的毛病"，所以只能通过完善营销沟通的计划加以解决。治疗措施可能是更加完善的计划程序，不过管理上严密监督也很有帮助。

5. 感知服务质量差距（差距5）

这一差距指感知或经历的服务与期望的服务不一样，它会导致以下后果：

消极的质量评价（劣质）和质量问题；

口碑不佳；

对公司形象的消极影响；

丧失业务。

第五个差距也有可能产生积极的结果，它可能导致相符的质量或过高的质量。感知服务差距产生的原因可能是本部分讨论的众多原因中的一个或者是它们的组合。当然，也有可能是其他未被提到的因素。

差距分析模型指导管理者发现引发质量问题的根源，并寻找适当的消除差距的措施。差距分析是一种直接有效的工具，它可以发现服务提供者与顾客对服务观念存在的差异。明确这些差距是制定战略、战术以及保证期望质量和现实质量一致的理论基础。这会使顾客给予质量积极评价，提高顾客满意程度。

三、服务承诺

（一）服务承诺的涵义

服务承诺亦称服务保证，是一种以顾客为尊、以顾客满意为导向，在服务产品销售前对顾客许诺若干服务项目以引起顾客的好感和兴趣，招徕顾客积极购买服务产品，并在服务活动中忠实履行承诺的制度和营销行为。

（二）服务承诺的内容

服务承诺通常对服务的下述内容进行承诺：

1. 服务质量的保证；

2. 服务时限的保证；

3. 服务附加值的保证；

4. 服务满意度的保证等。

旅游企业常常进行的服务承诺如：

规范接待标准，热情专业服务，做到明码标价，质价相符。

游程中一般不推荐旅游购物，客人有特殊需求的，随客人意愿选择购物场所。

旅行中增加服务项目需加收费用的，必须事先征得客人同意。

对可能危及旅游者人身、财物安全的事宜，团队出发前向旅游者作出真实的说明和明确的警示，并采取相应措施防止危害发生。

为游客办理游客意外保险等。

服务承诺制的实行有利于企业提高服务质量，满足消费者需求并令其满意，改善企业自身的形象。承诺服务的优化设计、顾客满意引发的经营革命触及行销导向、社会性导向两个层次，将触角深入而广泛伸入市场及整个社会，企图透过种种努力，掌握顾客爱好、市场需求这种由微而巨、抽象而复杂的层次。在美国的罕普顿连锁旅馆，尽管 1993 年全部退款高达 110 万美元，但罕普顿连锁旅馆的大胆保证，却为他们带来了 1100 万美元的额外收入。我们可看出，服务程度直接影响着一个企业的成功和失败，而服务保证能落到实处就会拥有顾客的信任，同时，企业也会获得意想不到的收入。

（三）实行服务承诺制可采取的措施：

1. 制订高标准

可以是无条件的满意度保证，无条件保证的好处是，不论时间如何变化，顾客所期待的与实际得到的服务都能保持一致。

2. 不惜付出相当的赔偿代价

不管提出什么保证，赔偿代价都要有相当的意义，才能吸引心存不满的顾客主动前来抱怨、有效地挽回失望的顾客，刺激企业记取失败的教训。不痛不痒的保证，等于没有保证。

3. 特别情况特别处理

美国波士顿一家餐厅的员工，在客人食物中毒之后，拿着免费餐券要补偿对方，结果严重得罪了客人。可想而知，餐厅如果还想跟这些火冒三丈的客人重修旧好，需要的当然是比免费餐券更有意义的东西，这时，应随时通知较高层次的主管出面处理，他们一方面可采取适当措施，更可以借此机会，实际了解顾客所遭受的不幸。

4. 提供简洁的保证

企业的服务保证，必须言简意赅，让顾客一看便知。

5. 简化顾客申诉的程序

提供服务要多花一些心思与代价，尽量减少申诉过程的不便，才不致既流失顾客，又失去从申诉中学习改善的机会。

6. 将服务满意度列入企业发展的经济指标

在现代服务营销活动中，由于人们的价值观、时间观念的进步，企业推行服务承诺的必要性更强烈，顾客对企业推行服务承诺的期待也更强烈，服务承诺成为企业提高服务质量不可分割的组成部分。

四、服务补救

俗话说得好，亡羊补牢，为时未晚。随着旅游业的快速发展，旅游消费者日渐挑剔，旅游企业发生服务失误的可能性也越来越高，甚至就算旅游企业做对了，消费者也会鸡蛋里挑骨头——反正提供服务的又不是只有你一家。在这种情况下，旅游企业应该怎么做才能避免因服务失误而导致利益损失？或者，能否通过成功的服务补救而增加利益？旅游产品质量控制研究的重心，历来多从服务质量的综合性出发，研究服务质量的防范控制和服务"过程—结果"的质量控制。这些研究成果能促使旅游企业本着"防患于未然"的理念确保服务质量的相对稳定性，减少无效服务出现的概率。但是旅游产品具有非均质性、无形性、生产与消费同步性等特点，即使是最优秀的服务人员按照最好的操作流程向顾客提供服务，也难免会发生差错。而顾客却需要的是完整性、完美的产品和服务，任何质量缺陷必然会招致顾客不满。因此、旅游企业还应该注重补救性服务质量的控制，以期最大化地实现顾客满意之目的。

（一）补救性服务的内涵

关于补救性服务的界定，权威的说法出自营销学家格鲁努斯的《服务营销管理》。他认为，补救性服务是指服务提供者在发生服务差错后作出的反应和采取的行动。即当服务出现差错后，旅游企业如何利用第二次机会，开展第二次服务给顾客留下美好印象。第二次服务可与第一次服务同质，也可异质，也就是说第二次服务可以是第一次服务的重复、延伸或是转变。

由于服务产品具有无形性、不可贮存性等特征，同时还具有服务质量评价主观性的特点。这就决定了在提供服务的过程中，即使最优秀的企业也不可避免出现服务的失败和错误。这是因为：一方面服务具有差异性，即服务产品的构成成分及其质量水平经常变化，很难界定。在大多数情况下，服务过程毫无担保和保证可言，服务产品的质量通常没有统一的标准可以衡量，服务质量具有不可确定性；另一方面服务具有不可分离性，即生产者生产服务的过程就是消费者消费服务的过程，消费者只有加入到生产服务的过程少才能最终消费到服务。由此，企业服务的失败和错误是很难对消费者隐藏和掩盖的。此外，有的服务失败和错误，是由企业自身问题造成的，如旅游酒店里由于员工的工作疏忽将一间空房同时租给两位顾客。而有的服务失败和错误，则是由不可控因素或顾客自身原因造成的，如飞机因天气恶劣而晚点，则是不可避免的。消费者对企业提供的服务具有较高期望值，服务的失误会使顾客产生不满和抱怨；虽然他们可将不满归咎于不同对象，如企业或他们自己，但企业必须抱有"客人永远是对的"的观念，对顾客的不满和抱怨当即做出反应——服务补救。"当即"是指服务补救具有现场性和快速性。现场性是指企业必须在服务失误出现的现场，就地进行服务补救。快速性是指企业要尽可能快地进行服务补救，避免由服务失误造成的不良影响扩散和升级。即使对于有着最佳服务意识的、世界级的服务系统来说，服务失误也是难以杜绝的。只要有一次服务失误就可能导致顾客不满，并可能永远失去该顾客的信任。服务补救可以提供一个机会去弥补这些缺陷并提供一个让顾客留下正面服务印象的机会。

恰当、及时和准确的服务补救可以减弱顾客不满情绪，并部分地恢复顾客满意度和忠诚度，某些情况下，甚至可以大幅度提升顾客满意度和忠诚度。TARP（美国技术支持研究计划协会）经过研究发现，在批量购买中，未提出批评的顾客重购率为9%，抱怨未得到解决的为19%，抱怨得到解决的为54%，抱怨得到快速解决的则达到了82%。成功的服务补救对企业收入和利润增长的影响巨大，服务补救的投资回报率可达到30%～150%。

服务补救不仅仅是企业重新获得消费者满意的一种手段，同时也是一种改进服务质量的有效工具。我们通过描述性的案例分析进行探索，试图结合国内外先进企业服务补救经验，提出面向顾客投诉的有效补救措施，并尝试建立一套服务补救战略模型。

（二）服务补救的特点

第一，服务补救具有实时性特点。这是服务补救与顾客抱怨管理一个非常重要的区别。顾客抱怨管理一般必须要等到一个服务过程结束之后，而服务补救则必须是在服务失误出现的现场。如果等到一个服务过程结束，那么，服务补救的成本会急剧的上升，补救的效果也会大打折扣。

第二，服务补救具有主动性特点。顾客抱怨管理有一个非常明显的特点，即只有当顾客进行抱怨时，企业才会采取相应的措施，安抚顾客，使顾客满意地离去。但据华盛顿一家名为 TRAP 的调查机构所进行的一项调查显示：有问题的顾客中，只有 4% 向公司有关部门进行抱怨或投诉，而另外 96% 的顾客不会抱怨，但他们会向 9 到 10 人来倾诉自己的不满（坏口碑）。顾客抱怨管理"不抱怨不处理"的原则，将严重影响顾客感知服务质量和顾客满意，从而影响顾客忠诚，使企业在竞争中处于不利的境界。但服务补救则不同，它要求服务提供者主动地去发现服务失误并及时地采取措施解决失误，这种前瞻性的管理模式，无疑更有利于提高顾客满意和忠诚的水平。

第三，服务补救是一项全过程的、全员性质的管理工作。而顾客抱怨管理则是由专门的部门来进行的、阶段性的管理工作。一般来说，服务补救具有鲜明的现场性，服务企业授权一线员工在服务失误发生的现场及时采取补救措施，而不是等专门的人员来处理顾客的抱怨。

（三）成功服务补救的保障要素

制定服务标准和服务补救标准。由于服务具有无形性，有时顾客并不清楚自己希望获得何种水平的服务或不能准确地描述自己的期望。如果企业制定明确的服务标准，就可以消除顾客的"模糊预期"，提高顾客参与的有效性，并使服务具有可衡量性。同时，企业还要制定服务补救的标准。明确的服务补救标准，一方面可以为补救提供客观依据和尺度，使顾客对服务补救的分配公平性形成积极的评价；另一方面可以给顾客"按章办事"和"一贯性"的感觉，有利于顾客对过程公平性形成积极的评价。

1. 员工培训与授权

企业对员工的培训相当重要，因为服务具有生产与消费同步性的特点，一线员工的服务态度、业务能力、人际技巧、处理突发事件的能力等在很大程度上决定了顾客对服务质量的感知和满意度以及服务补救的效果。因此，企业有必要对一线员工进行培训，切实提高他们的素质和服务能力，通过培训使他们了解顾客期望的解决办法，具备处理顾客投诉的能力和做好服务补救工作、提高顾客满意度的技巧，比如学会倾听顾客的抱怨、关心服务失误对顾客精神上造成的伤害、真诚地向顾客道歉、勇于承认错误、平息顾客愤怒、分析顾客问题、阐明解决问题的步骤等。同时，还要开展专门性的服务补救培训，提高他们对补救重要性的认识以及预测、预防和纠正服务失误的能力。

在对员工进行针对性训练后，应该对一线员工大胆授权，使员工具有解决问题的能力，增加员工的责任感，提高其工作的主动性、积极性和创造性。在服务失误发生的现场采取补救措施，在力所能及的范围内迅速解决顾客的问题，而不是等专门的人员来处理顾客的投诉。以前的服务营销和管理学著作中讲述的全部是所谓授权的概念（Employee empowerment）。但事实上，根据 Chis Argyris 的调查，在过去的 30 多年中，虽然管理者们都喊着授权，但真正向下属授权的实属凤毛麟角。针对这种情况，Gronroos 在 2000 年出版的《服务营销与管理》一书中，提出了所谓"使员工具有解决问题能力"的概念，将其视为授权取得成功的先决条件。授权给一线员工使他们有一定程度的自主解决顾客问题的权限。授权可以增加员工的责任感提高其工作的主动性、积极性和创造性，迅速、及时地解决顾客问题。

2. 开辟投诉渠道、方便顾客投诉

好的投诉渠道对于企业开展服务补救行动有很多帮助，企业应开辟各种便于顾客投诉的渠道，鼓励和引导不满的顾客向企业投诉。顾客投诉是服务失误的信息源和服务改进的动力源。调查表明，绝大部分不满意的顾客不去投诉的原因是因为不知道怎样投诉和向谁投诉。因此，服务提供者要设计方便顾客投诉的程序，并进行广泛的宣传以鼓励和引导顾客投诉。通过鼓励不满意的顾客中"沉默的大多数"说出他们的不满，企业可以从处理顾客投诉中获得宝贵的信息，并利用这些信息发现潜伏的危机和问题的根源，及时改进、完善企业的工作，从而提高顾客的满意度和忠诚度。

3. 组织学习

在企业整个服务补救过程中，组织学习是极其重要的，企业应该通过组织学习在服务方式、内容、范围等各个方面全面地、不断地进行创新。企业应将服务补救与组织学习结合起来，向全体员工灌输"从服务补救中学习"的观念，把这种观念融入企业文化中去。

在服务补救实践中，很多企业的员工总是从心理上讨厌前来投诉的顾客，他们总是认为这些顾客是存心来投诉的，因此他们觉得处理顾客投诉是一件烦人的事。因为抱有这种想法，他们在处理顾客投诉时，往往敷衍了事，把顾客打发走了就万事大吉，不能使顾客真正地满意，达不到服务补救的目的。所以要想真正把服务补救工作做好，关键在于改变企业员工的观念，应该让他们认识到顾客投诉对于企业来说是一种重要的市场信息，因为它暴露了企业的弱点。通过对顾客投诉进行全面调查和分析，企业可以及时发现经营过程中潜伏的问题，提高管理水平，这样可以从失误中获得学习的良机，真正把服务补救工作做好，真正提高顾客的满意度。

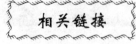

相关链接

成功的服务补救

武汉某酒店在给用完餐的客人结账时，账单上凭空多出 4 包中华烟（152 元）。双方相持 50 多分钟后，店方才承认自己工作失误，对耽误了时间的顾客表示歉意，并将餐费打折为 500 元，少收 400 多元，让客人满意离去。初闻此事，我为酒店的慷慨叫好，但仔细一想，这件事实际上暴露了酒店服务工作存在漏洞，才会发生如此"低级"的错误，既延误了客人将近 1 小时的时间，又减少了酒店的收入。幸而酒店采取的补救措施最终让客人满意，否则客人投诉、双方交涉、不利的口头宣传等都会给酒店带来更大的损失。

相信此事会给该酒店和同行们一个教训：酒店应明确各项服务工作的顺序衔接，做好服务过程的检查工作，如现场服务时提供的菜肴、烟酒等与点菜单的核对，客人用完餐结账时点菜单与账单的核对，这样环环相扣，才会尽量减少差错的发生。当然操作程序再明晰，服务人员马虎大意，同样会出纰漏。因此，酒店还应该强化服务人员的服务意识，要求服务人员以饱满的精神，全神贯注于工作当中，尽力为客人提供无差错服务。

当然，即使是最缜密的操作流程、最优秀的服务人员，在服务时也难免会发生差错，此时迅速、及时、有效地解决问题就非常关键。优质的补救性服务可将不满意的客人转化为满意的客人，促使客人为酒店做有利的口头宣传。在上述的事例中，客人为讨个说法而耽误了 50 多分钟时间，最后酒店经理出面才弄清原委，做出赔偿，补救工作的效率也未免太低了！期间所发生的不愉快在客人心中留下的印象也会是深刻的。服务工作出现意外时，客人往往对补救性服务的过程即解决问题的过程更加重视。服务人员应设身处地为客人着想，平息客人的怒火，首先从自己这方面查找原因，而不应该固执己见，与客人争执僵持。当服务人员在自己的权限范围内解决不了问题时，就必须及时请示上级。另一方面，如果管理者做好现场服务实绩管理工作，则不必等员工来反映问题就能及时发现并解决问题了。可见，管理者和服务人员双管齐下才会有出色的补救性服务。

为客人提供完美的服务是各酒店的追求，而当由于种种原因发生了服务差错时，酒店就应该根据客人重视的损失（如金钱、时间、心理、名誉等等）及时采取有效的补救性措施，防止酒店与客人之间关系的破裂，并将不满意的客人转化为满意的客人，甚至成为酒店的忠实顾客。如此说来，服务补救"为时不晚"！

（资料来源：http：//bbs. veryeast. cn/UploadFile/2008-11/20081111535462208. doc）

（四）服务补救不容回避

服务补救直接关系到顾客满意度和忠诚度。当企业提供了令顾客不满的服务后，这种不满能给顾客留下很深的记忆，但随即采取的服务补救会给顾客更深的印象。由于服务具有不可感知性和经验性特征，消费者在购买产品（服务）之前很难了解产品特征，很难获得关于产品的信息。信息越少，购买决策的风险也就越大。研究表明，品牌忠诚度与风险存在较强的相关关系。

因此，在服务性行业中，顾客的品牌忠诚度很高，表现为：一方面，满意的顾客愿成为企业的"回头客"，大量重复地购买，对企业服务的价值极度信任。另一方面，顾客把品牌忠诚作为节省购买成本，减少购买风险的手段，绝不会轻易地转换服务产品的品牌，这就使得企业的竞争对手在吸引新顾客方面困难重重。

一项研究数据表明，企业吸引新顾客的成本是企业留住老顾客成本的 4～5 倍。正因如此，在首次服务使顾客产生不满和抱怨时，企业应该明确那些抱怨和不满的顾客是对企业仍抱有期望的忠诚顾客，企业必须做出及时的服务补救，以期重建顾客满意和忠诚。否则，肯定是另外一种情景，失去的远远不只是现有顾客，还会失去大量的潜在顾客。一项服务性企业调查显示，如果顾客得不到应有的满足，他会把这种不满告诉其他 9～16 个人；相反，如果顾客得到了满足，他只愿把这种满足告诉其他 4～5 个人。由于服务产品具有较高的不可感知性和经验性特征，顾客在购买服务产品前，产品信息更多地依赖人际渠道获得。顾客认为来自关系可靠的人或专家的信息更为可靠。口头传播是消费者普遍接受和使用的信息收集手段。可在现实生活中，许多企业有意或无意地忽视了服务补救策略，或认为会增加成本，或是部分行业如零售业、邮电业、交通运输业，认为本行业顾客流通性强、流量大，顾客流失影响不大。这些无疑是患了"营销近视"。

（五）服务补救策略

1. 跟踪并预期补救良机

企业需要建立一个跟踪并识别服务失误的系统，使其成为挽救和保持顾客与企业关系的良机。有效的服务补救策略需要企业通过听取顾客意见来确定企业服务失误之所在。即不仅被动地听取顾客的抱怨，还要主动地查找那些潜在的服务失误。市场调查是一有效方法，诸如收集顾客批评。监听顾客抱怨。开通投诉热线以听取顾客投诉。有效的服务担保和意见箱也可以使企业发觉系统中不易觉察的问题。

2. 重视顾客问题

顾客认为，最有效的补救就是企业一线服务员工能主动地出现在现场，承认问题的存在，向顾客道歉（在恰当的时候可加以解释），并将问题当面解决。解决的方法很多，可以退款，也可以服务升级。如零售业的无条件退货，如某顾客在租用已预订的别克车时发现该车已被租出，租车公司将本公司的劳斯莱斯车以别克车的租价租给该顾客。

3. 尽快解决问题

一旦发现服务失误，服务人员必须在失误发生的同时迅速解决失误。否则，没有得到妥善解决的服务失误会很快扩大并升级。在某些情形下，还需要员工能在问题出现之前预见到问题即将发生而予以杜绝。例如，某航班因天气恶劣而推迟降落时，服务人员应预见到乘客们会感到饥饿，特别是儿童。服务人员会向机上饥饿的乘客们说："非常感激您的合作与耐心，我们正努力安全降落。机上有充足的晚餐和饮料。如果您同意，我们将先给机上的儿童准备晚餐。"乘客们点头赞同服务人员的建议，因为他们知道，饥饿、哭喊的儿童会使境况变得更糟。服务人员预见到了问题的发生。在它扩大之前，员工就杜绝了问题的发生。

4. 授予一线员工解决问题的权力

对于一线员工，他们真的需要特别的服务补救训练。一线员工需要服务补救的技巧、权力和随机应变的能力。有效的服务补救技巧包括认真倾听顾客抱怨、确定解决办法、灵活变通的能力。员工必须被授予使用补救技巧的权力。当然这种权力的使用是受限制的。在一定的允许范围内，用于解决各种意外情况。一线员工不应因采取补救行动而受到处罚。相反，企业应鼓舞激励员工们大胆使用服务补救的权力。

5. 从补救中汲取经验教训

服务补救不只是弥补服务裂缝、增强与顾客联系的良机，它还是一种极有价值但常被忽略或未被充分利用的具有诊断性的能够帮助企业提高服务质量的信息资源。通过对服务补救整个过程的跟踪，管理者可发现服务系统中一系列亟待解决的问题，并及时修正服务系统中的某些环节，进而使"服务补救"现象不再发生。

（六）服务补救应注意的若干问题

迄今为止，尚没有服务补救对于提高顾客满意率和忠诚度到底具有多大作用的实证性研究。在服务补救研究中，有一些问题必须引起我们的重视。

1. "一次成功"与"二次成功"问题

对于服务企业来说，强调"一次成功"是必要的，但远远不够。原因非常简单：服务与实体产品不同，生产与消费的同时性、服务的差异性等特性决定了服务无法实现高度的标准化。从实证性研究角度来看，服务传输过程的失误率远远高于实体产品。所以，在注重"一次成功"的前提下，企业必须关注"二次成功"问题。

2. 内部服务补救问题

以前服务补救研究的主要局限于对顾客的服务补救，而对内部服务补救问题研究的甚少。事实上，随着内部营销理论的兴起，内部服务补救已经成为理论和企业界无法回避的问题。在内部营销过程中，员工感知服务质量对于提高员工满意率和忠诚度起着至关重要的作用。美国的詹姆斯·赫斯克特等人曾对此进行过长期的实证研究，证实了在雇员满意、忠诚与顾客满意、忠诚之间所谓"满意镜"现象的存在，并将其视为服务利润链上最为重要的一环。因此，企业必须注重内部服务补救与员工满意和忠诚互动关系的研究，以内部服务补救提高员工满意率，并进而提高顾客的忠诚度和企业的竞争力。

3. 授权问题

以前的服务营销和管理学专著中讲述的全部是所谓授权的概念（employee empowerment）。但事实上，根据 Chis Argyris 的调查：在过去的 30 多年中，虽然管理者们都喊着授权，但真正向下属授权的凤毛麟角。针对这种情况，Gronroos 在 2000 年出版的《服务营销与管理》一书中，提出了所谓的"使员工具有解决问题能力"的概念（Enabling）的概念，将其视为授权取得成功的先决条件。

4. 服务补救并不总是有效的

在很多情况下，服务产品是无法重新生产的，服务补救对于提高顾客满意度和忠诚度毫无意义。服务补救的有效性在很大程度上取决于顾客与服务提供者互动关系的类型。如果顾客在服务生产过程中参与程度很高，而且投入的价值很大，在这种情况下，服务补救只能起到缓解顾客不满意情绪的作用，而对顾客的满意率和忠诚度的提高不会具有实质性意义。例如，当顾客投入的是自己的身体或智力因素（如医疗服务中接受手术的患者）时，如果出现服务失误，其后果将是无法挽回的，任何形式的服务补救都将是毫无意义的。相反，如果顾客投入的是信息或其他所有物，那么，服务补救的效果将会远远高于前者。这是我们在制订服务补救策略时必须注意的问题。

本 章 小 结

旅游服务营销是旅游企业在充分认识旅游消费者旅游消费需求的前提下，为充分满足旅游者消费需求在旅游市场营销过程中所采取的一系列活动。旅游服务营销体系由销售代表、内部服务人员、服务设施设备、非人员沟通构成。市场营销组合就是企业为了赢得目标市场，满足顾客需求，加以整合、协调使用的可控营销变量的组合搭配，具有营销工具的性质。营销策略的基础是营销组合，营销组合框架的构建便利了营销管理者控制变数条件并使之系统化。包括产品、价格、渠道和促销四个要素组成，由于旅游服务产品的无形性、过程性、异质性和易逝性，决定了服务人员、有形展示、服务过程在旅游服务营销活动中的巨大作用。服务承诺亦称服务保证，是一种以顾客为尊、以顾客满意为导向，在服务产品销售前对顾客许诺若干服务项目以引起顾客的好感和兴趣，招徕顾客积极购买服务产品，并在服务活动中忠实履行承诺的制度和营销行为。

【思考题】

1. 正值旅游旺季两位外籍专家入住上海某酒店，来到总台前，一位总台新手服务员小王查阅了预定记录，却怎么也找不到，于是断定两位客人没有预定，而且现在客房已经租出，于是告诉客人："你们没有预定，电脑里没有记录"。两位客人非常生气，坚持认为已预定，小王坚持说没有，双方争持不下，于是客人找到大堂副理小李投诉。根据以上资料回答下列问题：

（1）小王的做法是否正确，如果错了，错在哪里？

（2）大堂副理小李应该怎样处理客人投诉？

（3）假设你是小王，你会怎样做？

【单选题】

1. 旅游市场营销具备市场营销的一般内涵，是市场营销学、（　　）在旅游业中的具体应用。

A. 服务心理学　　　　　　　　B. 服务营销学

C. 管理学　　　　　　　　　　D. 广告学

2. 旅游产品的特性不包括以下哪项（　　）？

A. 无形性　　　　　　　　　　B. 结果性

C. 易逝性　　　　　　　　　　D. 异质性

3. 下列说法错误的是（　　）。

A. 市场营销的核心概念是"交换"

B. 交换的目的是满足顾客的"需要和欲望"

C. 市场营销活动的实质是"变潜在交换为现实交换"的过程

D. 市场营销等同于促销或销售

4. 旅游服务质量的特点下说法错误的是（　　）。

A. 过程性　　　　　　　　　　B. 主观性

C. 整体性　　　　　　　　　　D. 对负需求的管理

5. 市场营销管理观念的演进不包括（　　）。

A. 生产观念、产品观念　　　　B. 推销观念

C. 服务观念　　　　　　　　　D. 市场营销观念以及社会营销观念

答案：1. B　2. B　3. D　4. D　5. C

第十二章　旅游市场营销管理与创新

【学习目标】

通过本章的学习，了解旅游目的地的概念、特征和分类，认识旅游目的地营销的概念、特点、过程，掌握营销的主要方法；了解饭店产品的内涵与构成，理解饭店市场营销的特点，掌握饭店市场营销的主要方式；了解旅行社市场营销的特点，熟练掌握旅行社市场营销的组合策略；了解旅游景区的概念、特点和类型，认识旅游景区市场营销的影响因素，熟练运用旅游景区市场营销组合策略；了解会展的内涵，掌握会议、展览会和节事活动营销的策略和方法；熟练掌握和运用旅游市场营销领域的主要创新理念和技术。

案例导引

旅游市场营销未来发展八大趋势

一、由旅游资源和产品营销，转向旅游品牌营销

"三流企业卖资源，二流企业卖产品，一流企业卖品牌"已成旅游界共识。目前世界旅游经济已经从产品营销时代进入品牌营销时代，只有形成优质的旅游品牌，才能以品牌感染游客，以品牌宣传来带动市场。树立旅游品牌，需要旅游企业在品牌文化内涵上下工夫，要深度挖掘旅游产品的文化内涵，才能使旅游产品立于不败之地。

二、由旅游景区营销，转向旅游目的地整体营销

旅游业竞争的实质就是旅游目的地之间的竞争。旅游目的地的整体形象在旅游者心中地位的高低，决定着该旅游地客源市场的形成与发展。单一的旅游景区营销，其营销主体、营销资源、营销能力都很有限，已不能适应如今激烈的旅游市场竞争。旅游目的地整体营销是旅游目的地作为一个营销主体，以一个旅游目的地的整体形象加入旅游市场的激烈竞争中，强调旅游目的地营销的参与者不仅是某个旅游企业，而是目的地内所有的利益相关者，是旅游目的地所在的城市，营销的对象不是某个旅游产品，而是包括旅游产品、旅游环境、特色文化、风土人情和服务等在内的很多内容；旅游的受益者也不限于某个旅游企业，而是整个旅游目的地。

三、由对抗竞争，转向旅游景区联合营销

传统的市场营销观念总是将竞争对手视为敌人，同行业、同类产品，热衷于打价格战，这样的对抗营销结局就是两败俱伤。有市场，自然有竞争，但竞争之外更有"竞合"——从对抗到合作，"共存共荣"才是更好的发展之道。面对日益全球化的国际国内旅游市场，没有哪一个景区或城市能垄断独占，同时，地域的不同，也决定彼此旅游资源的独特性。实践证明，资源互补、优势互补，是旅游业可持续发展的趋势。

四、由以旅游产品为中心，转向以旅游者为中心

旅游的主体是人，对旅游目的地来说，游客就是市场，游客就是上帝，游客就是"衣食父母"。衡量旅游产品的好坏、旅游服务的高低、旅游环境的优劣、旅游销售的成败，最终要看游客的数量。在强调以人为本的时代，旅游市场营销也要从以旅游产品为中心转向以旅游者为中心。牢固确立"游客至上"理念，以旅游者为中心，细化旅游产品，以多样化的特色旅游产品。

五、由单向营销，转向双向互动体验营销

体验经济时代的到来，要求旅游行业顺应时代变化，从旅游者的感官、情感、思考、行动等方面，重新审视旅游的营销战略和规划，设计与之相适应的旅游市场营销方式。在营销理念上要突出旅游产品的参与性和体验性，强调旅游者的心理享受和满足，将体验旅游产品的魅力和价值作为宣传重点。在营销形式上要突出旅游者的参与性，开展互动营销，创造忠诚顾客。互动不仅包括旅游企业和旅游者的互动，还包括旅游者之间的互动。体验营销重在关注旅游者感受，创造丰富的旅游体验，更好地满足旅游者自我实现的需要。

六、由大众营销，转向个性化营销

随着旅游市场日趋成熟和旅游者阅历的增长，以旅行社为中介、以观光游览为目的的传统旅游方式已不能满足旅游者需求。越来越多的旅游者选择独特的旅游目的地，追求多样化的旅行方式，讲究灵活组合旅游产品价格，重视旅游个性服务。这种个性化的旅游者被称之为散客，散客旅游发展迅速，目前已成为旅游市场主体。散客旅游者关注更多的是自己的生活质量和个性特征在旅游过程中能否得到满足，用同一种旅游产品，去满足多层次、多特点的旅游需求的旅游营销方式越来越不能适应旅游者多样化、个性化的旅游需求。

七、由传统营销，转向网络营销

与传统营销相比，网络营销是一种以消费为导向，强调个性化服务的营销方式，具有极强的互动性、方便性，是一种人性化的"一对一"营销，能满足消费者订制旅游产品的要求。通过网络，旅游者不需要花多少时间就可以了解同类型旅游产品的特点、价格，甚至在网上就可直接浏览将要去的景点或饭店房间。消费者通过这种方式来确定自己的消费选择，快速、高效、便捷、节省费用，并能实现比通过旅行社预定要便宜得多的旅游开销。网络改变了旅游企业传统的经营理念和营销模式，建立的旅游网络营销体系也必将成为信息经济时代旅游市场营销模式的主流。

八、由国内营销为主，转向国外营销

中国旅游业快速发展，旅游市场潜力巨大，目前已与美国并列成为世界第三大旅游目的地国。据世界旅游组织预测，到2020年，中国可能超过目前排名第一的法国成为世界上最受欢迎的旅游目的地国，因此中国旅游市场营销要高度重视国外营销。目前一些地方的国外旅游市场营销水平还需提高。因此在今后一段时期，中国旅游业必须重视国外市场营销，提高旅游的整体溢价和盈利能力，才能提升国际竞争力，真正成为世界上最受欢迎的旅游目的地国。

简要案例评述：从上述8个方面的发展趋势可以看出，旅游市场营销的发展主要表现在旅游营销主体的变化（景区营销转向目的地营销），营销理念的变化（品牌营销、合作营销、体验营销作用的提升），营销技术的变化（网络营销的使用），和营销范围的变化（国际营销重要性的凸显）4个方面。基于此，本章将对旅游市场营销在理念和技术上的主要创新趋势进行介绍。

（资料来源：李建华. 旅游市场营销未来发展八大趋势. 企业活力，2009（1））

第一节　旅游目的地市场营销

一、旅游目的地的概念及特征

旅游目的地（Tourism Destination）又称旅游地、旅游胜地或旅游风景区。旅游目的地的概念可大可小，大到一个国家、甚至整个大洲，小到一个地区、一个城市、一个具体的旅游景点。

Kotler（2000）从区域范围，将旅游目的地定义为：那些有实际或可识别边界，如海岛的自然边界，政治边界，或者甚至是由于市场划分而形成的边界（一个批发商旅行时就会把澳大利亚和新西兰当作一个南太平洋旅游目的地）等的地方。

Dimitrios Buhalis（2000）从区域范围和行政管理的角度，认为旅游目的地是一个特定的地理区域、被旅游者公认为是一个完整的个体，有统一的旅游业管理与规划的政策司法框架，也就是由统一的目的地管理机构进行管理的区域。

张东亮（2005）认为旅游目的地是相对于旅游客源地、旅游过境地而言的，其存在应满足以下4个条件：① 独特的市场形象；② 具备促使人们产生旅游动机、做出出游决策的吸引物体系；③ 能满足旅游者的个性化需要和旅行生活基本需求，由健全的服务设施体系和高质量的服务业管理及环境质量做支撑；④ 具有完善的区域管理与协调机构。

从根本上说，旅游目的地必须对旅游者具备一定吸引力；除拥有旅游资源以外，还必须有比较完整的旅游服务体系支撑、完善相关的地面服务设施等服务要素和环境要素。

二、旅游目的地的分类

（一）按旅游资源类型分类

分为自然山水型、都市商务型、乡野田园型、宗教历史型、民族民俗型和古城古镇型。

1. 自然山水型，以自然山水旅游资源为主要吸引物，可细分为：山岳型旅游目的地、水域型旅游目的地、森林草原型旅游目的地、沙漠戈壁型旅游目的地等；

2. 都市商务型，凭借大城市作为区域政治、经济、文化中心的优势发展起来的；

3. 乡野田园型，则凭借农村生活环境、农业耕作方式、农田景观及农业产品吸引旅游者；

4. 宗教历史型，是凭借宗教历史文化、宗教历史建筑、宗教历史遗迹成为具有浓厚文化底蕴的旅游目的地；

5. 民族民俗型，依托凭借不同地区、不同民族之间的民俗文化和民族传统上的差异，依托独特的地方民俗文化和民族特色而发展；

6. 古城（或古镇）型，依托在历史发展中所保存下来的完整的古色古香的城镇风貌和天人合一的居民生活环境而吸引旅游者。

（二）按旅游者需求分类

可分为观光型、休闲度假型、商务型和特殊需求型旅游目的地。

1. 观光型，凭借优美的自然景观和独具特色的人文景观满足旅游者视觉、听觉、触觉等感官层次的需求，我国大多数旅游目的地可归属此类。

2. 休闲度假型，以良好的旅游环境吸引旅游者，满足旅游者放松身心，修身养性的需求为根本，休闲度假型旅游目的地既有比较单一的，也有与观光型旅游目的地相结合的，例如，近些年在城市周边大量涌现出的以休闲为主要功能的旅游目的地。

3. 商务型，凭借所依托城市的完善基础设施和商务功能，满足商务工作人员工作之余的旅游需求或在旅游中进行商务活动的需求。

4. 特殊需求型，以满足旅游者特殊的旅游需求为目的，如沙漠、戈壁以及极高山等探险型旅游目的地。

三、旅游目的地市场营销的概念、特点和过程

（一）旅游目的地市场营销的概念

旅游目的地营销是在确定的目标市场上，通过传播、提升、组合目的地的关键要素改变消费者的感知，建立目的地形象，提高旅游消费满意度，进而影响到消费行为，从而达到引发市场需求、开拓旅游市场的目的。其基本理念是综合旅游形象（Integrated Tourism Image）营销，运作机制是整合营销传播（Integrated Marketing Communication，IMC），推广方向是特定目标市场的细化推广，实施强度应与目的地旅游业总体发展水平、管理水平等协调。

（二）旅游目的地营销的特点

1. 营销效果的不易确定性

旅游目的地营销与物质产品营销有明显差别。一般的物质产品营销，产品实体可直接到达消费者身边，消费者对产品的满意度也主要受物质产品本身属性的影响，营销主体容易控制。而旅游消费要求旅游者做出空间位移，游客在出游前对旅游目的地信息的认识是不完整的，游客满意度受到旅游行程多个环节多个因素的影响，营销主体往往难以完全控制。同时，旅游"六要素"的整体特点也决定了人们拥有较大的消费弹性。因此，旅游目的地营销的效果表现出更多的不易确定性。

2. 营销内容的综合性

目的地营销作为发生在区域层面的营销活动，在内容上主要从宏观层面和综合性角度宣传旅游目的地，不可能对本区域众多具体旅游企业的单项产品给予详细介绍，区域总体旅游形象、总体旅游产品（主要景区景点）才是其营销重点，而单个旅游企业营销的重点是本企业的旅游产品，如各条线路、景区、各项服务等，以宣传本企业为主，关心的是其销售量、营业收入，营销局限于微观层面。虽然不少企业也顺便宣传所在地的景区景点，但毕竟是不完整的。

3. 营销目标的长久性

"只有永远的地区，没有永远的企业"。与一般旅游企业相比，旅游目的地营销目标具有长久性。单个企业的营销活动虽然客观上有利于提高目的地的知名度，但主要关注的是本企业的短期利益，较少考虑或无暇顾及地区的长远发展，更难涉及关系地区营销潜力的系列基础要素的建设（如区域基础设施、区域经济背景等）。旅游目的地营销目标则具有长久性，某地想成为旅游目的地，并希望得到可持续发展，就离不开营销。营销的长久性决定了营销计划存在的合理性。

4. 营销组织的多元性

一般认为，当地政府是旅游目的地营销活动的主体，因为只有当地政府最有能力组织整个地区的营销活动，这无疑是正确的。但也应看到，由于营销内容的综合性、复杂性，当地各种公众和私人团体、旅游企业及其从业人员、当地居民，对目的地的营销也有着重要意义。旅游目的地的口碑好坏对当地的旅游发展十分重要。口碑的形成，既来自于目的地内的居民，也来自于现实旅游者对某地旅游体验的满意度，包括与当地居民的接触。因此，广泛吸收当地利益相关者参与营销活动，实施不同层面的"关系营销"和"整合营

销"，对旅游目的地提高营销成效将有积极意义。

（三）旅游目的地营销的过程

1. 市场分析

市场分析是市场定位的基础，科学的市场定位是有效市场营销的前提。市场分析的意义在于通过对客源市场定期的抽样调查，摸清本地区现实的客源结构和潜在的客源所在，以指导本地区有针对性地开发客源市场。同时通过了解市场需求变化信息和游客对本地区旅游产品及服务的意见反馈，及时调整产品和服务内涵，适应客源市场的需求。通过市场分析，了解掌握本地区旅游资源的客源市场（包括潜在的）所在。既不是让市场适应产品，也不是简单地让产品适应市场，而是通过市场分析找到产品的需求市场。

2. 品牌定位

市场分析明确了目标市场所在，同时也明确了适应特定市场需求的资源与产品，从而为确立针对特定目标市场的目的地品牌定位打下基础。品牌定位，就是要在市场分析基础上，针对特定目标市场需求和特点，确立对该市场具有较高好感度和吸引力的目的地品牌。

3. 资源整合

旅游目的地营销部门要根据市场分析反馈的信息，对旅游资源进行适度的整合，形成可卖、可消费的旅游产品以适应市场的需求。由于在同一个旅游目的地中适应特定目标市场需求的资源可能很多，因此必须进行整合，将本地区最具品质和特色的资源推介给旅游者。同时，随着特定目标市场开发的深入，旅游产品也必须不断深化，及时推出深度游产品，适应市场需求。因此，资源的整合伴随着市场开发的深入而深入，伴随着市场开发的拓展而拓展。

4. 过程管理

过程管理的含义有两层：一是指通过对旅游市场营销全过程的管理，达到对旅游市场营销成本和绩效的控制；二是指通过对旅游目的地产品、服务、环境等的全过程管理，实现旅游市场营销所追求的高满意度、高美誉度和高重游率。第一个层面要求目的地旅游营销部门对旅游营销的每一个环节都要以科学态度、务实精神认真实施，同时要求旅游营销部门制定出科学可行的旅游营销过程管理操作规范，包括旅游营销各环节的投入、行为、目标的选择和控制方法等。基本原则是专业化、公开化和市场化。这是旅游目的地市场营销部门的职责。第二个层面是旅游目的地旅游主管部门和政府的职能，需要以创建中国优秀旅游城市、中国最佳旅游城市等"创佳活动"为载体，以旅游服务的标准化、规范化和国际化为手段全面推进。

5. 专业分工

由于旅游市场需求的多样性和旅游资源、旅游传播手段的多样性、复杂性，旅游市场营销需要建立严密科学的专业分工，提升旅游营销的专业化水平。旅游目的地市场营销体系的专业分工，既包括营销人员中市场调研分析、营销策划、市场推广等分工，也指特定目标市场的分工，还包括媒体策动、节事活动、会展、专项旅游产品策划等分工，目的是建立一支专业化的旅游营销队伍。

6. 绩效评估

旅游目的地市场营销的最终环节就是绩效评估。没有评估的营销不是真正科学的营销。营销必须对绩效进行评估。绩效评估既是对前期实施的旅游营销工作结果的评估，也是对前期实施的旅游营销工作中存在问题的调查，更是对下一步旅游营销工作所需的市场分析的开始。旅游营销的绩效评估，需要一套科学可操作的评估方法与手段，需建立起一套反映旅游营销绩效的指标体系。

四、旅游目的地营销方法

（一）目的地营销系统

旅游目的地营销系统（Destination Marketing System，DMS），是旅游信息化应用系统，以互联网为基础平台，结合数据库技术、多媒体技术和网络营销技术，将旅游营销宣传、旅游信息服务、电子商务、旅游行业管理有机结合，架设了一个旅游目的地和客源地之间通畅的桥梁，为游客提供全程的周到服务。旅游目的地营销系统网站的主要内容有：旅游目的地整体形象设计与宣传；全面、准确、及时的旅游目的地综合信息；宽带多媒体技术的表现手段（旅游视频、Flash 动画、三维环视等）；矢量旅游示意图；功能强大的信息查询工具；个性化的旅游行程设计；动感电子杂志（提供当月最新的各类旅游优惠促销信息）；黄金周大型旅游专题；实时、高效的同业交流专区；实时的媒体联系渠道；旅游局政务信息；多语言版本。旅游目的地营销系统在提升目的地知名度、促进目的地旅游信息化的规范化和标准化、满足消费者资讯需求、增加游客访问量、方便旅游交易、提供旅游服务和增加目的地旅游收入等方面都起到了积极作用，从而实现了目的地形象整合、目的地旅游信息及市场整合、实现系统内资源共享、产品及服务的价值链整合。

（二）节事活动

"节事"，一词来自英文"Event"，含有"事件、节庆、活动"等多方面的含义。国外常常把节日（Festival）和特殊事件（Special Event）、盛事（Mega-event）等合在一起作为一个整体，在英文中简称为 FSE（FESTIVALS &sPECIAL Events），中文译为"节日和特殊事件"，简称"节事"。西方学者根据自己的理解，将文化庆典、文艺娱乐事件、体育赛事、教育科学事件、私人事件、社交事件等通通归结到节事范围内。

从概念上来看，节事是节庆、事件精心策划的各种活动的简称，其形式包括精心策划和举办的某个特定的仪式、演讲、表演和节庆活动，各种节假日及传统节日以及在新时期创新的各种节日和事件活动。

各种节事活动对目的地所起的营销作用也非常显著。旅游事件营销是能为东道主创造极高层次的旅游、媒体报道、声望或经济影响的活动事件，集新闻效应、广告效应、公共关系、形象传播、客户关系于一体，其出发点是使事件成为促进旅游业发展的动力、激活目的地静态吸引物、提高目的地的吸引力。尤其是奥运会等特大型事件能吸引全世界观众的眼球，对举办国或举办地的旅游目的地形象具有巨大的集聚性推广效应。其他各类节事活动，如摄影节等都能对目的地形象宣传、提高市场知晓率和影响力产生积极作用。

（三）影视旅游营销

也被称为电影旅游（Film Tourism）、电影引致的旅游（Movie-induced Tourism or Film-induced tourism），即由于旅游目的地出现在银屏、影带和银幕上而促使旅游者造访这些旅游地和吸引物的旅游活动。影视作品是构筑旅游地形象的新手段，利用影视剧的传播效应将旅游目的地知名度迅速扩大已经成为当今旅游目的地最有效的宣传和推广方式之一。影视旅游营销工作可分拍摄和放映两个阶段，其工作重点是在影片放映后的阶段，具体措施包括：与电影电视摄制发行方密切合作，吸引旅游者前往旅游目的地；与旅行社建立战略联盟，通过旅行社门面店和网络推销目的地电影电视之旅，组团前往影视旅游目的地旅行；利用电影电视拍摄期间剧组和演员使用过的饭店房间、布景、道具等进行有针对性的营销活动，吸引有特殊旅游兴趣的旅游者；充分调动传统的广告画、摄影图片册、小画册、互联网和电影电视地图册等各种营销工具。最终通过影视旅游营销使旅游者能够多渠道接近和获取目的地信息，在潜在旅游者当中建立全新的旅游目的地形象，使目的地在旅游者心中由所知变为所想，促使旅游者的旅游动机转化为旅游行为，最终达到营销目的。

（四）主题形象营销

主题形象是突出旅游地个性、强化吸引力与深刻游客记忆的基本要求。旅游地主题形象的确立一要突出最具有地方特色的方面从而体现差异性；二是必须利于吸引游客；引发游客的兴趣。一旦确立城市的主题形象之后，所有的城市旅游营销活动都应围绕主题形象而展开，服务于主题形象。首先，旅游产品的开发应该围绕主题形象，体现主题形象和强化主题形象；其次，旅游地标识系统的设计，景观的建设，大型事件活动的举行，也要尽量围绕主题形象，服务主题形象，如昆明"世博会"正好服务于昆明"春城"的主题形象；最后，向外传递旅游信息要以主题形象为核心，主打旅游形象的品牌，而不是忽视主题形象，直接传递旅游产品的相关信息。

相关链接

澳大利亚黄金海岸旅游目的地营销经验谈

旅游目的地经历了规划、建设、经营、运转等系列过程，发展到一定程度，旅游营销成了突破现有瓶颈的重要环节和最终飞跃的决定因素。对目的地进行有针对性的有效的宣传促销不仅提升客源市场对目的地的认知度，带来大量客流，而且也能促进地方相关部门对旅游的认知度，改善旅游生存环境，从而促进旅游目的地健康持续的快速增长。中国旅游营销10余年的理论和实践发展中，旅游企业的营销方面已经卓有成效，但旅游目的地的营销并没有得到完全认识。本文将就国外成功旅游目的地（以澳大利亚黄金海岸为例）的营销经验结合中国的现状，从两个方面进行探讨，其一目的地的品牌模式问题，其二目的地的营销组织模式问题，并提出可借鉴经验。

首先，国外旅游目的地理论已基本成熟，与旅游目的地相关的目的地建设、营销和可持续发展都已相对自成体系。以旅游目的地营销理论为例，在旅游目的地形象、对游客的决策影响、要素和形式、形象与游客满意度、品牌和形象等方面，都已取得较大进展。特别是对旅游目的地的品牌建设，已从旅游形象提升至目的地品牌和品牌价值，从单一形象提升至目的地的整体品牌等。基础营销学理论已经成功导入目的地营销原理中，并有效地指导了旅游实践。以黄金海岸（Gold Coast）为例，黄金海岸旅游自身的符号特征非常明显，反映在整个旅游目的地的品牌定位是"Very Gold Coast"，缩写为"Very GC"，即以自己的符号作为特征。同时在整体品牌理论的架构下，通过休闲水疗（Very Relaxing Spa）、内陆风情（Very Inclusive Hinterland）、主题公园（Very Fun Theme parks）、动感海滩（Very Engaging Beach）和红酒美食（Very Enjoyable Dining）五大 Very 系列产品共同体现整体旅游品牌，层次清晰，品牌概念逐层深化，并有效支持了主打品牌的价值。

目的地营销中的整体品牌模式构建，即整体品牌及亚品牌的层次架构，是不同于以往城市形象、产品形象、宣传口号等的新概念，它有更多的附加值在其中。目的地品牌及其附加值是未来中国旅游目的地营销研究和政策制定中，需关注和提升的重要方面。

其次，从国外旅游目的地发展的经验来看，成功的旅游目的地的推广和宣传很大程度受益于目的地营销组织机制的系统和有效的营销策略。就澳大利亚旅游目的地的推广而言，通常由大型正规的、官方主导的市场营销，即由具有一定影响和认可度的营销代表机构来组织进行的，同时也有不定期、民间的促销活动，由旅游利益者通过一定的节事活动组织进行。如黄金海岸（Gold Coast）的旅游目的地推广是由地方政府部门（Local Government Areas，LGAs）、商业和旅游促进协会共同完成其品牌宣传和市场营销，而地方媒体对节事活动的宣传以及房地产开发商的广告促销活动，在一定程度上对于旅游目的地品牌的推广也有积极作用。

（资料来源：王琢，丁培毅. 澳大利亚黄金海岸旅游目的地营销经验谈. 旅游学刊，2009，24（5）.）

第二节　饭店市场营销

一、饭店产品的内涵与构成

（一）饭店产品的内涵

饭店产品，是指顾客在饭店整个消费过程中所需产品和服务的总和。饭店市场营销者应理解饭店产品的 5 个层次，由内而外分别是核心利益、基础产品、期望价值、附加价值和潜在价值，并对其进行运用。对饭店产品 5 个层次可由内而外进行分析，越内层的越基本，越具有一般性，越外层越能体现产品的特色。

1. 第一层次是最基本层次，是顾客真正购买的服务和利益，即：核心产品。实际上是饭店对顾客需求的满足。也就是说，饭店产品是以客户需求为中心的。因此，衡量饭店产品的价值是由顾客决定的，而不是由饭店决定。

2. 第二层次是形式产品，是将抽象的核心利益转化为提供这个真正服务所需的基础产品。

3. 第三层次是期望产品，需要考虑的是期望价值。期望价值是顾客购买饭店产品时希望并默示可得的，与饭店产品匹配的条件与属性。

4. 第四层是延伸产品，也就是附加价值，是指增加的服务和利益。这个层次是形成饭店产品与竞争者产品的差异化的关键，未来竞争的关键就在于其产品所提供的附加价值。

5. 第五层次是潜在价值，是指饭店产品的用途转变，由所有可能吸引顾客的因素组成。

（二）饭店产品的构成

1. 地理位置

饭店的地理位置好坏意味着可进入性与交通是否方便，周围环境是否良好。有的饭店位于市中心、商业区，也有的位于风景区或市郊，不同的地理位置构成了饭店产品的不同内容。

2. 建筑

饭店建筑式样是饭店硬件设施档次和质量的重要表现，会影响顾客对饭店的选择。因此，饭店的建筑也成为饭店产品的构成要素之一。

3. 设施

设施包括客房、餐厅、酒吧、功能厅、会议厅、娱乐设施等。饭店设施在不同的饭店类型中，其规模大小、面积、接待量和容量都不相同，且这些设施的内外装潢、体现的氛围也不一样。

4. 服务

服务包括服务内容、方式、技能、态度、速度、效率等。

5. 价格

价格既表现了饭店通过其地理位置、建筑与设施设备、服务和形象给客人的价值，也表示了客人从价格反映产品的不同质量。

6. 氛围

饭店的硬件、服务项目和服务人员的行为共同构成了饭店的氛围，直接影响顾客的消费行为。

二、饭店市场营销的特点

（一）注重有形展示

由于饭店服务是无形的，顾客很难感知和判断其质量和效果，他们将更多地根据服务设施和环境等有形线索来进行判断。因此，有形展示成为饭店服务营销的一个重要工具。

（二）分销方式单一性

有形产品的营销方式有经销、代理和直销多种营销方式。有形产品在市场可以多次转手，经批发、零售多个环节才使产品到达消费者手中。服务营销则由于生产与消费的统一性，决定其只能采取直销方式，中间商的介入是不可能的，储存待售也不可能。服务营销方式的单一性、直接性，在一定程度上限制了饭店服务市场规模的扩大，也限制了饭店业在许多市场上出售自己的服务产品，这给饭店产品的推销带来了困难。

（三）营销对象复杂

饭店服务市场的购买者是多元、广泛和复杂的，其人口统计特征、购买动机和目的各异，可能牵涉社会各界各业各种不同类型的家庭和不同身份的个人。这要求饭店营销部门更加注重对消费市场的调查研究，掌握其最新变化和发展趋势，制造出适合营销对象需求的产品。

（四）需求弹性大

根据马斯洛需求层次理论，人们的基本物质需求是一种原发性需求，这类需求人们易产生共性，而人们对饭店服务等较高层次消费需求属继发性需求，需求者会因各自所处的社会环境和各自具备的条件不同而形成较大的需求弹性。同时，服务需求受外界条件影响大，如季节变化、气候变化、科技发展、经济状况和政策环境的改变等，对饭店产品的需求会有重大影响。

三、饭店市场营销方式

（一）服务营销

饭店服务营销策略体系包括8方面内容：

1. 服务的技巧化，培养和增强服务技巧，利用服务技巧来吸引和满足顾客，具体包括服务的技能化、知识化和专业化；

2. 服务的有形化，饭店有策略地提供服务的有形线索，以帮助顾客识别和了解服务，具体包括服务的包装化、品牌化和承诺化；

3. 服务的关系化，在服务营销中强调关系营销、内部营销、公共关系、服务人员的交际能力、与顾客接触"真实瞬间"的服务质量、提高顾客对服务品牌的忠诚度，具体包括服务的角色化、细微化、倾斜化、组织化和合作化；

4. 服务的可分化，主要是服务的自助化、渠道化和网络化；

5. 服务的差异化，主要包括服务的变通化、多样化和特色化；

6. 服务的规范化，在服务过程中建立规范并用规范引导、约束服务人员的行为，以保持服务的稳定性，包括服务的理念化、标准化和可控化；

7. 服务的效率化，重视时间效率和空间利用率，包括服务的实效化、多功能化和一揽子化；

8. 服务的可调化，对服务时间、服务地点加以调整和对服务供求加以调节，以解决服务的供求矛盾，包括服务时间、地点和供求的可调化。

（二）关系营销

在饭店营销的实际操作中，常用三种不同层次的关系营销来发展与顾客长期友好的关系。

1. 一级关系营销，又称频繁市场营销和购买型关系营销，仅仅通过直接的经济利益刺激顾客购买更多的饭店产品和服务，是最低层次的关系营销；

2. 二级关系营销，也称社交型关系营销，更重视与顾客建立长期交往联系网络，以某种方式将顾客纳入饭店特定的组织中，使饭店与顾客保持更紧密的联系，实现饭店对顾客的有效控制，如建立俱乐部、顾客之家、设立顾客档案等；

3. 三级关系营销，又称结构性营销或忠诚型关系营销，饭店通过向顾客提供很有价值又不易获得的特殊服务，借此实现饭店与顾客双向忠诚、相互依赖、长期合作的关系。这种关系竞争对手很难模仿，是最高级别的关系营销。

（三）网络营销

目前饭店网络营销主要形式包括：企业内部管理信息系统、客户数据库、网上市场调研、网上广告、网上信息发布、网上预订与销售、网络技术在顾客接待服务中的使用。提高网络营销效果的措施包括：注册特色鲜明便于搜索的顶级域名，选择优质的网络服务商，以获得网站技术指导和扩大网站浏览量；正确使用电子邮件，收集、保存、整理饭店客户的电子邮件地址，对邮件要做到及时回复、有求必应；配备高素质的网络营销人员。

（四）文化营销

饭店实施文化营销包括：产品文化营销、品牌文化营销和企业文化营销 3 个层次。文化营销一方面提倡注重企业内部的认同，从而营造出和谐的软环境，另一方面倡导饭店文化对外展示，向外辐射，从而树立饭店良好的企业形象；文化营销强调通过顺应和创造某种价值观或价值观的集合来达到顾客满意，因此价值观观念的认同会从根本上提高顾客满意度；价值观是文化营销的基础，而核心价值观的构建是文化营销的关键，文化营销是构筑饭店企业竞争力的最新途径。

饭店文化营销未来的发展方向，主要有以下几个方面：

1. 传统文化的复兴，使饭店利用传统文化的广泛知名度和内涵，移植于饭店品牌，赋予其深厚的文化底蕴；

2. 观念创新，创造饭店产品新的文化内涵，选择新的饭店和采用新的营销手段；

3. 伦理制胜，是 21 世纪饭店文化营销的制高点，饭店伦理使饭店的营销与日常经营符合社会、企业和个人三者的共同利益；

4. 不同民族的文化，融合不同民族的文化价值，通过各种民族活动、店堂装潢、专题产品，体现多元的文化内涵，提升饭店产品价值。

（五）绿色营销

饭店绿色营销的具体措施包括：

1. 加强绿色饭店宣传，培养绿色消费观念。绿色饭店的服务、管理人员应对顾客进行绿色提醒，把客人视为环保的合作伙伴。为此，饭店可向客人宣传饭店的环保计划和创意，引导消费者进行绿色消费，让消费者认识到绿色消费是一种高尚文明行为。此外，可通过各种媒体，如电视、报刊、网络等，对饭店的绿色经营理念和绿色消费概念进行宣传，还可以通过某些公益性活动来宣传企业的绿色形象，如举办绿色赞助活动及慈善活动等，来唤起顾客的绿色消费意识；

2. 根据不同消费群体制定绿色营销策略。每个饭店可根据自己的定位和主要客源的特点，实施和宣传相应的绿色营销措施。从顾客的角度积极倡导绿色消费，才能使饭店的绿色消费从纯粹的经济行为，转化为一种对环境负责任的社会行为，并延续到日常生活的方方面面；

3. 增加顾客价值。顾客在绿色饭店消费会因提供绿色食品、绿色客房造成顾客支付总成本的增加，或是减少了部分服务和服务设施。因此，饭店可采取一定的措施降低顾客支付的成本，并对其价值进行补偿，尤其是对顾客反应差异大的环保措施予以适当补偿。

第三节　旅行社市场营销

一、旅行社市场营销的特点

（一）注重产品外包装

旅行社产品是服务产品，具有无形性特点。旅游者在购买旅游线路时，只能通过销售人员的描述和相关宣传资料去想象即将到达的目的地、风景和住宿环境，只有通过实地参与，才能真正体验旅游产品。因此，为了让旅游者在购买时更多地了解产品，增强购买信心，旅行社必须给无形产品一个有形的外包装，如详细的日程安排表、图文并茂的宣传手册、内容丰富的网页和视频资料等。

（二）营造产品的销售环境

由于旅行社产品的无形性，旅游者只有对旅行社企业和服务具有足够信心才会下决心购买。为了增加旅游者的信任感，须注重旅行社接待环境的装饰、外观和氛围，以及服务人员的着装、仪表、服务态度和专业知识的掌握程度。最终帮助顾客形成对企业良好的形象认知，坚定购买信心。

（三）注重口碑宣传

由于旅行社产品不能被消费者提前试用，只能通过参与过旅游行程游客的反馈意见加以评判。旅游者对亲朋好友和周围人所进行的旅行社产品的评价和宣传，将对产品的销售产生重大影响。优质的旅行社产品会吸引不少回头客，回头客的口碑宣传又会为旅行社带来大批潜在的购买者。因此对每一位顾客热情服务，并注意对抱怨和投诉的处理，是旅行社营销的重点。

（四）对供应商的关系营销

旅行社主要负责对一些旅游服务成品的包装、组合与销售，自己并不实际参与旅游产品的生产，因此其对供应商的依赖较大。如在一条报价旅游线路中，旅行社需要将餐饮、住宿、交通、景点、购物和娱乐场所所提供的产品和服务组合起来，作为整体产品进行销售。这些供应商与旅行社是契约关系，不归旅行社所有和支配，任何环节出现纰漏都将影响产品的质量。因此，旅行社在日常运营中要注意与供应商之间的关系营销，与其建立良好的关系，才能保证经营活动顺利进行。

二、旅行社市场营销组合策略

（一）产品策略

旅行社的产品策略包括旅行社的产品构成、产品生命周期和产品组合策略等内容。由于在旅行社的实际经营过程中，旅行社的产品既包括整体的旅游产品和服务，也包括单项的旅游产品和服务。并且在更多情况下，由于旅行社在旅游产业中的纽带作用，旅行社所提供的产品是对各旅游产品要素不同程度的整合。由此，旅行社产品的概念在很大程度上与旅游产品有所重叠，即可以把旅行社产品理解为旅游产品。由于旅游产品的产品策略在第7章进行了详尽的介绍，这里就不再对旅行社产品的产品策略进行详尽介绍。

（二）价格策略

实践表明，在旅行社营销组合中，旅行社产品的价格是对旅游者需求影响最为直接的一种营销策略，也是旅行社利润的最直接决定因素，关系到旅游者和企业两者的直接利益。因此对旅行社产品定价是值得重视的问题。旅行社的定价目标包括利润导向、销售量导向和应对竞争导向3种。相应地，旅行社产品的定价方法则包括成本导向定价法、需求导向定价法、竞争导向定价法。旅行社产品的定价策略主要包括新产品定价策略、现有产品定价策略、心理定价策略和促销定价策略四大类。其中，新产品定价策略又可分撇脂定价和渗透定价两种。

（三）渠道策略

1. 旅行社营销渠道的定义

旅行社销售渠道是指旅行社将产品转移给最终消费者的实现途径。旅行社营销渠道一方面可以使旅行社接触到更多的消费者，扩大产品的销量，增加旅行社的市场份额，实现企业的发展壮大；另一方面，由于旅行社的目标市场与本企业空间距离较远，如很多经营入境游的旅行社，目标市场遍布世界各地，必须借助销售渠道中各中间商的力量，才能接触到目标市场，实现产品销售。

2. 旅行社营销渠道的类型

（1）直接渠道

直接销售渠道是指旅行社不经过任何中间环节，直接将产品出售给消费者的流通途径，如旅游者直接到旅行社的营业场所预订和购买，或通过旅行社网络平台直接购买。优点是旅行社可以与目标市场直接接触，有利于获得准确的市场信息，控制销售过程；缺点是成本较高，当然网络技术的不断进步，互联网电子商务的发展使旅行社建立直接销售渠道的成本大幅度降低。

（2）间接渠道

是指旅行社借助中间商将产品间接销售给最终消费者的流通途径。优点是在短期内扩大市场的接触范围，减小自设销售网点的风险，有利于旅行社快速发展壮大。不利之处在于由于旅行社无法直接接触旅游者，缺乏关于目标市场的真实信息。同时中间环节过多或中间商不力时，会增加渠道成本。另外，中间商的选择和管理也给旅行社带来巨大挑战。

3. 西方旅行社的销售渠道模式

西方国家旅行社销售渠道主要包括旅游经营商（Tour Operators）、旅游批发商（Travel Wholesalers）、旅行代理商（Travel Agents）和专业分销商（Professional Distributor）4 种，其相互关系和运作机理，见图12-1。

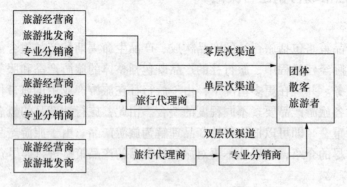

图12-1　西方旅行社销售渠道模式

（1）旅游经营商

专门从事包价旅游的组装工作。包价旅游的范围和内容各不相同，但最终都通过旅游分销系统以独立产品的形式和独立的价格销售给最终消费者。旅游经销商在旅游供应商和旅行代理商或旅游者之间建立起中介桥梁。

（2）旅游批发商

旅游批发商的业务模式类似于旅游经营商，不同之处在于旅游批发商通常没有属于自己的销售系统，而主要依靠独立的旅行代理商销售其产品。事实上这一区别在欧美特别是美国正日趋淡化。

（3）旅行代理商

旅行代理商是美国旅游产品分销系统中的重要组成部分，也是美国旅行社业的主题，其对人们的旅游决策具有很大影响力。旅行代理商通常为旅游者或出行者办理预订并提供服务，偶尔也为一些特别的顾客或团体设计行程。旅行代理商并不实际拥有或预先承诺购买供应商的旅游产品，而是当其接受顾客预订并收取费用后，才向供应商购买相应的服务。主要包括综合服务旅行社（Full- service Agency）、商务旅行社（Commercial Agency）、内设旅行社（In Plant Agency）、团体旅行社（Group Agency）和奖励旅行社（Incentive A-gency）等具体形态。

（4）专业分销商

专业分销商主要包括奖励旅游公司、会议策划商、公司内的旅游部门、协会执行委员会、饭店代表、旅游咨询顾问，以及供应商销售办公室。与旅行代理商相比，专业分销商只是旅行社销售渠道中很小的力量，却对消费者的购买决策产生着深远影响。他们既可代表卖方又可代表买方，类似专业化的旅行社，是专门领域的旅行专家。随着旅游市场日益专业化、细分化，这种分销商作用也会日益重要。

4. 我国旅行社的销售渠道模式

（1）我国入境旅游销售渠道模式

我国旅行社在入镜旅游业务中采取直接和间接两种渠道。一种是入境旅游的组团社通过在国外的分支机构出售产品，属于直接销售渠道。这种方式需要花费大量的人力物力财力，且因不了解外国消费者的产品需求、购买心理、行为方式，销售效果不甚理想，另外覆盖面不够大，无法涵盖所有客源市场。第二种则是在客源地所在国寻找目标市场比较一致的外国旅行社作为中间商销售产品，既可以采用一个层级的渠道进行销售，也可采取两个或多个层次的渠道。我国入境旅游销售渠道模式，见图12-2。

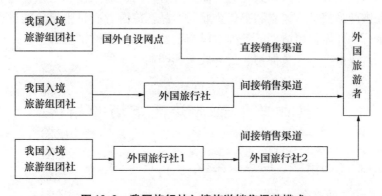

图12-2　我国旅行社入境旅游销售渠道模式

（2）我国出境旅游销售渠道模式

我国出境旅游业务目前出现了一些大型批发商，这些批发商一般关注于某区域出境市场，如凯撒国旅、众信国旅、华远国旅等关注于欧洲市场；捷达假期、海洋国旅、东方中旅、和平国旅专攻东南亚及港澳市场；而国旅总社、广东中旅等老牌大社则在一些高端市场和单一市场如澳大利亚等市场份额较大。这些批发商销售产品主要是通过在国内各地尤其是口岸城市寻找合适的旅行社进行同业批发，由这些旅行社帮助其收客、销售产品。另外这些出境社也有自己的门市、网络销售平台等直接销售渠道。我国旅行社出境旅游销售渠道模式，见图12-3。

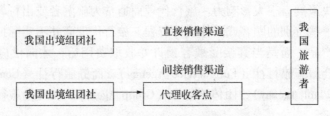

图 12-3　我国旅行社出境旅游销售渠道模式

（3）我国国内旅游销售渠道模式

我国旅行社在国内业务中最常见的是采用直接销售的渠道模式。一方面通过在本地建立的经营网点门市和网上收客；另一方面在异地设立的分社销售产品。2009 年 5 月 1 日开始实施的《旅行社条例》中规定"旅行社分社的设立不受地域限制"为旅行社异地设立分社扫清了障碍，分辨有实力的旅行社在主要客源地和目的地设立自己的分支机构，采用直接销售渠道销售产品。

另外，我国一些大型旅行社如春秋旅行社也采取间接销售渠道门市，通过在全国发展代理商销售产品。随着网络技术的发展，多数旅行社都建立起自己的网站，有实力的旅行社还建立了网络销售平台，增强了直接销售的力度。

（四）促销策略

促销即促进销售，是营销的传播部分，指一个组织或企业对外开展的营销传播活动，目的是促使消费者采取购买行动。旅行社促销是指旅行社营销者为树立企业和产品形象，激发旅游者购买欲望和引导其购买行为，而对外进行的沟通工作和营销传播。旅行社促销是向旅游者提供产品信息、树立和宣传企业与产品在旅游者心目中形象的过程。旅行社营销组合是指旅行社开展促销活动的各种手段与整套工具，在营销组合中常用的方式主要包括广告宣传、营业推广、人员促销、公共关系和印刷品 5 种。

第四节　旅游景区市场营销

一、旅游景区的概念、特点及类型

（一）旅游景区的概念

与旅游景区相关、相近的表述有很多，如旅游资源、旅游吸引物、景区旅游资源、旅游目的地、旅游景点、风景名胜区、旅游度假区、风景旅游区等。国家标准（GB/T17775-2003）《旅游区（点）质量等级的划分与评定》（2003）将旅游区（点）（Tourist

Attraction）定义为：以旅游及其相关活动为主要功能或主要功能之一的空间或地域，具有参观游览、休闲度假、康乐健身等功能，具备相应旅游服务设施并提供相应旅游服务的独立管理区。该管理区应有统一的经营管理机构和明确的地域范围。包括风景区、文博院馆、寺庙观堂、旅游度假区、自然保护区、主题公园、森林公园、地质公园、游乐园、动物园、植物园及工业、农业、经贸、科教、军事、体育、文化艺术等各类旅游区（点）。张凌云（2004）提出，旅游景区是以吸引游客为目的，根据游客接待情况进行管理，为游客提供一种快乐、愉悦和审美的体验并开发潜在市场需求，提供相应设施和服务，有较明确范围边界和一定空间尺度的场所、设施或活动项目。

（二）旅游景区的特点

1. 旅游活动内容特定

这种特定内容即指旅游吸引物（Attraction）是对旅游资源开发利用的结果，是旅游景区存在的核心要素。无论是自然旅游资源还是人文旅游资源，都必须具有对旅游者较强吸引力，并以这种特定吸引物的文化内涵和活动内容而区别于其他不同的旅游景区。

2. 明显的地域空间范围

这种地域空间范围在实践中常常表现为门票范围。只有明确的地域空间范围，旅游者的空间位移才能是明确的、稳定的和可研究的，也才能保证旅游更好设计、开发建设和经营管理顺利进行。

3. 具有专门的经营管理机构

任何旅游景区都是一个经济单元。内部有一个管理主体，对景区的资源开发保护、经营服务进行统一管理。此机构是旅游景区的经营主体，也是旅游景区产品的供给方。它可能是政府机构、行业主管机构、多部门联合的机构或独立的法人管理主体。

4. 多层利益平衡性

旅游景区比其他旅游企业更需要平衡与自身发展相关的各种力量。每位游客消费经历的满意度要与景区对旅游行为的认可度相适应统一。旅游景区多是资源独特环境脆弱的区域，各利益主体都必须在景区系统中平衡才能使景区良性发展。

（三）旅游景区的分类

马勇、李玺（2006）根据资源属性，将旅游景区分为自然类景区、人文类景区、复合类景区、主题公园类景区，以及社会类旅游景区。姜若愚（2004）根据景区功能和资源特色，将旅游景区分为观光游览类、历史古迹类、民俗风情类、文学艺术类、娱乐游憩类（又可细分为康体疗养型、运动健身型、娱乐休闲型景区）、科考探险类，以及综合类旅游景区。邹统钎（2003）根据景区开发的功能、目标、管理方式，分为经济开发型景区（包括主题公园、旅游度假区），资源保护型旅游景区（包括风景名胜区、森林公园、自然保护区和历史文物保护单位）。

二、旅游景区市场营销的影响因素

（一）人口因素

人口是旅游景区市场营销的主体和对象。市场主体是由具有购买欲望和支付能力的人构成的，人口的数量、地理分布、统计特征等因素，直接影响旅游市场的容量。在收入水平一定的情况下，人口数量与市场规模、消费能力成正比。客源市场距离旅游景区距离越远，则越不利于市场的营销。而人口的城乡分布也影响着旅游景区产品的需求。人口结构则是通常所说的人口统计特征，客源市场的性别、年龄、职业、教育程度和家庭生命周期等特征，对旅游景区营销具有较大的影响。

（二）经济因素

经济因素是构成旅游景区市场供给和消费者有效需求的最重要因素，其对旅游景区市场的消费需求、消费能力、消费方式和消费结构都有重大影响。经济因素包括国民生产总值、个人收入、个人可支配收入等指标。其中，收入特别是个人可支配收入对游客的景区旅游需求具有主要影响。

（三）文化因素

主要是指一个国家、地区的民族特征、价值观念、生活方式、风俗习惯、宗教信仰、伦理道德和教育水平等。一定文化环境下形成的社会价值观、社会生活方式及行为方式，对旅游者的需求和购买行为的影响非常深刻。旅游活动本身是一种文化消费活动，旅游是为了获得新奇的、审美的经历和感受差异。旅游景区最能给游客震撼力的差异，无疑就是各种丰富多彩的传统民族文化、宗教文化、种族文化和地域文化。一般来说，客源地和旅游景区的文化差异越大，对客源地居民吸引力就越大，居民旅游欲望也就越强烈，旅游客源地的需求规模也就越大。此外，对于游客来说，文化水平决定着其生活习惯和购买行为。尤其是社会阶层、语言、民族、宗教等文化因素对旅游需求的影响都很大。

（四）企业内部因素

第一，旅游景区的资源，涵盖旅游景区的人力、物力、财力等方面的状况。景区营销人员在进行旅游景区营销活动时，要注意协调好三者之间的关系；第二，景区的组织环境，即景区内部不同的组织机构、权力分配、职能部门和人员的职权范围，以及正式和非正式的关系网络，组织环境应主动努力适应营销战略的实施和变化；第三，旅游景区文化，其内容包含旅游景区的整体面貌、景区声誉、景区外观、规章制度、员工的职业道德、服务水平等。这些都将影响景区营销战略的制定和执行效果。

（五）竞争者因素

每个景区一般都面对4种类型竞争者，即品牌竞争者、行业竞争者、需要竞争者和消费竞争者。品牌竞争者是同行业以相似的价格向系统的顾客群提供类似产品或服务的所有景区；行业竞争者是提供同类产品的旅游景区；需要竞争者是提供不同类型产品满足和实现旅游资源同一需要的旅游景区；消费竞争者是提供不同产品，但目标市场相同的旅游景区。识别和划分不同类型的竞争者，了解景区存在的竞争威胁是在市场竞争中取胜的基本条件。营销人员在进行竞争分析时，按以下步骤进行：第一，确定旅游景区的主要竞争对象；第二，进行竞争情况分析；第三，确定景区各自的相对竞争优势和劣势；第四，制定景区的竞争对策。

三、4PCRs 下的旅游景区市场营销组合策略

（一）4PCRs 景区营销策略体系

1. 4Ps、4Cs 和 4Rs 理论

杰罗姆·麦卡锡（E. Jerome McCarthy）（1960）提出 4Ps 营销策略理论，即 Product（产品）、价格（Price）、渠道（Place）和促销（Promotion）。4Ps 理论的提出对当时的市场营销理论和实践产生了深刻影响，并被奉为营销理论的经典。此理论为景区营销实践提供了重要参考，并长期作为景区营销的主要策略加以使用。

随着市场竞争的日趋激烈和买方市场的全面确立，使传统的以生产为导向的营销策略很难再适应企业发展的需要。罗伯特·劳特朋（Robert Lauteerborn）（1990）针对 4Ps 理论存在的问题，提出了 4Cs 营销策略理论，即 Customer（顾客）、Cost（成本）、Convenience（便利）和 Communication（沟通）。然而 4Cs 理论在景区实践和市场发展中，仍有许多不足。如重视顾客导向，忽视竞争导向；忽视旅游者需求的合理性；缺乏满足顾客需求的措施；被动适应旅游者需求，而缺乏主动。

针对 4Ps 和 4Cs 理论在某种程度上的不足，唐·舒尔茨（Don E. Schultz）（2001）提出 4Rs 营销新理论，即 Relevancy（关联）、Return（回报）、Respond（反应）和 Relation（关系）。4Rs 理论兼顾了以生产为导向的 4Ps 理论和以市场为导向的 4Cs 理论，注重生产者与消费者长久稳定关系的建立和两者的共赢，为景区提供了全新的营销理论。

2. 4PCRs 景区营销策略体系的建构

刘锋、董四化（2006）指出，从 4Ps、4Cs 到 4Rs 理论的发展，是从以生产者为中心，到以顾客为中心，再到以关系为中心的发展。这种发展关系的对应关系，反映了营销策略理论的发展趋势和轨迹，成为建立景区营销策略体系的基础理念。据此，刘锋、董四化（2006）将 4Ps、4Cs、4Rs 理论融为一体，建构了 4PCRs 营销策略，在传统的产品策略中兼顾"顾客"与"关联"，在价格策略中兼顾"成本"与"回报"，在渠道策略中，兼顾"便利"与"反应"。最后是在促销策略中，融合"沟通"与"关系"，见图 12-4。

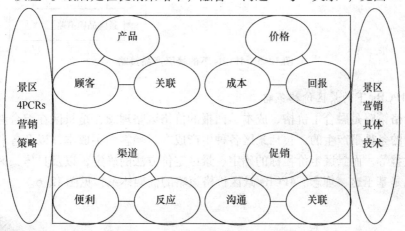

图 12-4　4PCRs 景区营销策略体系

（二）4PCRs 下的景区产品策略

景区营销中，最基本、最核心的工作就是根据市场需求，在综合分析景区的地脉、文脉等因素的前提下，确定景区的特色和定位，也就是先要明确市场要什么、将怎样，自身是什么、有什么，再来决定卖什么。产品与顾客是密不可分的。任何一种产品的销售都很难长盛不衰，景区营销人员还要依照产品的生命周期和市场竞争特点，进行有针对性的产品策划，以适应瞬息万变的市场，并尽可能延长产品的市场寿命，以增加景区收益，尤其要注重景区产品品牌和服务的策划，这是实现景区和旅游者价值以及社会价值的基础，如图 12-5。

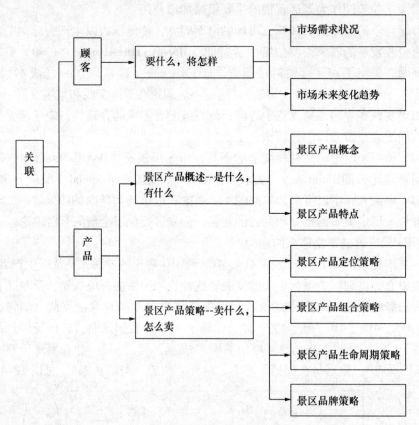

图 12-5　4PCRs 下的景区产品策略

（三）4PCRs 下的景区价格策略

景区价格策略是融合了价格、成本、回报的价格策略理念，是景区在综合考虑多种价格制约因素的条件下产生的，包括景区各种生产成本、顾客购买成本，以及各利益相关群体的回报收益等。而景区定价目标的确定、景区定价方法的确定，以及具体景区价格策略的制定，也是基于这一理念。4PCRs 景区价格策略的框架体系，见图 12-6。

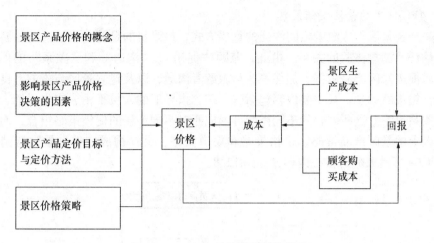

图 12-6　4PCRs 下的景区价格策略

（四）4PCRs 下的景区渠道策略

景区渠道策略融合了"渠道"、"便利"和"反应"的渠道策略理念，即建立渠道是为了给顾客带来更大的便利，进而提高景区与旅游者之间市场交换的反应速度。具体来讲，渠道策略将论述渠道的内涵、存在的必要性，渠道的功能、构成、设计方式、划分，渠道和分销商的选择，以及渠道的实施，见图12-7。

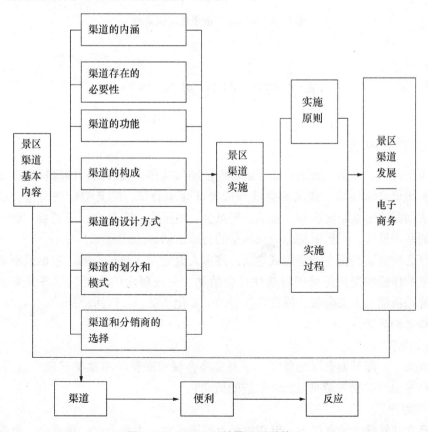

图 12-7　4PCRs 下的景区渠道策略

（五）4PCRs 下的景区促销策略

促销是加强景区与旅游者之间沟通的重要方式，最终目的是要建立景区与旅游者长期而巩固的信任且满意体验的关系。由此，兼顾"促销"、"沟通"和"关系"的促销策略理念，是以促进景区产品销售、加强景区与旅游者沟通，以及建立景区与旅游者良好关系为基础的营销策略理念，其主要内容包括这一理念指导下的人员推销、广告促销、销售促进和公共关系策略。这些内容的不同搭配可形成面对不同市场的促销策略组合，而促销策略组合与以上的景区产品策略、价格策略和渠道策略，共同构成完整的景区营销组合策略，即 4PCRs 营销策略的核心内容，见图 12-8。

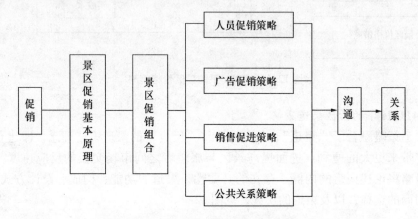

图 12-8　4PCRs 下的景区促销策略

第五节　会展市场营销

一、会展的内涵

会展是指会议、展览、大型活动等集体性活动的简称。会展是指围绕特定主题多人在特定时空的集聚交流活动。狭义的会展是指展览会和会议；广义的会展是指会议、展览会、节事活动和奖励旅游的统称。会议、展览会、博览会、交易会、展销会、展示会等是会展活动的基本形式，世界博览会为最典型的会展活动。

会展概念的内涵是指在一定地域空间，许多人聚集在一起形成的、定期或不定期、制度或非制度的传递和交流信息的群众性社会活动，会展概念的外延包括各种类型的博览会、展览展销活动、大型会议、体育竞技运动、文化活动、节庆活动等。

会展概念的演变：

1. 会展概念一

会展概念一，即早期会展的概念，主要是将会议和展览简单地加起来。包括：展览、会议和奖励旅游（奖励旅游是从国外引进的概念）。

2. 会展概念二

这种概念在外延上没有扩大，但在内涵上有所丰富。大型会议：奥运会、世界妇女大会；中小型会议：论坛、高峰会议；大型博览会：世界博览会；中小型展示活动：汽车展、服装节。

3. 会展概念三

这种概念无论在内涵和外延方面都有所丰富和扩大，创意产业已经成为社会共识。

关于会展的定义很多，狭义的会展仅包括会议和展览会。欧洲是会展的发源地，在欧洲，会展被称为 C&E（convention and exposition）或者 M&E（meeting and exposition），即：会议及博览会。而广义的会展就是通常所说的 MICE（M：meeting 公司业务会议；I：incentive tour 奖励旅游；C：conventions 大会；E：exhibition and events 展览）和 FSE（Festival and Special Event），即："节日和特殊事件"，简称"节事"，包括：文化庆典（包括节日、狂欢节、宗教事件、大型展演、历史纪念活动）；文艺娱乐事件（音乐会、其他表演、文艺展览、授奖仪式）；商贸及会展（展览会/展销会、博览会、会议、广告促销、募捐/筹资活动）；体育赛事（职业比赛、业余竞赛）；教育科学事件（研讨班、专题学术会议、学术讨论会、学术大会、教科发布会）；休闲事件（游戏和趣味体育、娱乐事件）；政治/政府事件（就职典礼、授职/授勋仪式、贵宾 VIP 观礼、群众集会）；私人事件（个人庆典：周年纪念、家庭假日、宗教礼拜，社交事件：舞会、节事，同学/亲友联欢会）8 类。其中：展览会/展销会、博览会、会议等商贸及会展事件，是会展业最主要的组成部分。

二、会议营销

（一）会议的类型

在西方，根据会议举办者身份，会议可分为公司会议、协会会议和非营利性组织会议。公司会议在我国也十分普遍，主要类型包括销售会议、技术会议、新产品发布会、分销商会议、管理层会议、培训会议、股东会议和奖励会议等。协会是西方会议市场最主要的客源，地方性、全国性乃至国际性协会每年都要举办各种会议。具体来说，协会会议包括年会、专门会议、研讨会和专题讨论会、董事会和委员会会议。非营利组织主要包括为达到某种共同目的而建立，包括政府机构、SMERF 团体、工会组织和医药团体，结构类似协会，有会员但不营利，也举办年会和其他会议。而政府机构会议、社交团体会议、军人和其他团体会议、教育会议、宗教会议、联谊会议、医药会议都是非营利性组织会议的重要组成部分。

（二）会议营销的内涵

会议营销关注如何把会议推向市场，把会议本身作为产品进行营销的行为。会议营销是会议策划者以与会者的需求为出发点，有计划地组织各项经营活动，为与会者提供满意的项目安排和配套服务，从而实现会议目标的过程。

（三）会议营销的促销策略

1. 直接邮寄促销

直接邮寄在树立会议形象、提升人们对会议的认知、激发目标社区对会议的关注等方面最为有效。而且，如果客户名录准确无误，直接邮寄将成为成本最低的方法。因此，会议公司的一项重要工作就是建立和维护客户名录数据库。对客户名录的维护，既可由企业自己完成，也可外包给从事名录维护的专业机构。

2. 电话促销

由于具有成本相对较低、反馈快等优点，电话营销一直是会议公司的主要营销手段之一。合理有效地运用电话来开展营销，能使会议公司享有诸多优势。首先，电话营销成本比人员登门拜访低很多，且每次联系所花时间也较少；其次，通讯技术的普及使得与客户联系越来越容易，营销人员通过电话筛选潜在客户或与客户进行预约，能有效降低会议公司成本。

3. 广告促销

协会或会议公司在进行广告设计时，最贴近本公司且成本最低的莫过于自己主办的出版物。但会议营销人员还应该精心挑选其他媒体，并把它们整合到整体营销计划中，以优化广告效果和节省成本。在媒介类型上，除印刷广告外，还可选择诸如电视、电话以及包括互联网在内的电子媒体，另外还有户外广告（路牌、街头横幅）等。另外还有一些常被忽视的广告媒介，如协会杂志和各类函件（被称为"入户广告"，只要有空间就能够在任何时间投向任何地方）；成员宣传册；会议计划手册（为即将举办的会议所做的封底广告）；关于会议公司的法律文件或其他活动的新闻发布；非相关活动宣传册，如对于某位演讲人或筹款人的系列报道；分会和会员通信与杂志；信笺和信封（事先印刷好的或不干胶贴纸）；成员名录（包括联盟团体）；协会的互联网网址；关于会议的闭路电视节目；打进总部电话的记录信息等。

4. 公共关系促销

对于会议营销者而言，公共关系的目的在于向受众传递信息，影响受众的观点并激发其参加会议的兴趣。虽然公关关系和宣传资料、广告都是为了达到同一目的，但三者之间存在极大的差别。例如，广告或直接邮寄效果的测算比较简单，但公共关系的效果却难以量化；广告是会议组织者在向受众宣传自己，而公共关系是要激起别人对组织和会议的某种态度或想法；广告的设计、投放时间、投放地点和相关信息，受目标对象的影响很大，但在公共关系中，营销人员的主动性更强。公共关系的作用范围既包括强化自身的优势，也涉及扭转失败的局面。它可以被设计成强调过去会议的成功，进而在竞争中胜出，也可用来转变过去的失败对组织造成的负面影响，集中全力重新争取观众。这种努力可以是内部公关活动，也可以是面向目标市场的外部公关活动。从这个意义上讲，公关关系是整个营销战略中不可或缺的关键部分。

5. 媒体促销

主要针对营利性会议。一般来讲，协会、社团和其他非营利性组织的会议往往不需要花费很多工夫来处理媒体事务，而媒体也往往对非营利性会议比较支持。对于公司的培训、销售等营利性会议来说，营销人员面临的最大挑战就是如何使媒体认识到会议的"新闻价值"，这种价值可以是某一社会效益，也可以是本次会议对特定群体的重要性等。媒体促销主要包括：选择合适的媒体、吸引媒体注意、与媒体建立联系和媒体成功对会议进行宣传报道4个步骤。

三、展览会营销

（一）展览会的内涵

展览会是一种联系买家和卖家的理想纽带，人类社会发展史上没有哪种营销手段能像展览会那样在短时间内集中一个行业内主要的生产厂家（参展商）和买主（专业观众和中间商）。因此，展览会营销一方面要靠"展"来吸引专业观众，另一方面要靠"览"和服务来吸引参展商，这就是推广展览会的基本原理。展览会的成功并不在于展览会管理的本身，而是在于如何成功、有效地把买卖双方组织到一起，增加他们参加和参观展览会的兴趣和价值，即促进和提高买卖双方的信息交换率和交易成功率。

（二）展览会营销组合策略

展览会营销属于服务营销的一种特殊类型，因而展览会营销组合策划，可借鉴服务营销策划的相关原理与方法。王春雷、梁圣蓉（2010）借鉴麦克姆·麦克唐纳（Malcolm McDonald）和爱德兰·佩恩（Adrian Payne）提出的服务营销过程的七大要素组合，对展览会的营销组合进行设计。

1. 产品策略

展览会营销的产品策略是营销组合策略的首要内容，涉及展览会的定位、竞争力分析、组合分析、品牌化、实体化和新产品开发策略等内容。第一，展览会的定位应建立在展览市场细分和目标市场选择的基础之上，其直接表现为产品和服务的差别化，前提条件是进行深入的客户分析、竞争对手分析、企业优劣势分析和环境分析。展览会定位的主要步骤包括：确定定位层次、分析目标客户、描绘价格—质量二维定位图界定目标客户主要特征、定位选择评价、实施定位策略。第二，展览会竞争力分析，根据王春雷（2003）的研究结果，展览会竞争力影响因素主要包括品牌知名度、观众组织、展览会主题、市场化程度、展览会规模和配套服务水平等。第三，组合分析，研究影响展览公司产品格局的因素，主要包括展览公司的综合实力、定位和未来发展趋势。第四，品牌化，真正意义上的品牌展览会至少符合以下7项标准：权威协会和代表企业的坚强支持、努力寻求规模效应、代表行业发展方向、提供专业的展览服务、获得国际展览协会（Union des Foires Internationales，UFI）的资格认可、媒体合作和品牌宣传、长期规划不急功近利。第五，实体化，即展览公司将产品的定位和形象，通过标志、品牌设计、宣传资料、展会现场布置和工作人员制服等有形要素，体现出来。第六，新产品开发策略。对于展览公司而言，产品（展览会）的创新包括新主题、展览会内涵的拓展、产品和服务的改善、服务项目的增加、展览会风格的改变，这些创新都能不同程度地给参展商和专业观众带来新的价值和利益。

2. 价格策略

展览会营销的价格策略的内容包括价格制定程序、明确定价目标、主要的定价方法。其中价格制定程序与一般工业产品的定价原理和程序相似。展览公司的定价目标有6种：获得预期的投资收益率、追求利润最大化、提高市场占有率、适应价格竞争、维持生存和保护环境。定价方法包括成本导向定价法、需求导向定价法和竞争导向定价法。

3. 促销策略

可供展览公司使用的促销方法和技巧很多，常用的有直接邮寄、广告宣传、网络营销、召开新闻发布会、与相关协会合作、参加相关展览会或用展位与媒体进行置换等。

4. 分销渠道策略

展览会的分销渠道主要有4类：展览公司的项目小组、展览会所属行业的协会/商会、专业媒体代销、专业代理机构。另外，随着展览会和会议越来越紧密的融合，各种形式和规格的论坛已成为展览会的重要补充，有的甚至已处于主导地位。论坛的分销渠道有专业媒体、行业协会或组织，以及专业代理机构等。

5. 人员策略

展览会是一种服务性产品，其质量主要取决于服务提供者的综合素质和教育水平。因此，展览公司要充分考虑员工，尤其是一线员工的作用。为开发和运作一个展会，展览公司各个部门和很多员工都要为之付出努力，但作用却不尽相同。

尤德（Judd，V. C.）（1997）提出了一种评估不同员工在服务中所发挥作用的方法，可供展览公司借鉴，见图12-9。接触者与参展商或专业观众保持定期接触，他们通常与传统营销活动有关，在展览公司中扮演项目经理、项目组成员、公司业务代表等，在营销中占有重要地位；影响者虽然包含在传统的营销组合中，但其很少或基本不与客户接触，主要包括展览项目开发人员、市场研究人员等；改变者一般不直接参与传统的营销活动，但他们也需要了解营销战略，以便更好地面对客户、满足其需求，其典型的工种为电话总机接线员、接待人员等；支持者主要指那些支持性部门的员工，不怎么接触客户，也与传统的营销活动无关，但其行为能够极大地影响展览公司的营销行为，如来自人力资源部、财务部、采购部、工程部等的人员。

	涉及营销组合	不涉及营销组
经常或定期接触客户	接触者	改变者
不经常或不接触客户	影响者	支持者

图 12-9 展览公司人员类别及及其对客户的影响

6. 过程策略

服务是由一个个操作环节所构成的。如果人员在操作过程出现明显失误，人员因素就将大打折扣。因此展览公司对服务过程的管理，将保持和提升服务质量。展览会的服务策略包括4种。第一，将展览会的过程分成若干步骤，识别哪些步骤可能会因为选择偏差而造成重大失误。第二，根据复杂性和偏差对展览会过程进行分析，努力使误差保持在理想的范围内。第三，营销人员积极主动地影响运作部门的决策。第四，推进全面质量管理，提高参展商和专业观众的满意度。

7. 顾客服务策略

展览公司的对客服务目的是为了建立与现有顾客或潜在市场之间的联系，以维持长期的优势关系，并强化其他要素组合。展览公司对客服务应贯穿于参展前、参展中和参展后的全过程。王春雷、梁圣蓉（2010）建构了展览公司对客服务的基本框架，见图 12-10。

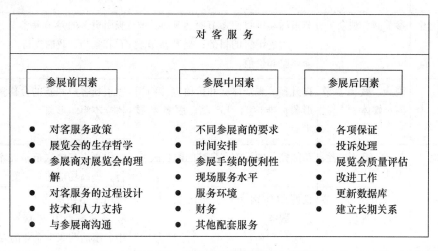

图 12-10　展览会对客服务基本框架

四、节事活动营销

（一）节事活动的内涵

节事活动又称节庆活动，是不同国家、不同民族、不同区域在长期生产和生活实践中产生的一种特定的社会现象，是在特定时期举办、具有鲜明地方特色和群众基础的大型文化活动。节事活动是该地区或民族历史、经济以及文化现象的综合体现。

（二）节事活动营销的概念

节事活动营销是指节事活动组织者从参与者或参观者的需求和动机出发，开发主题鲜明、特色突出的节事产品，制定相应的沟通计划，并有计划地组织各项经营活动，从而实现节事活动目标的过程。节事活动营销者关注的是如何把节事活动推向市场，把节事本身作为产品销售出去。节事活动在举办期间能聚集大量的人流、物流、资金流和信息流，运作流程复杂，涉及主体众多，所以节事活动营销具有主体的综合性、内容的系统性、对象的参与性、手段的综合性等特点。

（三）节事活动的市场营销管理

1. 节事活动的营销体系

从产业关联的角度，可将节事活动的核心营销主体分为节事城市、节事组织者、参节商、节事场地和旅游企业，每种主体的营销对象、内容和目的都有所不同，见表 12-1。

表 12-1　节事活动营销体系

营销主体	营销对象	营销内容	营销目的
节事城市	节事组织者、市民	宣传优越的活动举办环境以及丰厚的综合收益	吸引更多、更高档次的节事活动在本城市举办；争取市民的广泛支持和参与
节事组织者	参节商、观众	节事活动项目使参节商达到推广产品、增进销售的目的；提升参节观众体验和价值	吸引更多的参节商参节、观众观看和参与、政府支持
参节商	观众、其他参节商、媒体	提升参节观众体验和价值宣传组织形象；推广自身产品、服务和技术等	吸引新客户和新的合作单位以及树立本组织形象
节事场地	节事组织者、媒体	功能完善的设施和良好的配套服务	吸引更多高档次节事在本场所举行，提高场地的知名度
旅游企业	节事组织者、参节商、观众	良好的住宿条件、旅游资源、线路、服务	吸引节事组织者与本企业合作；吸引参节商和观众在事前、事中、事后购买本企业的旅游产品

2. 节事活动的目标市场定位

任何一个节事活动都难以满足所有客户（参节商）和消费者（观众）的多样化需求，所以节事举办者需要对市场进行细分，然后在此基础上，根据本活动的特点以及自身的资源条件和资金实力，选择一个或多个目标市场。

3. 节事活动的市场营销组合

节事活动营销实际上是一个运用市场营销组合，通过为参节者创造价值，为观节者创造体验，来实现组织者工作目标的过程。和传统的市场营销一样，节事活动营销组合也可以概括为4Ps，但节事活动的特殊性又决定了其所包含的内容与传统的营销组合有很大区别，详见表 12-2。

表 12-2　节事活动与传统市场营销组合对比

	传统的营销组合	节事活动营销组合
产品	企业提供给目标市场的货物、服务的集合，包括产品的效用、质量、外观、式样、品牌、包装和规格，还包括服务和保证等因素	主要包括提供的娱乐活动、服务标准、餐饮设施、开展社交活动的机会、消费者参与活动、销售礼品、活动组织者与消费者之间的交流、节事活动在目标市场的品牌形象；节事活动产品可分为主体产品（与节事活动名称直接相关的主题活动）、支撑产品（依托节事活动开展的经贸活动）、辅助产品（满足人们节事活动之外食住游购等需求）3 类
价格	企业出售产品所追求的经济回报，主要包括基本价格、折扣价格、付款时间等	参节者和观众所具有的并愿意支付的价值。在需求较低时采用折扣价格、促销价格，对某些目标市场采用让步价格等

（续表）

	传统的营销组合	节事活动营销组合
促销	企业利用各种信息载体与目标市场进行沟通的传播活动，包括广告、人员推销、营销推广与公共关系	广告（电视、广播、报纸、杂志等），促销组合（礼品销售、公共关系），传单和小册子，赞助商计划
分销	主要包括分销渠道、储存设施、运输设施、存货控制，代表企业为使其产品进入和达到目标市场所组织、实施的各种活动，包括途径、环节、场所、仓储和运输	节事活动分销渠道还有两层特殊含义，一是指节事活动的地理位置；二是指节事活动举办地各种环境因素的组合

第六节　旅游市场营销创新

一、旅游市场营销理念创新

（一）体验营销

体验是一种源自人们内心，由个人形体、情绪以及知识与外界事物相互作用而产生的情感产物。随着体验经济的发展，一种围绕顾客体验而创造的全新营销哲学：体验营销（Experiential Marketing）应运而生。体验营销的产生带来了全新的营销理念，丰富了现有的营销技术，让市场营销真正做到了以顾客为导向。旅游从本质上讲，就是人们离开惯常环境到其他地方去寻求某种体验的活动。旅游经济是天然的体验经济，是服务经济领域中最能够践行体验经济理念的部门。但在以往的旅游市场营销中却鲜以体验为重点，也没有突显出旅游体验的重要性。旅游体验营销正是以为人们提供旅游体验为重点，来进行旅游市场营销活动，并从旅游者的感官、情感、思考、行动和关系五个方面，重新设计和定义旅游市场营销的思考方式，其实质是旅游消费流程的重组。

（二）情感营销

情感营销（Emotional Marketing）就是把消费者个人情感差异和需求作为企业品牌营销战略的核心，通过借助情感包装、情感促销、情感广告、情感口碑、情感设计等策略来实现企业的经营目标。情感营销是在旅游产品品牌的核心层注入情感理念，通过释放产品的情感能量与消费者进行心灵沟通的一种营销理念，而不仅仅是一种营销手段。旅游产品情感营销是要建立在对旅游者人格类型的详尽分析和把握上，针对不同情感需求趋向的旅游者施展不同的营销策略，使旅游者情感归属最终倾斜于所营销的旅游产品。旅游产品情感营销要在对目标游客进行详细分析研究之后，通过有针对的宣传，激起旅游者内心深处情感上的共鸣，使旅游者产生强烈的旅游动机，并乐意告诉自己周围的那些潜在的旅游者。情感营销的魅力之处就是旅游者的现身说法可以产生比营销宣传本身更好的效果。旅游产品情感营销策略包括情感设计、情感宣传、情感管理和情感服务。

（三）合作营销

合作营销（Co-Marketing）是厂商之间通过共同分担营销费用，协同进行营销传播、品牌建设、产品促销等方面的营销活动，以达到共享营销资源、巩固营销网络目标的一种营销理念和方式。合作营销的核心是建立一种伙伴关系，通过与中间商、供应商甚至竞争者的合作，创造"1＋1＞2"的效果，更好的满足消费者需要。在大多数情况下，旅游者购买的旅游产品是一个由多个产品组合而成的套装产品。各旅游企业之间既有竞争，更多的则是合作。单个景区、旅游地或接待企业仅凭一己之力，不足以应对快速多变的经营环境，因此与其他景区、旅游地、旅行社、饭店、航空公司、汽车公司、餐饮店、娱乐场所等进行合作营销，不失为明智之举。国内的旅游合作营销最突出的是旅游目的地之间区域合作。通过区域旅游合作营销，实现了区域间旅游业的优势互补，优化了旅游资源配置，避免了恶性竞争与重复建设，形成一批具有较强吸引力的区域旅游产品，从而提升我国整体旅游竞争力的提升。而我国旅游业的合作营销模式还包括"景区＋景区"模式，如五岳联盟、5A级景区联盟；"景区＋旅行社"模式，如旅行社集体采购旅游景区，旅行社与景区合作的自驾车旅游等；以及"景区＋媒体"模式、"景区＋航空公司"模式和"旅游地＋航空公司"模式等。

（四）内部营销

内部营销（Internal Marketing）是与外部营销（External Marketing）相对的概念，任何一个组织都同时面对两个市场群体，即外部的消费者和内部的员工。要让企业营销战略发挥出色，除了要对外部市场消费者进行营销外，还要注重企业内部员工的营销。内部营销把外部营销内部化，把员工当成内部市场，通过营造适宜的环境，应用营销思想和方法，为员工提供满足物和附加价值，从而影响员工的态度和行为，使员工同心协力共同推动"外部营销"的发展，实现企业与外部顾客的交换，更多地为企业创造价值与利润。在旅游行业中，旅游企业如旅行社和饭店的内部营销已不少见。而在旅游目的地营销中，也有进行内部营销的必要。外来游客的旅游体验满意度与目的地所有机构、企业和个人都有直接或者间接的联系。为此，只有提高目的地所有机构、企业和居民的满意度、自豪感、主人翁精神和旅游发展认同感才能使目的地形成良好的卫生、公共设施和服务环境、人文环境、旅游产品和服务，才能产生真正的顾客满意，旅游目的地才能实现长期可持续发展。

二、旅游市场营销技术创新

（一）概念营销

概念营销（Concept Marketing）是指企业在市场调研和预测基础上，将产品或服务的特点加以提炼，创造出某一具有核心价值理念的概念，通过这一概念向目标顾客传播产品或服务所包含的功能取向、价值理念、文化内涵、时尚观念、科技知识等，从而激发目标顾客的心理共鸣，最终促使其购买的一种营销新理念。在旅游营销中，概念营销被广泛运用于多个领域，包括饭店营销，如精品饭店、绿色饭店的饭店产品定位和运作理念；景区营销的体验旅游、乐活旅游、可替代性旅游等概念，旅游目的地营销的香格里拉、海峡西岸、"长株潭"的旅游区域概念，告别三峡游、飞跃黄河、战斗机穿越天门洞等炒作题材。旅游概念营销在对旅游市场需求进行科学预测的基础上，通过为产品注入一个核心概念，在顾客心目中树立起区别于同类产品的突出利益点，促使旅游者购买。其成功的关键是获得旅游者和潜在市场持续的注意力，如果旅游营销者完全脱离其产品和服务，仅仅搞一些文字游戏和虚假新闻来追求轰动效应，是注定要失败的。

（二）博客营销

博客营销（Blog Marketing）是通过博客网站或论坛接触博客作者和浏览者，利用博客作者的知识、兴趣和生活体验等传播商品信息的营销活动。公司、企业或者个人利用博客这种网络交互性平台，发布并更新企业、公司或个人的相关概况及信息，并且密切关注并及时回复平台上客户对于企业或个人的相关疑问以及咨询，并通过较强的博客平台，帮助企业或公司零成本获得搜索引擎的较前排位，以达到宣传目的。如今不管是搜狐、新浪之类的门户网站，还是携程、芒果之类的专业旅游网站都开辟了旅游博客社区，为广大驴友的交流互动提供了广阔天地。加拿大 Bay of Fundy 旅游公司推出公司博客来分享目的地的实时新闻、美食、照片、视频，吸引了众多游客。春秋航空公司老总王正华也推出了 CEO 博客，客户服务人员则对博客的在线评论中提出的问题、意见和建议做出及时反馈，博客成为旅游业对外展示形象和服务的窗口。旅游博客的营销价值开始被认识，有着广阔的市场前景和发展潜力。包括小到景区景点大到国家地区的旅游地，各式各类的旅游企业都可以借助旅游博客营销的手段来提高旅游地、企业和产品服务，在游客心目中的形象，甚至来改变其旅游选择。

（三）色彩营销

色彩营销（Color Marketing）是在了解和分析消费者心理的基础上，对产品恰当定位，然后给产品本身、产品包装、人员服饰、环境设置、店面装饰、购物袋等配以恰当色彩，使商品高情感化，把色彩变成与消费者沟通的桥梁，将商品的功能与品牌理念传达给消费者，以减小营销成本，提高营销的效率。在旅游业中，虽然尚未明确提及运用色彩营销理论，但是"七彩云南"、"九色甘南香巴拉"等旅游地形象，以及"红色旅游"、"绿色旅游"、"黑色旅游"、"金色旅游"等专项旅游产品已广为人知。旅游色彩营销应注意的问题：第一，切勿盲目使用。没有对目标市场进行色彩偏好分析，或掌握市场色彩偏好资料不足，盲目地把色彩与旅游地形象搭配，造成负面效应；第二，注重短期效应。旅游地和旅游企业短期色彩营销的成功，并不一定能带来长期销售的高峰。应对客源市场对色彩的偏好做长期监控，不断变化和调整，从而更好地抓住目标受众消费心理，适时地推出迎合消费者需求的色彩产品；第三，色彩营销要与地域、民族、国家的色彩文化吻合。旅游业特别是国际旅游常常涉及这方面的问题，不同国家和民族的游客对相同的色彩可能有不同的解读和禁忌，在色彩营销之前，应充分理解这方面的信息，以免给游客造成不必要的困扰；第四，一旦确定的营销主色调，可将其一以贯之，融入旅游产品的包装设计，营销宣传、品牌宣传，广告宣传等，成为旅游形象的重要组成部分。

本 章 小 结

本章以旅游产业结构为线索，对构成整体旅游产业的旅游目的地、饭店、旅行社、景区以及会展等领域和部门的市场营销管理，包括各领域市场营销的概念、特点、策略和方法，进行了有重点的叙述，使学习者全面掌握旅游产业主要领域和部门市场营销管理的形态与方法，具备从事各领域基本营销工作的能力；旅游市场营销创新是现代旅游企业和旅游目的地一切创新的核心，旅游企业的创新体系就是围绕旅游市场营销创新建立起来的，本章介绍了目前在旅游市场营销业界和学界流行的主要新理念和新方法，以求拓展学习者视野，在不断变化的市场环境下，树立新的营销观念，运用新的营销方法，取得市场竞争先机。

【思考题】

1. 收集国内主要的旅游目的地营销系统案例，并对其进行评价。

2. 识别旅游目的地营销利益相关者，了解各相关者有何诉求、诉求实现方式，及实现程度。

3. 饭店营销管理与饭店服务质量管理、日常运营管理、供应链管理和资本运营的关系。

4. 饭店文化营销与饭店企业文化之间的关系。

5. 互联网时代旅行社营销渠道的创新。

6. 比较不同类型旅游景区市场营销策略的不同。

7. 利用旅游景区 4PCRs 营销策略体系为某旅游景区设计一套市场营销策划方案。

8. 分析城市会展整体营销系统与旅游地整体营销系统的联系与区别。

9. 基于活动管理背景下的大会展销体系理论，为北京、上海、广州等会展城市策划一套城市会展营销体系。

10. 运用体验营销理论，为某旅游景区进行旅游体验设计。

11. 收集基于互联网和移动信息技术的旅游市场营销新技术的相关资料，对其进行描述，并展望其发展趋势。

【单选题】

1. 按资源类型依据，旅游目的地可分为自然山水型、都市商务型、（　　）、宗教历史型、民族民俗型和古城古镇型。
   A. 观光型　　　　　　　　　B. 户外探险型
   C. 乡野田园型　　　　　　　D. 温泉疗养型

2. 按照构成特征，旅游目的地可分为城市型、胜地型、乡村型和（　　）4 种类型。
   A. 综合型　　　　　　　　　B. 度假型
   C. 滨海型　　　　　　　　　D. 遗产型

3. 旅游目的地营销系统的核心服务系统，包括旅游综合信息数据库、旅游信息服务系统、旅游网站内容管理系统、（　　）、旅游业务管理系统等组成内容。
   A. 旅游投诉管理系统　　　　B. 旅游网络分销系统
   C. 旅游促销主题信息管理系统　　D. 旅游产品订单管理系统

4. 饭店产品的 5 个层次，由内而外分别是（　　）、（　　）、（　　）和（　　）。
   A. 核心利益、基础产品、潜在价值、附加价值和期望价值
   B. 基础产品、核心利益、潜在价值、附加价值和期望价值
   C. 基础产品、核心利益、潜在价值、期望价值和附加价值

D. 核心利益、基础产品、期望价值、附加价值和潜在价值

5. 饭店市场 7 要素的营销组合，与传统营销的 4Ps 相比，增加了服务营销所特有的（　　）、（　　）和（　　）3 个要素。

A. 人（People）、过程（Process）和公共关系（Public Relations）

B. 人（People）、有形展示（Physical Evidence）和过程（Process）

C. 有形展示（Physical Evidence）、过程（Process）和分割（Partition）

D. 有形展示（Physical Evidence）、过程（Process）和定位（Position）

6. 西方旅行社销售渠道主要包括旅游经营商、旅游批发商、（　　）和专业分销商 4 种。

A. 旅行代理商　　　　　　　　　B. 旅行销售商

C. 旅游中间商　　　　　　　　　D. 旅游零售商

7. 4PCRs 下的景区产品策略包括产品、顾客和（　　）。

A. 沟通　　　　　　　　　　　　B. 便利

C. 关系　　　　　　　　　　　　D. 关联

答案：1. C　2. A　3. B　4. D　5. B　6. A　7. D

【多选题】

1. 旅游景区分类的依据包括：（　　）、（　　）、（　　）、资源属性、（　　）和（　　）。

A. 功能　　　　　　　　B. 开发情况　　　　　　　C. 管理主体

D. 等级　　　　　　　　E. 大小　　　　　　　　　F. 交通便利条件

G. 投资额度　　　　　　H. 组织结构

2. 影响旅游景区市场营销的宏观因素，包括：人口因素、（　　）、经济因素、（　　）、文化因素、（　　）和政治因素。

A. 市场因素　　　　　　B. 自然因素　　　　　　　C. 资源因素

D. 科技因素　　　　　　E. 法律因素

3. 影响旅游景区市场营销的微观因素，包括：企业内部因素、（　　）、顾客因素、（　　）和（　　）。

A. 媒介因素　　　　　　B. 竞争市场因素　　　　　C. 社会因素

D. 公众因素　　　　　　E. 环境因素

4. 会展业发展系统的主要构成要素包括：（　　）、市场供给系统、（　　）、产业支持系统和（　　）。

A. 市场需求系统　　　　B. 行会系统　　　　　　　C. 市场吸引系统

D. 行业中介系统　　　　E. 非政府组织

5. 活动管理背景下的大会展销体系主体包括：目的地、（　　）、（　　）、参加者和（　　）。

A. 组织者　　　　　　　B. 政府　　　　　　　　　C. 供应商

D. 行业协会　　　　　　E. 传播者

6. 体验营销与传统营销的区别主要体现在：（　　）、（　　）、价值创造主体、
（　　）和竞争存在的领域。

A. 关注重点　　　　　　　　B. 认识基础　　　　　　　C. 营销重点

D. 营销方式

答案：1. ABCDE　2. BDE　3. ABD　4. ACD　5. ACE　6. ABCD

第十三章　旅游市场营销计划、实施与控制

【学习目标】

　　了解旅游市场营销的管理过程；理解旅游市场营销计划的定义及其类型；掌握旅游市场营销计划的内容及步骤；理解旅游市场营销计划的实施过程；理解旅游市场营销控制的步骤；熟悉旅游市场营销控制的方法。

焦作的旅游营销

　　焦作，地处河南省西北部，是中国优秀的旅游城市。焦作曾是一座典型的资源型城市，因煤而建，因煤而兴，也因资源的日益枯竭而进入低谷。但从 1999 年起，焦作开始把目标由地下资源转向地上资源，先后投入近 35 亿元大力发展旅游产业，形成了以云台山、青天河、神农山、青龙峡、峰林峡等五大景区和焦作影视城、嘉应观、陈家沟等十大景点为代表的焦作山水游新格局。"焦作山水"也因此作为新兴的中国旅游知名品牌享誉全国。通过完善的营销计划的制订和实施，焦作山水声名鹊起，焦作现象蜚声海内外，城市知名度越来越高。2003 年 3 月 31 日，"焦作山水"和云台山被评为中国旅游知名品牌；2004 年 1 月 8 日，焦作市被国家旅游局正式授予"中国优秀旅游城市"称号；2004 年 2 月 13 日，云台山、青天河、神农山、峰林峡、青龙峡五大园区共同被评为云台山世界地质公园，入选全球首批世界地质公园行列。2004 年 9 月 12 日，"焦作现象"国际研讨会在北京人民大会堂举行，新闻媒体纷纷以"解读焦作现象"为主题进行宣传报道，掀起了"焦作现象"探究的热潮。2004 年 11 月 21 日至 23 日，在"2004 年世界旅游推广峰会"上，峰会组委会颁发给焦作市旅游局"卓越客户服务奖"这一被国际旅游业认可的荣誉奖项。2005 年 9 月，经全国中小学教材审定委员会初审通过，焦作市城市转型的经验被编入普通高中地理课程教科书。2006 年 2 月 17 日，世界旅游评估中心和世界旅游推广峰会全球秘书处授予焦作"世界杰出旅游服务品牌"，焦作成为国内唯一获此殊荣的城市。"焦作现象"背后所蕴含的城市营销故事和经验也成为业内外人士争相学习与借鉴的范例。

　　那么，焦作究竟采取了哪些旅游市场营销计划？又是如何将这些营销计划实施到具体市场的呢？

1. 包装总体形象，推出"焦作山水"

焦作发展旅游并没有经验，但他们善于借"外脑"——邀请了包括规划、营销、投融资等方面的专家前往焦作，经过"把脉诊断"、布局谋划，得出了山水旅游资源是焦作旅游最大卖点和特色之结论。"焦作山水"因此被确定为焦作旅游的品牌形象，把"焦作山水甲中原"作为起步之际的营销宣传口号。随之，"焦作山水"便作为焦作旅游主题品牌形象，频频出现在所有有关焦作旅游的宣传资料和新闻推介资料中，并通过多种渠道开始面向主要目标客源市场进行宣传推介，拉开了"焦作山水"作为焦作旅游品牌形象的营销帷幕。

2. 出奇招聚人气，施妙计揽团队客人

焦作没有走传统的电视、报刊等媒体广告推介的老套路，他们想了个点子：提前向焦作市民预告焦作所有景区免费的消息，同时组织焦作各旅行社以极低的价格（仅几元）将市民拉到各景区。一时间，云台山、神龙山、青天河等景区人满为患，市民们还按照预先安排，当有人询问时就充当北京、天津、河北、山西等地的游客，这招果然很灵，省内外旅行社纷纷前来踩线，并很快组团前来旅游。焦作旅游这个"骗"来人气的奇招，在短时间内不仅使本地居民对自身的旅游资源有了良好的认识，更带动了外地旅行社的积极性，为"焦作山水"品牌营销的前期工作奠定了坚实的基础。

3. 奖励旅游企业，扶持旅游专列

为奖励旅行社，政府专门制定了组织旅游专列、团队赴焦作旅游的奖励政策，对组织、招徕客源的组团社给予打折优惠和现金等手段。同时，焦作市旅游局采取主动服务，无偿帮助旅行社联络目标客源市场组团社、协调铁道部门、组织旅游专列接待安排、策划设计适合不同客源市场游客的旅程及线路等，从 2000 年 4 月山西长治开出的"入焦作旅游第一列"开始，到陆续开设的北京、天津、武汉、福州、宁夏、唐山等方向的旅游专列，焦作旅游在短短的几年间共引进了旅游专列和团队数百个，甚至一天就迎来 3 趟旅游专列，大大活跃了焦作旅游市场。

4. 品牌锻造提升，媒体强势宣传

除采用常规手段来扩大"焦作山水"影响力之外，焦作旅游对于一些具有"瞬间聚焦"效应的活动也特别关注，如作为主要协办单位参与到中国旅游十大风云人物评选活动，不仅从活动本身获益，更是借活动影响力使焦作山水知名度得到了提升。"焦作山水"、"焦作现象"、"焦作服务"形象的推出都包含了焦作人的执著与汗水。他们充分利用各种新闻媒体强势宣传"焦作山水"、"焦作现象"、"焦作服务"，坚持使焦作旅游做到周周有报道、月月有新闻的同时，推动了焦作旅游继续攀升新的台阶。

简要案例评述：焦作市经济并不发达，他们在资源枯竭城市转型中，全力以赴发展旅游业获得成功。"焦作现象"证明，在进行旅游市场营销过程中，首先需要寻找营销卖点，并将之传播给目标受众；同时，焦作旅游品牌形象的塑造和带动城市转型之主导产业的迅速形成需要依靠城市营销主导者——政府的作用，保证了焦作市的旅游营销能够集中力量站在全局的角度通盘考虑，从市场的需求促使城市营销战略按照总体部署有条不紊地落实执行，最终使得"焦作山水"营销获得成功。

（资料来源：樊雅琴．旅游市场营销．北京：中国发展出版社，2009，第1版）

第一节　旅游市场营销管理过程

为确保最终实现市场营销的目标，旅游企业对企业的市场营销活动实施应该采取全过程的管理方式，进行精心的组织、协调和控制。针对每个活动中整个营销计划的执行过程，旅游市场营销的管理过程，紧紧围绕旅游企业的营销目标，利用自身的资源，开展对旅游消费者的一系列管理活动。具体地说，旅游市场营销管理过程包括以下四个步骤：分析旅游市场营销机会、选择旅游目标市场并制定营销战略、设计旅游市场营销方案以及管理旅游市场营销活动，见图 13-1。

分析旅游市场营销机会　选择目标市场制定战略　设计旅游市场营销方案　管理旅游市场营销活动

图 13-1　旅游市场营销管理过程示意图

一、分析旅游市场营销机会

在市场营销观念的哲学思想指导下，旅游企业必须经常寻找、识别、利用市场营销机会，即通过满足消费者的需求，达到谋求长期、稳定地发展的目的。旅游市场营销机会就是指市场上客观存在未被满足或未被充分满足的需求，由于需求总是随着客观环境的变化而发生改变，所以客观上总是存在着市场机会，也就是说，旅游企业凭借其竞争优势能够满足这些需求并使本企业获得成功。所以说，分析市场营销机会是旅游企业营销活动的基本任务，企业的全部营销活动都是围绕利用市场营销机会而展开的。

我们可以通过对旅游市场信息的收集整理、市场营销环境的判断、消费者购买行为的分析等方面来分析、整理、判断旅游市场营销机会。

（一）旅游企业必须建立、完善市场营销信息系统

旅游市场营销信息系统是指有计划有规则地收集、分类、分析、评价与处理信息的程序和方法，有效地提供有用信息，供企业营销决策者制订规划和策略的，由人员、机器和计算机程序所构成的一种相互作用的有组织的系统。所以，通过对旅游企业内部及外部的市场信息的分析整理，可以发现、了解旅游者现实的和潜在的需求，从而找出对企业有价值的市场信息。对于市场信息的收集，可以采取调查问卷、小型座谈会、电话访问、邮寄

调查或人员调查等方法。

（二）旅游企业必须研究营销环境

市场营销环境是指影响企业与目标顾客建立并保持互利关系等营销管理能力的各种角色和力量。企业得以生存的关键，在于它在环境变化需要新的经营行为时所具有的自我调节。通过对宏观环境和微观环境的研究，预测包括国家旅游政策变化趋势、旅游供应商的供给趋势等各种变化，从而抓住有利市场营销机会。例如，2009 年 5 月颁布的《旅行社条例》就使得各旅行社纷纷重新调整、设计旅游产品以适应新的政策变化。

（三）旅游企业必须分析旅游者行为模式

消费行为则是消费者在一系列心理活动的支配下，为实现预定的消费目标而做出的各种反应、动作、活动和行动。消费者心理与行为均以消费者在消费活动中的心理和行为现象作为研究对象。旅游企业应积极剖析这些行为，对影响旅游者行为的心理因素进行分析，进而发现旅游者需求变化及其变化趋势，从而发现现实的以及潜在的市场机会。

二、选择旅游目标市场并制定营销战略

在买方市场条件下，旅游者的旅游需求随着生活水平的提高不断增加，而受人力、物力、财力等资源条件的限制，旅游企业不可能满足所有消费者的需求。因此，在分析市场机会的同时，旅游企业还必须进行市场细分，选择适合本企业的并能为之服务的细分市场，并由此制定赢得目标市场的营销战略。

旅游企业制定营销战略的第一个步骤是进行市场细分，要按照不同的标准（如人口统计因素、地理因素、心理因素、行为因素等）将旅游者分割成不同的购买群体，并对这些不同的细分市场的特征进行全面的描述。

第二是选择目标市场，先对每一个细分市场的吸引力进行评价，然后根据企业的自身条件以及资源优势（包括管理能力、生产能力、技术能力、资金能力、销售能力等）选择一个或几个细分市场，以便将旅游企业有限资源集中在最能增加经济效益和社会效益的旅游者群体上。

最后一个步骤是市场定位，也就是对产品进行竞争性定位，并制定适当的营销组合战略，包括制定获得目标市场竞争优势的差异化营销方式（产品差异化、服务差异化、人员差异化、渠道差异化、形象差异化）和产品的市场定位，确定突出哪些差异，从而在旅游者心目中形成独特的地位。

第二节 旅游市场营销计划

一、旅游市场营销计划的定义

旅游市场营销计划，是指旅游企业通过对目前市场发展态势以及自身地位、实力的分析，确定今后的发展目标、营销战略和行动方案。

在复杂多变的市场环境中，为了使自己的经营决策保持正确的方向，任何企业都要对自己的业务活动进行系统规划。尤其是旅游企业，面对的是波动性很大的市场需求，旅游

客源的数量、构成、流向受许多因素的影响和制约，更应作好科学、严密的营销计划，防患于未然。如果忽视系统的计划工作，就可能由于经营中意外情况的发生而遭遇灭顶之灾。

二、旅游市场营销计划的类型

旅游市场营销计划主要包括这两方面的内容。第一，明确计划执行期内的营销目标；第二，制订为实现这些营销目标所要采取的行动方案。营销目标要基于实际调研与策略分析，行动方案的策划要考虑能够拨给的经费预算，并且还要综合考虑如何对该行动方案的顺利进行采取监控措施。

由于计划执行期长短不同，计划目标的内容也会有所差异。有些计划是有关企业营销活动全局和长远的谋划，其期限一般较长、影响面较广，是企业其他各种营销计划的总纲，这属于长远性的战略计划；有些计划是就企业营销活动某一方面所作的谋划，带有局部和战术的性质，这属于近期性的战术计划。所以，根据有关计划执行期的不同，营销计划一般也分成战略性营销计划和战术性营销计划两大类。

（一）战略性营销计划

战略性营销计划通常为未来三至五年的长期规划。对于旅游目的地来说，战略性营销计划与该目的地长期旅游发展规划密切相关，例如引导案例中的焦作市就是以发展自然山水旅游，代替将要枯竭的煤炭资源开发的。对于旅游企业来说，战略性规划也同企业同期的营销计划有着密不可分的联系。在进行战略性营销计划的时候都要综合考虑一下三个方面的问题。

1. 旅游目的地/旅游企业现阶段的营销状况如何

营销计划首要的内容就是分析和阐述企业在目标市场上的营销现状，即分析近期该旅游目的地/旅游企业所在的细分市场规模以及消费者需求情况，影响消费者需求变化的因素和趋势。同时考虑市场上主要的竞争对手在产品、价格、渠道及促销策略上的现状，从而明确竞争地位。并且分析目前主要分销渠道的销售状况以及旅游产品经营现状，以确定企业未来发展目标。

2. 未来的发展目标如何

根据旅游目的地/旅游企业现阶段的营销现状，综合考虑企业未来产品、价格、渠道及促销方式，考虑未来的市场占有率、销售额、利润率、投资收益率等。目标必须定得科学合理，不能过高或过低。找出适合本旅游目的地/旅游企业的发展目标。

3. 如何实现既定发展目标

根据发展目标，确定企业如何投入人力、物力以及财力，保证目标顺利实现。但是对于一个旅游企业来说，营销规划只属于企业的经营计划的一部分。因为旅游企业的经营计划除了市场营销规划之外，还涉及人力资源、业务经营、财务等诸多内容。但是无论对于哪个企业来说，市场营销规划都是最为重要的企业经营计划的组成部分，这是因为企业的经营计划的正常运转，必须依靠足够的资金作为保证，而市场营销规划在很大程度上决定了旅游企业的营业收入。旅游企业的资金来源必须依靠足够多的旅游消费者的支出作为保障，也就是说旅游企业必须努力识别旅游者需求并设计出适合的旅游产品，从而保障企业利润来源。因此我们认为，无论旅游企业的公司经营规划还是旅游目的地的发展规划，都应以增加收入、提高利润为第一目标，必须重视营销规划的地位。

战略性营销计划执行期内，将会面对客源市场需求以及外部环境因素的变化，而不是具体的营销活动安排。换言之，战略层次总是着眼于长远性的营销决策，战略性营销规划超前，将会赢得先机和主动。同时也是针对未来旅游供求市场发展趋势所做的前瞻性规划。

战略性营销计划的主要内容包括以下几个方面：

（1）战略目标。所谓的战略目标是指对企业战略经营活动预期取得的主要成果的期望值。对于旅游企业或旅游目的地来说，就是指规划执行期内其在目标市场、市场份额、目标销售量、产品范围、目标营业收入所拟实现的市场地位。例如我国各级旅游行政管理制定各个时期的五年发展纲要时，通常都会就规划执行期内的市场营销工作提出有关的定性和定量目标，这些目标都属于五年规划执行期内，力争实现的战略目标。

（2）形象定位。所谓的形象定位指的是确定企业在市场中的位置、在公众中的位置、在同行中的位置和社会中的位置。现代旅游企业只有准确定位，才能进一步突出并提升其形象。

准确定位是企业形象设计中十分重要的一环。企业应根据自身实力、竞争者和潜在市场的情况，确定自己在市场中的整体的、综合的形象。实际上，这也是一种定性类的战略目标。例如，2006年4月22日至10月22日，杭州成功举办了世界休闲博览会，并以此为契机打响"东方休闲之都"的品牌。同时在博览会期间举办的世界休闲大会、世界休闲峰会和世界休闲研究和培训，使得杭州成功占据了休闲理论高地。继成功举办首届世界休闲博览会后，2006年10月20日杭州市和世界休闲组织正式签订备忘录，继续承办第二届世界休闲博览会，这无疑是对杭州"东方休闲之都"旅游形象再次肯定与推广。

3. 营销预算。营销预算，是指执行各种市场营销战略、政策所需的最适量的预算以及在各个市场营销环节、各种市场营销手段之间的预算分配。营销预算是公司经营战略的细化，它直接表现出为经营战略服务的特征，因此，营销预算是执行经营战略的重要环节。例如：某旅行社的经营战略决定公司将继续在"港澳欢乐行"线路上扩大影响，追求更高的市场份额，那么，该年度以及以后的若干年度营销预算就应该体现这一特征，销售收入要增加，同时用于进一步扩大市场份额所需要的资源也应该增加。

4. 营销战略。根据战略规划，在综合考虑外部市场机会及内部资源状况等因素的基础上，确定目标市场，选择相应的产品策略、价格策略、营销渠道策略、促销策略等，并予以有效实施和控制。

```
┌─────────────────┐
│   相关链接       │
└─────────────────┘
```

环球泛太平洋饭店的营销战略

一、饭店现状

位于泰国曼谷的环球泛太平洋饭店集团是环球饭店旅游集团的分公司，该饭店旅游集团总部设在多伦多，是加拿大最大的一家独资企业，经营业务遍布加拿大、美国、古巴和泰国等国。环球泛太平洋饭店集团建于1993年，位于曼谷商业旅游地区之一的中心地带一座20层综合型大厦。环球泛太平洋饭店集团自己定位于一家提供四星级以上住宿、五星级服务的宾馆。在销售与营销部经理卡林汗眼中，这座饭店如果在北美地区或欧洲早就晋升为五星级饭店了。但是由于曼谷地区市场竞争异常激烈，消费者的期望也很高，饭店降低半档的定位也是十分必要的。

饭店主要迎合两种类型截然不同的消费者：国际商务人员和寻欢作乐的游客。环球泛太平洋饭店集团约60%的年利润收入来自客房服务以及如洗衣、商务服务等相关项目。其余的40%则来源于酒水饮料、食品等服务项目。客房服务项目的综合销售比率如下：

商务客人：55%～60%

游客及广告会议：25%～30%

航空公司员工：15%

近年来，由于曼谷地区旅游业的迅速发展，许多新建饭店陆续开业。据统计，将来几年这一发展势头还将持续下去。因此，这给饭店带来了极强的挑战。目前，环球泛太平洋饭店集团一位重要客户——某国际航空公司——很可能停止续签与饭店的订房合同，因此饭店客房上房率会很快出现较大的下跌，这无疑更使饭店经营雪上加霜。

二、饭店旅客情况介绍

环球泛太平洋饭店一直致力于提高商务旅客的入住率，因为这一类型消费群体的利润产出要高于其他类型的消费群体利润产出，这类房客更乐意使用饭店其他服务设施——餐厅、洗衣房、电话电传等。大约95%的商务旅客都在曼谷当地预订房间。当地订房比海外预定要便宜一些。

休闲旅游类房客可分为两大类：单身游客和团体游客。这两类游客服务的利润产出低于商务旅客。由于饭店周边各类饭馆、饮食店星罗棋布，他们使用饭店内设餐厅在中午和晚间用餐可能性要小得多。这一状况迫使环球泛太平洋饭店集团必须注意吸引曼谷地区当地居民来饭店餐厅用餐。

日本商务游客类旅游者占环球泛太平洋饭店经营业务项目中一个不小的份额，饭店因此特别注意吸纳这一类型的房客。在过去的数年中，日本人一直是泰国数量最大的外国投资者，这一趋势将在未来持续下去。环球泛太平洋饭店商务旅客服务中，日本游客占该饭店经营利润额的30%、旅游住客服务利润额的40%左右。

对于各个饭店来说，争取航空公司机组人员的订房合同具有极大的竞争性。这些订房合同有助于各家饭店实现自己的上房率指标。各个航空公司选择长期包订饭店合同的关键因素主要有客房价格、饭店安全程度和卫生条件。

三、饭店的营销机遇

在开发一种确保充分发挥饭店在区域市场中作用的市场营销战略计划时，销售与营销部经理卡林汉先生发现，实现饭店更高入住率和客房平均利润率的目标可以有多个市场营销创新选择方案。

首先，可以考虑组织、运用下属营销人员在饭店所在区域市场中实行闪电式大规模促销活动，提高人们对环球泛太平洋饭店价值的认同以及饭店服务项目的知名度。每位营销人员已经居于市场中的特定位置，在各自负责的商务区间树立了良好的形象。这一市场目前拥有 16 栋办公楼，每栋 20 层。这类促销活动需要注意一些细节，进行客户开发活动必须采用适当的方式，不能让泰籍营销人员感到不适。与亚洲其他地方一样，在泰国从事经营活动关键在于在企业与消费者群体之间建立良好的个人关系。卡林汗先生认为他的营销人员擅长于为现有客户服务，但在同其他潜在客户交往时就显得比较勉强。

其次，卡林汉先生必须考虑让饭店营销人员在曼谷地区周边两个较大的卫星城市去开发新的商务客源。这两个卫星城市分别位于环球泛太平洋饭店以东 20 公里处和 30 公里处，是几个新近获得较大发展的实业集团公司总部所在地，还有规模不小的外贸开发特区。这两个新兴城市，目前缺乏四星级以上的饭店。卡林汉先生的这一举措就是针对这一地区为数不少的全球知名企业集团驻当地人员的具体需求而决定的。当地这些外资企业集团中有不少属于日本人开的企业。卡林汉先生注意到日本人习惯在一些娱乐性强的环境氛围中谈生意、做买卖。因此，他肯定日本商务人员乐意在环球泛太平洋饭店所在区域的宾馆饭店里从事业务活动。另外在曼谷以北 30 公里和 50 公里还有两个小型城镇，它们均可为环球泛太平洋饭店提供新的商务客源。

卡林汉先生考虑的另一个选择方案是将饭店客源新目标对准旅游业中的经纪人，特别是当地的旅游经纪人。人们往往将旅游经纪人和旅游团经纪人相混淆，其实，他们是海外一些度假公司驻当地办事处代表。旅游经纪人由于控制着当地一些相关旅游市场，往往被视为是带团旅游团体的关键环节。同时，他们也以自己的信誉对外提供海外旅游导游担保。卡林汉先生认为与这些旅游经纪人保持良好的关系，休闲娱乐业的现状将会得到根本性的改善。

环球泛太平洋饭店与目前这家航空公司客户之间进行的磋商，形势对该饭店极为不利，迫使环球泛太平洋饭店与其他航空公司加强联系，以便在该航空公司不续订房协议时，保证饭店的入住率不受大的影响。卡林汉先生已经与其他几条国际航线就相关业务方面的合作问题进行过磋商，已经有一家航空公司有需求意向。

此外，环球泛太平洋饭店还存在其他选择方案。曼谷作为全球各国外交使馆最集中的地区之一，拥有约 50 多个国家的驻泰使馆和领事馆，其中一半左右距环球泛太平洋饭店的路程在 3 公里以内。此外，曼谷作为泰国的首都，从各个省府来曼谷的各级政府官员络绎不绝。而且国家政府机关在萨丽凯特女王会议中心召开的各种会议数量也很多。

环球泛太平洋饭店周边有众多的饭店，形成了激烈的市场竞争环境。饭店的经营可以说是业绩辉煌，十分成功。

（资料来源：http://www.gznc.edu.cn/jpk/lyxy_ scyx/alfx/alfx.htm）

（二）战术性营销计划

战术性营销计划是指企业在实施特定的营销战略时，所明确的短期行动和实施细则，它使得战略营销规划得以展开并变得可操作化。这些战术性的决策不同于战略决策，其主要区别在于：

（1）复杂性较低，但结构性更强；

（2）允许的时间范围通常较短；

（3）所要求的资源投入明显较少；

（4）营销活动的实施和调整更加频繁。

也就是说，战略营销计划着重于细分市场的确定、用户的调研、品牌定位及在此基础上的品牌中长期发展策略，而战术营销计划涉及短期内的产品开发、价格制定、分销渠道选择、广告、促销、公关等等营销战术的具体拟订。

作为短期性的营销计划，战术性营销计划常常以年度计划的形式表现出来，有的时候计划的执行期更短，甚至只有几个月，具体的执行期要依据旅游企业的实际情况而定。

虽然以年度计划最为常见，但有些这类营销计划的执行期也可能为一年半或者只有几个月。总之，战术性营销计划的执行期需视具体情况而定。一个有效的战术计划，会包含下面3个要素：

（1）具体任务

每一个战略业务单位都要根据自己的目标市场和战略重点，设计一个独特的市场营销组合，并促使组合元素之间的相互协调和单位之间的冲突最小化。

（2）时间框架

市场营销的机会转瞬即逝，企业必须及时做出反应，因此设计合理的时间安排和捕捉最佳时机显得尤为重要。

（3）资源分配

企业的目标是在特定的服务水平上减少成本，但降低这些费用可能会对销售额和利润产生不利影响。因此，企业应合理估计各种成本和各种营销职能组合下有多大的销量，从而决定正确的市场营销投入。

（4）评价与监控机制

旅游企业应提前制定相关的措施以便及时纠正旅游企业开展市场营销活动时出现的各种问题，以及监控和评价营销效果。

三、市场营销计划的内容

营销计划在旅游企业经营活动中的作用日显突出，它不仅为旅游企业经营指引了方向，还为旅游企业实现目标乃至总体目标规定了具体的内容和步骤，见图13-2。

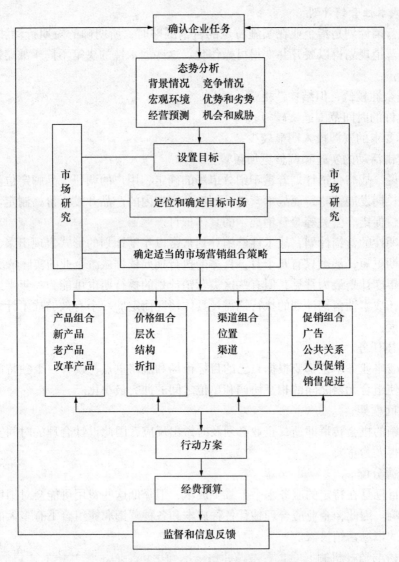

图 13-2 市场营销计划制定的基本程序

（一）确定企业任务

旅游企业的任务即是明确旅游企业的任务，做企业的目的决定了企业的发展方向。企业是做什么的？企业应该做什么？企业的愿景是什么？企业服务的对象是哪些人？企业的价值是什么？

（二）态势分析

态势分析是制定市场营销计划的第二步，它包括以下几个方面。

1. 背景情况

对企业的基本情况分析，也就是对企业经营的内部环境进行分析，包括收支情况、利润率、市场占有率、顾客群体、竞争对手、公众、供应商、分销商等的分析。

2. 宏观环境分析

旅游企业与其供应商、营销中介、顾客和公众都活动于一个更大的宏观环境当中，这个宏观环境既提供机会，也构成威胁，所以企业必须密切监视环境变化，并对环境中各种不可控制因素的变化做出反应，其中包括人口统计因素、经济因素、政治因素、技术因素、自然因素等。

3. 优势和劣势分析

每个企业都要定期检查自己的优势与劣势，这是通过结合企业自身的位置、有形设施、形象、声誉、财务结构等方面的综合分析而得来的。

4. 机会和威胁分析

环境威胁指的是市场营销环境中一种不利的发展趋势所形成的挑战，如果不采取果断的战略行为，这种不利趋势将导致公司的竞争地位受到削弱。环境机会就是对公司行为富有吸引力的领域，在这一领域中，该公司将拥有竞争优势。

有效地捕捉和利用市场机会，是旅游企业营销成功和发展的前提。只要企业能够密切关注营销环境变化带来的市场机会，适时地做出恰当的评价，并结合企业自身的资源和能力，及时将市场机会转化为企业机会，就能够开拓市场、扩大销售，提高企业的市场占有率。

（三）设置目标

在对旅游企业的营销现状及预测未来营销机会和威胁的基础之上，就可以审时度势地设置企业营销目标，这是旅游市场营销计划的核心部分，其任务是确定以下两个目标。

第一是财务目标，由利润额、销售额、市场占有率、投资收益率等指标组成。第二是市场营销目标，由销售额、市场占有率、分销网覆盖面、价格水平等指标组成。

（四）市场营销策略

制定市场营销计划的核心步骤就是提出具体的市场营销策略，并将这些策略形成实际可操作文字方案。通过市场营销论证，旅游企业希望通过市场营销来检验竞争中的效果，采取什么措施来达成企业的目标。前面的步骤只为实际的市场营销策略提供了背景，后面的步骤则主要致力于如何完成营销策略任务。

市场营销策略由产品定位、具体目标市场、确定适当的市场营销组合三个方面组成。产品定位是确定营销人群和营销产品。因此，必须制定营销策略的形象和等级。旅游企业提供服务的范围不是无限的，因此企业通过对市场进行选择，从而确定目标市场。因时因地的制定针对每个市场的不同的市场营销组合策略，选择合适的产品、价格、渠道和促销方法，将合适的产品销售给合适的人。

（五）市场研究

市场研究在制定市场营销计划过程中不可或缺，市场研究是通过收集和分析消费者和竞争对象的行为，达到制定行动的必要手段。市场研究揭示顾客和潜在顾客对旅游企业的看法，以及他们所需要的服务和产品组合。一个好的市场研究工作可以做到有的放矢，节约市场营销成本。

（六）行动方案

在明确旅游市场营销计划的具体内容之后，就要制定出详细的执行方案，即工作程序，也就是什么工作、由什么人、在什么时间完成，行动的成本费用又是多少。

（七）预算

市场营销计划中的盈亏说明反映出来就是预算，也就是收支说明。计划中的支出部分表明执行计划所需花费的开支，计划中的收入部分表明整个计划可以实现的总收入。一旦该计划被批准，就能够成为执行计划的指导原则之一。

（八）反馈和控制系统

市场营销计划制定的最后一个环节是相关跟踪计划的进展。这是提供继续执行计划和完成计划的依据。判断目标是否已经达到则根据销售收入分析、市场份额分析、市场营销费用以及对顾客满意度的调查等等。

第三节　旅游市场营销的实施

一、旅游市场营销实施的过程

为了达到营销目标，旅游企业要实施具体的工作将制定的策略与措施转化为具体的行动，这个就是旅游市场营销计划的实施。旅游市场营销计划的实施十分重要，这是将计划予以实现的过程。市场营销计划是有效地调动企业的资源，解决市场营销活动应该"怎样做？"的问题，即解决由何人，在何处、由何人、做何事以及如何做的问题。

旅游市场营销计划若要有效地实施，必须有各个职能部门的参与和支持，需要通过企业全体员工的共同合作、协调分工才能顺利完成。旅游市场营销的实施包括制定行动方案、建立组织机构、完善决策和激励机制、开发人力资源、形成自己的管理风格和企业文化这五个相互关联的部分。

（一）制定行动方案

在市场营销活动实施之前，市场营销部门必须依据营销计划制定详细的具体实施方案。在行动方案中要确认计划实施的关键步骤与任务，并将这些任务落实到具体的执行者身上，同时还要安排制定具体的执行时间表，确定关键步骤与任务的完成时间。

（二）建立组织机构

通过建立合理的组织结构，不但能够在旅游企业内部建立起良好的企业上下级的沟通渠道，而且能够进行合理分工，明确每人的责任与权力。组织机构的形式多种多样，其功能也不尽相同。一般来说，处于相对稳定的市场营销环境的企业，正式沟通组织机构和集权的组织机构更为适用；而处于迅速变化的高科技产业的企业，需要有较大弹性的组织机构，这样有利于发挥员工的创造性和开发新产品。所以，旅游企业必须依据自身的营销战略以及其营销计划的特征，并综合企业自身的经营情况及市场营销的内部及外部环境，建立起适合自身的组织机构。

（三）完善决策与激励机制

建立有效的决策与激励机制，是实施市场营销战略和计划的必要保证。企业所制定的决策与激励机制必须明确一系列相关程序与标准，从而保证营销组织机构能够按照预期正常运转，如果制度不合理则可能会直接影响市场营销战略的实施效果。这些标准包括决策程序、信息收集与传递的途径与方式、预算执行方法、员工招聘与培训体系、职员业绩衡量与评估方法、薪酬支付、职务晋升、员工进修机遇等相关问题。

如何做好员工的激励也是企业领导者要慎重考虑的一个重要内容。激励可以分为正负两个方面，也就是我们常说的奖罚分明。对优秀员工一定要激励，从而提升他们的工作积极性，不断为其企业创造更多的价值；对于有错误、有失误，给企业造成损失和影响的员工，也要坚决的实施"负激励"，从而保证整个员工队伍的责任感。合理的制度能够让员工的努力方向与企业的战略目标保持一致，使营销战略成功地得以实施，不合理的制度将影响员工的工作积极性或诱导员工的行为偏离企业预定的战略方向和目标。

（四）开发人力资源

员工的选拔和使用是实施市场营销战略中十分重要的一步，因为营销战略和计划必须由人来实施。员工的招聘、考察、选拔、培训、安置、激励等问题都是开发人力资源中会涉及的内容。旅游企业不但要通过招聘、考察、选拔、培训找到最适合以及最优秀的人才，而且还要设立适当的激励措施，保证人尽其才，发掘员工的最大潜力。

由于不同的营销战略需要由不同个性特点和能力的人才来实施，因此在使用人才时还要综合衡量本企业营销战略的特点。例如，"紧缩型"战略则需要擅长精打细算的管理人员。"开拓型"战略需要具有创业精神、有魄力的管理人员；"维持型"战略需要具有较强的组织管理能力的管理人员。

（五）形成企业文化与管理风格

企业文化，也称为组织文化，是一个组织由其价值观、信念、仪式、符号、处事方式等组成的其特有的文化形象。不同的企业文化与管理风格会给企业带来不同的影响，每一个旅游企业也都可以形成自己独特的企业文化与管理风格。成功的企业文化对外具有一定的引力，对内要具有一定凝聚力。良好的企业文化能够促使企业形成优秀的企业团体意识。企业团体意识的形成使企业的每个职工把自己的工作和行为都看成是实现企业目标的一个组成部分，使他们对自己作为企业的成员而感到自豪，对企业的成就产生荣誉感，从而把企业看成是自己利益的共同体和归属。因此，他们就会为实现企业的目标而努力奋斗，自觉地克服与实现企业目标不一致的行为。所以说优秀的企业文化不仅能使员工产生使命感和责任感，而且能激励员工积极的工作，使员工对未来充满憧憬，反之，会使员工产生消极，悲观厌世，甚至自杀。

管理风格是指管理者受其组织文化及管理哲学影响所表现出来的风格、行为模式。在日常管理中，主要有"指令式"、"教练式"、"团队式"、和"授权式"四种不同的管理风格。"指令式"管理风格是由管理者来指定下属或团队的具体工作，做什么事，如何做，何时做，在何处做，做到什么程度，事无巨细，无微不至。"教练式"风格在具有指令式特征的同时，管理者与下属之间采取双向或多向的沟通、倾听、鼓励、辅导、澄清和激励。"团队式"管理者给下属以大致说明，并与下属一同展开工作，注意倾听下属的意见与感受，激励下属积极地参与。"授权式"管理者在充分相信下属的前提下，给予下属以充分的授权，在管理过程中更多地使用高支持行为。上述四种管理风格各有利弊，旅游企业不应局限于比较不同管理风格的优劣，而关注的是哪一种管理风格更有效，更适应本企业所要实施的营销战略、面临的市场营销环境、组织机构以及员工素质加以选择。

旅游企业要根据企业文化制订营销战略，因为企业文化和管理风格一旦确定就较难改变。当战略与企业文化相冲突时，往往不应通过改变企业文化而应是通过改变战略来使其相互适应。

二、影响旅游市场营销计划有效实施的因素

（一）计划脱离实际

由于旅游企业计划的执行是依靠企业专门的营销人员，而计划的制订通常是由企业高层管理人员制定的，而他们之间往往因为缺少必要的沟通与协调，会导致各种问题的产生。

（1）企业高层管理者往往只注重计划的战略性而忽略了实施细节，结果使计划过于笼统，过于形式化。

（2）计划的制订者因为并不了解计划实施过程中会发生哪些具体问题，所以制定的计划并不完全适用于本企业。

（3）计划的制订人员与计划的执行者之前缺乏必要的沟通与交流，导致计划实施过程中营销人员会经常遇到困难而难以找到合适的解决方法，而计划的制订人员会发现营销人员的计划执行结果偏离他们的预期。所以，脱离实际情况的计划会导致计划制定人员和执行人员之间相互对立，缺乏信任。

（二）缺乏具体明确的实施方案

不少企业经营面临困难，是由于缺少一个能够协调企业内部各个部门的具体市场营销方案。市场营销目标的具体制定人员必须充分考虑各种意外情况，详尽规定出各个有关部门在新的营销活动中所要完成的工作，应承担的责任，这样才能使新计划的实施变得有条不紊。

（三）长期目标和短期目标的取舍不当

旅游营销战略通常关注设计今后三至五年的经营活动状况这样的长期目标，但是目标的具体实施效果却主要依据诸如市场占有率、利润率、销售量、客房出租率等短期指标来衡量，因此市场营销人员经常会只考虑一些短期行为如价格战等，而这些短期行为却可能损害企业的长远利益。所以，旅游企业必须采取适当的措施，协调长期目标与短期目标之间的关系，进而实现企业最终目标。

（四）抗拒变革

旅游企业制定出新的战略目标，可能会和企业的组织结构、传统的经营方式等有差异，甚至会触动当前一些人的利益。所以，新旧战略的差异性越大，新战略实施时可能碰到的阻力也越大。所以，必须要勇于打破常规，改变原有的组织机构才能顺利实施新战略。

第四节　旅游市场营销的控制

一、旅游市场营销控制的步骤

市场营销过程包括四个主要步骤：确定控制目标、评价执行情况、诊断执行结果以及评价执行情况，这个过程实际上是一个闭环系统，见图13-3。

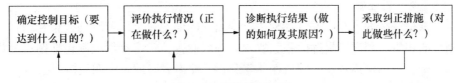

图 13-3　营销控制过程

（一）确定控制目标

控制目标与营销计划中的营销目标是有区别的，后者是前者的综合体。在市场营销过程中，控制目标综合在一起便是营销目标。比如，在市场营销计划中，控制目标如果确定为每月或季度销售额，那么将每月、每个季度的销售额综合在一起，便是年度市场销售额。只要每月或每季度的控制目标能够实现，年度营销目标也就能完成了。营销目标主要可以从成本、时间、数量、质量四个因素去考虑衡量，其中前两个因素是市场营销活动的"投入成本"，后两个因素是市场营销活动的"产出结果"。

（二）评价执行情况

第二步是对市场营销活动执行的实际情况进行分析与评价。这一步与第一步的联系非常紧密，因为只有市场营销活动的"投入成本"与"产出结果"的数量化、可测化，才能对市场营销活动的执行情况进行确切的评价。如果将控制目标具体化为顾客投诉信件数和顾客表扬信件数，就比将一定时期内顾客满意程度的提高定为控制目标更容易进行检测。

（三）诊断执行结果

接下来便是对市场营销目标的执行情况进行分析。一般来说，导致市场营销执行结果与目标发生偏差的原因有两类，一类是企业自身原因即内部原因，一类是企业外部原因。若诊断问题发生系内部原因，则旅游企业应分析是实际努力不够或目标定得过高导致，若是前者，应采取积极措施予以改正。若问题的产生是由于政治法律环境、经济状况等企业外部环境发生变化所导致，那么旅游企业应当及时调整原营销目标，从而适应外部环境的变化。

（四）采取纠正措施

若市场营销执行结果与营销目标有偏差，则应采取适当的纠正措施。采取纠正措施时同样可以从旅游企业内部及外部两个方面去考虑。若为旅游企业不可控的外部原因导致营销目标的不可控，则应及时调整和控制目标，若为内部原因所致，则可考虑是否由于营销人员积极性不足所致，如果是则应可以通过采取必要的奖惩措施来提高有关人员的工作效率。

二、旅游市场营销控制的方法

营销控制是保证营销计划成功的关键步骤，它是指对市场营销计划执行过程的控制与管理。因为旅游企业在执行市场营销计划的时候营销环境可能会发生变化，而营销人员在执行计划的时候也可能会发生许多意外的情况，所以旅游企业必须行使控制职能以确保市场营销计划的顺利完成。营销控制的主要方法包括以下几个方面的内容。

（一）年度计划控制

年度计划控制是为了及时发现计划执行中出现的偏差并予以及时的调整与纠正，从而确保所制定的销售、利润等目标的顺利实现。一般而言，年度计划控制包括销售分析、市场占有率分析、市场营销费用—销售额比率分析、旅游者态度追踪四种措施。

1. 销售差异分析

销售差异分析是指旅游管理者衡量销售目标与实际的销售的差异情况。

假设，一家大型酒店有400间客房，要求第个一月的销售收入达到144万元，酒店的每间房间的价格平均240元。

则每天要求客房销售量为：144 000 ÷ 30 ÷ 240 = 200 间。

但是到第一个月结束时，该酒店的实际销售客房累计为5 400间，销售额为108万元，销售差额为36万元，该月每间客房的平均销售价格为200元。由此可得出销售额下降的原因是因为单间客房价格下降和销售量下降引起的。由表13-1可见，降价是该酒店没有完成计划目标的主要原因。

表13-1　某酒店销售差异分析表

降价因素		销量因素	
因降价引起的差额	降价的影响	因销售量下降的影响	销售下降的影响
（240 − 200）× 5 400 = 216 000（元）	216 000 ÷ 360 000 = 60%	（200 × 30 − 5 400）× 240 = 144 000（元）	144 000 ÷ 360 000 = 40%

2. 市场占有率分析

销售差异分析一般不能反映企业在行业中的竞争地位，承上例，该酒店客房售价下降是酒店没有完成计划目标的主要原因，而这可能由于市场竞争激烈，各个竞争对手打价格战所致，使得市场上的酒店都从中受害。所以，旅游企业在确定其市场份额时要综合考虑其在行业中的地位，与竞争对手进行实力对比。我们通常采用以下两种衡量标准来进行市场占有率分析。

（1）市场份额。指一定时期内，本企业的旅游产品在市场的销售量或销售额占同类产品销售量或销售额的比重。所占比重越大，则说明该旅游企业竞争力越强。

（2）相对市场占有率。指本企业的销售额与本目标市场上的最大竞争者的销售额之比。若该比值为100%，则说明该旅游企业是行业领导者。

3. 年度营销费用——销售额比率分析

年度计划控制是在营销费用不超支的前提下实现计划指标。一个市场营销管理者，必须对市场营销费用——销售额比率进行动态的分析和监控，使变动幅度维持在合理范围内。需要明确的是，在企业的总体财务框架内应当对这一比率进行全面分析，通过财务分析来寻找提高利润的途径，通过扩大销售来提高利润并不是唯一的途径。

4. 旅游者态度追踪

旅游者态度追踪是一种对旅游市场营销的发展变化进行定性分析和描述的方法。为了知晓消费者、经销商以及其他市场营销系统参与者对企业的满意度和忠诚度，企业建立相应的旅游者态度追踪系统以求及早发现旅游者对本企业和产品的态度变化，以便较早采取主动行动。其内容主要包括：

（1）建立典型旅游者调查访问制度。将一些具有代表性的旅游者组成固定的旅游者样本，定期通过邮寄问卷、电话访问或电子邮件的方式了解其对旅游企业及服务的态度。

（2）建立随机旅游者调查制度。旅游企业定期对旅游者进行随机抽样，让其回答一组包括对企业、服务的满意程度等问题在内的标准化的问卷，通过对问卷结果进行分析，可以了解旅游者对企业的态度变化。

（3）建立旅游者投诉制度。为了提高顾客满意度，很多企业将旅游者的建议、投诉和意见进行记录、整理、分析，从而提高企业对顾客的敏感度，以便对经常发生的或较为严重的事项及早予以关注。例如，许多酒店建立了酒店意见跟踪反馈制度，将顾客意见表放置在客房内，鼓励顾客发表意见；许多旅行社还建立了游客投诉制度，目的是及时了解企业或服务存在的不足。

（二）盈利能力控制

盈利能力控制，就是指企业衡量各种产品、地区、顾客群、分销渠道和订单规模等方面的获利能力，以帮助管理者决定哪些产品或者营销活动应该扩大、收缩或取消。盈利能力控制一般由企业内部负责监控营销支出和活动的营销主管人员负责，旨在测定企业不同产品、不同销售地区、不同顾客群、不同销售渠道以及不同规模订单的盈利情况的控制活动。

对财务报表和数据的分析处理是盈利能力控制的第一个环节。旅游企业把成本以及获得的净利润分摊到诸如旅游者、产品、渠道、细分市场、地区等因素上面，以衡量每个因子的销售成本以及利润率。如表13-2是某旅行社对其不同旅游线路的盈利能力所做的简要分析。

表13-2　某旅行社线路获利能力分析

	成都—上海	成都—三亚	成都—西安	成都—昆明
销售收入	35万元	42万元	26万元	45万元
运营成本	18万元	23万元	17万元	26万元
营销费用	6万元	5万元	4万元	6万元
净利润	11万元	14万元	5万元	13万元
销售利润率	31.4%	33.3%	19.2%	28.9%

从上表可以看出，该旅行社的旅游路线产品营销在不同程度上都获得了成功，尤其以成都—三亚的旅游线路获利能力最强，达到了33.3%，而成都—西安的旅游线路则没有达到销售利润率不低于20%的要求。

盈利能力控制的第二步是分析每种因子的成本及获得的净利润进行分析，找出影响旅游企业获利的因素以及能够获得更多利润的方法，从而制定出最佳市场营销改进措施。通过对成都—西安的旅游线路的营销现状的调查分析，发现由于成都距西安距离较近，虽然线路本身是受游客欢迎的，但更多的游客愿意采取自助游的方式，同时因为旅游产品的组合不是非常合理，会让游客有行程单调的感觉。于是，旅行社从实际出发，对行程中的活动项目进行了调整，加大对该旅游线路产品的营销推广，并降低了部分营运成本，最终使该旅游线路获得了新的活力。

（三）营销战略控制

由于市场营销微观环境及宏观环境随时都可能发生变化，因此原来的营销目标和战略可能与实际情况不相适应。为了确保企业目标、战略与市场营销环境相适应，所以旅游企业必须定期地重新审度、评估企业战略、计划的执行情况，这就是旅游企业的营销战略控制。在控制的过程中，营销管理人员可以通过营销哲学、营销信息、整体营销组织、工作效率和营销战略导向这五项指标来评价市场营销效果，找出实际情况与目标的差距，从而改进营销工作。

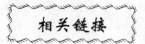

相关链接

航 空 市 场

"大约一个星期之后我会把我的看法告诉你"，冉·阿让（Jean Valjean）说。

放下电话后，冉·阿让——中央饭店（Le Centre Hotel）的总经理——看起了他面前这封由 SKS 航空公司寄来的信件。其大意是：SKS 航空公司希望与中央饭店签订一份为期一年的住宿优惠合同。具体内容是：SKS 航空公司以每晚 72 加元的价格预订 40 间客房。冉面临的问题很简单：是接受 SKS 航空公司的提议在一年 365 天里以每晚 72 加元的价格预订 40 间客房，还是拒绝这单生意从而以每晚至多 185 加元的门市价在不确定的时候售出客房？去年，饭店有 135 天的入住率不低于 95%，全年平均入住率为 68%，平均日房价为 108 加元，但是在客房几乎售空，或完全售空的时候，饭店通常能够以门市价出售客房。预计今年的情况也会与去年差不多。

一、饭店的背景

中央饭店坐落在加拿大魁北克省的城市商业区内，此饭店被评定为四星级的商务/会议型饭店。饭店的顶部是著名的五层高的塔楼，包括塔楼在内饭店总共有 800 间客房。塔楼有自己独立的登记入住系统、娱乐室以及特别的服务设施，它共有 140 间客房，其中 16 间为套房。中央饭店的客房设施更为全面一些，它提供加大床、大床和双人床，还有 24 间套房和 6 间专门为残疾人准备的客房。

饭店内有三个餐厅：北风、韶圃和快餐厅。位于 37 楼的北风餐厅提供法国风味的美食和著名的法国红酒，可容纳 84 人；韶圃在 3 楼，这里开设早餐、午餐和晚餐，可容纳 260 人；快餐厅位于走廊处，可容纳 60 人，它是一家欧洲风味的快餐厅，那些行色匆忙的客人可以在这里就餐。除了这 3 个餐厅之外，分别还设有 5 个休息室。饭店其他的特色包括一座 5 层楼高的由玻璃围成的中庭，以及由玻璃围成的全年均可使用的游泳池和健身俱乐部。俱乐部有电影健身房、桑拿室、漩涡浴室和按摩室。饭店还拥有一批会讲多国语言的服务人员。

二、竞争状况

就航空公司员工这部分顾客而言，此区域内所有的饭店都是中央饭店的竞争对手。这是因为航空公司一贯将饭店的价格和所在的位置作为挑选饭店的基础，只要饭店达到舒适及服务的最低标准，那么航空公司就会对此进行考虑。但 SKS 航空公司倾向于选择靠近购物场所和娱乐场所的四星级饭店，这样一来，商业区内的 10 家饭店都会卷入这场竞争中。SKS 航空公司依据每家饭店的价格和服务作出最后的抉择。冉清醒地认识到此区域内会有几家饭店对 SKS 航空公司感兴趣，同时他也认识到如果它的饭店与 SKS 航空公司签订了此份合同，那么在明年续签合同时，他将会有较大的谈判优势来提高房价。在饭店业，续签现有的合同总比争取新合同容易得多。

三、航空公司的建议

中央饭店的目标市场包括各种形式的公司团体、企业协会和会议组织。SKS 航空公司的提议对中央饭店来说似乎是一个不可多得的好机会，因为 SKS 航空公司不仅能够在一年中为饭店确保每晚 40 间客房的收入（每天有 2 架海外航班），还会从他们的航班上为饭店带来一些潜在的客户。如果饭店接受 SKS 航空公司的条件，那么饭店就要在航空公司的人员到达之前准备好干净的客房，还要为机组人员提供催醒电话服务。对于饭店来说，这些都是饭店提供的标准服务，应该没有问题。但是该航空公司飞往欧洲的飞机离开时间较晚，航空公司的机组人员在下午 4 点和 6 点之间离开饭店前往欧洲，而返航的机组人员有时要在同一晚上的 9 点和 10 点之间到达中央饭店，这就意味着饭店要安排额外的服务人员在 2～4 小时内准备好干净的房间。此外，当飞机的日程有变化时，饭店所提供的催醒电话服务也要进行相应的调整。夏季，当饭店内入住许多常客时，这些额外的服务往往会出现问题，因为饭店的员工不愿意以牺牲这些支付全价客人的服务为代价来为机组人员提供额外的服务。

中央饭店与其他航空公司的工作经验表明：航空公司的机组人员在饭店逗留期间，他们的消费比其他的客人要少得多。这是因为他们通常只停留一晚，所以仅仅在食物方面有所消费，每人平均为 15 加元左右。如果机组人员有余暇时间的话，比如飞机停飞需要多住几天，他们则会游览城市，因此食物和饮料的消费主要在饭店外的场所进行。

四、收益和费用的分析

冉·阿让知道他不得不尽快地对这问题作出回应，于是他叫来了他的助手科莱特·查博特（Colette Chabot），并让她去收集与此相关的收益与成本费用的资料，对资料进行分析后，再决定是否接受 SKS 航空公司的出价。

科莱特从分析去年的房间统计数据开始，依照这些数据，如果接受出价，那么就会失去饭店的一些常客，损失的客房数相当于全部售出时的 105 间·夜和入住率为 97% 时的 30 间·夜；食物与酒水的统计数据表明，去年将饭店的宴会排除在外，每间客房的平均食物收入为 33 加元，平均酒水收入为 22.5 加元。饭店的标准费用百分比中，食物占 36%，酒水占 32%。

在分析对经营成本可能产生的影响时，科莱特发现 SKS 航空公司合同中大约有 150 个夜晚需要多安排 1 名前台服务员工作 8 小时，支付给该员工每小时平均工资为 12.20 加元，而获得的边际收益为薪资费用的 35%。除了此费用之外，科莱特估计每天入住的客房将会有以下可变成本：

整理客房：夜间倒班支付给服务人员的薪水为每小时 10.6 加元（此价可求得兼职女钟点工），整理 1 个房间需要半个小时；

清洗客房内亚麻制品：每个有客人居住的房间的费用为 1.25 加元。

设施：每个房间的费用为1.5加元。

服务项目：每个房间的费用为2.5加元。

科莱特将这些信息转交给了冉，以便进行最后的分析，做出决策。当冉坐在办公室看到这些数字时，他想起了在最近举行的一次由各家中央饭店的总经理参加的会议上所进行的讨论，他被告知公司在下一个财务年度的目标之一是要取得12%的投资回报率。他还清楚知道饭店当时在现金流上所面临的严重问题，商议财务年度的现金流为负200多万加元。饭店5 000万加元的长期抵押贷款每年需要按照浮动利率支付利息，此外，饭店每年还要支付城市建设税420万加元，而SKS航空公司的这笔业务可以确保饭店每周都有稳定的现金流入。

（资料来源：Robert C. Lewis，Richard E. Chambers著，谢彦君译：《饭店业市场营销案例》，2006，大连，第1版）

本 章 小 结

旅游市场营销的管理过程包括分析旅游市场机会、选择旅游目标市场并制定营销战略、设计旅游营销方案、管理旅游营销活动几个方面。

旅游市场营销计划是对旅游目的地或旅游企业市场营销活动方案的具体描述，它的具体实施，必须有相关的各级人员和各个职能部门的参与和支持，只有通过整个企业全员的共同合作和协调行动，才能使其有效进行。

旅游市场营销计划的实施过程包括制订行动计划，建立组织机构，完善决策和激励机制，开发人力资源，形成自己的管理风格和企业文化五个相互关联的步骤。

旅游市场营销计划的控制有四个步骤：确定控制目标；评价执行情况、诊断执行结果和采取纠正措施，其方法包括年度计划控制、盈利能力控制以及战略控制等。

【思考题】

1. 旅游企业如何制订其营销计划？一份完整的营销计划应包括哪些内容？

2. 旅游企业如何执行和控制其营销计划？

3. 某大型旅行社销售经理审查了公司的地区销售并注意到昆明—拉萨线路销售额低于定额3%。为进一步调查，销售经理审查了分社的销售额。发现东部沿海的福建某分社对此有责任，然后，又调查了该分社的三位销售员的个人销售。结果显示高级销售员张某在这一阶段只完成了其分配额的60%。可不可以肯定地推断出张某工作懒散或有个人问题？

【单选题】

1. 制订实施市场营销计划，评估和控制市场营销活动，是(　　　)的重要任务。

　　A. 市场主管部门　　　　　　B. 市场营销组织

C. 广告部门 　　　　　　　D. 销售部门

2. 市场营销组织是为了实现( )制订和实施市场营销计划的职能部门。

　　A. 企业计划 　　　　　　　B. 营销计划

　　C. 企业目标 　　　　　　　D. 利润目标

3. 战略控制的目的，是确保企业的目标、政策、战略和措施与( )适应。

　　A. 市场营销环境 　　　　　　B. 市场营销计划

　　C. 推销计划 　　　　　　　D. 管理人员任期

4. 年度计划控制要确保企业在达到( )指标时，市场营销费用没有超支。

　　A. 分配计划 　　　　　　　B. 长期计划

　　C. 生产计划 　　　　　　　D. 销售计划

5. 设置( )，能够对企业与外部环境，尤其是与市场、顾客之间关系的协调，发挥积极作用。

　　A. 市场营销机构 　　　　　　B. 市场营销职能

　　C. 市场营销企业 　　　　　　D. 市场营销控制

答案：1. B 2. C 3. A 4. D 5. D

【多选题】

1. 年度营销计划控制的内容包括( )分析。

　　A. 销售 　　　　　B. 市场占有率 　　　　C. 营销费用率

　　D. 财务 　　　　　E. 顾客态度跟踪

2. 市场营销控制包括( )。

　　A. 销售 　　　　　B. 市场占有率 　　　　C. 营销费用率

　　D. 财务 　　　　　E. 顾客态度跟踪

3. 市场营销计划的实施过程中，涉及相互联系的几项内容是( )。

　　A. 明确战略目标 　　　B. 制定行动方案 　　　C. 协调各种关系

　　D. 形成规章制度 　　　E. 调整组织结构

4. 营销组织的要素包括( )。

　　A. 专职化程度 　　　　B. 规模 　　　　　　C. 集权和分散化

　　D. 控制幅度 　　　　　E. 激励

5. 营销计划的核心内容包括( )。

　　A. 确认市场机会 　　　B. 选择适当的目标市场 　　C. 实施方案

　　D. 营销组合 　　　　　E. 市场战略

答案：1. ABCDE 　2. ABCDE 　3. BCDE 　4. ACDE 　5. ABC

参 考 文 献

[1] 伯恩德．H．施密特著．张愉，徐海虹，李书田译．体验式营销［M］．北京：中国三峡出版社，2001．

[2] 陈国柱．旅游市场营销学［M］．天津：天津大学出版社，2010．

[3] 丁正山，黄彦婷．旅行社经营管理［M］．北京：化学工业出版社，2009．

[4] 樊雅琴．旅游市场营销［M］．北京：中国发展出版社，2009．

[5] 菲利普·科特勒著．旅游市场营销［M］．北京：旅游教育出版社，2002．

[6] 菲利普·科特勒．市场营销管理［M］．北京：科学技术文献出版社，1991．

[7] 冯丽云．分销渠道管理［M］．北京：经济管理出版社，2002．

[8] 高峻．旅游资源规划与开发［M］．北京：清华大学出版社，2007．

[9] 苟自钧．旅游市场营销学［M］．郑州：郑州大学出版社，2002．

[10] 谷慧敏．旅游市场营销学［M］．北京：旅游教育出版社，2002，5．

[11] 郭亚军．旅游景区管理［M］．北京：高等教育出版社，2006．

[12] 韩勇．旅游市场营销学［M］．北京：北京大学出版社，2006．

[13] 何丽芳，李飞，罗小川．酒店营销实务［M］．广州：广东经济出版社，2005．

[14] 胡宇橙，王文君．饭店市场营销管理［M］．北京：中国旅游出版社，2005．

[15] 黄晶，刘太萍，金英梅．旅游市场营销学［M］．北京：首都经济贸易大学出版社，2009．

[16] 黄晶．旅游市场营销学［M］．北京：首都经济贸易大学出版社，2008．

[17] 黄浏英．旅游市场营销［M］．北京：旅游教育出版社，2007．

[18] 季辉．旅游市场营销［M］．成都：四川大学出版社，2007．

[19] 〔美〕科特勒．营销管理［M］．上海：格致出版社出版，2009．

[20] 李红，郝振文．旅游景区市场营销［M］．北京：旅游教育出版社，2006．

[21] 李天元．旅游市场营销纲要［M］．北京：中国旅游出版社，2009．

[22] 李伟．旅游学通论［M］．北京：科学出版社，2006．

[23] 李伟清，贺学良，李菊霞．酒店市场营销管理与实务［M］．上海：上海交通大学出版社，2010．

[24] 梁骥．旅游市场营销［M］．大连：大连理工大学出版社，2006．

[25] 梁昭．旅游市场营销［M］．北京：中国人民大学出版社，2006．

[26] 林南枝，陶汉军．旅游经济学［M］．天津：南开大学出版社，1994．

[27] 林南枝，李天元．旅游市场学［M］．天津：南开大学出版社，2000．

[28] 林南枝．旅游市场学［M］．天津：南开大学出版社，2003．

[29] 刘葆．旅游市场营销学［M］．合肥：安徽大学出版社，2008．

[30] 刘德光．旅游市场营销［M］．北京：旅游教育出版社，2006．

[31] 刘锋，董四化．旅游景区营销［M］．北京：中国旅游出版社，2006．

[32]　旅游绿皮书. 2000—2002 年中国旅游发展：分析与预测［M］. 北京：社会科学文献出版社，2002.

[33]　罗明义. 旅游经济学原理［M］. 上海：复旦大学出版社，2004.

[34]　马勇，刘名俭. 旅游市场营销管理［M］. 大连：东北财经大学出版社，2003.

[35]　马勇，王春雷. 旅游市场营销管理［M］. 广州：广东旅游出版社，2003.

[36]　马勇. 旅游市场营销管理（第二版）［M］. 大连：东北财经大学出版社，2002.

[37]　Philip Kotler 著. 谢彦君译. 旅游市场营销［M］. 北京：旅游教育出版社，2003.

[38]　〔美〕PHILIP KOTLER JOHN BOWEN JAMES MAKENS 著，谢彦君译，旅游市场营销［M］. 北京：旅游教育出版社，2002.

[39]　Robert C. Lewis, Richard E. Chambers 著. 谢彦君译. 饭店业市场营销案例［M］. 大连：东北财经大学出版社，2006.

[40]　Stanley C. Piog. 旅游市场营销实论［M］. 天津：南开大学出版社，2007.

[41]　舒伯阳. 旅游市场学［M］. 北京：清华大学出版社，2008.

[42]　田里. 旅游经济学［M］. 北京：高等教育出版社，2007.

[43]　佟玉权. 旅游服务营销［M］. 北京：大连海事大学出版社，2007.

[44]　王晨光. 旅游目的地营销［M］. 北京：经济科学出版社，2005.

[45]　王春雷，梁圣蓉. 会展与节事营销［M］. 北京：中国旅游出版社，2010.

[46]　王纪忠. 旅游市场营销［M］. 北京：中国财政经济出版社，2008.

[47]　威廉·瑟厄波德著. 张广瑞等译. 全球旅游新论［M］. 北京：中国旅游出版社，2001.

[48]　维克多·密德尔敦著. 向萍译. 旅游营销学［M］. 北京：中国旅游出版社，2009.

[49]　魏成元等. 旅游市场营销［M］. 北京：中国旅游出版社，2007.

[50]　魏敏. 旅游市场营销［M］. 长沙：中南大学出版社，2005.

[51]　吴健安. 市场营销学［M］. 北京：高等教育出版社，2004.

[52]　吴金林，黄继元. 旅游市场营销［M］. 重庆：重庆大学出版社，2003，2.

[53]　吴金林. 旅游市场营销［M］. 北京：高等教育出版社，2003.

[54]　肖升. 旅游市场营销［M］. 北京：旅游教育出版社，2009.

[55]　谢彦君等. 旅游营销学［M］. 北京：中国旅游出版社，2008.

[56]　熊元斌、吴恒等. 旅游营销策划理论与实务［M］. 武汉：武汉大学出版社，2005.

[57]　徐德宽. 现代旅游市场营销学［M］. 青岛：青岛出版社，2001，8.

[58]　徐泛. 旅游市场营销学［M］. 北京：中国旅游出版社，2004，11.

[59]　杨桂华. 旅游景区管理［M］. 北京：科学出版社，2006.

[60]　杨益新. 旅游市场营销［M］. 北京：清华大学出版社，北京交通大学出版社，2008，3.

[61]　姚延波. 旅行社经营管理［M］. 北京：北京师范大学出版社，2010.

[62]　雍天荣. 旅游市场营销［M］. 北京：对外经济贸易大学出版社，2008，4.

[63]　于由. 旅游市场营销学［M］. 杭州：浙江大学出版社，2005.

[64] 詹姆斯伯克等著. 叶敏等译. 旅游产品的营销与推销 ［M］. 北京：电子工业出版社, 2003.

[65] 张婷. 旅游市场营销 ［M］. 广州：华南理工大学出版社, 2008, 8.

[66] 张新生. 旅游销售技巧 ［M］. 北京：企业管理出版社, 2004.

[67] 张玉明. 旅游市场营销 ［M］. 广州：华南理工大学出版社, 2005.

[68] 赵西萍. 旅游市场营销 ［M］. 天津：南开大学出版社, 2005.

[69] 赵西萍等. 旅游市场营销学 ［M］. 北京：高等教育出版社, 2002, 8.

[70] 赵毅. 新编旅游市场营销学 ［M］. 北京：清华大学出版社, 2008.

[71] 甄伟, 米俊. 市场营销失败案例分析 ［M］. 北京：中国经济出版社, 2003.

[72] 郑凤萍. 旅游市场营销 ［M］. 大连：大连理工大学出版社, 2008, 10.

[73] 郑维, 董观志. 主题公园营销模式与技术 ［M］. 北京：中国旅游出版社, 2005.

[74] 赵西萍. 旅游市场营销学 ［M］. 北京：高等教育出版社, 2002.

[75] 戴光全, 保继刚. 西方事件及事件旅游研究的概念、内容、方法与启发（上）［J］. 旅游学刊, 2003, 5.

[76] 戴昀弟. 旅游产品营销渠道的冲突与解决方法 ［J］. 商场现代化. 2007, 11.

[77] 付慧珊, 王丰. 销售渠道冲突管理六步法 ［J］. 经济与管理, 2003, 8.

[78] 高艳秋, 李龙洙. 企业营销信息系统的研究 ［J］. 微型电脑应用, 2002, 9.

[79] 刘德光, 徐守珺. 旅游体验营销的模式研究 ［J］. 财贸经济, 2006.

[80] 罗美娟, 郑向敏. 色彩营销：旅游地营销的新选择 ［J］. 人文地理, 2010, 1.

[81] 生颖洁, 张娟浅. 谈全球分销系统 ［J］. 国际航空. 2006, 3.

[82] 史春云, 朱传耿等. 国外旅游线路空间模式研究进展 ［J］. 人文地理, 2010, 4.

[83] 王信章. 建立科学高效的旅游目的地市场营销体系的六个环节 ［J］. 旅游学刊, 2008, 4.

[84] 魏宝祥, 欧阳正宇. 影视旅游：旅游目的地营销推广新方式 ［J］. 旅游学刊, 2007, 12.

[85] 许伟波. 销售渠道冲突成因理论综述 ［J］. 商场现代化, 2005, 16.

[86] 姚群峰. 电信服务销售渠道策略重点探讨——渠道竞合与渠道整合 ［J］. 当代通信, 2004, 24.

[87] 张琳, 廖佳丽. 渠道冲突的原因与控制 ［J］. 商场现代化, 2006, 9.（中旬刊）

[88] 张卫卫, 王晓云. 基于弱连带优势的旅游博客营销初探 ［J］. 旅游学刊, 2008, 6.

[89] 朱孔山. 旅游地形象整合营销体系构建 ［J］. 商业经济与管理, 2007, 8.

[90] 崔红红, 孙厚琴. 浅谈旅游目的地的情感营销. 旅游论坛, 2009, 1.

[91] 张运生. 旅游产品生命周期理论研究. 河南大学, 2006.

[92] 中华管理学习网.《旅游市场营销与策划》案例—希尔顿公司和希尔顿国际公司：战略联盟. 2009-10-9.
http：//www. 100guanli. com/Detail. aspx？id＝221791.

[93] 邹益民, 戴维奇. 我国饭店集团品牌结构的战略选择. 第二外国语学院学报, 2002, 4.

［94］　中国旅游营销网 http：∥www. aatrip. com∕.

［94］　Hsu，C. H. C. and Lee，E. -J. （2002）. Segmentation of senior motorcoach travelers. Journal of Travel Research. 40 （4）：364-374.

［95］　http：∥wenku. baidu. com∕view∕7acbab3383c4bb4cf7ecd163. html.

［97］　http：∥wenku. baidu. com∕百度文库.

［98］　http：∥wiki. mbalib. com MBA 智库百科.

［99］　http：∥www. docin. com∕豆丁网.

［100］　http：∥www. ecm. com. cn∕中国市场营销网.

［101］　Scott McCabe，（2009）. Marketing Communications in Tourism & Hospitality. Oxford：Butterworth-Heinemann，pp. 143-175.